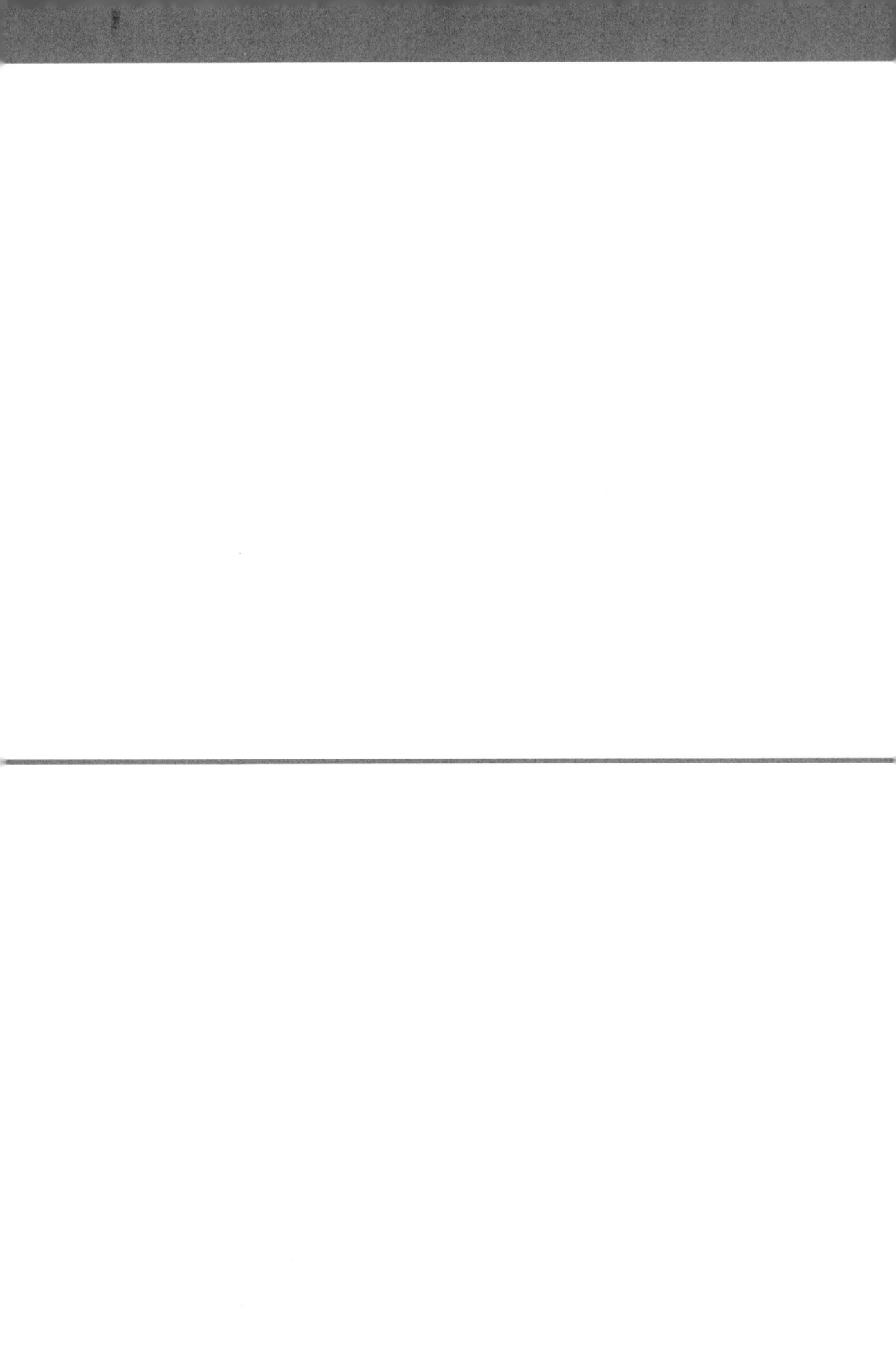

2016

1

Public Policy Review

公共政策评论

主　　编　姚先国　金雪军

执行主编　蔡　宁

ZHEJIANG UNIVERSITY PRESS

浙江大学出版社

主　编
姚先国　金雪军

执行主编
蔡　宁

主编助理
周佳松

学术顾问委员会
（按姓氏拼音排序）

蔡　昉　　中国社会科学院人口与劳动经济研究所
常修泽　　国家发改委宏观经济研究院经济所
陈学彬　　复旦大学金融研究院
丁学良　　香港科技大学人文社会科学学院
黄祖辉　　浙江大学中国农村发展研究院
蓝蔚青　　浙江省公共政策研究院
蓝志勇　　中国人民大学公共管理学院
严　强　　南京大学政府管理学院
姚　远　　中国人民大学社会与人口学院
郁建兴　　浙江大学公共管理学院
张俊森　　香港中文大学社会科学学院
郑永年　　新加坡国立大学东亚研究所
竺乾威　　复旦大学国际关系与公共事务学院
朱正威　　西安交通大学公共政策与管理学院

主办单位
浙江省公共政策研究院
浙江大学公共政策研究院

《公共政策评论》
简 介

　　《公共政策评论》是浙江省公共政策研究院、浙江大学公共政策研究院不定期汇编出版的一种探讨公共政策理论与实践的学术文集，致力于为所有有志于国内外公共政策研究的人士构建平等的高层次学术交流平台。本文集以当今国内外公共政策重大理论与实践问题为研究和讨论核心，追求科学性和学术性，研讨理论，注重实践。以"经世致用，天下为公"为宗旨，聚焦经济、社会等公共政策领域的前沿问题研究，主要研究范围包括：公共政策分析、政府管理、社会治理、经济发展、国外动态等。本文集竭诚欢迎诸位学人惠赐佳作，尤其欢迎"无学科的"公共政策综合性研究成果。

联系方式：0571-88206853；网址：http://www.ggzc.zju.edu.cn
地址：浙江省杭州市浙江大学紫金港校区蒙民伟楼 322 室；邮编：310058
联系人：周佳松

目　录

治理现代化

作者
蓝蔚青

分享经济及其治理
——以杭州网约车为例

内容提要：《中共中央关于制定国民经济和社会发展第十三个五年规划的建议》第一次把"分享经济"写入党和国家的发展战略规划，要求"发展分享经济，促进互联网和经济社会融合发展"。分享经济是在互联网技术发展的大背景下诞生的一种全新商业模式，是"新经济"的一种重要形态，它不仅有着巨大的市场空间，而且正在冲击传统的经济模式。发展分享经济对于人均物质资源匮乏、人力资源丰富而且资源错配严重的中国，具有极为重要的意义，也提供了"弯道超车"的良好机遇。能否抓住机遇，妥善应对分享经济急剧扩张对经济社会管理带来的挑战，关键在于国家和社会治理能力的现代化。如何规范分享经济的发展秩序，是当前公共管理领域一个未雨绸缪的研究主题。

关键词：分享经济；新经济；治理现代化；网约车

一、分享经济是关乎生产关系的革命

所谓分享经济，是指将社会上分散在个人、组织或者企业手中的海量闲置资源（包括闲置物品和资金、碎片时间、闲置空间以及未被充分使用的知识与专长、技能和经验、关系与服务等），通过基于互联网、信息通信技术、云计算、大数据等的社会化平台，进行高效的按需匹配并实现规模化，以低于专业性组织者的边际成本提供服务并获得收入，从而创造新的经济与社会价值的经济现象，其本质是资源的支配权与使用权分离，以租代买。分享经济在 2014 年之后进入快速扩张期，迅速渗透到许多领域和细分市场，2015 年全球市场交易规模估测为 8100 亿美元。

分享经济强调的两个核心理念是"使用而不占有"和"不使用即浪

费"。它的特征可以归纳为五大驱动(用户驱动、信任驱动、平台驱动、数据驱动、价值驱动)、三大基石(信息对称、游戏规则、协同协作)、四低(低交易成本、低信任成本、低门槛、低碳)、四高(高渗透率、高效能、高估值、高留存)。便利、参与感和信任是推动分享经济发展的主要原因。由于分享经济模式中企业具有低成本、轻资产、高度的灵活性以及投资回报快等特点,分享经济成为新兴的创业领域和大众选择。它使个人参与到社会化大生产中,有效推动了"大众创业、万众创新";它使各种闲置的资源都可以变现增值,变成兼职的合理收入,通过大规模盘活经济剩余而激发经济效益;它为服务业增长提供新动能,将服务业变成经济增长的主引擎。学者们普遍认为,分享经济将会颠覆传统生产模式,带来全新的生产关系、消费模式和企业运营模式,在可持续发展、生态保护、就业、协作、文化等方面产生积极影响。未来一切可分享的东西都将被分享,人们的工作和生活方式将因之发生深刻变化。

我国市场与成熟市场经济相比,有更多的供需错配、低效管理造成的资源冗余和需求痛点。分享经济能够增加供给,改善供给结构,刺激新的消费需求,缓解经济失衡,大有用武之地。分享经济还可能成为网络化社会中激发个人创造力、调节产业结构和供求结构的重要支点。互联网协会分享经济委员会发布的《中国分享经济发展报告2016》指出,2015年中国分享经济市场规模约为2万亿元,超过5亿人参与了分享经济的不同环节,未来5年增速将达到40%,到2020年市场规模占GDP比重将达到10%以上,未来十年会产生5～10家巨无霸企业。目前我国采用分享模式的著名企业有"滴滴出行""神州专车""友友租车"等打车、专车、代驾、租车、拼车服务提供商,"小猪短租""途家网"等提供短租房的在线平台,"58到家""人人快递"等生活服务平台,"WiFi万能钥匙""阿里巴巴淘工厂"等生产能力分享平台,还有分享知识的大量网络教育和在线咨询平台、二手交易、众创空间、P2P"共享金融"和众筹等。2014年在线房屋短租市场交易规模突破40亿元,2015年短租市场规模预计突破105亿元,环比增长159.3%。2015年9月滴滴出行的估值已高达165亿美元,2015全年完成14.3亿元订单;2016年滴滴春运跨城顺风车共计190万人次合乘,用户遍及332个城市。浙江省分享出行规模位居全国第三,全国汽车共享出行量最大的30个城市中浙江省上榜城市最多,乘客分享出行频率最高,分享出行的深度用户最多,杭州参与分享车辆在城市汽车保有量中的占比位列全国第一。浙江省拥有丰富的各类人力资源,创新创业氛围浓厚,经济效益意识强烈,互联网基础设施先进,覆盖面广,完全有条件走在发展分享经济的前列。

二、体现分享经济理念的杭州网约车和私车合乘管理制度

2015年年底,杭州市区网约车注册数已达60万辆,规模居全国首位,其中每天在

线4小时以上、经常性运行的约2万辆,是杭州市区出租车数量的两倍。同时也说明95%以上的网约车驾驶员是兼职人员。乘客普遍认为打车方便,不拒载,服务态度好,付费方便,当然平台补贴导致的价格实惠也是重要因素。网络约租车的迅速发展缓解了出行难的问题,也提高了存量私家车的利用率,减少了购买私家车的需求。以2015年6月为例,仅滴滴快的一家打车平台,实际运营次数就达5837498次,为同月出租车总运营次数的75.4%。同时杭州市出租车实载率为65.8%,月总运营次数达7742850次,同比下降了2.8%,也就是说,网络约租车以传统出租车行业实载率下降2.8%为代价,满足了580万次以上的出行需求,如果加上其他网络约租车平台的数据,在总量上可能超过传统出租车的同期运营总次数(引自王伟、胡军的《积极推进以满足民生需求为导向的出租车行业市场化改革——对浙江出租车行业改革的思考与建议》,《公共政策内参》16399期)。这组数据说明几个问题:一是网络约租车对缓解出行难发挥了巨大作用;二是大众打的出行的潜在需求量是巨大的,出租车是大众消费而不是高端消费;三是网络约租车对传统出租车行业的影响并没有某些人声称的那么严重;四是这两种新旧业态的融合发展有巨大的拓展合作空间。

刚刚出台的《杭州市网络预约出租汽车和私人小客车合乘管理实施细则(试行)》,是全国第一个正式出台的网约出租车管理地方实施细则。与同时征求意见的其他城市的实施细则征求意见稿相比,被舆论普遍认为有温情、尊重创新、包容开放,既符合国家要求,又符合杭州实际,符合城市定位和文化,符合网约车市场化和乘客至上的导向,政策措施总体可行。其主要特点是:

1. 明确了管理机构的责任

规定市道路运输管理机构负责网约出租车管理的具体实施工作,主要是把住准入关以保障乘客安全,保障相关信息的公开,包括受理网约出租车平台公司、车辆和驾驶员的资质审查与证件核发工作,组织开展服务质量测评,向社会公布平台公司的相关信息。各有关部门按各自职责建立平台公司和驾驶员信用记录并纳入信用信息共享平台。

2. 明确了网约出租车企业的责任

规定网约出租车平台公司承担承运人责任和相应社会责任,应当是在本市设立的具有法人资格的企业或持有营业执照的分支机构,取得网络预约出租汽车经营许可证。平台公司应当与驾驶员签订劳动合同或者协议,保证车辆合法安全、驾驶员持证,保证线上预约的车辆、驾驶员与实际用车一致,向约车人提供驾驶员以及车辆各种信息;确保网约出租车车载卫星定位装置和应急报警装置正常使用,所采集的个人信息和生成的业务数据不得外流,不得用乘客个人信息开展其他业务;为乘客购买承运人责任险,对安全责任事故等承担先行赔付责任;公开服务项目和服务质量承诺,保证原始记录和统计数据真实、准确,建立服务评价体系和服务监督、乘客投诉处理机制,设置投诉处理机构,公布服务监督电话及其他投诉方式与处理流程。用制度设计落实了网约出租车平台公司保障乘客人身安全、个人信息安全、服务质量和驾驶员合法权益的责任,保证网约出租车的安全性高于传统出租车。

3. 规定了网约出租车的条件

规定了网约出租车必须具有本市号牌,这是城市控制机动车总量的需要;规定轴距和计税价格的底线是防止为了降低购车成本而忽视安全;对新能源汽车轴距的要求低于非新能源汽车,并规定了另一个可供选择的续航里程标准,是为了鼓励发展新能源汽车;还有一个可供选择的标准即车辆购置价格在12万元以上并非过高的门槛;规定已使用年限不超过5年,行驶里程达到60万千米时强制报废,未达到60万千米但使用年限达到8年时退出网约车经营,既保障安全,又避免浪费;规定车辆技术性能要符合环保和运营安全相关标准要求,安装具有行驶记录功能的车辆卫星定位装置、应急报警装置是为了安全和环保;规定不能喷涂巡游出租汽车标志标识和安装顶灯装置是为了对两类出租车分类管理;规定网约出租车主要依靠存量转换,不单独新增小客车指标,不设置专用牌照号段是为了控制出租车总量,充分利用存量资源。

4. 规定了网约出租车驾驶员的条件

在户籍问题上弹性较大,规定或者取得本市户籍,或在本市取得浙江省居住证6个月以上,或在本市取得浙江省临时居住证12个月以上,既保障驾驶员身份和基本情况可核查,一旦发生问题可追溯,又避免了就业歧视,也符合杭州市出租车驾驶员的实际情况;规定必须取得网约车驾驶员证,取得相应准驾车型机动车驾驶证并具有3年以上驾驶经历,无交通肇事、危险驾驶和暴力犯罪记录,无吸毒和酒后驾驶记录,最近连续3个记分周期内无记满12分记录,前3年内无被吊销出租汽车驾驶员从业资格证的记录,都是为了乘客安全作出的比较严的规定,但不用身份制约,而以本人行为为依据,休现了公平原则。规定连续3年考核等级在A以上的巡游出租汽车驾驶员可以申请换发网络预约出租汽车驾驶员证,给传统业态从业人员提供选择权,有利于新旧业态共同发展。

5. 不用行政手段限定车数和价格,但保留临时管控权

明确对网约出租车数量和运价实行市场调节。对于绝大多数网约出租车驾驶员属于兼职的杭州市,这一规定的最大意义在于鼓励发展分享经济。同时规定为保障公共秩序和群众合法权益,必要时可对网约出租车的数量和价格实行临时管控,这是为了避免数量过多造成严重拥堵或者价格畸高损害乘客利益而保留的行政救济手段。但只要网约出租车平台不形成垄断,传统出租车有适当的数量,竞争机制能够把运价控制在合理的水平上。还规定平台公司应当公布符合国家有关规定的计程计价方式,合理确定网约出租车运价,实行明码标价,运价规则调整时应提前公布并报备,不得有为排挤竞争对手或者独占市场,以低于成本的价格运营等不正当价格行为,这都是市

场经济基础上的价格管理手段。规定网约出租车不得进入巡游出租汽车的专用通道、站点候客是为了避免争客源引发冲突，也符合网约车的运行特征。明文规定网约出租车必须依法纳税是为了避免与传统出租车税负不公平。

6. 严格区分网约出租车和私人小客车合乘

明确规定私人小客车合乘出行不属于道路运输经营活动，不得以营利为目的，禁止以合乘名义从事网约车经营服务，合乘信息服务平台也不得以奖励、补贴等形式吸引合乘服务提供者变相从事非法营运。区分的方法是具体规定合乘出行的驾驶员必须通过合乘信息服务平台预先发布出行信息，出行线路相同的合乘者选择乘坐，合乘者仅分摊部分出行成本或实行免费互助，分摊出行成本只计程不计时，驾驶员和信息服务平台收取的每公里费用总额不得超过巡游出租汽车的50％，明码标价，并投保车上人员责任险；每辆私人小客车或每个驾驶员累计每日提供合乘服务不得超过4次。对于网约出租车平台公司开展合乘信息服务的，应当分别签订协议，明确两者不同的法律关系以及平台法律责任。这样既鼓励发展分享经济，充分利用存量私人小客车资源，减少道路资源的占用，又避免了不正当竞争。

7. 没有限制政府购买网约出租车服务

单纯用货币化方式进行公车改革面临不少新的问题，如用车停车不便、难以科学核定用车需求公平发放补贴、公务员消极减少必要的出差和调研等问题，对工作带来不利影响。允许政府向网约出租车平台购买服务，既可以有效保障公务用车，解决上述问题，又可以通过用车过程全程留痕接受监督，防止用于私事或去不该去的地方。

杭州市能够顺利实施网约出租车管理办法，也得益于其先行改革了传统出租车管理体制。出租车管理制度改革的最大障碍，是在渐进改革过程中形成的中间食利群体。不触动他们的利益，出租车费的调整只能是出租车司机与乘客的零和博弈，而管理者则难免处于众矢之的的尴尬境地。而且一些出租车司机的群体性事件背后，往往有这个食利群体的身影。杭州市主管部门在决策程序上充分尊重民意，事先公开征求意见。在广泛征求意见、进行详细测算的基础上，注重政策的连续性和政府的信用，提出了平衡各方利益的比较公平的解决错综复杂的经营权和产权归属问题的方案，而且有激励和制约措施来遏制不合理的诉求，为解决历史遗留的"份子钱"难题奠定了基础。政府不仅停止收取经营权有偿使用金，而且退还有偿使用金余额，让改革轻装上阵。通过到期收回经营权和赎买等方式，依法一劳永逸地消除这个群体，形成"大公司(出租车公司或公交公司)＋个体户"的出租车经营模式。把出租车定位于为人民群众提供个性化运输服务，同时考虑到道路资源和环境容量的限制，要求适度发展。对传统出租车管理体制改革坚持市场化发展方向，培育多元主体，在鼓励公司化、规模化、集约化经营的同时，支持社会力量从事出租汽车经营，允许个体经营，明确对出租车总量和价格逐步实现市场调节。特别是吸收了网约车长处，在积极发展智能化管理、提升服务品质和水平、克服行业陋习、保障驾驶员合法权利等方面提出了一系列具体措施,为出租车行业的改革迈出了重要的第一步,也增强了传统出租车的竞争力。

三、网约车对社会治理的挑战

网约车作为分享经济的一种形态,也带来了很多的不确定性。它不仅使资源的支配权与使用权分离,而且其线上运行的特点使资源拥有者、资源使用者和管理者互不相识甚至互不见面,使传统的经济社会管理模式难以适应。近年来分享经济的爆发式增长使这一挑战日益凸显。

1. 使用权和所有权分离冲击了传统权益分配模式

分享经济创造价值的核心,在于利用互联网等信息技术对现有闲置资源的高效利用,实质就是出售部分闲置的或剩余的使用权。所有权与使用权的分离,创造了瞬时的、短期的、高效的租金等收入,改变了传统的以交易为主的权益分配模式。在分享经济模式下,人人参与的点状经济结构取代了原有的以企业为主体的块状经济结构,深刻地冲击了产权制度、财税制度等核心问题。这也将触及既得利益者的利益,引发新旧经济的冲突。如分享经济企业准入门槛远低于传统行业,出行领域的专车司机与出租车公司司机、短租领域的个体房东与传统酒店业、私厨领域家厨端与餐饮从业者相比,无须获取行政许可,更多是通过在线注册的方式,由平台进行审核。传统出租车行业已形成压力集团,车主以鼓动驾驶员上访闹事等途径给政府施加压力,维护垄断利益。而乘客和网约车驾驶员处于分散状态,难以形成社会压力,只能在网上"吐槽"。在现行维稳机制和责任机制下,一些地方的主管部门只求管理对象不闹事,不顾民众打车难,给网约出租车设置种种障碍。

2. 平台避税给财税部门带来政策难题

自从分享经济领域的公司在全球开始飞速发展,许多国家、州省和城市费尽心机,要让它们遵守和传统酒店或出租车行业等一样的规则,缴纳当地的各项税款,但收效甚微。通常情况下,这些公司会利用离岸避税港将利润转往国外,从而大幅减少向政府缴纳的税款。平台上的服务提供者或个体生产者也处于税收监管的真空地带,他们除了向平台交服务费之外,并无个人所得税或营业税负担。这种不公平的税负必然导致经营同样业务的传统公司的不满。随着这些新型平台公司开始从"烧钱"转为盈利,这种税收之争会从国内转向国际,有些平台公司注册时就选择了税负轻的国家或地区,目前已涉及数十亿美元的企业所得税。除非世界各国间能在税收制度上形成共识,找到同样的应对办法,否则税收损失将是很严重的。

3. 平台、供应方、需求方责任划分不清

分享经济作为一种全新的商业模式,世界范围内还没有明确的法律出台,供应方、

需求方和平台企业三方在交易过程中各自承担的责任、义务、权利缺乏完善的法律依据,导致各种问题及纠纷。例如分享经济提供了大量的就业机会,促进了隐性就业和自由职业者的规模化发展。但这种非传统雇用的劳动关系脱离社会保障安全网,现行的各种社会保障制度难以覆盖,而且一旦发生劳动争议,劳动者难以维权,对于这种逐步成为就业新趋势的新型劳动关系该如何保障,需要制度化的解决。又如网约交通平台上的服务提供者在工作期间的车险、折旧费等究竟该由谁出?供需双方都是陌生的个体,平台顾客的权益如何界定?权益受损该由谁负责?平台和服务提供者之间的责权利如何划分?这些都是对于分享经济能否顺利发展的核心挑战。

四、杭州治理网约车的做法对治理分享经济的启示

1. 继续完善相关法律和政策

分享经济在我国还是新生事物。因为信息不对称和监管乏力,分享经济交易市场也会出现"市场失灵"现象。政府需要完善法律体系,制定相关政策法规,规范分享经济中各主体的行为,让分享经济模式下的经济行为有法可循,竞争有序。汉德公式(Hand Formula)主张涉及事故的各方应该承担的责任,与其避免事故所需要付出的代价成反比,可作为划分和制定分享经济中各主体法律责任的理论依据,能用来解决目前网络平台普遍面临的内部治理和政府监管的难题。对于平台和个人避税的问题,可参考传统工商企业的税收制度,由平台代收代缴相关税收。

2. 由政府联合平台监管平台上的个体

政府直接管个体,不仅抛弃了网络平台这一最有效的协调主体,而且还让政府直接面对无数的麻烦和冲突,这不仅会极大地增加公共服务的负担,而且还会由于不断的监管挫折而损害政府的管治威望。而承担着私人投资的平台公司由于开放竞争的环境,在维护平台秩序和信誉方面,具有比政府强烈得多的积极性、知识经验以及管理手段,他们有能力直接管理好平台上的个体。政府的任务主要是为平台和平台上活动的个体制定行为规则,在不需要政府强制力干预的领域,还可以指导和监督市场主体制定行业自治规则。至于准入审批,涉及公共安全的领域政府还需要履行职责,其他的也可以由平台审批并承担责任。

3. 平台公司要承担起制定规则和准入门槛的责任

在引导和规范分享经济发展的过程中,平台公司需要充分认识到平台的责任边界,制定有利于平台良性运营、政府监管和惠及社会的平台规则,利用大数据等高科技手段加强平台运营管理,承担更多的公共服务功能。阿里巴巴对平台上的商家采取了多种监管和治理措施,如开发支付宝提供交易担保功能,买卖双方公开评价功能,累积店铺信誉和个人芝麻信用分数等。此外,阿里巴巴建立了庞大的打假队伍,并通过中

国质造计划、满天星计划等对企业产品质量进行了严格监督和管理,对行为恶劣的网店进行查封和销号。这些行为分担了部分本属于政府的质量监管工作,减轻了政府工作压力,保护了消费者权益、改善了创业环境、树立了平台信誉,这类工作需要政府给予认可和采信,鼓励平台积极作为。

4. 增强个人信用评级

分享经济模式是高度依赖信用的商业模式,分享经济的活跃程度与信用评级的建立和完善紧密相关,分享经济的健康发展也会增强社会信任。因此,需要建立覆盖交易双方的信用评级系统,确保能够提供交易前、交易中和交易后的信用参考,为分享经济提供安全的交易环境。在这方面阿里巴巴集团作了很好的尝试,面向商家推出诚信通和淘宝店铺信誉等级,面向需求方推出芝麻信用分,综合了个人用户的信用历史、人脉关系、行为偏好、身份特质、履约能力五个维度的数据信息,目前已被很多国家的政府认可,应用在针对中国人的签证服务等信用评价领域中,各级政府应采纳和广泛分享平台推出的信用体系。

5. 鼓励社会监督和协同治理

监管主体和监管手段要多样化,发动平台、社会机构、消费者、提供者等多方力量,建立一套多主体互动的公开社会评价和综合治理体系,让各主体在分享前、分享中、分享后都能找到评价依据和关键证据。在政府监管手段上要充分利用信息技术和大数据,让每个人的行为都能在互联网上有迹可循,纠纷发生时能够还原事实真相,同时增强社会公众的监管意识。另外也可引入商业保险,为分享经济的各方主体提供保险服务。

〔作者参加了杭州市近期出台的传统出租车和网约出租车政策的制定。此项研究的阶段性成果曾发表于浙江省人民政府咨询委员会的《咨询研究》第 27 期(与杭州师范大学阿里巴巴商学院王淑翠教授合作)和本院的《公共政策内参》第 15335 期,后者曾获袁家军副省长批示。本文的第二至第四部分是作者 11 月 11 日在天则经济研究所城市发展研究中心主办的"新经济沙龙"第二期"新经济背景下网约车治理政策研讨会"上所作的主旨发言。〕

(作者简介:蓝蔚青,浙江省公共政策研究院特约研究员。)

作者
王自亮
杨思琪

社会资本视角下民间信仰在乡村治理中的作用研究

——以浙江省台温两地为中心

内容提要：民间信仰作为乡村社会中重要的内生信仰资源，具有十分广泛的社会基础，是在乡村治理现代化过程中不可忽视的文化存在，如何最大限度地承接和利用这一"乡土性"力量，是对实现乡村善治的现实考验。通过对浙江省台（州）温（州）两地 22 个样本村庄的走访和调查，发现民间信仰对台温两地的乡村治理具有强化集体意识、维续村庄秩序及提高村庄自组织能力的作用与价值，我们在本文中论证了民间信仰作为推进乡村善治资源的可能，并在客观辨析其效用的基础上，提出进一步优化民间信仰正向效用的政策路径选择。

关键词：社会资本；民间信仰；乡村治理；浙江省

一、研究缘起及问题

自 1982 年村民自治制度施行以来，"乡政村治"模式逐渐形成。从宏观上说，这一模式的生成是行政管理体制的重大变革之一，而从微观上看，它使我国农村进入了自我管理、自我服务的发展状态。客观来说，当前我国的乡村治理总体水平相对较低，乡村治理仍然面临诸多困境，如农民的自组织能力不强、公共精神相对缺乏等问题，究其根源，还在于乡村治理的内生基础薄弱。借用孙立平"断裂社会"的视角，可以发现当下的乡村正面临着传统文化与现代文化割裂的窘境。越来越多的人对传统文化采取了一种轻视甚至是舍弃的态度，而这无疑也在一定程度上瓦解了乡村社会发展的内在基础，丢弃了传统文化资源中蕴含的深刻力

量。当前,随着乡村治理现代化的逐步推进,治理理念也正不断转变与更新。自中共
十八届三中全会以来,新一届领导人提出要尊重我国的传统文化,尤其是注重对传统
文化资源的合理挖掘,最大限度地发挥其蕴含的价值。面对这一趋势,我们需要重新
定位和思考如何从深厚的传统文化积淀中找寻可利用的资源。从乡村已有的传统文
化资源看,民间信仰在我国乡村社会长期占据了独特的历史地位,有着广泛的社会基
础。据华中师范大学"中国人的精神生活"课题组调查数据显示,国内信仰"民间俗神"
的人数比例约为 11.5%,信仰"祖先保佑"的比例约为 15%,这两种信仰人数的总比例
高达 26%。① 作为乡村社会中重要的信仰资源,民间信仰是百姓的重要精神依托。从
以往的研究中,我们发现在传统社会时期,血缘、信仰等观念在道德教化和维系乡土秩
序等方面发挥了独特的作用,是维系乡土治理结构的重要影响因素。如今,面对当前
乡村治理现代化的转型需求,民间信仰能否适应并转变为乡村治理过程中的可选资
源? 若能,又该如何发掘其所蕴含的治理价值,有序纳入乡村治理体系建设? 这是探
索乡村治理情境中民间信仰之作用所应关注的重要议题。

二、信任—规范—关系网络:一个社会资本分析框架的提出

从社会资本的概念起源到成熟研究,国外学者给出了对这一概念的权威理解。法
国社会学家皮埃尔·布迪厄将这一概念引入社会学研究,他提出社会资本是实际或潜
在的资源集合体,基于成员间的认同而保持一种持久的制度化网络形式。② 美国学者
詹姆斯·科尔曼从社会结构角度认为,社会资本与团体、网络和资源摄取有关,并将义
务与期望、信息网络、规范和有效惩罚、权威关系和社会组织看作社会资本的构成要
素。③ 而对社会资本理论的完善和系统化莫过于帕特南的贡献,他认为社会资本是社
会组织的特征,将其抽象化概括为信仟、规范和网络三个核心要素。它们能够通过推
动协调和行动来提高社会效率。④ 同样,福山的社会资本论也在继承帕特南三要素的
基础上,从文化的视角出发,认为特定的文化传统造就了不同的社会资本和自发力,因
文化形成的自发性社会群体有助于培育和维系个体间信任。⑤ 反观国内,自 20 世纪

---

① 孙轶炜.当代中国人宗教信仰调查[J].瞭望东方周刊,2007(6):28.

② [法]皮埃尔·布迪厄,[美]华康德.实践与反思:反思社会学导论[M].李猛,译.北京:中央文献出版社,
1998:78-82.

③ [美]詹姆斯·S.科尔曼.社会理论的基础(上)[M].邓方,译.北京:社会科学文献出版社,1999:356-
372.

④ [美]罗伯特·D.帕特南.使民主运转起来:现代意大利的公民传统[M].王列,赖海榕,译.北京:中国人
民大学出版社,2001:195.

⑤ [美]法兰西斯·福山.信任——社会道德与繁荣的创造[M].李宛蓉,译.呼和浩特:远方出版社,1998.

90 年代中期开始,国内学者如张其仔、李惠斌、边燕杰、卜长莉等人开始对社会资本进行本土化的研究,分别从社会网络、社会动员、社会结构及社会资源角度定义了社会资本是一种镶嵌在社会结构或社会关系之中的信任、规范及网络等形式的资源[1],卜长莉在结合众多观点的基础上,认为社会资本是以文化作为内在行为规范并形成具有相同利益目标的社会关系网络[2]。

结合以上讨论,我们发现学术界对社会资本的内涵的阐述主要集中于信任、规范和关系网络三个要素。信任是关系网络得以形成的前提和基础,而关系的良好维续则需依靠互惠的规范机制的约束,由此形成良性的互动与合作,达成必要的集体行动。反过来看,研究之所以将民间信仰作为推进乡村治理绩效的可选资源对象,正是因为民间信仰是我国乡村社会中具有广泛社会基础的文化形态,是乡村社会重要的文化传统,其丰富的信仰表现形式是乡村公共生活的重要组成部分,在乡村中创造的文化图景在人们内心镌刻成难以消逝的集体记忆。从福山、卜长莉的观点看,民间信仰的历史文化积淀能够为乡村社会资本提供一个恰适的场域,这种传统文化的惯习是乡村社会资本生成不可或缺的。因此,有研究认为,以信任、规范和关系网络为核心维度的社会资本分析框架是民间信仰对乡村治理作用功效的一种适用解释框架。

三、台温两地民间信仰的载体形态展演

(一)概述

为了验证以上的研究猜想,我们于 2015 年 7 月、2016 年 5 月和 7 月先后前往台温两地对民间信仰展开走访调查,主要包括台州的温岭、玉环、临海和天台以及温州的平阳和苍南等 6 个县市,选取了其中 22 个村庄为考察样本,并依据民间信仰的主要信仰内容选取了神灵信仰和祖先信仰,从静态实体上界定了民间信仰包括庙宇与宗祠两种实体空间载体,从动态载体上界定了民间信仰包括以庙会、祭祖等各类信仰仪式为主的活动形式。调查中共计走访了庙宇 23 处,宗祠 9 处(见表 1)。

---

① 周建国.紧缩圈层结构论——一项中国人际关系的结构与功能分析[J].社会科学研究,2002(2):98-102.
② 卜长莉.社会资本与社会和谐[M].北京:社会科学文献出版社,2005:75.

表1　台温民间信仰物质载体总体情况

地市	县市名	庙宇	宗祠
台州	温岭市	5村5处	3村3处
	临海市	1村1处	1村1处
	玉环县	3村5处	
	天台县	2村4处	1村4处
温州	平阳县	2村2处	
	苍南县	5村6处	1村1处
合计	6县市	18村23处	6村9处

资料来源:依据台温3次走访区域数据整理而得。

(二)民间信仰的物质载体及仪式活动场景

1. 神灵信仰

(1)庙宇。在我国农村地区,"村村皆有庙,无庙不成村"是对民间信仰的真实写照。我们在调查过程中,走访和记录了台温农村地区的部分庙宇场所,共计23处(其中新社村和东社村的协天庙为同一处),见表2。

从观察中,我们发现台温两地民间信仰庙宇的复兴趋势较为明显,并且温州地区比台州地区氛围更为浓厚,规模影响也更大。目前在庙宇管理上主要有三种管理组织,分别是专门的庙宇管理委员会、老人协会组织和村委会,其中,庙管委和老人协会组织是管理民间信仰事务的重要民间组织。从组织成员构成看,这些组织基本上汇集了村庄中较有威望的热心老年群体。从公共空间利用程度看,庙宇为老人协会或者村部的选址提供了可能,如苍南新社村老人协会就设置在协天庙内。离新社村不远的东浃头村,村部与庙宇连为一体,成为村庄内重要的公共空间。

(2)有序合作的村庄行动:以苍南东社村林泗大帝①祭典为例。每年农历六月初八,苍南县各地都会为林泗大帝举行非常热闹的诞辰庆贺活动,主要形式有吃福酒、做戏之类。新安乡东社村举办的林泗大帝庆典活动是新安乡地区规模最大、最有代表性的。活动由东社村、新社村和金龙村联合举办,东社村是主祭祀点,而村内的李姓家族是主要的承办者。祭祀活动中的福首是自愿报名产生的,共有6个,由这些福首代表每个片区的村民共同承办当年的祭祀事宜。因村民们对活动特别重视,所以每年福首

---

① 这是苍南地区非常盛行的一种地方神信仰。据了解,苍南县林泗爷庙大约有167座。相传在明末清初的时候,新安乡金龙村村民在河边偶然捞到一个用木头雕刻的林泗爷像,这个村民不太相信这些神灵鬼怪传说,便将雕像扔回河里,结果又捞起来,反复几次后,这个村民把这个雕像带回去将其供奉在一个茅草屋子里,后来林泗爷一直显灵,成为温州有名的商业和渔业保护神,深受当地人们的崇拜,尤其是商人。

表 2　所经 6 县市地区庙宇调查情况

项目	地点	名称	供奉主神
庙宇	温岭泽国山坑社区	保界庙	观音菩萨
	温岭石塘东海村	天后宫	妈祖娘娘
	温岭石塘里箬村	玄天庙	玄天大帝
	温岭石塘大黄坭社区	戚公庙	戚继光
	温岭石桥头河岙村	杨府庙	杨家将
	临海古城	城隍山戚公祠	戚继光
	平阳昆阳镇	东岳观	东岳大帝、玉皇大帝
	平阳钱仓镇	城隍道院	城隍爷
	苍南钱库东浃头村	协天庙	林泗大帝
	苍南钱库东社村	协天庙	林泗大帝
	苍南钱库新社村	协天庙	林泗大帝
	苍南龙港新桥村	协天庙	林泗侯王
	苍南龙港鲸头村	杨府殿	杨府上圣
	苍南龙港鲸头村	始祖殿	杨府上圣
	苍南龙港鲸头村	明德堂	孔子、释迦牟尼、老子
	天台古城北门外永宁村	济公故居	济公活佛
	天台福溪街道水南村	观音祠	观音娘娘
	天台福溪街道水南村	永济亭	门头老爷
	天台福溪街道水南村	小庵	山王胡公大帝
	玉环坎门钓艚岙	天后宫	天妃娘娘
	玉环坎门钓艚岙	杨府庙	杨府爷
	玉环坎门钓艚岙	三圣庙	炎帝神农氏、黄帝轩辕氏、黄帝史官仓颉
	玉环珠港新塘村	杨袁二府	杨袁二圣
	玉环珠港小麦屿村	万宝洞天	白氏娘娘

合计:23 处

资料来源:依据台温 3 次走访庙宇数据整理而得。

们都要尽心筹办。这些福首在活动之前要作好必要的准备,比如购买大公①、米塑等祭品,联系车队,请师公及仪仗队等。除此之外,还要作好相应的人员安排,如4～5人负责大猪脚架的抬举,1～2名屠夫宰杀大公等。村里的老人协会成员负责在活动前将庙里打扫干净,把祭祀要用的蜡烛、架子摆好,拉上横幅,挂上气球彩带。村里的青年志愿者协会依照福首们的安排与要求,共同协助将各类祭品运送进庙里,并维持好沿途秩序。村两委在活动举办前要向当地的派出所备案登记,由镇、村派出所负责活动动的交通与安保秩序。祭祀活动从农历六月初一开始,福首们每天需要放鞭炮、打火铳直到初七,向周边的村民预告庙会的举办。而在外务工的村民也不约而同地在初六之前赶回村里参加这一盛事。初七这天,福首需把大公宰杀后妆饰一番,在猪头上挂上"金耳环"、"金项链"(用篾条扎上金纸),嘴里塞上大柚子,猪脖子上戴上绸缎扎成的彩球,猪身再披上彩带。而后将猪放上专用的脚架运往协天庙。途中,护送祭品的仪仗队需要按照既定的游行路线巡境一圈,寓意林泗爷保佑村民们好事常在。快到庙门口的时候,抬着大公和祭品的队伍要以最快的速度冲向庙内,表现出村民勇往直前、锐意进取的饱满精神状态。到初七晚上11点半左右,所有的福首及亲朋好友齐聚神殿里,一起为林泗爷举行庆祝仪式,由道士(当地人叫"小师公")主持诵经祈福仪式。仪式结束后,大公随即抬回福首家。到初八中午,福首们要在庙内安排一场酒宴,村里每家每户的妇女都会主动帮忙,当地人叫"吃福酒",含"添福添寿"之意。活动结束后,福首们和老人协会等成员要把活动现场清扫干净,清点财物。东社村、新社村等村民将林泗大帝的祭典活动视为村庄一年中最大的好事,重视程度堪比春节。祭祀活动一直按照这种模式组织,持续了很多年,已成为每年必须举办的传统习俗,也成为村庄中每代人的鲜活记忆。

2. 祖先信仰

(1)祠堂。传统社会时期,祠堂是象征着家族最高权力的空间场域。如今,随着时代的变迁,祠堂的形式与功能也在社会的发展过程中出现了一些适应性的转变,见表3。

由表3可知,台温两地的宗祠除了保留祭祀祖先的传统仪式和功能外,还发挥着村庄公益服务和文化娱乐的作用。如临海的大田刘村,这里的宗祠既是刘姓家族祭拜先祖的地方,同时也是老人协会和文化礼堂的驻扎地。同样,近年来,温州农村地区的部分宗祠也已成为当地的文化活动中心与老人协会活动场所。如苍南钱库东社村的李氏宗祠,通过改建整合成为文化礼堂、老人协会和村部相统一的公共空间。从宗祠管理组织来看,这些宗祠一般由宗族理事会或者老人协会管理,其中以老人协会管理

---

① 大公即大公猪,是新安乡林泗爷祭典的主祭品,大公的饲养、宰杀等费用都由东社村福首个人承担。

居多,成员大多是由族内或村内有较高声誉及威望的长者构成。

表3 所经4县市的宗祠发展调查情况

项目	地点	名称	关键词描述
宗祠	温岭温峤上街村	戴氏宗祠	复兴,温岭市级文物保护单位
	温岭坞根坑潘村	潘氏宗祠	平稳,村部+文化礼堂
	温岭石桥头上王村	王氏宗祠	衰落
	临海大田街道大田刘村	刘氏宗祠	复兴,老人协会+文化礼堂
	苍南钱库东社村	李氏宗祠	复兴,老人协会+村部+文化礼堂
	天台福溪街道水南村	许氏二房、五房、六房和十房宗祠	平稳,文化礼堂+浙江省重点文物保护单位
		合计:9处	

资料来源:依据台温3次走访宗祠情况整理而得。

　　(2)团结高效的家族行动:以温岭戴氏圆谱祭祖为例。2014年5月,戴氏宗祠举行了盛大的圆谱祭祖活动,这次活动规模浩大,参加活动的戴氏族人共有1400多人。活动由戴氏宗祠理事会主办,为确保祭祖活动能够圆满完成,戴氏宗祠理事会制定了详细的祭祖纪律,合理安排各理事成员和宗亲成员的活动分工。祭祖委员会联合各房系分组委,对内需要在活动前安排好会务、接待、后勤及安保等工作,分别由各理事与房系代表牵头负责各项工作;对外则需要向所在镇、村派出所打报告,由村镇派出安保队伍维持活动秩序。活动现场十分热闹,敲锣打鼓,乐队仪仗吹吹打打,现场摆满了干果、祭酒等各式各样的祭祖物品。活动正式开始后,首先由理事会会长致辞,并向在场的宗亲宣读宗谱序言,告诫族人必须谨遵宗谱所言,团结友爱,和睦共处。随后,由理事会成员代表整个戴氏家族敬祖,依次向天、地和祖先敬拜。接着,由各房系后裔孙按次序分别向祖先献上祭品和清香,分为初上香、亚上香和三上香。礼毕,由各房系后裔孙敬供献酒,分为初巡献酒、二巡献酒和三巡献酒。礼毕复位。接着,恭请家族代表敬读祭文,全体成员跪读跟念,并完成祭拜,焚烧冥币,再恭送列祖列宗归位。仪式活动结束之后,宗亲理事会还会在祠堂内安排宗亲会餐。整场圆谱祭祖仪式活动过程中上前敬拜的一律为戴氏男丁,分别有老辈代表、小辈代表、长房长孙代表和各字辈代表,凸显祭拜辈分顺序,仪式现场庄严肃穆。整个流程显示出了较强的组织性和纪律性,各理事成员与房系代表们团结协作,各司其职,充分体现了戴氏家族讲规矩和团结向上的良好家风与合作秩序。

　　通过以上对台温地区部分村庄民间信仰的实体空间载体形式与动态场景规模的描述,我们发现当前该区域的民间信仰呈现出一定的复兴趋势。在这一趋势演变过程中,民间信仰借助不同的合法化形式和力量得以生存和延续,与信仰相关的场所建筑在新时期下被赋予了新的空间功能和作用,成为当前新农村建设的可利用空间资源。而围绕庙宇、祠堂所举办的公共祭祀活动也逐渐从神秘性的信仰活动转变为世俗性的集体行动,成为村庄关系网络建构和资源流动的空间场域。这种由民间信仰促发的"文化网络"是基于特殊信任关系而构建的以信仰规范为行为约束的公共参与网络,是农村独具特色的社会资本形式。①

四、民间信仰对乡村治理的一种作用解释

民间信仰总是依据一定的形式或途径向人们表达思想和传递文化,在一定的社会历史条件下,对所处的社会发挥着潜移默化的影响。依托庙宇和宗祠开展的祭祀活动将村民动员镶嵌入一定的关系网络中,在持续不断的交往中通过信仰教义和家规祖训的规约机制,强化人际的信任,而这一过程的运转恰好对乡村治理产生了独特的作用效果。

(一)以信任为基础,集体意识的强化

1. 祖先认同:集体意识的纵向深化

基于血缘关系的祖先认同赋予了村庄家族成员间天然的信任关系,而持续稳定的家族活动也不断增强家族个体成员对群体的认同与依赖,并在互动的过程中深化情感依恋,使家族成员形成较为稳固的集体意识,并在此意识的指导下甘于行动。这种稳固而持续的家族关系也能在一定程度上影响到家族与村庄的关系,强化家族—村庄的纵向信任水平,使其成为村委实施动员得以成功的行动基础,提高公共事务开展的效率。

如前所述的戴氏祭祖活动,整个活动的安排、分工与效果都充分展现出戴氏家族成员的集体协作意识。不仅如此,在诸如修建祠堂、编纂族谱等事务中,族内成员都表现得十分热情,而且尽心尽责。如在 2012 年戴氏宗祠的修缮事件②中,戴氏宗祠理事会积极与温岭文广新局沟通,并委托浙江省古建筑设计研究院完成修缮方案,后经文物保护中心审查通过,测定工程总预算为 154.9 万元。2013 年 1 月,戴氏宗祠最终获得文广新局批准的 25 万元维修资金补助,而工程剩余款项则是在 DZX、DSZ、DYM 等 195 名宗亲的赞助下筹措完成。在祠堂的修建过程中,理事会作为工程修建的监工

① 崔榕. 当前湘西苗族社会的"文化网络"治理机制研究——以湘西花垣县 BL 村为例[J]. 广西民族研究,2012(4):53-59.

② 资料来源:依据 2015 年 7 月 16 日在温岭温峤镇上街村与理事会成员座谈内容整理而得。

组织,认真负责地商讨和策划工程布局、建材用料及水电等工作,工程款项的使用明细也都记录在册。在与村干部的交谈中,我们得知戴氏除了对家族事务积极上心外,还对村里的事尽职尽责。据村委干部 ZYP 介绍:"戴氏热心团结的良好家风在我们村,甚至在镇里都是出了名的。村里进行文化教育宣传,理事会都会积极支持,主动办起学习班宣传他们的戴复古文化,目前已经举办了 2 期。"①(ZYP,WL)当我们问到理事会为什么会积极主动承接这些活动的时候,理事会秘书长 DSZ 老人说:"因为我们搞祠堂修建或办祭祖活动的时候,村里和镇里的领导都非常支持我们,帮我们申请资金、搞好安全工作,我们都非常感谢,这样当然要积极支持村里和镇里的工作。"②(DSZ,WL)

2.神灵认同:集体意识的横向扩展

如果说祖先信仰能够强化村庄的纵向信任结构,那么神灵信仰则突破了血缘关系的束缚,使信任在村庄内或村庄间的横向交往中扩散开去。各村庄村民因信仰同一神明而建立起公共关联,通过以共同的信仰价值为内在驱动力的祭祀活动不断加强村民间的公共交往,在一定程度上强化着祭祀圈内的横向信任关系,使信奉者对祭祀共同体形成归属感,培育横向关系网络中的集体意识。

在上文所述的东社村林泗大帝祭祀活动中,村民将祭祀活动看作村中最大的"好事",每年都会举行热闹的庆祝活动,这已成为这一带村民们的地方共识。在活动过程中村里的福首、老人会、村两委和青年志愿者协会都尽其所能承担好各自的职责,如做好联系仪仗队、采购祭祀用品、场地安排、准备福酒宴等祭祀工作。村民也会以各种"帮忙"的形式支持活动的进行,祭祀活动整合了村庄主体力量,共同推动公共祭祀活动的顺利举行。新社村民 LFD 告诉我们:"我们村举办的庙会在新安乡是出了名的,是办得最好的。庙会的时候,村里人都要回来一起帮忙,因为这是全村的好事,祖祖辈辈都是这样,比过年还热闹。"③(LFD,CN)这里的村民都认为将祭祀活动办好是对林泗爷最大的敬意,这样林泗爷才会保佑村民,满足大家的心愿。曾担任过福首的 LFJ 是这样说的:"我们家做头的时候都是买最重最壮的大公猪,买回来后放到山上,还要专门请人养着,猪吃的、用的都要最好的,在我们这里有句俗话叫'敬猪如敬神',把这个事办好了林泗大帝才会保佑我们。"④(LFJ,CN)由此看出,村域范围内的成员将神灵祭祀看作村庄集体的大事,甘愿付诸行动合力分担祭祀活动中的职责。以人神信任为基础的祭祀活动促进了村庄中人与人之间信任的累积,培养了良好的互助合作精神,有利于强化个体对村庄共同体的公共意识。

---

① 资料来源:依据 2015 年 7 月 16 日在温岭温峤镇上街村与村干部 ZYP 的访谈整理而得。
② 资料来源:依据 2015 年 7 月 16 日在温岭温峤镇上街村与戴氏宗祠理事会秘书长 DSZ 的访谈整理而得。
③ 资料来源:依据 2015 年 7 月 22 日在苍南钱库镇新社村与 LFD 的访谈内容整理而得.
④ 资料来源:依据 2015 年 7 月 22 日在苍南钱库镇新社村与 LFJ 的访谈内容整理而得。

（二）以规范为行为约束,村庄秩序的维系

1. 个体行为:信仰教义的道德约束

韦伯曾说:"在理论上,鬼神会对人的一切作为施以福报或惩罚,不管是在现世或来世,不管是报应在行为者身上,或者报应在他的子孙身上。"[1]在农村地区,信众们对"老爷"、"娘娘"形成的坚定信仰为个体构建起了行为约束的底线,设立了行动的伦理准则。[2] 通过个体对神灵祖先的敬拜,其所传达的教义及蕴含的高尚品格成为个人行为的道德指南,指引个人按照这一准则自觉规范自身的行为,一旦违背便会失去神灵或祖先的庇护,甚至遭到神灵或祖先的"惩罚"。这种观念和意识深深印刻在人们的思维中,在其内心深处逐渐演变成一种自我约束力,规范着个体的行为。

在走访过程中,我们经常听到村民们说"人在做,天在看"或"举头三尺有神明"之类的话,这些话语虽然简洁,但却深刻反映了神明作为隐形监督者规约着个体的行为。在神灵信仰中,信众对神明实施的"请愿—还愿"行为,实质上也是一种规约的表现,这种口头许诺虽不像现代合同那样有着明确的文字规定,但其约束效力却要比合同更为持久。据 LZZ 描述:"我朋友的母亲特别信杨老爷,也经常做善事,临终之前对我朋友讲,她十几年前在杨老爷面前许了个愿,托杨老爷的福,愿望实现了,可她没有去还愿,让我朋友一定要替她把愿还了……"[3](LZZ,CN)从这一被访谈者的话语中我们发现,虔诚的信众不但非常看重对神明的承诺,而且在他们脑海中逐渐形成了一种想要获得福报就必须要有所回馈的因果循环意识,这种意识指导他们,只有多多行善,神明才会保佑愿望的实现,这种"福报"意识对规范个人行为有着重要的约束意义。在台州玉环县,我们了解到妈祖信仰影响十分广泛,这里的海洋生活造就了渔民对妈祖的虔诚信奉。妈祖娘娘作为海神的化身,其仁慈博爱的优良品质成为这一带渔民所重视的道德规范。据天后宫负责人 CXT 说:"我们这里的人都比较信妈祖娘娘,她保佑我们渔民出海逢凶化吉,教导我们仁爱向善,平日里不管是出海还是什么的都会互相帮助,生活中的相处也都挺好。"[4](CXT,YH)

2. 家族合作秩序:家规祖训的规范约束

家族合作秩序得以达成的基础便是家规祖训的订立与遵守。在对祖先的认同与敬畏心理的影响下,祖先订立的遗训与家规内化为家族成员心中的道德律,成为规约

---

① [德]马克斯·韦伯.韦伯作品集:中国的宗教——宗教与世界[M].康乐,简惠美,译.桂林:广西师范大学出版社,2004:281-282.

② 王尧.信仰资源的建构与首次分配——以山西洪洞地区的通天二郎信仰为对象[J].民俗研究,2015(6):115-121.

③ 资料来源:依据 2016 年 5 月 13 日在苍南灵溪镇与民俗学者 LZZ 的访谈内容整理而得。

④ 资料来源:依据 2015 年 7 月 19 日在玉环县坎门镇与天后宫负责人 CXT 的访谈内容整理而得。

家族成员内部行动的"法律"。每逢祭祖活动举办,祖训与族规都再一次重现在族人们的意识世界里,不断强化,教导家族成员之间要和睦友善,团结互助。这些理念成为家族合作秩序良好运行的规则条件。

在走访中我们发现,苍南东社村不管是村里还是族内的大事小情,大家都能合力共担,如修建祠堂、举办祭祖活动和修桥铺路等事务。成员之间的日常交往也十分和谐,基本上没有很大矛盾。村里人非常重视对下一代的教育培养,在东社村的文化礼堂长廊中公示了村里考取大学的后辈名字,包括本科、硕士及博士,总数近百位。老人告诉我们:"我们李氏家族向来都非常和睦,村里民风淳朴,村里的年轻人如果有什么不好的行为不仅家里人要说,族里的其他长辈也要说的。"①(LDS,CN)而从李氏宗谱中我们似乎找到了这些问题的答案:"存天理,积善从德;立教养,重视家族子孙的品行教育;戒放肆,内敛含蓄。"②家规祖训作为祖先品行理念的文字表述和直接反映,历来受到子孙们的严格遵行。正是因为祖先、族谱在李氏族人们的心中占据了重要地位,当中传承的祖宗训言自然也成为李氏族人的行为处事标准,家族的规范也逐渐演变成村庄的人际交往秩序规范。而在戴氏圆谱祭祖活动中同样印证了这一点,每次祭祖时,戴氏宗亲随理事跟读祭文:"铭记祖训,诚信弘扬。崇尚孝悌,恭敬师长。恤族施惠,负屈不怨。耕读传家,恪守法纪。积善有庆,积恶有殃。讲团结话,做团结事……"③这些祭文中蕴含的爱国、团结、孝道等理念是理事宗亲们根据祖先训言总结出来的,经由每次的祭祖活动不断传递给族人,教化成员克己守礼,形成做人处事的指导准则。这些价值理念在现实仪式的演练中形成并内化为家族成员的行为规范,促使家族内部良好合作行动秩序的达成。

3. 村庄秩序:正式与非正式制度合力约束

村庄良序建立的可能是依赖于正式与非正式规范合力而实现的。如制度经济学家所认为的,由传统观念、风俗习惯等构成的非正式制度能在正式制度作用不到的地方规范人们的行为,以达到"不逾矩"的境界。位于台州临海的岭根村便是具有厚重历史文化积淀的古村落,全村以王姓为主。在宗谱族规及村庄人物事迹的调查中,我们发现不管是历史过往还是现实情境,岭根村都保持着和谐的村庄风气与人际关系格局。个中的原因很大程度要归因于岭根村良好的族规传承与熏陶。王氏族规在宣扬法纪、社会公德、婚丧嫁娶、教育及人际交往秩序方面都有详细的说明,族规教导族人不仅要保持家族内部和谐,还要对不同姓氏的村民友好相待,如族规第六条说:"移风

① 资料来源:依据2016年5月12日在苍南钱库镇东社村与村民LDS的访谈整理而得。
② 资料来源:依据苍南钱库镇东社李氏家谱内容整理而得。
③ 资料来源:依据温岭温峤镇上街村戴氏家族的圆谱祭祖文字资料整理而得。

易俗,增强集体意识,邻里相处不分姓氏,相帮相助。"①他们将族规中的所有内容不同程度地融入到村规民约中,成为岭根村村民遵守的共同行为准则。据岭根村文书所说:"村里人基本上比较认可和遵守村规族约,平时对村里的事也都是按照村规族约进行管理。比如说有人违反了这些规定,村里一般会采取批评教育或者暂缓甚至取消他享受村里各种优惠待遇等这样的办法处理。所以,一般的问题基本上也都能顺利解决,这么多年一直都是这样。"②(WWZ,LH)从文化视角看岭根村的治理绩效,族约中蕴含了丰富多样的伦理规范与行为准则,与村规民约的合理融合成为岭根村日常治村的重要非正式制度规范,在微观层面弥合正式制度在宏观和中观制度结构中的作用空隙,一定程度上维护了村庄秩序的良好运转。

(三)以关系网络为纽带,村庄自组织能力的提升

1. 结构化信仰管理组织:自我管理与服务能力

在走访中,我们发现台温农村地区出现对信仰场所及活动的专门性的管理组织。这类组织是围绕信仰事务而产生的,具有固定的组织人员结构和管理规章制度。概括起来,可以分为以下三类。

(1)庙宇管理委员会。庙宇管理委员会是针对民间信仰事务专门成立的管理组织。它的出现在一定程度上规范了当地民间信仰的有序发展,在不与法律政策相抗衡的前提下,对相关信仰事务的处理进行自我约束与管理并取得政府的信任和支持。由于庙宇管委会的成员在信众中具有较强的信任累积,管委会便运用这一自身优势,有效地动员村民以"做好事"的名义参与到公共产品的自供给中,为推动村庄自我发展开辟了新的资源获取渠道。如玉环坎门的三圣侯王庙的管理委员会是由坎门社区一批虔诚信众组建起来的,负责管理和规范三圣侯王庙的日常活动,每逢侯王寿诞之日,委员会便会做好相关的活动事宜,包括神祇庆典的宣传、祭祀用品的采购及神职信众的伙食安排等,并将活动中花销的具体明细写在红纸上或者写在庙门前的黑板上以示公开。除了对祭祀活动过程的管理,庙宇管委会通常会将收集的善款用于村庄及周边地区的设施维修及公益事业的发展,如玉环县玉水村因庙前公路修筑需筹资,当地的庙宇管委会便以"积福"的名义动员广大村民和信众捐资,这也常常得到周边村民们的积极响应,最后成功募集到修路所需的资金。事后,庙宇管委会将这些村民的捐资情况以刻碑的形式立于庙前,以示标榜。

(2)老人协会。老人协会是国家认可的基层民间自治组织,其成立的目的在于让村庄内的老年人能够享受基本的权益和福祉,在村庄的公益事业发展和邻里纠纷中起

---

① 资料来源:依据临海东塍镇岭根村王氏族规整理而得。
② 资料来源:依据2015年7月27日在临海东塍镇岭根村与村文书WWZ访谈整理而得。

着重要的作用。老人协会属于村庄邻里互助型的自组织,没有固定的资金来源和活动场所,而基于民间信仰的社会资源网络为老人协会的生存和发展提供必要的资源支持与补给,确保了老人协会组织的日常运作和组织功能的实现,从侧面提升了村庄整体的自我管理和服务能力。据初步统计,在温州苍南的农村地区散布了近 1600 座民间信仰庙宇,在这些庙宇管理的组织中,由老人协会进行管理的大约占到 25%。① 由信仰节事而获得的公共收入自然成为老人协会运作与管理资金的主要来源。这样的事例在温州较为常见,新桥村老人协会的资金主要来源于每年林泗大帝寿诞庆典的功德收入,据新桥村村民介绍:"每年庙会期间的功德钱除了给每位福首发 280 元红包外,其余 1 万多元都归老人协会,作为平时组织老人节和协办村里红白喜事等活动的资金。"②(LSG,CN)东社村的老人协会也依托祭祀活动的开展为自身争取到了必要的资金支持。据老人协会副会长 LZR 介绍:"我们老人协会的资金主要来源于每年村里举办林泗大帝庙会卖香火的钱,除此之外,村里有钱的人也会给我们赞助一点,这些钱我们主要用于村里敬老助老事业的发展。"③(LZR,CN)

　　(3)基于特定神祇的协会或研究会。除了以上所说的两类民间信仰管理组织外,在我们调研的农村区域中,还存在一种较为新颖而年轻的文化服务组织。这些组织是因某一重大的神祇而形成的特定关系网络形式,在当地通常被称为某某文化协会或者研究会。借由民间信仰能够将具有相似信仰志趣的异质人群组合在一起,依靠各自的资源禀赋不断发挥组织的文化交流、宣传互动与矛盾问题化解等方面的功能,作用于村庄自组织能力建设当中。如玉环钓艚岙的妈祖信仰文化协会是由当地一批信士和研究妈祖文化的文人志士组成的,这个协会在推动本地与福建周边等地的妈祖信仰文化交流中发挥了重要作用。经由文化协会组织的推进,将这些文化形式不断融入当地的文化建设中,能够有效补充农村文化服务供给不足的缺陷。据协会负责人介绍:"每年我们研究会都要去石塘、福建这些地方考察,学习和交流妈祖文化,吸收他们那边的文化推广经验。社区搞文化建设的时候,我们也会参与办一些妈祖文化的公益活动,宣扬妈祖娘娘好的东西,这也是我们海洋文化的亮点和特色。"④(ZYF,YH)再比如新桥村的林泗爷信俗文化研究会,也是在新桥村一批能人志士的组织下,吸收了新桥村中具备雄厚经济实力的能人、教师和老人等,这些群体的集聚使研究会在新桥村村民心中的地位和信任程度相对较高,平时村里出现的事务矛盾经过研究会的出面劝说基本上都能得到顺利化解。WRH 告诉我们:"村里人还是比较信任我们研究会的,去年

---

① 资料来源:依据 2012 年苍南县民间信仰场所基本情况登记册数据计算而得。
② 资料来源:依据 2016 年 5 月 13 日在苍南龙港镇新桥村老人会成员 LSG 访谈整理而得。
③ 资料来源:依据 2016 年 5 月 13 日在苍南钱库镇东社村与 LZR 访谈整理而得。
④ 资料来源:依据 2015 年 7 月 19 日与玉环坎门镇钓艚岙妈祖文化协会负责人 ZYF 访谈整理而得。

(2015年)我们村里要修建四角碑亭,但就碑亭的选址问题村委和老人协会一直与村民谈不拢,后面经过我们研究会出头调解,顺利地把这件事解决了。"①(WRH,CN)

2. 非结构化信仰祭祀团体:资源整合利用能力

除了具有结构化组织外,民间信仰还催生出了另一类非结构化团体。这种关系网络形式是基于祭祀活动临时组建的,它随着祭祀活动的开展而联结,又随着祭祀活动的结束而终止,团体成员流动性大。这种轮祭组织自身对资源整合的能力会在一定程度上影响到村庄内外部资源的流动和整合,在特定条件下将这些分散的微小资源进行合理搭配和使用,汇聚成强大的资源力并在祭祀活动中充分显现,一定程度上也提升了村庄资源整合及利用的能力。如上文中提到的林泗大帝祭典,在活动的过程中,轮祭组织需要联合村委、老人协会及村中的其他互助组织的力量,调动自身拥有的经济与社会资源支持他们顺利操办祭祀活动,像祭品的采购、乐队仪仗、车辆出行、联系媒体等事项都依赖福首们的资源整合和利用能力。为了将活动办成办好,福首们会通过不同渠道整合相关资源,并且这也是福首会能力与地位的体现。东社村前书记LZC曾告诉我们:"每年的庙会福首都要提前准备好,像买大猪、请法师之类,都是他们自己出钱搞,也有一些企业会来我们村里招工,也都是这些人叫过来的。听说今年(2015年)这些媒体记者也是他们请来的。现在名气大了,其他地方的人都知道我们东社村有个庙会,上头对我们村申请的非遗项目也更关注了。"②(LZC,CN)

五、民间信仰对乡村治理作用强化的政策路径分析

根据以上分析,我们看到民间信仰在信任—规范—关系网络层面对台温乡村治理所具有的独特作用价值。通过对这些积极作用的阐释,尝试论证了民间信仰在当前治理境遇下的资源价值,揭示其成为推进乡村善治的可选资源的可能。但与此同时,我们还需清醒地认识到民间信仰对现代乡村治理所产生的消极弊病。如宗族观念深固,一定程度上制约了村级民主的推行。村民受差序格局意识的影响所表现的意见表达意愿不足与话语空间压制状态,使村民碍于"家人"情面和"家长"权威,导致村民对村务热情消减和话语意识的磨灭,一定程度上有碍于现代村级民主的拓展。再比如信仰组织非制度化参与,一定程度上影响了治理秩序的正常运行。村民对信仰管理组织具有的较高信任感,使这类组织的动员能力在一定程度上超越了村级权力组织对村民的动员力。于基层治理秩序而言,这一力量如若不合理规制,不免有弱化正式组织权威的可能。从这一辩证的角度思量,我们有必要思考在现代理性的思潮中,如何确保乡村社会拥有足够的

---

① 资料来源:依据 2016 年 7 月 9 日与苍南龙港镇新桥村 WRH 的访谈整理而得。
② 资料来源:依据 2015 年 7 月 23 日在苍南钱库镇东社与 LZC 访谈内容整理而得。

自治空间以延续这种文化传统,使其在乡村社会发展中不至于被稀释和湮灭。为此,亟须采取一定的措施,为民间信仰合理融入乡村治理体系重构必要的生长空间。

(一)治理主体:对信仰权威及管理组织的合理利用与制度规范

1. 合理发挥信仰权威及组织对村庄事务的辅助功效

在调查中我们或许可以管窥这类精英在农村中已基本形成了一个较为统一的群体现状,他们与村庄中的其他精英群体在各自掌控的领域发挥着有效的影响。因此,在日常的村庄管理中,可以将这类隐藏的非治理力量吸纳入治理的主体格局中,将他们培养成村两委的参谋与政策宣讲者、动员者以及实践者,充分发挥其介于村干部与村民之间"中间人"的重要角色。只有适当利用这些组织所具备的资源优势,使之成为村庄自我发展的有力中介和组织载体,才能将其锻炼为能够与村庄事务治理相匹配的民间团体,成为实现村民与基层政府良好合作关系的桥梁和纽带。另外,由于这类信仰精英在教育水平、思想觉悟等方面还存在一定的欠缺和不足,所以还要对其进行必要的政治思想教育,不断提升其思想觉悟,在此基础上充分调动他们参与村庄事务的积极性和热情,在相关的事务方面充分发挥他们的协作优势,进一步促进村庄事务的有序运转。

2. 进一步完善民间信仰组织管理的制度化与规范化

从当前的民间信仰事务管理和规范的政策文件中可知,国家正逐渐在民间信仰场所的规范和整治上出台相关的文件和细则,但在庙宇管委会、老人协会等这类村庙组织的管理规范上,还存在相当的制度空白。为此,国家需要进一步修缮与出台相关的组织管理类法律法规,如《民间组织法》等,将农村中日益涌现的信仰管理组织同样纳入到制度的框架内,在硬性约束上明确界定民间信仰组织及活动开展的基本属性、职能范围、设置条件、运作机制等。针对这类草根组织中出现的管理不善和能力不足等问题,相关的政府部门可以开展定期的管理培训和讲座,草根组织在管理的过程中出现不当管理和行为,也应采取相应的惩戒性的措施,以进一步增强民间信仰组织的自我管理与自我服务能力。

(二)治理理念:对民间信仰有益文化的融入与传播

1. 将民间信仰中的优良理念纳入到村规民约中

村规民约是以村民自治为主要内容的乡村治理制度中一个重要的关键变量。它是基于村域范围内长期以来形塑的本土化规范的集合,是村民进行日常自我约束与规制的共同标准,在村民自治中起到了不可替代的作用。通过民间信仰与村规民约的整合,将民间信仰中合乎现行法律规范和法治精神的可用要素纳入其中,创建科学有效的村规民约,有助于重建村庄良好的民风,重塑村民的道德感和提升村庄人际信任度,增强互助合作,培育村庄的社会凝聚力,并在一定程度上弥补村级行政规范在乡村治理中的断层,如乡村社会中日常纠纷、邻里互助、环境保护等等方面。充分发挥农民的自治权,以软法约束维护农民的合法权益和村庄秩序,克服民间信仰的消极影响。

2. 树立信仰认知,对信仰文化进行适度引导与宣传

(1)通过"文化下乡"、"知识下乡"等方式开展恰当的引导与教化活动,树立村民对民间信仰文化的科学认知,教导广大农民不能盲目推崇民间信仰中的迷信成分,无选择地信赖迷信行为和过于看重虚无缥缈的信仰愿景。只有自身能力和素质的提高,才是追求美好生活的必要条件,由此帮助村民树立科学的信仰观、世界观和人生观。

(2)当地的基层政府部门或文化站可以顺势而为,将民间信仰的有益精神理念纳入到农村社会主义精神文明建设体系之中。如积极宣传具有重大影响力的民间俗神的爱国、忠义、仁爱等道德价值观,进一步培育乡村良好社会风气的形成。基层政府部门可以积极促成与批准当地具有影响力的信仰文化研究会的组建,加强与这些信仰文化组织的沟通与合作。此外,还可以通过举办民间文化展览活动将本地信仰文化展示和宣扬出去,不断丰富社会主义核心价值观内容体系,赋予传统的民间信仰以新的时代意义与内涵。

(三)治理方式:对民间信仰事务自我管理为主政府扶持为辅

1. 村民:对民间信仰事务的自我管理与服务意识和能力

通过调查走访,发现民间信仰实际上可以为村庄建立起一套由精英主导、村民参与的非治理体系。在这一体系当中,村民能够在自发的信仰活动中进行相应的组织与服务。因此,在信仰活动的开展中要尽可能发挥信仰管理组织的自我组织与管理的作用,亦即基于群体的信任以及社会网络关系的强化来增强自我管理的能力与效用。与此同时,还可以制定民间信仰的规章制度,包括场所管理制度、财务管理制度、资金筹集制度、活动规范制度等基本制度集,以正式的制度约束来适当规范民间信仰的活动[1],引导村民有序参与到各类民间信仰的活动中,真正达到有实际效果的自我管理。通过一系列制度化规范搭建起村民自我管理的平台,吸引和调动普通村民参与的热情与兴趣,从村民的内在主体性意识着手锻炼村民参与公共事务管理的能力,这也能在一定程度上消解村民的政务冷漠感,培育乡村治理的社会资源。

2. 政府:强化引导角色,深化部门间的合作治理

(1)政府对民间信仰事务的职责在于扶持与引导。在当前治理转型时期,政府要想治理好这类事务,首先应当以客观理性的态度看待民间信仰,不能粗率地将其视为

---

① 王东.城镇化进程中民间信仰活动管理策略[J].中国行政管理,2013(10):92-94.

"封建文化糟粕"给予全面打击,而应科学对待,妥善处理。对民间信仰事务要有合宜的处理手段和方案,只有这样才能做到"不乱于心,不制于事"。其次,要理顺和界定相关职能部门间的权力与责任边界。从目前的口径管理层面上看,民间信仰应当归属于民族宗教事务部门管理,确保其有明确的主管部门,在管理层面上将民间信仰与其他五大宗教平行对待。根据我国层级式的管理制度,民间信仰的管理应遵从属地化、差异化管理的原则,即根据各区域民间信仰的实际情况进行分类式管理,同时要进一步完善县、乡、村三级的事务管理体系,特别是在乡(镇)级以及村级层面的具体事务工作上管理落地。

(2)针对民间信仰事务纷繁复杂的特点,应加强主管部门与其他部门的互动协作,形成治理合力。[①] 如在信仰活动上涉及的公安机关审批备案、庙宇修建上涉及的国土部门的土地审批等,都是现实管理中常常遇上的问题。所以要想发挥好治理合力,就应该加强各职能部门之间的横向联动与协作,在政府部门间构建起良性互动的合作机制,促进对民间信仰的常规化与常态化管理。

六、结论

民间信仰之于乡村治理是一把"双刃剑"。在国家推进乡村治理现代化的进程中,我们既要重视乡村社会中真切有利的信仰惯性,也不能忽视民间信仰的消极制约。作为乡村社会深厚的历史积淀物,民间信仰承载着草根民众一系列的行为规范、思维方式和道德理念。于乡村治理的工具价值而言,民间信仰培育和生成的乡村社会资本能够真切地影响和改变当下的乡村治理结构格局,是一种将村民重新集结于集体行动,并逐步形成共同目标、孕育公共精神的"乡土性"治理方式和维序力量。而从乡村治理的意义建构看,民间信仰是一种扎根于乡村的文化形态,反映了乡村百姓对精神世界的寄托与追求,所体现的价值在于重建百姓对乡村社会的"乡土情结"。这种理性与感性的交叠影响正是民间信仰对台温乡村治理现代化转型的真正价值所在。我们要在充分尊重的基础上,合理引导民间信仰文化力量的发展,扬长避短,实现民间信仰的传统文化惯习与乡村现代秩序的有机融合,使乡村社会中的传统与现代治理理念与力量实现真正的复合与互动,从而构建现代性与内生性相统一的乡村发展路径,为真正实现乡村善治提供新的可能。

(作者简介:王自亮,浙江工商大学公共管理学院教授;杨思琪,浙江工商大学公共管理学院行政管理专业硕士研究生。)

---

① 方轻.论民间信仰及其社会治理[J].陕西社会主义学院学报,2016(2):45-50.

作者

徐　林
殷家斌

社会冲突衍生机理及治理模式研究

内容提要：随着改革开放进入深水区，多年积聚的社会矛盾和社会问题导致社会冲突加速爆发。社会冲突是社会主体在社会压力下因对稀缺资源的索求而产生矛盾并感受到某种程度的社会痛苦，相互之间进行的对抗性的应激回应。以社会物理学理论和方法为工具，社会冲突的衍生机理可以被建构为一个统一的理论模型，即由社会冲突动量定理和社会冲突动能定理组成的社会冲突动力学定理。社会冲突的孕育、产生、发展与爆发的全过程均遵循这个简单的统一模型。以治理主体和治理方式为两个维度，可以构建一个简洁的社会冲突治理的理论分析框架，得到四种社会冲突治理模式，分别是"维稳模式"、"协稳模式"、"创稳模式"和"恒稳模式"。对典型案例的分析表明，基层政府角色失范是维稳模式失效的主要原因，因此，社会冲突治理的科学进路是：多元治理主体共同协作，在微观视角下优化社会冲突应急处置机制，在中观视角下完善和健全各类社会治理制度，在宏观视角下实现社会冲突治理生态环境之优化，逐步实现法治的、韧性的、内生的社会动态稳定。

关键词：社会冲突；衍生机理；治理模式；维稳

一、引言

亨廷顿指出："现代性孕育着稳定，而现代化过程却滋生着动乱。"[①]在全球化与信息化的当代，中国社会转型期的发展现实为风险社会[②]理

---

① 塞缪尔·亨廷顿. 变化社会中的政治秩序[M]. 北京：生活·读书·新知三联书店，1989：38.

② 乌尔里希·贝克. 风险社会[M]. 南京：译林出版社，2004：20.

论作出了验证性的注脚:贫富差距扩大、信任缺失、道德危机、腐败猖獗[①]、控制失范等等越来越由隐性变成显性,由风险变为危机。尤其是近年来,全国各地因征地拆迁、环境污染、土地承包、基层选举、医患纠纷、企业改制、欠薪讨薪等引发了数量众多的社会冲突和社会抗争事件,使得各级政府多年来一直置身于"维护社会稳定"的"战斗"之中。然而,在"维稳"工作中,政府尤其基层政府却一直处于两种尴尬之中,即工作责任的"双重压力"和承担角色的"双重困境"。在"双重压力"与"双重困境"构成的"双重尴尬"之下,基层政府维护社会稳定思想僵化,动力丧失,陷入"刚性维稳"[②]模式。

那么,社会冲突的衍生与爆发是否存在一种统一的解释机理?维稳模式有怎样的效果与缺陷?如何寻求一种有效而科学的社会冲突治理模式,便成为一个十分紧迫而意义重大的课题。

二、社会冲突研究回顾

(一)西方学者关于社会冲突的研究

西方学者从经济、政治、文化、社会等不同的学科角度对社会冲突进行了深入研究,大致可以分成三个视角。

首先是关于社会结构视角的研究。西方学者认为社会冲突产生的基础动因之一是社会的分层结构。冲突研究鼻祖卡尔·马克思(Karl Marx)认为"至今一切社会的历史都是阶级斗争的历史"[③],人类发展的最终目标是进入无冲突的大同社会。韦伯创造性地建立了阶层冲突理论。他以经济地位、政治权力和社会名望为维度将社会群体进行分层,并将社会的权威结构划分为传统权威、个人权威、法理权威三种状态,形成其阶层冲突理论的核心观点。C.赖特·米尔斯认为白领阶层(中产阶级)看起来逐渐占据主导地位,但"究其本质却是一种缺乏身份认同,内心没有安全感的社会散漫阶层"[④],是一种"组织化的不负责任"[⑤]。

其次,关于冲突功能视角的研究。齐美尔在其代表作《冲突论》中创立了形式冲突理论,对社会冲突的积极功能和消极功能进行了全面分析,认为人们最常见的交往方

---

① 2013年全球清廉指数新加坡排名第5,而我国只排在第80位。参见:徐林."花园城市"的"管"与"治":新加坡城市管理的理念与实践[M].北京:中国社会科学出版社,2016:3.

② 于建嵘.当前压力维稳的困境与出路——再论中国社会的刚性稳定[J].探索与争鸣,2012(9).

③ 中央编译局.马克思恩格斯选集(第1卷)[M].北京:人民出版社,1995:272.

④ 杨洪远.西方冲突理论对中国和谐社会建设的启示[J].内蒙古财经大学学报,2013(6):113.

⑤ 兰德尔·柯林斯,迈克尔·马科夫斯基.发现社会之旅——西方社会学思想述评[M].李霞,译.北京:中华书局,2006:393.

式便是社会冲突。① 齐美尔之后的现代社会冲突理论逐渐形成观点不同的两个学术流派。一个是"社会冲突理论批判学派",以法兰克福学派为典型代表。他们认为人类经过努力可以实现构建一个"乌托邦"式的理想社会的终极目标,即进入不再以冲突为基础的社会。另一个是"社会冲突理论分析学派",以 L. 科塞、R. 达仁道夫、R. 科林斯等为代表。他们把冲突视为社会本质表现,认为社会冲突无法予以绝对消除,具有永恒性。

第三,关于抗争政治视角的研究。从 20 世纪末开始,抗争政治理论兴起,其理论模式由一系列理论构成,包括"心理怨恨理论"、"日常抗争理论"、"集体行动理论"和"政治过程理论"等。关于心理怨恨理论,西方社会学家以社会心理为研究视角总结出了一系列解释理论,主要包括"挫折—攻击"理论、相对剥夺理论、"J 形曲线"理论、"心智归一"理论、"差距假设"理论等,学界称之为"心理怨恨理论"。而美国学者詹姆斯·斯科特提出了包括"生存伦理"、"弱者的武器"、"日常反抗"、"隐藏文本"等理论,称为农民"日常抗争理论"②。在集体行动研究方面,美国经济学家曼瑟尔·奥尔森从经济学角度对其进行了深入研究,提出了著名的"集体行动"理论。研究政治过程理论的杰出理论家当推查尔斯·蒂利和麦克亚当。蒂利提出用"抗争政治"的概念来替代"社会运动",成为社会抗争研究领域的领军学者。

(二)国内学者关于社会冲突的研究

国内研究大致从社会冲突本体论视角和抗争政治视角探讨社会冲突问题。本体论视角的学者关注社会冲突的涵义、类型、功能及产生原因和消解路径。如周晓虹定义"冲突是指人与人或群体与群体之间为了某种目标或价值观念而互相斗争、压制、破坏,以至于消灭对方的方式与过程"③。郑永年将社会冲突分为"非常一般性的社会冲突、经济利益冲突、非物质利益的政治冲突和完全非物质利益的冲突"四个大类④。学者们认为社会冲突具有社会"安全阀"和矛盾排气孔的良性功能,并判定目前中国的社会冲突还不足以对社会造成根本性和颠覆性的破坏。关于社会冲突产生的原因,燕继荣概括为"利益结构失衡、制度供给不足、心理落差"三个方面⑤。针对当前社会冲突的不同特点,研究者给出了社会冲突不同的消解办法和路径,如于建嵘提出了如何建立中国社会的"韧性稳定"的思路⑥。

---

① Simmel G. Conflict[M]. trans, Kurt H. Wolff, Glencoe, Ⅲ, The Free Press, 1955.
② 詹姆斯·斯科特. 弱者的武器:农民反抗的日常形式[M]. 郑广怀等,译. 南京:译林出版社,2007:35.
③ 周晓虹. 现代社会心理学[M]. 上海:上海人民出版社,1997:317.
④ 郑永年. 对中国的社会冲突要有清醒的认识[N]. 联合早报,2007-12-18.
⑤ 燕继荣. 诊断群体事件的政治学依据[N]. 学习时报,2009-11-09.
⑥ 于建嵘. 当前压力维稳的困境与出路——再论中国社会的刚性稳定[J]. 探索与争鸣,2012(9):6.

着眼于社会抗争研究的学者一般从四个角度来研究社会冲突,一是"工具视角",这是一种经济学取向。学者们从抗争工具角度提出了"以法抗争"、"以势抗争"、"以理抗争"、"以身抗争"、"以气抗争"等概念①。二是"地位视角",这是一种政治学取向。如冯仕政认为人的社会经济地位的高低决定其对环境危害作出抗争的可能性的大小②。三是"情感视角",这是一种心理学取向。如李培林认为由利益受损导致的不公平感和对社会现状的不满才是抗争行为产生的直接根源③。四是"角色视角",这是一种社会学取向。学者们以抗争行动的主体来观察当今中国每一个阶层进行过或正进行着的抗争行为,比如权益受损农民上访、失业工人维权、移民安置矛盾、农民工维权、小区业主维权、环保人士抗议等。

(三)简要评述

西方社会冲突理论研究在以下几方面应予肯定与借鉴:一是关注和重视对社会冲突基本理论的研究。二是在研究态度上直面西方社会现实问题,把理论研究建立在社会矛盾与冲突的现实基础之上。三是西方社会冲突理论刻有鲜明的时代烙印,反映同时代西方社会方方面面发展的特性。

基于西方资本主义社会发展现实而建立起来的冲突理论也有着不可回避的缺陷与不足:第一,主要理论流派都抛开经济这个基础层面来研究和讨论社会矛盾和冲突,将社会冲突理论的成果建立在政治、文化、心理等社会上层范畴的基础之上,缺乏稳固的(广义的)社会根基。第二,方法论模式上存在向度单一现象。第三,研究者的研究思维主观性过强,缺少历史辩证法思想。

国内学界从社会冲突的涵义、分类、功能、产生原因、消解路径等方面进行了较为深入的研究。总体来说,研究内容丰富,研究模式多元,研究对象多样,研究方法具有混合性,取得了一些理论成果。但是,国内社会冲突提出的理论结果零散化,尚未形成本土化的社会冲突系统理论。具体存在以下几方面的不足:对社会冲突产生机制的深层研究不多,主要囿于表层原因研究;对社会冲突发展的新变化研究不多,主要局限于现有冲突形态研究;对社会冲突的创新研究不多,主要表现为重复性研究;研究社会冲突的理论文献较多,但对冲突治理的实践效果不佳;冲突研究的理论成果孤立化、碎片化、零散化;远未形成中国特有的关于社会冲突的系统理论体系。

---

① 李德满.十年来中国抗争运动研究评述[J].社会,2009(6);王国勤.当前中国"集体行动"研究评述[J].学术界,2007(5).

② 冯仕政.沉默的大多数:差序格局与环境抗争[J].中国人民大学学报(哲学社会科学版),2007(1).

③ 李培林等.社会冲突与阶级意识:当代中国社会矛盾问题研究[M]北京:社会科学文献出版社,2005:262.

三、建构社会冲突衍生模型及治理框架

（一）基本假设

本研究的基本假设是：一、社会冲突作为一种客观的社会运动现象，其产生、表现与消解都是受某种特定社会运动规律支配的；二、社会冲突主体的特点是，在社会心态方面是非理性的，而在对利益、权利、公正等稀缺社会资源的诉求方面却是理性的；三、作为构成政府等社会管理机构的个人同冲突主体一样是理性的"经济人"，"政府失败"是治理者个体自利偏好的宏观积累结果。

（二）理论参数的构建

1. 独立参数

（1）社会压力场域 F_s

宏观社会环境中的各种社会问题汇集成的压力源对社会主体形成社会压力充斥着整个社会时空，形成一个广泛而稳定的场域，本文将其称作"社会压力场域（field of social stress）"，用 F_s 表示。从社会心理学角度来看，社会压力的压力源就是现实社会中客观存在的一个个社会问题。

社会压力在社会主体中的分布特点是：在社会压力场域中每个社会主体所受社会压力大小与其所处的社会地位大致呈反向变化（但并非是反比关系）的函数关系。如果将社会各阶层所能承受的平均社会压力的最大值绘成二维图形，则形成一条 π 状的"临界社会压力曲线"，如图 1 所示。

（2）社会痛苦指数 v_s

社会痛苦（social misery）是当今社会普遍存在的一种广义的社会心理现象，是在"社会压力场域"作用下表现出的不满、苦闷、烦躁、焦虑、失衡、愤怒等心理冲突，是一种社会性的负面情绪，是社会主体对社会压力的应激反应和对自身保护性心理防御，是产生社会冲突的心理动因。社会痛苦的施加者是社会压力场域，而其承受对象是社会的全部社会主体；综合来说，社会底层承受着以生计压力为主的内容更多、程度更深的社会痛苦。社会痛苦的存在与分布具有普遍性、永恒性、相对性和非均衡性。

"社会痛苦指数（social misery index）"反映具备特定群体心理惯性的社会主体在社会压力场域下经过一定时间的积累后，对社会压力场域的可承受度的高低，用 v_s 表示，本文规定：

$$v_s = \left(\int F_s \mathrm{d}t_s \right) / m$$

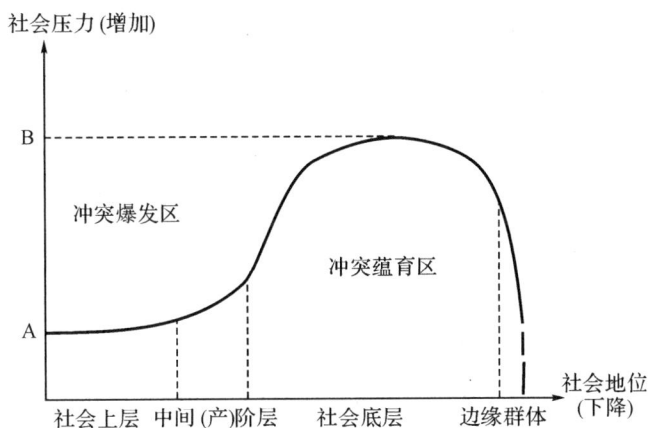

图 1　临界社会压力曲线

其中,F_s 为社会压力场域,t_s 为痛苦积累时间,m 为群体心理惯性[①]。

社会痛苦指数由低到高可定性表达为:从众→可容→怀疑→劣化→焦虑→恐惧→冒险→愤怒→过激→敌对等 10 个指标,如表 1 所示。

表 1　社会痛苦指数的定性指标

社会痛苦指数				$v_s = (\int F_s \mathrm{d}t_s)/m$						
定性指标	从众	可容	怀疑	劣化	焦虑	恐惧	冒险	愤怒	过激	敌对
指数表征程度	低度			中度				高度		
冲突爆发趋势	矛盾产生			矛盾积累				冲突爆发		

社会痛苦指数是一种负面指数,它不同于正面指数,如"国民幸福指数"。

(3)群体趋利动力 F_i、群体趋利指数 v_i

趋利性是人的本能和社会生活的基本动力,它会对社会主体产生某种客观存在而又无影无形的"力",本文称其为"群体趋利动力",用 F_i 表示。群体趋利动力对社会主体的影响程度大小用"群体趋利指数"v_i 来表示,并作如下规定:

$$v_i = (\int F_i \mathrm{d}t_i)/m$$

其中,t_i 为趋利积累时间;m 为群体心理惯性。

群体趋利指数 v_i 表征具有一定群体心理惯性的社会主体在群体趋利动力 F_i 作

---

① 痛苦积累时间 t_s 及群体心理惯性 m 见接下来的分析。

用下经过一定时间 t_i 的积累,从而达到对利益渴望的高低程度。

(4)群体心理惯性 m

对"群体心理惯性"的定义是:群体心理惯性是社会主体具备的保持自身原来的社会心理状态能力大小的综合特质。群体心理惯性用 m 表示。

决定群体心理惯性的大小有两个方面:一是群体成员数量的多寡;二是群体成员在社会心理方面的素质高低。

(5)痛苦积累时间 t_s、趋利积累时间 t_i、冲突持续时间 t_c

社会主体在社会压力场域中因社会压力而承受社会痛苦的时间即为"痛苦积累时间",用 t_s 表示。

社会主体受群体趋利动力作用而渴求社会利益但又无法满足的忍耐时间称为"趋利积累时间",用 t_i 表示。

社会冲突或抗争性冲突发生并持续的时间是"冲突持续时间",用 t_c 表示。

(6)社会心理落差 S_s、趋利心理落差 S_i、抗争诉求落差 S_c

社会现实与社会主体主观期望之间的差距称为"社会心理落差",用 S_s 表示。

社会主体对利益的渴求目标同当前利益缺损状态之间的差距称为"趋利心理落差",用 S_i 表示。趋利心理落差是群体趋利动力 F_i 的形成梯度。

抗争性冲突发生时冲突各方对冲突目标要求,或者抗争主体对利益的诉求目标与抗争对象的回应之间的差距,称为"抗争诉求落差",用 S_c 表示。

(7)抗争冲突力度 F_c

在抗争性冲突发生的过程中,抗争主体为了使抗争对象感受到抗争行动的压力,根据冲突目标大小决定采用的大小不同的冲突力度,叫作"抗争冲突力度",用 F_c 表示。

2. 合成参数

合成参数虽然并非社会冲突的直观表象,但却是社会冲突衍生机理的社会物理学理论模型建构的必要抽象。

(1)社会压力冲量 I_s、群体趋利冲量 I_i、抗争冲突冲量 I_c

"社会压力冲量" I_s 的定义是:某社会主体在社会压力场域中所受社会压力 F_s 在痛苦积累时间 t_s 内的积累量,是一个过程量。用公式表达为:

$$I_s = \int F_s \mathrm{d}t_s$$

对社会主体而言,社会压力冲量是社会压力的"潜在的""社会外力"对时间的积累,其结果是增加了社会主体的社会痛苦负面心理状态。

"群体趋利冲量" I_i 的定义是:某社会主体所受的群体趋利动力 F_i 在趋利积累时间 t_i 内的积累量,是一个过程量。用公式表达为:

$$I_i = \int F_i \mathrm{d}t_i$$

对社会主体而言,群体趋利冲量是利益驱动的"现实的""本能内力"对时间的积累,其结果是增加了社会主体的利益渴求心理状态。

"抗争冲突冲量"I_c 的定义是:社会抗争主体爆发的抗争冲突力度 F_c 在冲突持续时间 t_c 内的积累量,是一个过程量。用公式表达为:

$$I_c = \int F_c \mathrm{d}t_c$$

社会抗争的爆发过程中,抗争主体采用的抗争冲突力度持续一定过程,其结果是对社会秩序产生破坏,同时短时提升抗争对象所受的社会压力,迫使其针对冲突主体的抗争诉求予以回应。

(2)社会痛苦动量 P_s、群体趋利动量 P_i

"社会痛苦动量"P_s 的定义是:某社会主体的群体心理惯性 m 与其在社会压力场域下承受的社会痛苦指数 v_s 的社会积①,是一个状态量。用公式表达为:

$$P_s = mv_s$$

社会痛苦动量反映的是社会主体因社会场域长期作用而可能发生冲突的趋势大小。

"群体趋利动量"P_i 的定义是:某社会主体的群体心理惯性 m 与其群体趋利指数 v_i 的社会积,是一个状态量。用公式表达为:

$$P_i = mv_i$$

群体趋利动量反映的是社会主体因利益的诱导作用而可能发生冲突的趋势。

(3)社会压力势能 E_s、群体趋利势能 E_i

"社会压力势能"E_s 的定义是:社会主体在社会压力场域中受到的社会压力 F_s 对社会心理落差 S_s 的积累,是一个过程量。用公式表达为:

$$E_s = \int F_s \mathrm{d}S_s$$

"群体趋利势能"E_i 的定义是:社会主体受群体趋利动力 F_i 作用下,在趋利心理落差 S_i 路径上的积累,是一个过程量。用公式表达为:

$$E_i = \int F_i \mathrm{d}S_i$$

(4)社会群体动能 $E_{s,i}$、抗争冲突动能 E_c

"社会群体动能"$E_{s,i}$ 的定义是:社会主体的群体心理惯性 m 同社会痛苦指数 v_s 及群体趋利指数 v_i 两个指数之社会积($v_s v_i$)的社会积,是一个状态量。用公式表达为:

---

① 本文在这里建构"社会积"这一专门术语,特指两种或两种以上社会现象之间相互放大的整体作用。

$$E_{s,i} = m(v_s v_i)$$

社会群体动能是社会主体蕴含社会冲突能量大小的度量。

"抗争冲突动能"E_c的定义是:社会冲突主体在抗争冲突过程中其抗争冲突力度F_c在抗争诉求落差S_c的路径上的积累,是一个过程量。用公式表达为:

$$E_c = \int F_c \mathrm{d}S_c$$

社会冲突尤其抗争性冲突中释放的冲突能量多少,也意味着抗争冲突主体为了实现抗争冲突诉求而采用某种程度的抗争冲突力度的过程。

为方便选取与应用,将构建的表述社会冲突衍生机理的相关理论参数以表格形式集中起来,见附表。

(三)社会冲突动力学定理建构

借用社会物理学形式,可以建构本文的核心理论——"社会冲突动力学定理"。社会冲突动力学定理由"社会冲突动量定理"和"社会冲突动能定理"两个基本定理构成。

1. 社会冲突动量定理

社会主体处于社会压力场域中受到的潜在的社会压力冲量同社会利益矛盾产生的现实的群体趋利冲量相结合,嬗变为社会主体蕴含的由社会痛苦动量和群体趋利动量组成的强烈的综合负面情绪,这种情绪积累到一定状态,爆发冲突矛头指向社会主要管理者的抗争性社会冲突,直至积累的愤懑状态通过释放抗争冲突冲量得以全部消解;当然,这种释放与消解的交换条件是抗争冲突对象(社会主要管理者)一定程度地满足冲突主体的利益诉求及情绪发泄,以使后者适量消解社会压力,满足趋利本能。

从社会学角度看,社会冲突动量定理既揭示了社会冲突衍生的机理,又描述了社会冲突孕育与生发的过程。由深层背景压力与现实具体动力结合,是社会主体产生社会负面心理情绪的动因;而这种社会负面心理情绪的积累与增长是社会冲突爆发的源泉,这便是社会冲突产生的过程及机理。

社会冲突动量定理可以表示为公式:

$$\int F_s \mathrm{d}t_s + \int F_i \mathrm{d}t_i = mv_s + mv_i = \int F_c \mathrm{d}t_c; 即 \ I_s + I_i = P_s + P_i = I_c$$

(公式的推导过程见附录1)

2. 社会冲突动能定理

社会主体在社会压力场域中受社会压力的作用,积累起潜在的能量;在追逐社会利益的过程中,积累起现实的能量。这两种能量综合起来形成社会主体的某种较高程度的情绪能量状态,即社会群体动能。当社会群体动能积累到临界程度后即爆发社会冲突。在社会冲突过程中社会主体将具有的社会群体动能通过冲突过程中的各种对抗方式以抗争冲突动能形式予以释放;社会群体动能积累得越高,释放的抗争冲突动能就越大,对社会秩序的破坏作用即产生的社会影响力也就越大。从社会学角度看,社会冲突动能定理是以社会能量形式描述社会冲突的孕育、发展及爆发,是判定社会冲突孕育规模和发生强度的工具。

社会冲突动能定理可以表示为公式:

$$\int F_s \mathrm{d}S_s + \int F_i \mathrm{d}S_i = m(v_s v_i) = \int F_c \mathrm{d}S_c; 即 E_s + E_i = E_{s,i} = E_c$$

(公式的推导过程见附录2)

(四)社会冲突治理的理论分析框架

根据社会冲突动力学定理,可以提出关于社会冲突治理的理论分析框架。在此之前,先对抗争性冲突进行量级划分,以定性衡量社会冲突的社会影响力大小。按照抗争性冲突的社会影响力由小到大的顺序,可将其分为五级,如表2所示。

表2 抗争性冲突的社会影响力的量级划分

分级	分类	具体表现	抗争冲突力度 F_c	抗争冲突冲量 I_c	抗争冲突动能 E_c
一级	社会不满	怀疑、抵触、辩论、争吵、造谣、网络扩散	小	弱	低
二级	非正常上访	个访、缠访、闹访、越级上访、集体上访	中	中	中
三级	集体抗议	静坐、"签名"、"散步"、游行、敏感地聚集、罢工	较大	较强	较高
四级	群体性事件	围攻党政机关、阻断交通、阻碍执法、打砸抢烧	大	强	高
五级	极端行为	自杀、仇杀、爆炸、其他犯罪行为	极大	极强	极高

为了构建起社会冲突治理的理论分析框架,首先需要对影响社会冲突治理的维度进行分析。与治理效果具有相关性的维度主要有:治理主体、治理理念、治理对象、治理方式、治理手段等。其中相关性最高的是治理主体和治理方式两个维度。

治理主体主要包括第一部门(政府)、第二部门(企业)、第三部门(NGO及NPO)、社会自治组织以及社会公民;当前政府是最重要、最关键的治理主体。治理方式则是一个侧重于战略意义角度的维度,是对社会冲突进行处置的各种治理理念和治理方法与手段的总和。从治理时机来看,一是对冲突爆发期进行应急处置的末端处置方式;再是同时对冲突爆发期和冲突衍生期进行冲突治理的方式,后者称为社会冲突综合治理方式。

从社会冲突治理主体和治理方式两个维度着手,可以建构一个简洁的社会冲突治理的理论分析框架,即不同的社会冲突治理模式。以治理主体为纵轴,治理方式为横轴,可得到一个二维坐标平面:纵轴(治理主体)的负半轴代表以第一部门(政府)为唯一治理主体,而正半轴代表多元治理主体;横轴(治理方式)的负半轴代表冲突的末端处置方式,正半轴则代表社会冲突综合治理方式。

纵轴(治理主体)与横轴(治理方式)将坐标平面分隔为四个象限,并相应形成四种社会冲突治理模式,如图2所示。第三象限表征以政府为单一主体对显性社会冲突的末端处置模式,即当前国内占据主导地位的冲突处置模式——"维稳模式"。第二象限表征以政府为主的多元主体对爆发期的社会冲突进行协同治理,本文称之为"协稳模式"。第四象限表征以政府为关键治理主体,既重视社会冲突的"事件-应急"处理,又探寻从源头上消解冲突滋生的原因与要素,这便是学界追求的"创稳模式"。第一象限是多元主体有机协调的治理模式,既重视社会矛盾与社会冲突的微观应急处置,更从战略高度上调整社会结构和属性,将社会压力场域维持在合理水平,建构社会良性发展秩序,以期真正实现善治目标。这是本文倡导的"恒稳模式"。

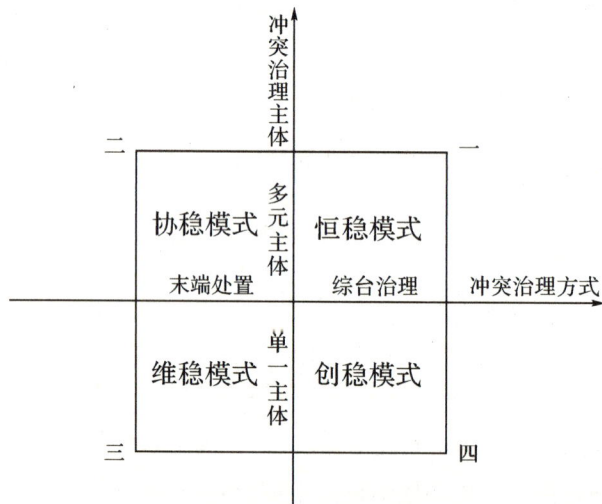

图2 社会冲突治理模式

四、案例解析与政策逻辑推演

当前政府是社会冲突处置的主角,并形成了社会冲突的实然治理模式——维稳模式。从社会冲突治理的理论分析框架可以看到,维稳是单一主体即政府在压力型体制下对社会冲突进行的应急处置,应用的是末端处置方式。为了研究维稳模式对社会稳定的正面贡献与负面局限,本节将视角聚焦到两个具体案例之上。

(一)维稳:实用主义的冲突治理模式

案例一:L镇区划调整历史遗留问题的解决①

2003年9月,CQ市CS区进行乡镇行政区划调整,将原A镇、原B乡及原C乡等三个乡镇合并为新的L镇,镇政府办公地点定在原B乡政府所在地的B场②。这引起了原A镇政府所在地的A场上很多群众的强烈不满,他们觉得新的镇政府驻地设在B场,将使A场的发展停滞不前,必将会影响他们的切身利益。

2004年元旦,千余名A场的群众聚集到B场,将镇党委、人大、政府、纪委、武装部等五块牌匾从镇政府大门强行取下,带回悬挂到A场原A镇政府楼外墙上,并焊以粗密牢实的钢筋防盗网,还派人轮流昼夜看守。考虑到问题的群众性和复杂性,在比较长的时间里CS区没有采取强制摘回牌匾的解决方案。

在随后的几年里,A场群众多次聚集到镇、到区、到市、进京上访,多次发生程度不同的群体性事件;村民们同CS区、L镇政府长期激烈对峙超过六年,成为长期困扰CQ市、CS区、L镇的"区划调整历史遗留问题"。

六年里,L镇机关干部按区镇两级要求,放弃节假公休日,全力投入"维稳"的"政治任务"中。2009年11月9日,CS区委、区政府组织了拆除原A镇政府办公楼的行动,从而结束了L镇政府牌匾的"非法""异地悬挂"的尴尬。

通过近几年的努力,L镇已基本走出了以维稳为主的局面,全镇的综合发展逐渐进居CS区前列。

案例一的具体微观视角能解读出的初步结论是:基层政府的维稳模式是一种实用主义的政治稳定机制,它在解决社会冲突过程中发挥着平衡功能、驱动功能和消融功能,这是维稳模式对社会稳定的实际效果或者说正向作用,也是维稳被基层政府广泛采用作为抗争性冲突处置方式的根本原因。

具体讲,维稳模式具有以下实用主义的功能:一是对社会冲突的暂时化解。维稳模式一个最突出和最实用的功能就是对社会冲突进行灭火式的消解。依靠强大而便捷的行政资源,往往能解决危机或控制事态发展。尤其在对于突发性危机事件的快速化解、基层社会矛盾纠纷的有效化解以及基层信访案件的重视和处理方面收到较好效果。二是对社会管理形成表层稳定状态。学界称之为"刚性稳定"。对处于社会转型

---

① 此案例为作者真实工作经历之田野记录;按照学术规范,隐去了有关人名地名的真实称谓。

② 在CQ市等南方地区,将乡镇集贸地称为"场",等同于北方地区的"集";村民逢规定日自发集聚称为"赶场",等同于北方地区的"赶集"。下同。

期的中国而言,获得一个较为平稳的发展环境是执政党和政府期望的第一目标,其次才能追求稳定的质量。换句话说,刚性稳定虽是权宜之计,也能差强人意。在社会面上稳定的前提下,再逐步追求稳定的质量,乃是目前基层无法选择的社会管理之路。三是各级政府完成政治任务,并形成社会宏观稳定的政治舆论导向。由于各级政府均采用相同的压力维稳这一普遍方式,在客观上制造了浓厚的"泛维稳"政治空气,使全社会形成了执政党对政治稳定确定和坚定的舆论导向,从唯结果论来讲,有助于社会面上的稳定。四是政府提高了社会管制的技术能力和路径依赖性。政府在长期高密度和高强度的维稳"训练"中练就了一身实用的"技战术能力",能较为有效地对大多数突发危机事件进行应急处置。同时,如流水线程序一样几乎固定的维稳程式,又使政府形成处置社会冲突的路径依赖;当然某种程度上这种路径依赖既有省却行政资源的作用,又会对维稳目标要求达到的效果产生不利影响。

但通过案例一同样可以看出:维稳模式是压力型体制的必然选择;维稳达成的是社会表层稳定的目标;刚性稳定效果是基层政府无奈的追求。

(二)进退维谷的维稳模式

案例二:CS 区 W 镇"7.29"事件处置①

2009 年 7 月 29 日上午,CQ 市 CS 区 W 镇个体养殖户易××家族与当地的大洪湖水产公司之间因争夺养殖利益而发生恶性群体械斗事件,造成一人死亡、数人受伤,继而引发多起围攻区镇党政机关、在公众场合滋事等事件。这就是震惊 CQ 市的 W 镇"7.29"事件。

"7.29"事件发生后,在较长时间内对 CS 区的社会稳定带来一系列不良影响。一是易××家族的不稳定因素。易××之子易某死亡使易家受到强烈打击,易家接连组织亲属扭访、攻击各级国家机关;收集炸药、扬言制造更大事件进行报复。二是 CQ 市大洪湖水产有限公司董事长程××因组织暴力斗殴被依法逮捕后,100 余股东情绪极不稳定,多次到区镇政府上访。三是"7.29"事件爆发后,多名干部因对事件的领导不力或处置不力而被追究党纪、政纪甚至刑事责任;其本人及家属思想不通,多次到区、镇相关部门及领导处过激信访,给事件的后续处置及 W 镇社会稳定造成较大负面影响。

经过 CQ 市、CS 区、W 镇各级、各部门历经一年多的艰苦努力,对"7.29"事件作出了刑事和行政处理;又花去几年时间,才使"7.29"事件给 CS 区社会稳定造成的影响逐渐式微。

案例二的初步解读:一是基层政府维稳思维简单化。政府运用的是"政府的行政

---

① 按照学术规范,本案例隐去了有关人名地名的真实称谓。

决策就是一切"的潜在思维,将行政体制内部压力型机制运用到体制之外;预判意识弱化,缺乏深层思考能力。可以说,在中国以基层政府作为社会冲突治理主要主体的特殊国情下,基层政府的疏漏是社会冲突多发的一个很重要原因。二是基层政府维稳手段单一化。以"管、控、压"的方式和拖延的态度对待即将爆发的冲突;工作流于形式,未从冲突双方的合法利益权利及对利益追求的狂热情绪方面考虑;甚至态度消极,推诿搪塞,寄希望于矛盾的自然消解与事态的自行平息。尤其是过分依靠警力进行强力维稳,缺少冲突处置必要的情感因素。三是基层政府维稳结果异质化。压力型体制下的基层任何工作都"唯权"或者"唯上";绝大多法律条文被一些下位的细则、办法、条例甚至红头文件替代或稀释,背离了依法处置涉法性社会冲突的基本原则,造成处置和调解及审判工作结果异质化。

(三)维稳局限的理论分析

维稳模式的学理局限主要表现在维稳思维局限、维稳机理局限及维稳结果局限三个方面。

1. 维稳思维局限

根据社会冲突动力学定理,两个公式的右端均是冲突爆发的表征量:抗争冲突冲量 I_c 表征了抗争冲突的冲击强度;抗争冲突动能 E_c 表征了抗争冲突的破坏性程度。两个表征量都表示了冲突对社会不良影响大小,是对社会稳定威胁的最直观的表征。而抗争性冲突对社会稳定的"不良影响"正是政府最为敏感并为之神经紧绷的问题,因为它佐证了政府惯性思维中的"不稳定幻象",即:凡是现实基层社会发生的矛盾冲突,包括各种群体性事件及权利受损主体的社会抗争行为都是社会不稳定或者说社会动荡,都对社会稳定造成破坏。

"不稳定幻象"广泛充斥于各级政府,导致了政府追求社会秩序绝对稳定的主导思维,即追求"以垄断政治权力为目标、以僵硬稳定为表象、以国家暴力为基础,以控制社会意识和社会组织为手段[①]"的"刚性稳定",这是一种社会"不稳定平衡"的结构,如图3(a)所示;无法形成社会韧性稳定所固有的"稳定平衡"的结构,如图3(b)所示。为了消除敏感的不稳定因素,只有运用压力型体制来实现从中央到地方的维稳压力传递;而基层政府只能频繁使用高压手段来维持表层稳定,将压力简单粗暴地传递给抗争冲突主体即民众;而随着民众不会甘愿承受权利受损的事实,会以抗争性冲突的形式将压力返回各级政府。以上过程形成了压力传递的一个封闭圈,这便是越维越不稳的"维稳怪圈",如图4所示。

---

① 于建嵘.当前压力维稳的困境与出路——再论中国社会的刚性稳定[J].探索与争鸣,2012(9):3.

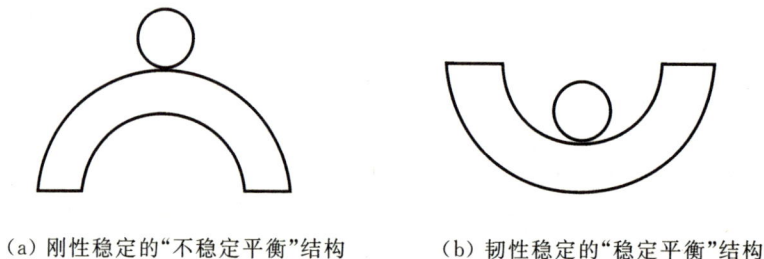

（a）刚性稳定的"不稳定平衡"结构　　　（b）韧性稳定的"稳定平衡"结构

图 3

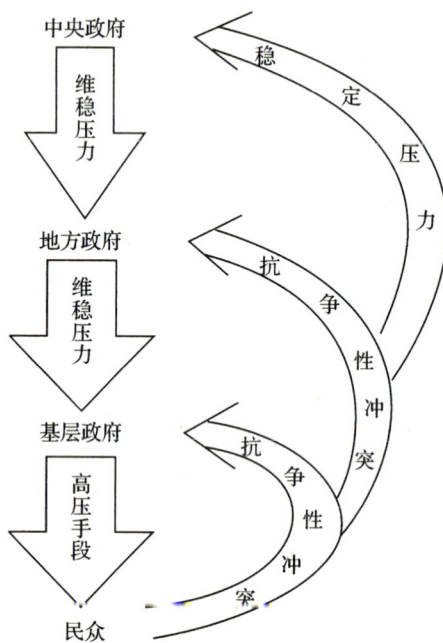

图 4　"维稳怪圈"示意图

2. 维稳机理局限

根据社会冲突动力学定理，即：

社会冲突动量定理：$I_s + I_i = P_s + P_i = I_c$；

社会冲突动能定理：$E_s + E_i = E_{s,i} = E_c$，可以对维稳机理进行学理分析。

首先是政府维稳行为所依据的原理。抗争冲突爆发前，或冲突已然爆发之时，政府作为抗争冲突的对象或第三方介入冲突处理之中。很明显：维稳行为对冲突处置在介入阶段上依据的原理是社会冲突动量定理之"抗争冲量定理"，即：$P_s + P_i = I_c$。在维稳过程中,政府对抗争冲突进行处置时需要动用多少行政和社会资源,要以抗争冲突的不同强度作为度量标准。因而政府的维稳行为决策依据的原理是社会冲突动能定理之"抗争动能定理",即:$E_{s,i} = E_c$。

其次是政府维稳手段的局限性。众所周知,政府的目标是让抗争冲突力度 F_c 尽量减小,即减少冲突的社会影响力或抗争对社会秩序的破坏力。为了达到这个目标,政府有以下几个选择分别或同时入手:一是延长冲突持续时间 t_c。通过对抗争诉求的有意或者消极的拖延,来使抗争者身心倦怠,从而达到减小抗争冲突力度 F_c 的目标。二是减少群体心理惯性 m。有两种方式:或者努力使参与群体性事件的人数减少,或者想法"化解"抗争冲突的骨干分子。三是试图降低民众的社会痛苦指数 v_s 和群体趋利指数 v_i。社会痛苦指数 v_s 是在社会压力场域的深层背景下形成的,是维稳模式无法直接解决的指标;而由于群体趋利指数 v_i 是民众对权利、利益的本能渴望,也是难以用满足具体利益的方法进行消解的。四是减小抗争诉求落差 S_c。政府尤其基层政府往往会在两难境地中作出满足民众过高要求的决策,以便迅速"息事宁人",或"案结事了",即政府通过满足抗争诉求落差 S_c 的途径来实现降低抗争冲突力度 F_c。有的学者将基层政府这种违背法律制度而"不惜一切代价"换取刚性稳定的做法称作"政府兜底[①]"。政府的所有维稳工作就是通过对以上相关指标的控制,来完成维稳政治任务。

3. 维稳结果局限

维稳结果的局限表现在外在和内在两个方面。

一是维稳结果局限的外在表现。社会陷入循环性的"维稳怪圈",即始终无法消解社会主体的社会痛苦动量 mv_s 和群体趋利动量 mv_i 及社会群体动能 $m(v_s,v_i)$。因为社会冲突动力定理所描述的过程是从方程的左边向右边演进的单向过程,也即社会冲突的酝酿到爆发的过程是一个不可逆的熵增过程,想通过改变公式右边的参数来改变其左的参数是不可能的。

经过长期积累使得社会不满情绪发生结构性嬗变,形成一种社会矛盾的"冰山"结构,如图5所示。处于转型期的中国,其社会矛盾呈现的是一个"连续统",这个连续统的构成要素是:普遍的社会不满、集体性敌视、具体利益冲突与暴力群体性事件[②]。

在社会冲突动力学定理中公式的右端代表着暴力群体性事件或具体利益冲突,它是社会矛盾"冰山"浮出水面的"冰帽"部分。而真正具有决定意义危险因素的是"冰山"埋在水下的部分,即社会冲突动力学定理公式中间项和最左项,也即集体性敌视或者普遍的社会不满;它们才是可能导致社会稳定巨轮颠覆的主要危险因素。

① 杨华."政府兜底":当前农村社会冲突管理中的现象与逻辑[J].公共管理学报,2014(2).
② 童星.社会管理创新八议——基于社会风险视角[J].公共管理学报,2012(4):87.

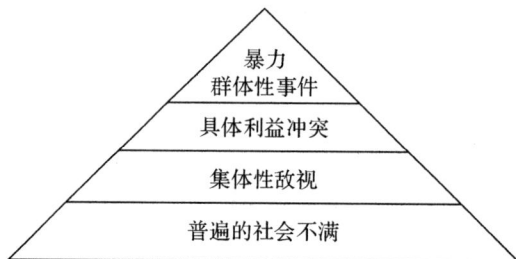

图 5　转型期社会矛盾的"冰山"结构①

二是维稳结果局限的内在表现。维稳结果局限的内在表现是基层政权的"悬浮"与"内卷化"。由于大量的公共资源被用于维稳，而基层政府的发展、民生问题堆积，反过来又加剧了维稳这一政治任务的难度。这样，基层政权因为维稳的政治压力与农村社会渐行渐远，最终成为"悬浮型"政权。同时，由于长期政治体制压力使得维稳性质异化，造成基层政权压力维稳"内卷化"。表现在：一是动用大量财政资金作为公共安全(维稳)费用支出。宏观方面，维稳费用对国家财力造成巨大负担；微观方面，基层政府为维稳开支惊人。二是维稳对象经常和干部发生次生冲突或称"二阶冲突②"。基层干部在政治压力下与抗争民众即维稳对象直接接触，神经高度绷紧，容易说出不当言语甚至做出不当行为，从而爆发二阶冲突。二阶冲突使基层民众对基层政府感情全无，信任尽失，直接导致基层政府合法性的大量流失。因而维稳这种看似加强国家政治稳定的模式实质上形成了政府工作异质化，使政权合法性快速流失。

五、科学进路与政策建议

社会冲突治理应遵循从刚性稳定到韧性稳定、从暂时稳定到持续稳定、从外控稳定到内生稳定、从压力稳定到法治稳定、从以事为本到以人为本的基本原则与科学理念。总的来说，应当在社会冲突治理的理论分析框架指导下，从实现冲突治理主体多元化和冲突治理方式综合化两个维度上下功夫。

(一)实现社会冲突治理主体多元化

社会冲突治理主体应该包括以政府为主的公共部门、以企业为主的第二部门、以NGO为代表的第三部门以及私人部门。

---

① 图片来源:童星.社会管理创新八议——基于社会风险视角[J].公共管理学报,2012(4):87.
② 常健,韦长伟.当代中国社会二阶冲突的特点、原因及应对策略[J].河北学刊,2011(3):116.

在中国现有特定国情下,发挥政府对社会冲突治理的能动及统领作用尤为关键。当前政府尤其基层政府普遍困囿于行政缺位、行政越位与行政错位的角色失范之中,最为紧迫的任务是实现政府角色突围。各级政府应以建设"法治政府,责任政府,廉洁政府,高效政府,服务政府,有限政府"为其角色定位的战略目标,并沿着目标所需要的路径不偏不废地践行,早日实现各级政府的角色回归,在社会冲突治理中发挥最为关键和主要的作用。

政府是由公务员个体构成的公共组织,公务员群体的综合素质决定了政府整体能力;因而政府要实现角色突围,关键是实现公务员群体整体综合素质的提升。首先是对公务员进行核心价值观的内生性培育。这对公共权力的正确使用、公共利益的正当维护都具有绝对的指导作用。其次是强化行政伦理意识。要把行政伦理作为公务员奖惩、升降、任职的必要条件,恰当运用公务员作为理性人的利益函数原理,不断提高公务员的伦理意识和伦理实践能力。再次是树立民本服务意识。要规范权力的运用形式和程序,让为官者不敢、不能、不愿滥用手中权力,实现"将权力关进制度的笼子"。最后是进行知识结构的更新。提升学习意愿和学习能力是提升公务员综合素质、增强政府行政能力和正确履职的重要抓手和途径。

在社会冲突治理过程中,社会组织是冲突治理的有效和重要的主体。要根据当前基层社会冲突治理的形势需要,进行现代社会组织发展的战略部署,并制定科学可行的发展规划,有计划地让各种适合的社会组织参与到社会冲突治理过程中来,有效构建各级政府与社会组织协同治理的关系。基层政府在进行拆迁补偿、土地征用、法律援助、环境保护、维权教育等工作时,搭建适宜的平台引导社会组织加入,充当中间媒介或进行业务技术服务,可以过滤分散化的个人利益诉求并对其按社会治理需要进行整合,并代表民众向政府集中反映社情民意,能使利益表达渠道中的梗塞得到有效疏通,提高沟通效率。应特别建议的是,作为一个超过半数人口的拥有六亿多农民的国家,农民为新中国的建立和社会的发展作出了其他阶层无法比拟的牺牲和贡献,但却没有一个代表这个庞大弱势群体的社会组织为之代言。故应当大力培育代表农民利益的非政府组织的成长;如建立农会,使农民有专门为自己的权利和利益代言的代表组织。这不但不会造成对政权的危害,还会推进农民素质提高和实现农民对社会发展的更大贡献。

社会民众的有效参与也是社会冲突多元共治的重要内容。传统的维稳模式与机制最主要的维稳对象就是社会民众,基层政府在维稳过程中不经意地就站到了民众的对立面上,习惯于在官僚系统下运作和在官僚作风下办事;或者由于沟通理解渠道不畅,民众也习惯性地把政府视为强势集团或利益既得者的代言人,对政府的一些真诚意见和务实做法也总是采取置疑态度,加重了冲突处置过程中的沟通成本及处置效果。当前紧要的是充分保障社会民众理性表达利益诉求,尊重民意,遵从民愿,主动引导社会民众作为社会稳定主体,建立社会民众有效参与的机制和平台。政府与社会民众就权利、利益和共同关心的议题在法制框架下进行平等对话、充分协商,能实现社会冲突的有效治理。

(二)科学进路:从"维稳"到"恒稳"

由本文构建的社会冲突动力学定理,即

$$
\begin{cases}
\text{社会冲突动量定理}: \int F_s \mathrm{d}t_s + \int F_i \mathrm{d}t_i = mv_s + mv_i = \int F_c \mathrm{d}t_c \\
\text{社会冲突动能定理}: \int F_s \mathrm{d}S_s + \int F_i \mathrm{d}S_i = m(v_s v_i) = \int F_c \mathrm{d}S_c
\end{cases}
$$

可以知道,在复杂社会巨系统下,社会冲突的衍生既有社会压力场域的宏观背景作用,也有群体趋利冲量的中观动因,更有具体突发事件为导火索的微观引燃点。社会冲突的衍生过程的复杂性使得对冲突治理的建议进路必然要求全面性。因而社会冲突治理模式转变的科学进路是:将消极被动的"维稳"模式吸收"协稳"模式多元治理主体之长,向积极主动的"创稳"模式转变,并最终实现"恒稳"模式,达到科学、内生、平衡、自然的稳定效果,取得社会恒久动态稳定。故以政府为重要主体的社会冲突治理多元主体,既要重视已然发生的社会冲突微观应急处置机制建设,又要妥善推进解决社会问题和降低社会痛苦指数的制度构建与完善,更要按照调整社会结构和属性、推进社会良性发展的宏观战略总纲着重举力,以建构社会良性发展秩序、减低社会压力,真正实现"善治"目标。

1. 微观视角:优化应急处置

在社会冲突的微观处置中,尤其应建立并运用好以下几方面的机制。

一是强化事件应急机制。社会冲突应急处理机制是建立在有效的预警机制基础之上的。社会预警机制的作用机理是选择冲突孕育期与爆发期之间的关键时间点进行介入和干涉,以切断社会痛苦动量和群体趋利动量($P_s + P_i$)向抗争冲突冲量 I_c 的转化。以各级政府为主的治理主体应对可能发生的重大矛盾冲突进行风险评估,并根据风险评估结果科学地制定必要的应急预案。当冲突爆发以后,按照应急预案所确定的程序,使应急行动及时启动并顺利推进,确保冲突事件的快速有效治理。

二是建立疏导缓冲机制。疏导缓冲机制主要运用于两个时间节点:一是对冲突爆发前高度积累的社会群体动能 $E_{s,i}$ 进行疏导,二是对已然爆发的抗争冲突动能 E_c 进行降解;亦即利用社会"安全阀"机制使之作用于冲突爆发时间节点的前后紧密区间。疏导缓冲机制是缓和社会压力和冲突主体激动情绪的良好机制。

三是善用协商妥协机制。协商妥协机制的作用机理是通过合理提高对抗争诉求落差 S_c 的满足度、适度延长冲突持续时间 t_c,来降低抗争冲突力度 F_c,以减小社会秩序破坏程度,并逐渐消解抗争冲突冲量 I_c 和抗争冲突动能 E_c。妥协体现了一种理性内涵,能以非暴力方式化解社会冲突,还能实现冲突双方双赢结果,最终增加了双方的福利。

四是丰富纠纷解决机制。纠纷解决机制的社会物理学作用是通过降低群体趋利指数 v_i 来将群体趋利动量 I_i 和社会群体动能 $E_{s,i}$ 进行适度消解,使冲突的积累被限制在爆发水平以下。应大力提倡和运用非诉讼纠纷解决机制,即 ADR(Alternative Dispute Resolution),因为 ADR 在降低纠纷解决成本方面优势尤其突出,并且具有既解决矛盾冲突的同时还能维系冲突各方在事后的和谐关系。

五是拓宽社会沟通机制。社会沟通机制是有效降低社会痛苦指数 v_s,进而消解社会痛苦动量 P_s。首先是保障公民的思想和言论自由;其次是适度放宽公民的政治自由权利;再次,是建立社会心理扶助系统;最后,扶持专门社会组织(如专门的 NGO、独立中介和专业媒体等)承担社会沟通和信息传递等相关工作,也是提高沟通效率、增强沟通效果的良好途径。

六是重视舆论导向机制。舆论导向机制也能对降低社会群体动能 $E_{s,i}$、消解抗争冲突动能 E_c 产生重要作用。要做到"高举旗帜、引领导向,围绕中心、服务大局,团结人民、鼓舞士气,成风化人、凝心聚力,澄清谬误、明辨是非,连接中外、沟通世界[①]",毫不动摇地执行党管舆论、党管媒体的政策。

2. 中观视角:减轻社会痛苦

从中观视角来看,要降低民众的社会痛苦指数 v_s、降低潜在的社会不满情绪,将可能爆发的冲突逐步地先行消弭,建立一套完备的制度框架和制度体系十分重要和必要。

第一,调节利益分配制度。社会冲突衍生的最重要和最直接的因素是利益动因,调节利益分配制度能有效消解群体趋利动量 P_i。首先,政府要注重正确发挥"看不见的手"的作用,对社会的利益分配机制进行及时有效的改革,建立与时俱进的利益分配制度;其次,加强保障分配公平公正的法律保障机制;再次,要健全社会保障制度,关注和帮扶社会弱势群体。

第二,推进民主决策制度。科学的民主的决策是减少社会矛盾与冲突的结构性要素,原因在于民主决策是消解社会痛苦动量 P_s 的科学有效的制度。应注重以下三方面:一是提高基层民主的推进质量;二是创新机制让基层群众能依法监督政府行政决策与行政行为;三是充分利用现代互联网络的高度信息化和便捷化的桥梁和平台作用,为民主决策的科学制定占领技术上的高地。同时还应注重民主的推行环境及范

---

① 学习小组. 习近平在舆论工作座谈会上说的 48 个字大有来头[EB/OL]. 腾讯新闻"事实派",时政新闻,http://news.qq.com/a/20160220/031457.htm

围,树立民主并非万能的观念。

第三,夯实司法救济制度。司法救济制度是有效化解社会群体动能 $E_{s_{xi}}$ 的结构性工具,因为它既能减小社会痛苦指数 v_s,又能降低群体趋利指数 v_i,并从数量上减小群体心理惯性 m,从而将社会群体动能 $m(v_s v_i)$ 进行化解。首先,要用确保司法公正来强化司法权威,包括推进和完善审判公开的制度、惩治司法腐败行为、建立高素质的法官队伍;其次,要将行政诉讼的受案范围合理扩大;再次,要引导公民理性维权。

第四,健全权力制约制度。权力结构网络是构成社会压力场域 F_s 的重要因素。防止腐败的必要做法是用权力来制约权力。一是加强防止行政权力缺位、越位及错位的相关立法工作;二是建立依法行政的规制机制;三是完善信息公开公示制度;四是坚持依法科学决策制度。

第五,完善民意表达制度。完善民意表达制度是化解社会群体动能 $E_{s_{xi}}$ 的极其有效的方法途径。当前要改善民意表达渠道受阻状况,可行的办法是对已有的人民代表大会制度和政治协商制度进行完善。让人大代表真正能代表人民,使政协能真正反映广大人民群众的利益诉求和意见建议。

第六,规范约束调控制度。实现良好的社会冲突治理应对每个社会成员进行法定的控制和约束,这是一种用制度外力的方式对社会群体动能 $m(v_s v_i)$ 的各个要素(尤其是对群体心理惯性 m)进行化解的方式。社会管理者应该依法通过强制手段控制反社会的力量与行为,才能真正实现维护社会绝大多数成员的利益,保证社会秩序地运转。

3. 宏观视角:降低社会压力

社会冲突衍生机理研究表明:社会压力场域 F_s 是社会冲突形成的最深刻和最原始的背景,因而实现社会冲突科学治理的长期任务是要实现社会宏观背景的良性变革,重点是实现行政生态环境的改善。

任务一:转变经济发展方式,优化经济范畴的生态环境。应根据国家宏观经济结构的变化将经济改革推进重心从需求侧向供给侧转移,"在适度扩大总需求的同时,着力加强供给侧结构改革,着力提高供给体系质量和效率,增强经济持续增长的动力[①]"。首先,要把握好生产资料所有制的合理比例;其次,要在体制机制上下功夫以助推现代市场体系的形成;再次,围绕促进新型工农城乡关系建立健全相关体制机制;最后,要重视地方各级内在积极性的发挥,而不能仅仅依靠政治压力的形式。

任务二:推进民主政治进程,优化政治范畴的生态环境。首先,要坚持党的领导;其次,要在执政过程中体现各个社会阶层与社会群体的利益,扩大执政的群众基础;再

---

① 新华网.结构性改革如何推进——解读中央财经领导小组第十一次会议[EB/OL]. http://news.xin-huanet.com/fortune/2015-11/10/c_1117101242.htm

次,要真正将人民当家作主落到实处,丰富民主形式,逐步将社会主义民主政治蕴含的优越性真正变为现实。

任务三:健全现代文化体系,优化文化范畴的生态环境。首先,要着力提高国家的文化软实力;其次,要完善文化管理体制,建立健全现代文化市场体系,构建现代公共文化服务体系,提高文化开放水平①;再次,培育"民主行政文化",以取代"官僚文化②";最后,要吸收和借鉴世界各国各民族的先进文化理念,同时还要在宣传教育民众自觉抵制腐朽文化侵蚀方面下功夫。

任务四:创新社会治理水平,优化社会范畴的生态环境。首先,是加快推进社会事业各项改革;其次,要激发社会组织活力;再次,要高度重视并积极适应当前社会阶层的分化与固化的新情况和新变化,通过制定科学的发展计划和利益分配制度来努力扩大中间阶层的比重,增强社会结构的稳定性;最后,规划、发展和运用好现代信息科技手段,使之服务于社会治理。

任务五:改革生态保护体制,优化自然范畴的生态环境。建立系统完整的生态文明法律制度体系,用法律和制度保护日益恶化的生态环境,已刻不容缓。"要健全自然资源资产产权制度和用途管制制度,划定生态保护红线,实行资源有偿使用制度和生态补偿制度,改革生态环境保护管理体制③"。还应探索建立行政生态责任评价体系,依法追究行政单位和行政领导的生态保护责任。

---

① 中共中央关于全面深化改革若干重大问题的决定[R].北京:人民出版社,2013.

② "官僚"一词有三种含义,即"特定形态的组织(合理性组织)、特定形态组织结构中的弊病(官僚主义)以及庞大的现代政府。参见:徐珊珊.公共政策执行困境组织结构性因素的分析[J].行政论坛,2008(2):256.

③ 中共中央关于全面深化改革若干重大问题的决定[R].北京:人民出版社,2013.

附录：

附表　社会冲突动力学定理理论参数一览

类别	序号	参数名称	字母	构成	社会学意义
独立参数	1	社会压力场域	F_s		各种社会问题汇集的广泛而持续的社会压力集合
	2	社会痛苦指数	v_s		社会主体承受社会痛苦强弱程度的表征参数
	3	群体趋利动力	F_i		社会主体在趋利性本能下追逐利益的动力
	4	群体趋利指数	v_i		社会主体对社会利益渴求强弱程度的表征参数
	5	群体心理惯性	m		社会主体保持原来心理状态能力大小的综合特质
	6	痛苦积累时间	t_s		社会主体因社会压力而承受社会痛苦的时间
	7	趋利积累时间	t_i		社会主体渴求社会利益直至得到满足的忍耐时间
	8	冲突持续时间	t_c		社会冲突发生并持续的时间
	9	社会心理落差	S_s		社会主体主观期望同社会现实之间的差距
	10	趋利心理落差	S_i		社会主体对利益渴求目标同客观现实之间的差距
	11	抗争诉求落差	S_c		抗争主体利益诉求与抗争对象的回应之间的差距
	12	抗争冲突力度	F_c		抗争主体为实现目标而采用的特定冲突激烈程度
合成参数	1	社会压力冲量	I_s	$\int F_s \, dt_s$	社会压力对痛苦积累时间的累积过程
	2	群体趋利冲量	I_i	$\int F_i \, dt_i$	群体趋利动力对趋利积累时间的累积过程
	3	抗争冲突冲量	I_c	$\int F_c \, dt_i$	抗争冲突力度对冲突持续时间的累积过程
	4	社会痛苦动量	P_s	mv_s	社会主体承受社会痛苦的状态
	5	群体趋利动量	P_i	mv_i	社会主体渴求社会利益的状态
	6	社会压力势能	E_s	$\int F_s \, dS_s$	社会压力在社会心理落差路径上的累积过程
	7	群体趋利势能	E_i	$\int F_i \, dS_i$	群体趋利动力在趋利心理落差上的累积过程
	8	社会群体动能	$E_{s,i}$	$m(v_s v_i)$	社会主体蕴含的社会冲突总体能量
	9	抗争冲突动能	E_c	$\int F_c \, dS_c$	社会冲突过程释放的总体冲突能量

附录1　社会冲突动量定理推导过程

在社会压力场域中,社会主体无时不承受着自己最为敏感的那些社会压力 F_s,随着痛苦积累时间 t_s 的增加,社会主体积累的社会痛苦动量 mv_s 也达到某个水平。这里隐藏的社会物理学关系是:社会主体受到社会压力冲量 I_s 的外在过程嬗变为社会主体的社会痛苦动量 P_s 的内在状态;用公式表达为:

$$\int F_s \mathrm{d}t_s = mv_s;\text{即 } I_s = P_s \tag{式1}$$

但是潜在的社会痛苦动量 P_s 并不能直接引起社会主体负面情绪蓄满至爆发;冲突的爆发还需要现实的导火索,而绝大多数现实社会冲突事件主要的导火索都可归纳为利益诱因。这里的社会物理学原理是:社会主体受到群体趋利冲量 I_i 的过程嬗变为社会主体的群体趋利动量 P_i 的状态;用公式表达为:

$$\int F_i \mathrm{d}t_i = mv_i;\text{即 } I_i = P_i \tag{式2}$$

将式1和式2加法综合,得到:

$$\int F_s \mathrm{d}t_s + \int F_i \mathrm{d}t_i = mv_s + mv_i;\text{即 } I_s + I_i = P_s + P_i \tag{式3}$$

式3称为"压力冲量定理"。它解释了社会冲突在孕育与积累阶段的机理:社会主体因广泛持续的社会问题受到社会压力形成压抑在心里的负面情绪,遇到合法利益受损或理想利益追求受挫的现实打击,便完成了冲突的基本动因积累及爆发燃点具备这两个充分必要条件,使社会冲突的爆发成为必然。

这一时期称为冲突衍生期,或叫作冲突孕育期。

情绪愤懑的民众终于爆发了一般来讲指向抗争对象为政府等特定社会管理者的抗争性冲突,其有多少情绪喷发就将对政府产生多强的冲击,即:社会主体的社会痛苦动量 P_s 和群体趋利动量 P_i 全部转化为抗争冲突冲量 I_c。用公式表达为:

$$mv_s + mv_i = \int F_c \mathrm{d}t_c;\text{即 } P_s + P_i = I_c \tag{式4}$$

式4称为"抗争冲量定理"。它阐述的是抗争性冲突在发展与爆发阶段的状态转化;即在这个阶段,社会主体爆发抗争性冲突是群体动量向抗争冲量的转化。

这一时期称为冲突爆发期。

将式3和式4综合,即合并"压力冲量定理"和"抗争冲量定理",得到一个联立的综合公式,即"社会冲突动量定理":

$$\int F_s \mathrm{d}t_s + \int F_i \mathrm{d}t_i = mv_s + mv_i = \int F_c \mathrm{d}t_c;\text{即 } I_s + I_i = P_s + P_i = I_c$$

附录 2 社会冲突动能定理推导过程

衡量各类社会冲突对社会影响力的大小需要从冲突能量角度构建相应的解释理论,即"社会冲突动能定理"。将社会主体在社会压力场域中受到的社会压力 F_s 沿社会心理落差 S_s 路径的积累定义为社会压力势能 E_s,它是一种潜在能量;同时定义群体趋利动力 F_i 沿趋利心理落差 S_i 路径的积累为群体趋利势能 E_i,它是一种现实能量。社会压力势能和群体趋利势能最终转化为社会主体所具有的某种水平的情绪能量状态,即社会群体动能 $E_{s,i}$。这一过程用以下公式表达:

$$\int F_s \mathrm{d}S_s + \int F_i \mathrm{d}S_i = m(v_s v_i)\,;即\ E_s + E_i = E_{s,i} \tag{式 5}$$

式 5 称为"压力动能定理"。它阐述了在社会冲突孕育与积累阶段,即冲突衍生期,社会主体的社会群体动能的来源和大小由社会压力场域及群体趋利动力双重作用而决定。

社会群体动能表征社会主体具有的社会能量高低,当其积累到一定量后爆发,产生社会冲突。社会主体会将这些社会能量在冲突过程中予以充分释放;即社会冲突产生的抗争冲突动能 E_c 来源于社会主体所积累的社会群体动能 $E_{s,i}$。用公式表达为:

$$m(v_s v_i) = \int F_c \mathrm{d}S_c\,;即\ E_{s,i} = E_c \tag{式 6}$$

式 6 称为"抗争动能定理"。它描述了在冲突爆发期,社会主体通过爆发抗争性冲突的形式释放长期积累的社会群体动能,将之转化为抗争冲突动能。将式 5 和式 6 综合,即合并"压力动能定理"和"抗争动能定理",得到一个联立的综合公式,即"社会冲突动能定理":

$$\int F_s \mathrm{d}S_s + \int F_i \mathrm{d}S_i = m(v_s v_i) = \int F_c \mathrm{d}S_c\,;即\ E_s + E_i = E_{s,i} = F_c$$

参考文献

[1] Collins R. Conflict Sociology: Toward an Explanatory Science[M]. New York: Academic Press, 1975.

[2] Comte A. System of Positive Polity[M]. Translated by John Henry Bridges. Bristol, UK: Thoemmes Continuum, 2002.

[3] Elizabeth J P, Mark S. Introduction: Reform and Resistance in Contemporary China in: Elizabeth J P, Mark S. Chinese Society, Change, Conflict and Resistance[M]. London and New York: Routledge Curzon, 2003.

[4] Gurr T R. Why Men Rebel [M]. Princeton：Princeton University Press, 1970.

[5] Joseph S H. Conflict & Conflict Management[M]. Athens：The University of Georgia Press, 1980.

[6] Li L J, O'Brien K J. Villagers and Popular Resistance in Contemporary China [J]. Modern China, Vol. 22, No. 1 (Jan. 1996).

[7] Plumptre T and Graham J. Governance and Good Governance：International and Aboriginal Perspectives [J]. Institute on Governance, December 3,1999.

[8] Simmel G. Conflict[M]. trans. by Kurt H. Wolff, Glencoe, Ⅲ, The Free Press, 1955

[9] Tilly C. The Contentious French[M]. Cambridge, MA：Harvard University Press, 1986.

[10] C. 赖特·米尔斯. 白领——美国的中产阶级[M]. 杨小东,译. 杭州:浙江人民出版社,1987.

[11] L. A. 科塞. 社会冲突的功能[M]孙立平,译. 北京:华夏出版社,1989.

[12] 古斯塔夫·勒庞. 乌合之众[M].冯克利,译. 北京:中央编译出版社,2004.

[13] 拉尔夫·达仁道夫.现代社会冲突[M].林荣远,译. 北京:中国社会科学出版社,2000.

[14] 兰德尔·柯林斯,迈克尔·马科夫斯基. 发现社会之旅——西方社会学思想述评[M].李霞,译. 北京:中华书局,2006.

[15] 罗伯特·达尔.多元主义民主的困境[M].尤正明,译. 北京:求实出版社,1989.

[16] 曼瑟尔·奥尔森.集体行动的逻辑[M].陈郁,郭宇峰,李崇新,译. 上海:上海人民出版社,1995.

[17] 裴宜理.中国式的"权利"观念与社会稳定[J].阎小骏,译. 东南学术,2008 (3).

[18] 乔纳森·H.特纳.社会学理论的结构[M].吴曲辉,译. 杭州:浙江人民出版社,1987.

[19] 塞缪尔·亨廷顿.变化社会中的政治秩序[M].北京:生活·读书·新知三联书店,1989.

[20] 塞缪尔·亨廷顿.文明的冲突与世界秩序的重建[M].周琪等,译. 北京:新华出版社,2010.

[21] 托克维尔.旧制度与大革命[M].冯棠,译.北京:商务印书馆,1992.

[22] 乌尔里希·贝克.风险社会[M].南京:译林出版社,2004.

[23] 谢茨施耐德.半主权的人民[M].任军锋,译.天津:天津人民出版社,2000.

[24] 詹姆斯·斯科特.弱者的武器:农民反抗的日常形式[M].郑广怀等,译.南京:译林出版社,2007.

[25] 常健,韦长伟.当代中国社会二阶冲突的特点、原因及应对策略[J].河北学刊,2011,(3).

[26] 董海军."作为武器的弱者身份":农民维权抗争的底层政治[J].社会,2008(4).

[27] 冯仕政.沉默的大多数:差序格局与环境抗争[J].中国人民大学学报(哲学社会科学版),2007(1).

[28] 贾春增.外国社会学史[M].北京:中国人民大学出版社,2000.

[29] 姜建成.社会冲突的发生机理、深层原因及治理对策[J].毛泽东邓小平理论研究,2012(2).

[30] 金太军,赵军锋.基层政府"维稳怪圈":现状、成因与对策[J].政治学研究,2012(4).

[31] 李强."丁字型"社会结构与"结构紧张"[J].社会学研究,2005(2).

[32] 刘能.怨恨解释、动员结构与理性选择——有关中国都市地区集体行动发生可能性的分析[J].开放时代,2004(4).

[33] 牛文元.科学与社会的现代演进——兼论自然与人文交叉的社会物理学[J].科学与社会,2011(1).

[34] 牛文元.现代社会物理学的内涵认知[J].中国科学院院刊,2010(2).

[35] 荣敬本等.再论从压力型体制向民主合作体制的转变[M].北京:中央编译出版社,2001.

[36] 田艳芳.转型期中国社会冲突的经济制度肇因与风险化解[J].当代世界与社会主义,2014(1).

[37] 童星.社会管理创新八议——基于社会风险视角[J].公共管理学报,2012.10(4).

[38] 王飞跃.关于社会物理学的意义及其方法讨论[J].复杂系统与复杂性科学,2005(3).

[39] 王金红,黄振辉.社会抗争研究:西方理论与中国视角述评[J].学术研究,2012(2).

[40] 中共中央关于全面推进依法治国若干重大问题的决定[R].北京:人民出版社,2014.

[41] 徐林."花园城市"的"管"与"治":新加坡城市管理的理念与实践[M].北京:中国社会科学出版社,2016.

[42] 杨华."政府兜底":当前农村社会冲突管理中的现象与逻辑[J].公共管理学报,2014(2).

[43] 杨洪远.西方冲突理论对中国和谐社会建设的启示[J].内蒙古财经大学学报,2013(6).

[44] 杨雪冬.压力型体制:一个概念的简明史[J].社会科学,2012(11).

[45] 应星.超越"维稳的政治学"——分析和缓解社会稳定问题的新思路[J].学术前沿,2012(7).

[46] 于建嵘.当前压力维稳的困境与出路——再论中国社会的刚性稳定[J].探索与争鸣,2012(9).

[47] 于建嵘.压力维稳的政治学分析——中国社会刚性稳定的运行机制[J].战略与管理,2010(4).

[48] 俞可平.全球化:全球治理[M].北京:社会科学文献出版社,2003.

[49] 中央编译局.马克思恩格斯选集(第1卷)[M].北京:人民出版社,1995.

[50] 周雪光.基层政府间的"共谋现象"——一个政府行为的制度逻辑[J].社会学研究,2008(6).

[51] 朱健刚,王超.集体行动的策略与文化框架的建构[M].朱健刚,主编.公共生活评论,北京:中国社会科学出版社,2010.

(作者简介:徐林,浙江大学公共政策研究院成都分院、西安分院院长;殷家斌,重庆市长寿区海棠镇副镇长,浙江大学西部MPA2013级学生。)

作者

钱雪亚

胡　琼

浙江省"两化"融合政策绩效：
结构维度的研究

内容提要：信息化与工业化融合作为一项重大产业发展战略，在浙江得到了快速推进，2014 年浙江"两化"融合指数全国排名第 3 位。但这一数据所展示的浙江工业化与信息化"高度融合"现象，似乎与当前全省工业从业者人力资本水平普遍偏低现象相背离。本文关注"两化"融合指数的结构信息，从"两化"融合的"基础环境条件"、"工业应用水平"以及"应用效益水平"三个维度及其内部结构上，深入观察浙江"两化"融合推进中的结构差异，结合"信息化指数"数据、"信息经济指数"数据，以及第三次经济普查形成的企业层面信息化数据，深入研究浙江省"两化"融合政策推进中的优势和"短板"。研究发现浙江"两化"融合宏观基础条件良好，但工业企业应用滞后，尤其集成应用不足。信息技术在工业企业的集成应用应该成为"两化"融合下一阶段谋求突破的着力点。

关键词："两化"融合；人力资本；集成应用

一、引言

　　根据中国电子信息产业发展研究院发布的《2014 年中国信息化与工业化融合发展水平评估报告》，2014 年浙江省"两化"融合的指数达86.26，仅次于江苏、上海，位居全国第 3 位。根据浙江省经信委发布的《2015 年浙江省区域两化融合发展水平评估报告》，2015 年全省 11 个市地中除舟山市"两化"融合指数下降 7.62 个百分点外，有 3 个市地提升超过 4 个百分点、有 4 个市地"两化"融合指数提升超过 5 个百分点，其余市地"两化"融合指数也均有不同程度提升，由此推断，全省 2015 年

"两化"融合水平在 2014 年"86.26"的基础上又有显著提高。

对照工信部《信息化和工业化深度融合专项行动计划(2013—2018 年)》(工信部信〔2013〕317 号)提出的总体目标是:"到 2018 年,……全国两化融合发展水平指数达到 82"。浙江省 2014 年"86.26"的"两化"融合指数水平,已经超过了该计划提出的全国 2018 年"82"的目标水平。这意味着该计划所描述的"'两化'深度融合取得显著成效,信息化条件下的企业竞争能力普遍增强,信息技术应用和商业模式创新有力促进产业结构调整升级,工业发展质量和效益全面提升"总体上已经实现。进一步对照工信部《关于加快推进信息化与工业化深度融合的若干意见》(工信部联信〔2011〕160 号)的目标,"信息化与工业化深度融合取得重大突破,信息技术在企业生产经营和管理的主要领域、主要环节得到充分有效应用,业务流程优化再造和产业链协同能力显著增强,重点骨干企业实现向综合集成应用的转变,研发设计创新能力、生产集约化和管理现代化水平大幅度提升;生产性服务业领域信息技术应用进一步深化,信息技术集成应用水平成为领军企业核心竞争优势;支撑'两化'深度融合的信息产业创新发展能力和服务水平明显提高,应用成本显著下降,信息化成为新型工业化的重要特征",也应该在浙江基本实现。

然而,浙江目前工业劳动者的人力资本水平等,与"两化"融合指数数据所展示的"高层次"现象,似乎并不一致。

根据浙江统计信息网发布的《浙江人口发展与沿海省份的比较研究》报告,2010 年浙江非农产业就业平均受教育年限只有 9.57 年,比全国平均水平低 0.90 年,而广东、上海、北京、江苏、山东等省市都超过了 10 年;高中及以上文化程度比重,浙江仅为 30.00%,比全国平均水平低 10.32 个百分点,上述其他省市都比浙江高出不少;未上过学比重,浙江(2.02%)比全国平均水平高出 1.27 个百分点,上述其他省市都在 1% 以下;小学文化程度比重,浙江为 20.94%,比全国平均水平高出 9.55 个百分点,却明显高于上述其他省市。与此相对应,根据中国电子信息产业发展研究院发布的《中国区域"两化"融合发展水平评估报告》,2010 年浙江"两化"融合指数 63.51,比全国平均值 52.73 高出 10 个百分点,在全国各省级行政区中位列第 7 名。浙江工业相对较高的信息化程度如何与浙江相对于全国显著更低的劳动力素质相对匹配?

根据《浙江统计年鉴》(2011 年、2013 年、2015 年),全省制造业年末专业技术人员总数 2010—2014 年分别为 41.20、44.23、47.54、43.46、43.21 万人,专业技术人员总数在最近 5 年间没有显著增加,占制造业年末从业人员总数的比重分别为 2.7978%、2.9469%、3.1630%、2.9873%、2.9939%,专业技术人员在制造业全部从业人员中的占比也没有显著的变化。由此可以推断,《浙江人口发展与沿海省份的比较研究》报告所展示的浙江从业者人力资本素质水平在最近的 5 年间不会有显著的提升。

产业结构的升级本质上是要素结构的升级,而人(人力资本)是生产要素中最活跃的部分。我们很难想象，一群低人力资本劳动者能在一个高度信息化的工业体系中运行，"两化"融合指数数据所展示的浙江工业化与信息化的"高度融合"现象，似乎与来自从业者人力资本水平等相关信息存在偏离。

本文关注"两化"融合指数的结构信息，结合"信息化指数"数据、"信息经济指数"数据，以及第三次经济普查企业层面信息化数据，深入研究浙江省"两化"融合政策推进中的优势和短板，为提高未来"两化融合"效率提供基础决策信息。

二、从"两化"融合指数的结构看浙江"两化"融合推进中的效率

本部分基于中国电子信息产业发展研究院于 2012—2014 年开展的全国区域"两化"融合发展水平评估提供的基础信息①开展分析。三次评估所使用的指标体系和计算方法基本保持一致，指标体系包括基础环境、工业应用和应用效益三大类，共 23 项子指标(见附录 1)。

（一）"两化"融合发展总水平分析

浙江省"两化"融合整体高水平的同时，工业应用相对不足。2010 年浙江"两化"融合总指数 63.51，比全国 52.73 高出 10.78 个百分点，在各省级行政区中排名第 7 位，这一相对高水平的优势持续保持并提升，到 2014 年浙江"两化"融合总指数 86.26，比全国 66.14 高出 20.12 个百分点，在各省级行政区中排名第 3 位。

与此同时，基础环境、工业应用、应用效益三个维度中，浙江在工业应用维度上的优势则显得相对弱。2010 年浙江工业应用维度的指数 52.94，比整体水平低 10.57 个百分点，相对于全国的优势仅有 2.68 个百分点，即便到 2014 年，浙江工业应用维度的指数水平仍比整体水平低 10.93 个百分点，相对于全国（59.70）的优势（15.63）也仍然低于整体水平。浙江省工业应用维度的指数水平在各省级行政区中的排序，2010—2014 年分别为 13、14、9、6，也是三个维度中领先优势相对较弱的。

因此，无论是从"两化"融合的指数排名还是指数水平看，浙江省"两化"融合在基础环境指数、工业应用指数、应用效益指数三个维度上的发展不均衡。基础环境水平、应用效益水平领先全国的优势明显且高于浙江省总指数水平，工业应用水平领先全国的优势相对弱且低于浙江省总指数水平，工业应用水平相对基础环境水平、应用效益

---

① 包括：中国电子信息产业发展研究院(赛迪研究院)2013 年 1 月发布的《中国区域"两化"融合发展水平评估报告(摘要)》、2013 年 12 月发布的《2013 年度中国信息化与工业化融合发展水平评估报告》、2015 年 1 月发布的《2014 年中国信息化与工业化融合发展水平评估报告》；以及《中国信息化与工业化融合发展水平评估蓝皮书(2012)》和《中国信息化与工业化融合发展水平评估蓝皮书(2014)》。

水平弱。

（二）"两化"融合发展基础环境水平分析

浙江省基础环境条件呈现均衡的高水平。从指数排名(见表1)看,2014年浙江省基础环境指数构成指标的排名均处于全国前列。其中,固定宽带普及率指数、中小企业信息化服务平台数指数、重点行业典型企业信息化专项规划指数排名分别从2010年的第3、16、17名,上升到2014年的第1名,后两项指数分别跃升了15位和16位;城(省)域网出口带宽指数从2010年的第4名上升到2014年的第2名;固定宽带端口平均速率指数上升了3位,到2014年在全国31个省级行政区(不含港、澳、台)中排第6名;移动电话普及率指数则保持着全国第4的排名;只有互联网普及率指数排名略向下调整了2位,从2010年的第4名调整到2014年的第6名。从指数水平变化趋势(见表2)看,浙江省"两化"融合基础环境指数构成指标在调查年份内均呈现为稳步上升,尤以中小企业信息化服务平台数指数和重点行业典型企业信息化专项规划指数增加明显。基础环境指数构成中,除"两化融合专项引导资金"指标以0和100分别表示设立或没有设立省级"两化"融合专项引导资金,没有连续变化外,浙江省基础环境指数构成中的其他子指标均表现为逐年上升。其中,中小企业信息化服务平台数指数较2013年有了飞跃式的进展,从上一年的77.22增加到150.00,几乎翻了一倍,对应表2中该指数排名从第19位跃升至第1位;重点行业典型企业信息化专项规划指数从2010年的48.90上升至2014年的78.77,对应表4中该指数排名从第17名上升到第1名。

表1 浙江省"两化"融合指数水平与全国的比较

指标	省份	2010年	排名	2011年	排名	2013年	排名	2014年	排名
总指数	浙江省	63.51	7	70.73	7	78.69	5	86.26	3
	全国均值	52.73		59.07		61.95		66.14	
基础环境指数	浙江省	65.90	5	74.25	5	79.05	6	93.01	1
	全国均值	52.93		58.36		64.87		71.71	
工业应用指数	浙江省	52.94	13	57.84	14	68.27	9	75.33	6
	全国均值	50.26		56.13		57.34		59.70	
应用效益指数	浙江省	82.27	6	93.00	5	99.18	5	101.37	5
	全国均值	57.47		65.65		68.27		78.43	

表 2　基础环境指数排名

	2010 年	2011 年	2013 年	2014 年
基础环境指数	5	5	6	1
城(省)域网出口带宽	4	3	2	2
固定宽带普及率	3	3	3	1
固定宽带端口平均速率	9	12	14	6
移动电话普及率	4	3	4	4
互联网普及率	4	5	5	6
"两化"融合专项引导资金	—	—	—	—
中小企业信息化服务平台数	16	13	19	1
重点行业典型企业信息化专项规划	17	12	6	1

表 3　基础环境指数水平

	2010 年	2011 年	2013 年	2014 年
基础环境指数	65.90	74.25	79.05	93.01
城(省)域网出口带宽	79.23	110.76	141.91	141.91
固定宽带普及率	79.25	87.74	92.90	97.71
固定宽带端口平均速率	52.79	52.79	54.90	72.20
移动电话普及率	66.52	70.13	75.17	79.43
互联网普及率	69.36	71.24	73.54	74.93
两化融合专项引导资金	100.00	100.00	100.00	100.00
中小企业信息化服务平台数	50.00	72.97	77.22	150.00
重点行业典型企业信息化专项规划	48.90	66.34	72.21	78.77

中小企业信息化服务平台数实现量的突破。从表 4 可以看出,2014 年浙江省信息化服务平台数指数与广东、福建、辽宁、山东、河北、河南和青海 7 个省并列全国第一。同时,比较 2013 年和 2014 年全国各省级行政区信息化服务平台数指数的绝对值,2014 年全国各省级行政区信息化服务平台数指数整体都有较大幅度提升,浙江省 2013 年排名第 19 位次时的信息化服务平台数指数为 77.22,对应 2014 年该指数排名第 19 位次的甘肃省为 105.77,在同一位置上该指数本身就提高了 28.55,因此,我们在看到指数水平提高排名前移的同时,也要看到浙江在"中小企业信息化服务平台"建设上的进步并不是简单的"从 19 位跃为第 1 位"。更重要的是,浙江省中小企业信息化服务平台数在相关政策导向下激增至 210 个,由此形成"中小企业信息化服务平台数指数"实现从 2013 年第 19 位到 2014 年第 1 位的跳跃,我们相信,这其中必然存在

某种非市场性因素。因此,未来如何推动和保持这些中小企业信息化服务平台有效运行应该成为关注的重点。

表 4　中小企业信息化服务平台数指数

2010 年	指数	排名	2011 年	指数	排名	2013 年	指数	排名	2014 年	指数	排名
广东	135.02	1	辽宁	146.14	1	广东	150.00	1	浙江	150.00	1
江西	90.37	8	河南	95.34	8	吉林	137.74	8	青海	150.00	8
黑龙江	83.15	9	四川	92.07	9	河南	136.85	9	江西	148.48	9
湖北	63.65	13	浙江	72.97	13	青海	118.46	13	陕西	138.63	13
浙江	50.00	16	湖北	68.46	16	湖南	93.72	16	湖南	112.40	16
宁夏	43.72	19	新疆	50.00	19	浙江	77.22	19	甘肃	105.77	19
全国	58.59		全国	66.84		全国	93.56		全国	107.71	

值得注意的是,在浙江省基础环境水平总体高水平的同时,固定宽带端口平均速率的优势有限。首先,2013—2014 年浙江省固定宽带端口平均速率指数从 54.9 上升到 72.2,全国固定宽带端口平均速率指数也有大幅提高,浙江省固定宽带端口平均速率指数大幅提高的相对优势有限(见表 5)。比如浙江省固定宽带端口平均速率指数在 2013—2014 年上升 17.3 的同时,全国平均水平也提高了 15.26。其次,2014 年浙江省固定宽带端口平均速率为 72.2,相比于排名第一的上海市落后 7.36,但也仅仅比排名最后的青海省高出 7.5,因而浙江省"两化"融合基础环境建设中总体良好,但固定宽带端口平均速率相对薄弱。

(三)"两化"融合发展工业应用水平分析

工业应用相对滞后,主要表现为集成应用不足。2010—2014 年浙江省工业应用指数水平低于基础环境指数水平,且增长速度相对较小(见图 1)。从横向比较来看,浙江省 2010—2014 年基础环境指数水平分别为 65.90、74.25、79.05、93.01,较相应年份的工业应用指数水平分别高出 12.96、16.41、10.78、17.68。从纵向比较来看,浙江省基础环境指数在 2010—2014 年上升了 27.11 个百分点,工业应用指数在 2010 年相对低水平的基础上也只上升了 22.39 个百分点,工业应用指数水平的增长速度整体低于基础环境指数水平。结合表 3,浙江省基础环境指数在保持高水平的同时保持着相对较高的增长速度,为工业应用提供了良好的技术支持;但工业应用指数水平在绝对值和增长速度上都要滞后于基础环境指数,基础环境的改善没有完全在工业应用中发挥出应有的效果。

表 5 固定宽带端口平均速率指数

2010 年	固定宽带端口平均速率	排名	2011 年	固定宽带端口平均速率	排名	2013 年	固定宽带端口平均速率	排名	2014 年	固定宽带端口平均速率	排名
黑龙江	58.89	1	上海	60.30	1	上海	67.71	1	上海	79.56	1
贵州	55.76	2	黑龙江	58.55	2	福建	60.50	2	北京	76.58	2
山东	55.12	3	江苏	56.47	3	黑龙江	60.50	3	福建	74.04	3
福建	54.11	4	山东	55.90	4	江苏	59.97	4	江苏	73.10	4
河北	53.60	5	福建	54.90	5	广东	58.68	5	四川	72.42	5
辽宁	53.23	6	河北	54.18	6	河北	58.41	6	浙江	72.20	6
浙江	52.79	9	云南	53.38	9	山东	56.40	9	安徽	70.60	9
河南	52.12	12	浙江	52.79	12	湖北	55.41	12	吉林	70.02	12
江西	50.76	14	四川	52.49	14	浙江	54.90	14	广西	69.61	14
青海	31.92	31	西藏	18.25	31	青海	43.99	31	青海	64.70	31
全国	49.03		全国	50.57		全国	54.29		全国	69.55	

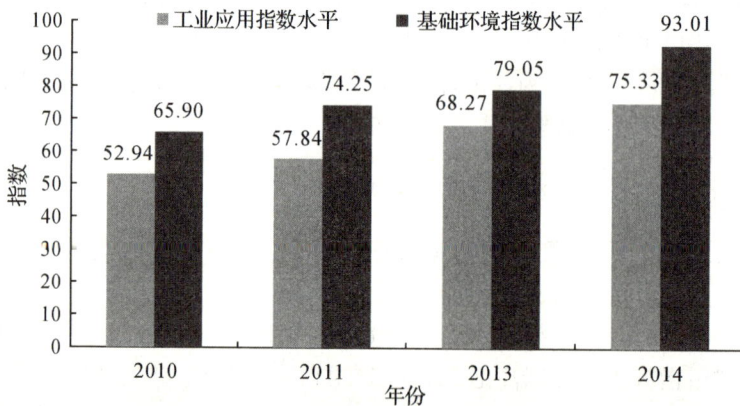

图 1 浙江省 2010—2014 年工业应用指数水平和基础环境指数水平的比较

构成"两化"融合工业应用指数的八项指标(见表 6)中,指数水平快速提升且到 2014 年指数水平已经相对较高的是"重点行业典型企业采购环节电子商务应用"和"重点行业典型企业销售环节电子商务应用",2014 的指数水平分别为 101.74 和 110. 03,相对 2013 年的指数水平分别增长了 24.84、24.97 个百分点,这两类子指标指数水平的绝度值和增长速度都要远大于工业应用指数水平。

而指数水平持续较低的方面是:①反映工业企业供应链信息和协作管理、供应链业务执行等功能基本实现程度的"重点行业典型企业 SCM 普及率",该指数水平一直徘徊在 60 左右而到 2014 年进一步降低为 43.16,在全国各省级行政区中的排名处于第 27 位;②反映工业企业生产装备信息技术应用水平的"重点行业典型企业装备数控化率",2010—2013 年基本处在 50 左右,2014 年跳跃式提升但水平也不到 67;③PLM 作为一种产品全生命周期管理系统,提供信息的创建、管理、分发和应用的系列应用解决方案,用以集成与产品相关的人力资源产品生命周期管理、流程、应用系统和信息,浙江省"重点行业典型企业 PLM 普及率"指数在 2010—2013 年分别为 38.75、43.58、54.20,2014 年大幅度提升后也仅为 67.52。指数水平较低的方面均是涉及信息技术和管理集成运用的领域,说明浙江工业企业在信息化进程中尚处在"单项应用"为主的阶段。

表6　工业应用指数水平

	2010 年	2011 年	2013 年	2014 年
工业应用指数	52.94	57.84	68.27	75.33
重点行业典型企业 ERP 普及率	50.00	54.76	75.83	65.76
重点行业典型企业 MES 普及率	45.44	52.82	77.14	81.59
重点行业典型企业 PLM 普及率	38.75	43.58	54.20	67.52
重点行业典型企业 SCM 普及率	57.25	59.78	62.48	43.16
重点行业典型企业采购环节电子商务应用	52.90	62.41	76.90	101.74
重点行业典型企业销售环节电子商务应用	69.35	75.33	85.06	110.03
重点行业典型企业装备数控化率	48.56	51.57	52.03	66.92
国家新型工业化产业示范基地"两化"融合发展水平	60.72	62.67	65.67	68.45

4."两化"融合发展应用效益水平分析

工业应用不足必然延伸到应用效益。虽然浙江"两化"融合的"应用效益指数"2010 年已达 82.27,此后持续提升到 2014 年达到了 101.37。但是,从具体指标的表现看,浙江"两化"融合的"应用效益"值得关注。构成"应用效益指数"的七项指标(见表7)中,除"工业增加值占 GDP 比重"这一可能不适合评估浙江工业化贡献的指标[①]、

---

① 按《区域"两化"融合发展水平评估体系及评估方法》,"工业增加值占 GDP 比重"用来反映当地工业发展对 GDP 增长的贡献率。根据《中国统计年鉴》的数据,浙江省 2000—2014 年第二产业增加值占 GDP 的比重整体表现为下降的走势,第三产业增加值占 GDP 的比重逐年上升,2014 年第三产业增加值占 GDP 的比重超过第二产业增加值占 GDP 的比重。第三产业增加超过第二产业恰恰是产业结构升级的重要内容,但按现行评估方案却表现为指数下降,工业增加值作为第二产业增加值中的主要项目,使用工业增加值占 GDP 比重衡量"两化"融合的应用效益相对片面。

"单位地区生产总值能耗"指标数据存在异动现象外,其余指标指数稳定地表现为两类极端。

指数水平排名(见表8)领先的是"单位工业增加值工业专利量"、"电子信息制造业主营业务收入"、"软件业务收入",在各省市中分别排名第2、5、7位。然而,以"工矿企业专利申请受理数/工业增加值"计算、作为反映"当地工业企业创新能力"的"单位工业增加值工业专利量"指标,一方面没有区分发明专利与其他形式的专利数量,同时没有考虑专利申请与获得、专利获得与专利技术转化之间的不对称。2016年5月《中共浙江省委关于补短板的若干意见》指出浙江发展中的第一块短板是"科技创新",一定程度上折射出我们并没有足够的资本窃喜于"单位工业增加值工业专利量"在全国排名第1或第2所显示的"工业企业创新能力"领先;对于"电子信息制造业"和"软件业务",2010—2014年排名稳定靠前,但历年《浙江统计年鉴》显示这两大领域的增长轨迹近十年来并无显著改变,同时浙江近年来快速增长的是第三产业而非工业,"电子信息制造业主营业务收入"和"软件业务收入"快速增长是否对"当地'两化'融合带动信息产业发展的能力"的客观反映,尚需更深入的观察。

指数水平排名落后的是"第二产业全员劳动生产率"和"工业成本费用利润率",2010—2014年前者的指数排名分别为28、30、30、31位,处各省级行政区倒数第一,后者的指数排名分别为29、27、27、24,接近各省级行政区倒数第一。从指数水平看,2010—2014年"第二产业全员劳动生产率"的指数水平分别为40.91、42.68、47.46、45.22,"工业成本费用利润率"的指数水平分别为42.28、40.25、36.83、37.90。对照工信部《区域"两化"融合发展水平评估指标体系及评估方法》"第二产业全员劳动生产率"和"工业成本费用利润率",说明浙江这项指标始终未达到2010年全国各省级行政区数据的中值水平(50)。无论用以反映"生产效率"的"全员劳动生产率"还是用以反映"盈利能力"的"成本费用率",其水平高低取决于产业结构以及技术、装备、人员素质三大要素,浙江"第二产业全员劳动生产率"和"工业成本费用利润率"持续低水平,至少反映信息化尚未对工业化进程的效率产生实质性影响。这与浙江工业企业信息化应用尚处在初级的"单项应用"为主阶段现象相吻合。

表 7　应用效益指数水平

应用效益指数结构	2010 年	2011 年	2013 年	2014 年
应用效益指数	6	5	5	5
应用效益指数	82.27	93.00	99.18	101.37
工业增加值占 GDP 比重	45.47	41.66	39.18	50.07
第二产业全员劳动生产率	40.91	42.68	47.46	45.22
工业成本费用利润率	42.28	40.25	36.83	37.90
单位工业增加值工业专利量	116.10	164.10	181.40	162.88
单位地区生产总值能耗	68.85	78.02	78.02	83.36
电子信息制造业主营业务收入	156.89	158.84	161.67	166.42
软件业务收入	133.47	153.20	180.32	200.20

表 8　应用效益指数排名①

应用效益指数结构	2010 年	2011 年	2013 年	2014 年
应用效益指数	6	5	5	5
工业增加值占 GDP 比重	25	27	27	15
第二产业全员劳动生产率	28	30	30	31
工业成本费用利润率	29	27	27	24
单位工业增加值工业专利量	1	1	1	2
单位地区生产总值能耗	4	3	3	22
电子信息制造业主营业务收入	5	5	5	5
软件业务收入	7	8	7	7

三、从信息化发展指数看浙江"两化"融合推进中的效率

信息化发展水平情况,全国层面有中国电子信息研究所根据其设计"信息化发展

---

①　应用效益指数构成中的"单位地区生产总值能耗"指标的排名在 2010—2013 分别为第 4、3、3 位,但是到 2014 年突然下降到第 22 位。浙江省 2013—2014 年"单位地区生产总值能耗"指数水平分别为 78.02、83.36,2014 年较上一年上升了 5.34,但排名却下降了。对比全国和其他省级行政区的情况,全国平均水平由 2013 年的 58.04 上升到 87.16,增加了 29.12,远大于浙江省的增长幅度;其他省级行政区中 2013—2014 年,只有青海省的增幅(3.11)相对小,其他省级行政区的增幅都远大于浙江省。值得注意的是"单位地区生产总值能耗"指数水平高,不一定工业能耗指数水平就高,还要取决于浙江(即当地)工业与其他产业的结构、工业及其他产业各自的能耗水平,还取决于其他省级行政区工业与其他产业的结果、其他省级行政区工业及其他产业各自的能耗水平。通常,工业能耗高于其他产业,而浙江工业占比相对低,2014 年第 22 位的排序更说明浙江省工业能耗这一指数水平相对非常落后。

水平评估指标体系"(见附件2)发布的《中国信息化发展水平评估报告》,浙江则有浙江省统计局根据其设计的"浙江省信息化发展指数(IDI)指标体系"(Ⅰ、Ⅱ、Ⅲ)(见附件3)发布的《浙江地区信息化发展指数报告》。根据历年《中国信息化发展水平评估报告》和《浙江地区信息化发展指数报告》提供的数据进一步观察浙江"两化"融合推进中的绩效,浙江良好的信息化基础和相对不足的应用水平也得到了佐证。

1. 从信息化发展看"两化"融合的基础环境

浙江"两化"融合进程中良好的信息化基础也从信息化自身发展中得到佐证。《浙江地区信息化发展指数报告》显示2005—2015年全省信息化基础设施、信息产业的技术、信息制造业在工业中的份额、民众的信息消费水平等均持续提升,2015年上述四方面的发展指数分别达到0.814、1.029、0.899、0.903(见表9)。与此同时,反映"人们应用信息通信技术必要条件"的知识支撑指数,2015年也达到0.934。说明"两化"融合进程中浙江已经具备良好的信息化基础条件,并且将持续拥有这一良好的基础条件。《中国信息化发展水平评估报告》也同样显示,2012—2014年浙江信息化发展中网络就绪指数(见表10)在全国各省市中的排名分别为第5、3、3位,具有显著的领先优势。

表9 浙江省地区信息化发展指数(IDI)

浙江省信息化发展指数Ⅰ					
浙江测算	基础设施指数	产业技术指数	应用消费指数	知识支撑指数	发展效果指数	总指数
2005年	0.61	0.85	0.57	0.82	0.53	0.67
2006年	0.63	0.87	0.52	0.84	0.59	0.69
2007年	0.66	0.90	0.59	0.86	0.64	0.73
2008年	0.68	0.93	0.66	0.87	0.69	0.77
2009年	0.70	0.94	0.71	0.89	0.71	0.79
2010年	0.73	0.95	0.75	0.91	0.79	0.83
浙江省信息化发展指数Ⅱ					
2011年	0.75	0.97	0.78	0.91	0.76	0.83
2012年	0.77	1.00	0.83	0.92	0.80	0.86
2013年	0.77	1.00	0.83	0.92	0.80	0.86
2014年	0.77	1.00	0.87	0.92	0.85	0.88
浙江省信息化发展指数Ⅲ					
2014年	0.776	0.996	0.881	0.927	0.849	0.888
2015年	0.814	1.029	0.903	0.934	0.899	0.917

资料来源:根据历年浙江省信息化发展指数研究报告整理。

表 10　网络就绪度指数排名

	2012 年	2013 年	2014 年
网络就绪度指数	5	3	3
智能终端普及指数	3	4	4
有线电视发展指数	1	2	2
光纤发展指数	5	4	3
宽带普及指数	4	5	2
宽带速率指数	14	14	6

资料来源:根据中国电子信息产业发展研究院发布的《2013 年中国信息化发展水平评估报告》、《2014 年中国信息化发展水平评估报告》整理。表 11 同。

2. 从信息化发展看"两化"融合的企业应用

浙江信息化在工业企业中应用相对不足同样从信息化自身发展中得到佐证。《中国信息化发展水平评估报告》显示,信息通信技术应用指数(见表 11)中"企业应用指数"水平,2012—2013 年分别为 63.22 和 61.57,在各省市中分别排名第 13 和 16 位。2014 年"企业应用指数"水平跳跃上升至 90.01,相应地排名升至第 2 位。对照该"企业应用指数"的指标与"两化"融合评估体系的指标构成、对照历年《中国信息化与工业化融合发展水平评估报告》提供的"电子商务应用"高普及率和 2014 年全省"中小企业平台数"激增 210 家的信息,可推测,构成"企业应用指数"的其中两大指标"企业 ERP 普及率"和"生产装备数控化率",浙江持续处于相对低水平。

表 11　信息通信技术应用指数水平

	2012 年	排名	2013 年	排名	2014 年	排名
信息通信技术应用指数	84.82	5	77.21	5	83.60	5
企业应用指数	63.22	13	61.57	16	90.01	2
政务应用指数	72.44	9	70.62	16	57.49	14
居民应用指数	101.81	4	88.32	3	93.45	2

四、从信息经济指数看浙江"两化"融合推进中的效率

信息经济是一种以信息产业、融合性新兴产业、信息化应用对传统产业产出和效率提升为主要内容的新型经济形态。依据《浙江省信息经济综合评价办法(试行)》(浙信办发〔2016〕1 号)发布的"浙江省信息经济综合评价指标体系"(见附件 4),信息经济发展水平从基础设施、产业发展、融合应用三方面开展评价。根据浙江省经济和信息

化委员会和浙江省统计局联合发布的《2015年浙江省信息经济发展综合评价报告》，浙江信息经济发展的结构特征同样表现为良好的基础环境条件和相对滞后的融合应用程度。

1. 从信息经济发展看"两化"融合的基础环境

浙江"两化"融合进程中良好的信息化基础也从信息经济发展评估中得到佐证。《2015年浙江省信息经济发展综合评价报告》显示，"两化"融合指数构成中浙江省基础环境水平位居全国前列，各项子指标均衡发展，为"两化"融合提供了有力支撑。2013—2014年信息经济指数构成中的基础设施不断优化，再次论证了浙江省具备"两化"深度融合的良好基础。从表12可见，浙江省基础设施二级指标较上一年有不同程度的提升，其中，城域网出口宽带指标和固定宽带端口平均速率增长幅度最大，前者从2013年的8322.4上升到了11939，增长了43.46%，后者则增长了60%。

表12 信息经济发展中的基础设施情况

信息化基础设施	2013 年	2014 年
城域网出口带宽	8322.4	11939
固定宽带端口平均速度	5.00	8.00
每平方公里拥有移动电话基站数量	1.30	1.50
固定互联网普及率	22.1	22.9
移动互联网普及率	83.5	89.8
付费数字电视普及率（含IPTV）	34.5	39.3

数据来源：浙江省统计局。

2. 从信息经济发展看"两化"融合的企业应用

浙江信息化在工业企业中应用相对不足也从信息经济发展评估中得到佐证。《2015年浙江省信息经济发展综合评价报告》显示2014年全省信息经济发展指数116.9，其中企业应用发展指数106.7，是各评价维度最低的。具体指标（见表13）进一步显示，2014年"工业企业应用信息化进行购销存管理普及率"56.5%，且比2013年下降2.2个百分点，"工业企业应用信息进行生产制造管理普及率"38.7%且比2013年下降2.3个百分点，"工业企业应用信息化进行物流配送管理普及率"仅为12.5%，也经2013年下降1.4个百分点。工业企业信息化技术应用尚低且没有快速改善的显著趋势。

表 13　信息经济发展中的工业企业融合应用情况

信息化在企业中的应用	2013 年	2014 年
工业企业信息化投入相当于主营业务收入比例	—	0.2
工业企业电子商务销售额占主营业务收入的比重	4.2	3.6
工业企业每百名员工拥有计算机数	21.9	24.0
工业企业从事信息技术工作人员的比例	1.2	1.7
工业企业应用信息化进行购销存管理普及率	58.7	56.5
工业企业应用信息化进行生产制造管理普及率	41.0	38.7
工业企业应用信息化进行物流配送管理普及率	13.9	12.5

数据来源:浙江省统计局。

五、从企业信息化水平看浙江"两化"融合推进中的效率

第三次经济普查面向辖区内大中型工业、有资质的建筑业、大中型批发和零售业、大中型住宿和餐饮业、房地产开发经营业、重点服务业法人单位,全面调查了企业"信息化情况"。针对工业取得了 39552 家企业数据,从这一企业数据看,浙江省"两化"融合发展水平评估中的基础环境、信息化指数构成中的网络就绪度和信息经济下的基础设施的总体发展水平在全国范围内居于前列,为浙江省信息化在工业化中的应用提供了有力支撑,信息化对企业经营产生的实质性影响尚不普遍。

1. 从企业信息化水平看"两化"融合的基础环境

截至 2013 年,被调查企业中有 38753 家企业在使用互联网,占总样本的97.98%,互联网几乎在工业企业中实现了全面覆盖。同时,有 28608 家工业企业有自己的局域网,这部分企业在总样本中的占比也达到了 72.33%。网络在工业企业中的普及进一步说明了浙江省具备良好的"两化"融合发展环境。从硬件设施看,调查样本中有 39190 家工业企业正在使用计算机,在总样本中的占比为 99.08%,几乎所有的企业都配置了计算机。其中,计算机使用数量大于 100 台的有 2590 家,占总样本中的比例为 6.55%;大于 50 台小于 100 台的企业有 4162 家,占总样本比例 10.52%;有超过一半的工业企业使用的计算机数量在 10 到 50 台之间。这部分调查数据直接反映了浙江省工业企业计算机配备和使用广泛,间接反映了浙江省"两化"融合信息化基础条件良好。

2. 从企业信息化水平看"两化"融合的工业应用

与优越的网络软环境和计算机配备硬条件不相一致的是,工业企业互联网和计算机使用频率并不高。在接受调查的工业企业中,有 492 家(1.24%)企业的员工每周使

用互联网的次数不足 1 次,11585 家(29.29%)工业企业因为工作需要每周至少使用一次互联网的员工比例小于 10%,只有 1742 家(4.40%)企业因工作需要每周至少使用一次互联网的员工比例在 70%～100% 之间。与互联网的使用状况相似,有 8036 家(20.11%)工业企业在工作中每周至少使用一次计算机的员工比例小于 10%,只有 2044 家(5.12%)工业企业在工作中每周至少使用一次计算机的员工比例在 70%～100% 之间。在互联网和计算机几乎全覆盖的工业企业中,企业员工在工作中使用互联网和计算机的频率相对较低,直观地反映了在良好的信息化基础环境下,信息技术在工业企业中的应用不足。

工业企业信息技术应用不足,最核心的表现是集成度偏低。在调查的"财务"、"购销存"、"生产制造"、"物流配送"、"客户关系"、"人力资源"等六个方面均没有采用信息化管理的企业已经不多,仅占调查企业数的 1.22%,而财务管理中信息化技术应用率已达 90.18%。但是,作为商流、物流、资金流紧密结合的集成度相对更高的"物流配送"管理,仅有 13.55% 的企业采用信息技术得以实现。上述六个方面中,全面运用信息技术管理的企业 7.46%,有五个方面运用信息技术管理的企业 10.01%,两类合计不足两成。

信息技术人员不足能够在一定程度上解释导致工业企业信息化应用不足的问题。信息技术人员是信息化推进的关键要素,信息技术人员不足,将直接导致良好的信息化宏观基础难以被企业所运用。浙江省工业企业从业人员中信息技术专职人员占比只有 1.2%,有超过三分之一的企业没有信息技术专职人员,超过一半的企业中信息技术专职人员占企业总从业人员数不足 1%。人(人力资本)是生产要素中最活跃的部分,我们很难想象一群相对低人力资本劳动者能在一个高度信息化的工业体系中运行,这为解释浙江省工业企业在良好的信息化基础环境下企业信息技术应用不足现象提供了线索。

六、结论与启示

作为全国第一个"信息化与工业化深度融合国家示范区",浙江信息化及信息化推动工业建设正在全面推进,总体水平在全国处于领先地位。但在整体领先的进程中,信息技术的工业应用相对滞后。工业应用相对滞后体现在"重点行业典型企业 SCM 普及率"、"重点行业典型企业装备数控化率"、"重点行业典型企业 PLM 普及率"等指标水平偏低或在全国的排名靠后。同时,应用效益评估显示,2010—2014 年浙江"第二产业全员劳动生产率"指数水平分别为 40.91、42.68、47.46、45.22,在各省级行政区中排名分别为 28、30、30、31 位,在各省级行政区中排名倒数第一;2010—2014 年浙江"工业成本费用利润率"指数水平分别为 42.28、40.25、36.83、37.90,指数排名分别为 29、27、27、24 位,在各省级行政区中倒数第一。反过来说明浙江工业发展中信息化应用尚未发生根本性推动。

浙江信息技术工业应用相对滞后问题最核心的是集成度偏低。第三次经济普查形成的工业企业数据显示,在"财务"、"购销存"、"生产制造"、"物流配送"、"客户关系"、"人力资源"等六个方面均没有采用信息化管理的企业已经不多,部分领域如财务管理中信息化技术应用率已达 90.18%。但是,作为商流、物流、资金流紧密结合的集成度相对更高的"物流配送"管理,仅有 13.55% 的企业采用信息技术得以实现。

企业信息化建设一般经历基础建设阶段、单项应用阶段、综合集成阶段、协同创新阶段。目前浙江信息化宏观基础条件良好,企业信息化基础环境也初步具备,且单项应用普及率高,"两化"融合正处于从单纯的"量"开始向"质"转换的综合集成阶段。

2015 年 10 月在 2015 年省"两化"深度融合示范区建设会议上,李强省长强调,两化深度融合是"浙江智造"升级的关键环节,必须进一步明确"一大目标"、丰富"三个内涵"、突出重点,主攻智能制造。其中"三个内涵"之一是互联集成:通过生产线、工厂、供应商、产品、客户的互联互通,实现企业间的横向集成、企业内部的纵向集成、端到端的集成。互联集成应该成为"两化"融合下一阶段谋求突破的着力点。

参考文献

[1] 浙江省统计局课题组. 浙江省地区信息化发展指数报告[J]. 统计科学与实践,2012(4).

[2] 徐海彪,劳印. 2013 年浙江省信息化发展指数(Ⅱ)统计监测报告[J]. 统计科学与实践,2013(12).

[3] 周剑. 两化融合管理体系构建[J]. 计算机集成制造系统,2015(7).

[4] 周剑. 企业两化融合管理体系构建研究[J]. 现代产业经济,2013(25).

[5] 周剑,陈杰. 制造业企业两化融合评估指标体系构建[J]. 计算机集成制造系统,2013(9).

[6] 王杰. 浙江人口发展与沿海省份的比较研究[EB/OL]. 浙江统计信息网. http://www.zj.stats.gov.cn/ztzl/dxdc/rkcydc/ktxb_2024/201409/t20140905_144443.html

[7] 中国电子信息产业发展研究院. 中国信息化与工业化融合发展水平评估蓝皮书[M]. 北京:人民出版社,2012.

[8] 中国电子信息产业发展研究院. 中国信息化与工业化融合发展水平评估蓝皮书(2014 年)[M]. 北京:人民出版社,2015.

[9] 统计科研所信息化统计评价研究组. "十一五"时期中国信息化发展指数

(IDI)研究报告——中国信息化发展水平的监测与评估[J].中国信息界,2010(12).

[10] 中国电子信息产业发展研究院.中国区域"两化"融合发展水平评估报告(摘要) [EB/OL]. https：// wapwenku. baidu. com/view/f07f531c866fb84ae45c8d13. html? ssid＝0＆from＝1019023c＆uid＝0＆pu＝usm@0,sz@320_1001,ta@iphone_2_7.0_3_534＆bd_page_type＝1＆baiduid＝CC0CF5B22DBEC67BB9071D889935286C＆tj＝www_normal_2_0_10_title♯1

[11] 中国电子信息产业发展研究院.2013年度中国信息化与工业化融合发展水平评估报告 [EB/OL]. https：// wapwenku. baidu. com/view/7eb5f53fb52acfc789ebc9b7. html? ssid＝0＆from＝1019023c＆uid＝0＆pu＝usm@1,sz@320_1001,ta@iphone_2_7.0_3_534＆bd_page_type＝1＆baiduid＝CC0CF5B22DBEC67BB9071D889935286C＆tj＝wenkuala_2_0_10_l3

[12] 中国电子信息产业发展研究院.2014年中国信息化与工业化融合发展水平评估报告 [EB/OL]. https：// wapwenku. baidu. com/view/f459c28e910ef12d2bf9e749. html? ssid＝0＆from＝1019023c＆uid＝0＆pu＝usm@1,sz@320_1001,ta@iphone_2_7.0_3_534＆bd_page_type＝1＆baiduid＝CC0CF5B22DBEC67BB9071D889935286C＆tj＝wenkuala_2_0_10_l1♯1

附件1

区域"两化"融合发展水平评估指标体系

类别及权重	指标及权重
基础环境(25.0)	城(省)域网出口带宽(1.0)
	固定宽带普及率(4.0)
	固定宽带端口平均速率(4.0)
	移动电话普及率(4.0)
	互联网普及率(4.0)
	"两化"融合专项引导资金(2.0)
	中小企业信息化服务平台数(3.0)
	重点行业典型企业信息化专项规划(3.0)

类别及权重	指标及权重
工业应用(50.0)	重点行业典型企业 ERP 普及率(6.0)
	重点行业典型企业 MES 普及率(6.0)
	重点行业典型企业 PLM 普及率(6.0)
	重点行业典型企业 SCM 普及率(6.0)
	重点行业典型企业采购环节电子商务应用(6.0)
	重点行业典型企业销售环节电子商务应用(6.0)
	重点行业典型企业装备数控化率(7.0)
	国家新型工业化产业示范基地"两化"融合发展水平(7.0)
应用效益(25.0)	工业增加值占 GDP 比重(4.0)
	第二产业全员劳动生产率(4.0)
	工业成本费用利润率(4.0)
	单位工业增加值工业专利量(4.0)(备)
	单位地区生产总值能耗(3.0)
	电子信息制造业主营业务收入(3.0)
	软件业务收入(3.0)

附件 2

全国信息化发展水平评估指标体系

一级指标	二级指标	三级指标
网络就绪度指数 （40 分）	智能终端普及指数	移动电话普及率
		固定电话普及率
		电脑普及率
	有线电视发展指数	有线电视入户率
		数字电视入户率
	光纤发展指数	光纤入户率
		人均光纤长度
	宽带普及指数	固定宽带普及率
		移动宽带普及率
	宽带速率指数	固定宽带端口平均速率

续表

一级指标	二级指标	三级指标
信息通信技术应用指数 （40分）	企业应用指数	生产装备数控化率
		企业 ERP 普及率
		企业电子商务交易额占比
		中小企业信息化服务平台数
	政务应用指数	主要业务信息化覆盖率
		政务事项网上办事率
		政务信息公开上网率
		县级电子政务公共平台覆盖率
信息通信技术应用指数 （40分）	居民应用指数	互联网普及率
		便捷支付服务覆盖率
		社保卡普及率
		人均在线零售额占比
		人均信息类消费支出
信息通信技术应用指数 （40分）	劳动生产率指数	全员劳动生产率
	技术创新指数	单位地区生产总值专利申请量
		单位地区生产总值专利授权量
	知识扩散指数	人均移动互联网使用流量
	资本流动指数	人均电子支付笔数
		人均电子支付金额
	生产效益指数	工业成本费用利润率
	节能降耗指数	单位地区生产总值能耗
		单位地区生产总值用水量
	人均收益指数	人均地区生产总值

附件 3

浙江省信息化发展指数（IDI）指标体系

信息化发展指数（Ⅰ）指标体系		
总指数	分类指数	指标
信息化发展指数Ⅰ	一、基础设施指数	1.电话拥有率
		2.电视机拥有率
		3.计算机拥有率
	二、产业技术指数	4.人均电信收入
		5.每百万人发明专利申请量
	三、应用消费指数	6.互联网普及率
		7.城乡居民人均信息消费支出
信息化发展指数Ⅰ	四、知识支撑指数	8.平均受教育年限
		9.成人识字率
		10.高等教育毛入学率
		11.人均财政性教育经费支出
	五、发展效果指数	12.信息制造业增加值占规上工业增加值比重
		13.R&D经费支出占GDP的比重
		14.人均GDP

信息化发展指数Ⅱ指标体系		
总指数	分类指数	指标
信息化发展指数Ⅱ	一、基础设施指数	1.电话拥有率
		2.电视机拥有率
		3.计算机拥有率
	二、产业技术指数	4.人均电信业务收入
		5.每百万人发明专利授权量
	三、应用消费指数	6.互联网宽带普及率
		7.政府门户网站综合应用水平
		8.城乡居民人均信息消费支出
	四、知识支撑指数	9.平均受教育年限
		10.成人识字率
		11.每万人口15年义务教育在校学生数
		12.人均财政性教育经费支出
	五、发展效果指数	13.信息制造业增加值占规上工业增加值的比重
		14.R&D经费支出占GDP的比重
		15.人均GDP

续表

信息化发展指数（Ⅲ）指标体系		
总指数	分类指数	指标
信息化发展指数Ⅲ	一、基础设施指数	1.电话拥有率
		2.付费数字电视普及率(含 IPTV)
		3.移动互联网普及率
		4.企业每百人计算机使用量
		5.企业拥有网站的比重
	二、产业技术指数	6.人均软件及电信业务收入
		7.每百万人发明专利授权量
		8.信息制造业新产品产值率
	三、应用消费指数	9.互联网宽带普及率
		10.政府门户网站综合应用水平
		11.全体居民人均通信支出
	四、知识支撑指数	12.平均受教育年限
		13.成人识字率
		14.每万人口拥有各级各类在校学生数
		15.人均财政性教育经费支出
	五、发展效果指数	16.信息经济核心产业增加值占 GDP 的比重
		17.R&D 经费支出占 GDP 的比重
		18.人均 GDP

附件 4

浙江省信息经济综合评价指标体系

类别	一级指标	权数	二级指标	单位	权数
基础设施类	一、基础设施	25	1.城域网出口带宽	Gbps	4
			2.固定宽带端口平均速度	Mbps	6
			3.每平方公里拥有移动电话基站数量	个/平方公里	4
			4.固定互联网普及率	户/百人	4
			5.移动互联网普及率	户/百人	5
			6.付费数字电视普及率(含 IPTV)	户/百人	2

续表

类别	一级指标	权数	二级指标	单位	权数
产业发展类	二、核心产业	30	1.信息经济核心产业增加值占 GDP 的比例	%	15
			2.信息经济核心产业劳动生产率	万元/人	8
			3.信息制造业新产品产值率	%	7
融合应用类	三、个人应用	22	1.人均移动互联网接入流量	G/人	6
			2.全体居民人均通信支出	元/人	7
			3.人均电子商务销售额	元/人	6
			4.网络零售额相当于社会消费品零售总额比例	%	3
	四、企业应用	23	1.企业信息化投入相当于主营业务收入比例	%	2
			2.企业电子商务销售额占主营业务收入的比重	%	2
			3.企业每百名员工拥有计算机数	台/百人	5
			4.企业从事信息技术工作人员的比例	%	5
			5.企业应用信息化进行购销存管理普及率	%	3
			6.企业应用信息化进行生产制造管理普及率	%	3
			7.企业应用信息化进行物流配送管理普及率	%	3
	五、政府应用	该项指标暂时不参与评价,待条件具备再纳入指标评价			

（**作者简介**:钱雪亚,浙江大学公共管理学院教授,浙江大学公共政策研究院副院长;胡琼,浙江大学公共管理学院博士生。）

作者

范柏乃
易洧宸
张 兵

政务生态环境的实际测评、
影响因素及优化路径研究
——基于台州市的实证调查

内容提要:行政审批制度是国家服务、调控和管理社会经济活动的一种重要手段和有效途径,在维护社会秩序、保护公民及法人机构的合法权益方面发挥着不可替代的作用。改革开放以来,我国不断推进行政审批制度的改革与完善,但仍然存在着一些与经济发展、社会进步不相适应的环节。政务生态环境是行政审批质量提升的有效载体,而高质量的行政审批又促进了良好政务生态环境的形成,二者间相互影响。因此,对政务生态环境进行研究,建立相应的测量指标体系,发现其影响因素和优化路径具有重要的理论和现实意义。本研究以问题为导向,从理论与实证分析相结合的角度对台州市政务生态环境的实际情况和影响因素进行了研究。在理论导出部分,通过对政府服务、服务环境、政务环境评价及政务环境优化四个部分的文献综述,对国内外相关文献及理论进行了总结和评述。并在此基础上提出了政务生态环境的内涵及其构成要素,提出了政务生态环境的影响因素假设,并分别构建了政务生态环境的实际测评体系、政务生态环境的影响因素测评量表。在实证研究部分,通过对台州市及其下属区县调查问卷的定量分析,确定了政务生态环境的测量指标及权重体系,对台州市的政务生态环境进行了综合评价。并以综合评价结果为因变量,进一步探讨了影响因素与政务生态环境之间的关系,验证了相关理论假设。

关键词:政务生态环境;测度体系;影响因素;优化路径

一、导论

行政审批制度是国家服务、调控和管理社会经济事务的一种有效手段和重要途径,在维护社会秩序和公共安全、保护公民、法人机构和其他组织的合法权益等方面,发挥着不可替代的作用。

改革开放以来,我国进行了六次行政体制改革,先后改变了政企不分,政资不分,政社不分的情况,到 2012 年,国务院和各省、市自治区分六批共取消和调整行政审批事项 2497 项,占原有数目的 69%,推动了整个行政体制改革。然而,行政审批制度中依然存在着一些与经济发展、社会进步不相适应的环节,政府"门难进、脸难看、事难办"的情况依然存在。在深化体制转型的今天,这些问题没有彻底解决,必将对政府执行体制的制度创新产生深远而巨大的影响。因此,深化行政体制改革仍然是一个重大课题。

深化行政审批制度改革、加快政府职能转变是党的十八大和十八届二中、三中全会部署的重要改革,是十二届全国人大一次会议审议批准的《国务院机构改革和职能转变方案》确定的重要任务。行政审批直接关涉到社会公众的切身利益,是政府职能与效能的体现,也是行政部门与公众直接沟通交流的平台。行政审批权的配置和行使,事关政府管理的合法性、有效性和廉洁性,改革和完善行政审批制度,是不断深化行政管理体制改革、着力转变政府职能、规范权力运行、创新管理方式、提高行政效能的重要内容。

良好的政务生态环境是行政审批质量提高的载体,而高质量的行政审批又促进了良好政务生态环境的形成,二者间相互影响。因此,对政务生态环境进行研究,建立相应的测量指标体系和测评方法具有重要的理论和现实意义。

但是,目前学界尚未对政务生态环境的概念做出系统的定义,也未有一套完善的对地方政府的政务生态环境进行测评的指标体系。因此,本文将通过对政务生态环境的概念和结构要素进行界定,构建一套测评地方政府政务生态环境的指标体系,并以台州市政府为分析案例,对其政务生态环境进行实际测评,利用回归分析等方法,发现影响其政务生态环境的要素不足之处,提出优化方案。此外,本研究也在一定程度上提出了行政审批改革的新思路,利用政务生态环境的概念分析台州市行政审批制度,通过对台州市政务生态环境的测评,发现问题之所在,并提出优化方案,为行政审批制度改革提供思想和智力支持。

二、政务生态环境的概念界定与基本特征

(一)政务生态环境的概念界定

政务生态环境是一个初创的学术概念,本文通过借鉴行政生态学和新公共服务理论的理念和理论方法,对政务生态环境给出有效的概念构思和定义。

"政务"一词,最早源于《后汉书·班固传上》中"京兆督邮郭基,孝行著于州里,经学称于师门,政务之绩,有绝异之效",其中"政务",泛指对国家的管理。《辞海》只有单字"政"条目解释:"政,指集体生活中的事务",政务可以解释为政治生活中的事务,即行政事务。在现代国家,政务是指各级政府内部的事务和所管理的社会公共事务。

"生态"的概念最早由德国生物学家海克尔(Ernst Haeckel)于1869年提出,他认为生态是"不同生物体之间、生物与周围环境之间的关系"。国内最早将生态和环境组合成"生态环境",是1982年讨论宪法草案之时加入的概念,但是没有对生态环境给出权威解释,所以学界对生态环境的内涵一直有所争议。美国学者约翰·高斯(John M. Gaus)于1947年首次正式把生态环境一词引入公共行政中来。从生态学的角度来看,公共行政系统不能孤立存在,而必须依赖于周围的环境,与环境进行物质和信息交换才能生存。之后里格斯(Fred W. Riggs)和费斯勒(James W. Fesler)等学者发展了行政生态学。在行政生态学中,行政生态环境被定义为:行政生态环境是与行政系统有着直接或间接的以及对行政系统有着直接或间接影响的各种客观因素的总和,既包括自然环境,也包括社会环境,如经济、政治、文化、心理等。[①]

从范围上来说,政务是行政的子集,是行政的要素之一,是行政的事务体现。行政生态环境强调的是外部环境,而对政务产生影响的生态环境则更多地强调行政系统内部的环境要素,重要的有行政系统内部的公务人员与公众间的关系、政务审批制度和流程、行政法规、政务公开制度等。

从价值层面去看,政务追求的目标是公平和效率。效率和公正度有客观标准,如政务审批和处理的时间长短,流程简约程度,行政成本高低,是否合法合规等;效率和公正度也有主观标准,即群众满意度,让公众或社会组织对政务治理的效率和公正度进行主观评价。以人为本,客观标准要以主观标准为前提。

公平价值体现在人和事两个方面。"人"的方面:公务人员廉洁奉公,审批办事不以权谋私、不任人唯亲。"事"的方面:政务信息,包括政务的办事程序、政府文件、政府

---

① 张康之.公共行政学[M].北京:经济科学出版社,2003.

活动和收费标准等,要公开;政务决策过程要民主,提高透明度。效率价值体现在人、事、物三个方面。"人"的方面:公务人员要提高法治觉悟和服务意识,主动提高政务服务效率。"事"的方面:从制度层面优化政务审批流程,使得审批向集约化方向发展。"物"的方面:提高政务信息化水平,提高政务效率。

从要素角度来说,影响政务活动并影响政府绩效的要素很多,并且要素间相互关联。对政务活动和政府绩效影响显著的要素有法治化、程序民主、廉洁性、透明化、公务人员的绩效考核以及政务体制的优化度等。其中,法治化与廉洁性之间有相互促进的关系;廉洁性也是公务人员绩效考核的一个重要方面;民主政务和透明化之间有重叠的地方;政务体制的优化也能够促进公务人员的绩效考核和透明化;等等。

借鉴行政生态学对行政生态环境的定义,笔者对本文的核心概念"政务生态环境"作出定义:是指直接或间接作用于政务活动并影响政务绩效的各种要素及其相互关联耦合而成的生态系统,包括法治政务、廉洁政务、阳光政务、责任政务、民主政务、高效政务等环境要素,具有综合性、复杂性、动态性、关联性和差异性等特征。

(二)政务生态环境的构成要素

依据政务生态环境的定义,从直接影响政务生态环境要素的价值层面,政务生态环境可以分为法治政务、廉洁政务、阳光政务、责任政务、民主政务、高效政务六个结构要素。

1. 法治政务

法治政务,就是行政机关及其相关派出组织是依法设立、行政或其他公权力依法取得、行政程序依法确定、行政行为依法执行、行政责任依法承担,一切行政行为都在法律的框架下得以执行,确保行政行为合法守法,防范行政权力的滥用及违法,切实依法保障公民、法人机构的合法权益和公众的合法利益。打造法治政务环境,本质上是在法治轨道上厘清政府和社会、市场的关系,实现政府的放权和分权,形成政府、市场和社会职能边界清晰的政府治理体系。

法治政务包括立法、执法和监督三个层面。立法层面,要突出政府立法制度建设,完善行政法规和规章制度,完善公众参与政府立法机制,及时修改和废止不适合改革要求的行政法规和规章,并且加强对政府工作中涉及的法律的研究,为政府重大决策、制定规范性文件提供法律指导。执法层面,要突出行政执法,强化公务人员的法治思维,用法治思维做决策,使决策的权限、程序、手段合法。监督层面,要突出对行政权力的制约和监督,加强政府内部层级监督、专门监督和审计监督,主动接受社会监督、舆论监督。

2. 廉洁政务

廉洁政务,是指在行政管理活动中,公务人员能够做到廉洁奉公,不违法乱纪、以权谋私。

在行政管理活动中特别是在行政审批环节,公务人员通过审批"中梗阻"和暗箱操作等违法乱纪行为,存在以权谋私的空间。公务人员的廉洁与否直接关系到政务处理的公正,关系到公众对公务人员和行政部门的满意度,关系到政府的权威合法性和政治稳定。一个不廉洁的政务环境,公务人员不可能在真正意义上履行职责、依法行政、服务于民,行政体制改革也就不可能真正意义上取得成功。

因此,将廉洁政务建设纳入政务生态环境之中,是当前政府管理与改革的必然要求,事关行政体制改革的目标能否顺利实现。廉洁政务是政务状态的集中体现,无论是服务型政府还是法治型政府,都必须建立在廉洁政务的基础之上。

3. 阳光政务

阳光政务,是指在行政管理活动中,政府能够依法、主动、及时地将政务相关信息向公众公开,使政务透明,从而将行政权力处于公众的监督之下。政务相关信息具体包括:政务所依的行政法规和政府文件,政务办事程序,收费标准,政府活动和政府决策活动,以及政务处理结果。

一方面,政务公开能够规范公务人员办事行为,改变公务人员办事态度,积极为公众服务,提高服务质量和工作质量,从而提高办事效率。另一方面,政务公开能够使公务人员和政务过程置于"阳光"之下,从而使得公众对政府的评判和有效监督成为可能,增强政府与公众的互动,优化政府的治理环境。

阳光政务是以政府为着力点,通过政府提供政务信息到公众被动接受、参与政务的自上而下的形式,其中,阳光政务的性质和程度取决于政府机构的自觉性。

4. 责任政务

责任政务,是指在行政管理活动中,公务人员能够积极主动、及时有效地提供服务来满足公众的政务需求。

责任政务是建设民主政府和法治政府的必然要求,是政府实现高效廉洁的必要基础,也是建设服务型政府的核心要素。在现代民主社会,政府要对公众负责已成为普遍认同的理念,责任政务意味着公务人员要对公众负责,从传统的管理到现代的服务,增强公务人员的服务和责任意识。

公务人员的政务效率不仅取决于制度约束和外部监督,还取决于公务人员自身的服务意识和从政道德。因此,公务人员积极主动地回应公众的政务需求,不但能够提高政务效率,也能够提高政府的公信力和合法性。

5. 民主政务

民主政务,是指行政官员在作出政务决策过程中,以民主决策为目标,有完备的民主决策体系,通畅的民主决策参与渠道,严密的民主规则和民主监督、纠错机制。

在社会治理日益繁杂和专业化的今天,封闭式的、以内部管理为中心、以任务为导向的官僚制政府往往会导致公众与公共事务管理事实上的分离,难以满足公众日益增长的对于政务透明性、责任性、回应性、有效性的需求。注重政府和公众间的协调互动与公众参与的民主政务是解决这种需求的有效解决方案。

6. 高效政务

高效政务,是指在行政审批过程中,通过集约事项、优化流程、权责统一等制度建设,使得行政审批的时间短、质量高。

高效政务是公众的政务价值需求之一,是行政管理活动的核心目标之一,也是行政体制改革以及行政审批制度改革的核心目标之一,行政审批的效率高低反映了行政审批制度改革措施的有效程度。无论是集约行政审批事项,优化审批流程,拓展行政审批方式,还是改革管理方式、政务公开与公众监督等措施,最终的检验标准都是行政审批的高效程度。

(三)政务生态环境的基本特征

政务生态环境具有综合性、复杂性、动态性、关联性和差异性等特征。

1. 综合性

政务生态环境并不是某一个特定方面的环境,影响政务生态环境的因素多种多样,我们只能选择一些重要的因素——法治政务、廉洁政务、阳光政务、责任政务、民主政务,以及高效政务作为政务生态环境的要素,政务生态环境具有综合性的特征。

从行政生态学的角度看,政务生态环境是一个有机体:政务生态环境的目标是公正和效率,法治政务和廉洁政务是保障政务公正的手段,民主政务、阳光政务、责任政务和高效政务则是保障政务高效的手段。政府和公众通过某种信息方式进行信息交换和反馈,确定政务需求;公务人员按照法治政务的要求,通过相应的规章、流程和制度,对政务需求进行处理;社会公众对政务处理的过程和公务人员的行为进行监督,并且对政务结果进行评价和反馈。政务生态环境的各要素之间有着千丝万缕的有机关系,这其中任何一环的缺失和短板都会对其他结构要素产生影响,并最终影响到政务生态环境的建设。

2. 复杂性

政务生态环境具有复杂性特征。影响政务生态环境的因素多不可数,这些因素之间存在相互关联而又无序的关系。在不同的历史时期或地域范围内,影响本地政务生态环境的要素及要素排列也不同,因此很难寻找出一个完善的固定的影响政务生态环境的要素体系,也难以分清这些因素的主次关系。

但是这种复杂性并不代表政务生态环境就是不可分析的,通过对特定历史时期和地域范围的考察,我们可以归纳出一个对应的政务生态环境的要素体系,并能够确定体系的要素和要素排列关系。

3. 动态性

因为时空的变化,影响政务生态环境的各种要素也会发生变化,政务生态环境具有动态性特征。

政务生态环境的动态性体现在两个方面。

(1)不同历史时期,政务生态环境的突出要素不同。因为历史环境的不同,社会公共事务的范围和要求也不同,政务手段和方式也不同,导致政务生态环境的突出要素不同。例如我国在计划经济时代,因为传统的行政管理模式,官僚化严重,对行政效率的要求更迫切一些;改革开放之后,因为市场的发展,社会管理事务变得日趋复杂和专业化,对公众参与的要求更高了,公众参与又必然对政务公开提出要求;信息化时代来临,政务信息化成为可能,对高效政务的要求又进一步提高了,政务服务中心和政务信息化成了行政改革的趋势和要求。

(2)不同地域范围,政务生态环境的突出要素不同。因为各地的经济发展和社会状况的差异,本地公众对地方政府的政务需求会产生差异。例如在一线城市,因为市场发展的成熟和社会组织的能力较强,对政府的法治政务和高效政务要求就会比较高;而在基层政府,对政府的廉洁政务和责任政务的要求就会更迫切一些。

4. 关联性

政务生态环境的各要素之间具有相互关联的特征。其中,法治政务是所有其他要素的法治要求。无论是政务内容、形式、措施的制定,政务决策的规则,还是政务公开以及对公务人员的法纪要求,都必须是严格符合法律法规的,法治政务保证了其他要素的合法性基础。

阳光政务是其他所有要素的形式保障。无论是法治政务、责任政务、高效政务、廉洁政务还是民主政务的建设,都离不开权力的制约和监督,而政务公开作为行政部门的防腐剂,为进一步从源头上预防和治理腐败提供了保障。

高效政务是民主政务、阳光政务和责任政务的核心目标,和法治政务、廉洁政务之间也是相辅相成关系。政务的核心价值就是公平和高效,法治政务和廉洁政务保证了政务的公平,而高效政务则保证了政务的高效价值。无论是民主政务的公众参与,还是阳光政务的政务公开,还是责任政务的提高公务人员的责任性和服务性,都是旨在提高政务的高效程度。另外,高效政务往往伴生着法治政务和廉洁政务,高效政务和法治政务、廉洁政务并行不悖、相辅相成。

廉洁政务与责任政务是相互促进的关系。政务的高效和公正离不开廉洁政务和责任政务,廉洁政务保证了公务人员遵守党纪国法,责任政务旨在提高公务人员的服务意识和服务质量,廉洁政务是法律规定,责任政务是思想要求。很多情况下,公务人员服务态度差、纪律涣散是因为公务人员以权谋私和任人唯亲造成的,而责任政务建设良好的同时,也会减少公务人员违法乱纪的可能性。

民主政务能够促进责任政务和高效政务建设。一个良好政务生态环境,一定是公众与行政部门之间建立了良好的信任关系和互动关系。民主政务通过上下互动,社会与政府间的互动,通过共同协商、良好合作、确定共同目标等方式实现。公众参与能够增加公众对政务的管理和监督,从而起到监督行政机关和公务人员的作用,进而提高公务人员的责任性,提高政务高效程度。

5. 差异性

虽然政务生态环境的各要素之间相互关联,但并不是同质性的,而是具有差异性。法治政务、廉洁政务、阳光政务、责任政务、民主政务,以及高效政务分别代表不同的政务价值,法治政务体现的是依法行政,民主政务体现的是公众参与,廉洁政务约束的是公务人员的行为,阳光政务体现的是政务公开制度,责任政务体现的是公务人员的服务意识,高效政务则体现的是政务的效率,其中任何一个要素不能替代其他的要素。

三、政务生态环境的实际测评

(一)理论依据与测度方法

政务生态环境测评指标体系,反映的是测量者对政务生态环境的理解,因此,对政务生态环境的概念阐释和定义不同,对其测评的指标体系也就不同。借鉴相关的文献,本文从法治政务、廉洁政务、阳光政务、责任政务、民主政务和高效政务六个层面来建构政务生态环境测评指标体系。

1. 理论依据

本文主要参考的指标体系有世界治理指标体系(WGI)和政府绩效评价体系(范柏乃和朱华,2005;叶脱和胡税根,2015)以及民主绩效的测量指标体系(李文彬和郑文彪,2011)等。

WGI 由考夫曼(Kaufmann)于 1999 年首次创建,它包含六项指标,每项指标下分为二级指标和相对应的指数。六项指标分别为:(1)表达与问责(voice and accountability),测量一国民众在选举政府领导的参与程度,以及言论、结社和新闻自由;(2)政治稳定与无暴力程度(political stability and absence of violence),测量人们对政府稳定等事务的感知;(3)政府效能(government effectiveness),测量政府公共服务、政策制定及执行水平,以及政府兑现政策的可信度;(4)监管质量(regulatory quality),测量政府为提升企业和社会组织发展而行政和执行良好政策监管的能力;(5)法治水平(rule of law),测量政府法律执行水平;(6)腐败控制水平(control of corruption),测量公权谋私程度,包括各种形式的腐败。

因为对政务生态环境的测评只涉及政府治理中的政务环节的测评,所以不能完全照抄 WGI 指标体系,但可以借鉴其中与政务环节直接相关的一些子指标:法治政务指标可以借鉴 WGI 法治水平指标中的次级指标"法律体系完备性"(PRS,Political Risk Services International Country Risk Guide)和"法制执行情况"(GWP,Gallup World Poll);廉洁政务指标可以借鉴 WGI 腐败控制水平指标中的次级指标"政府腐败水平"(EIU,Economist Intelligence Unit;GWP,Gallup World Poll;IPD,Institutional Profile Database;WMO,World Bank Country Policy and Institutional Assessments)和"公务支出腐败"(GCS,World Economic Forum Global Competitiveness Survey);阳光政务指标可以借鉴 WGI 表达和问责指标中次级指标"政府政策的透明度"(WCY,Institute for Management Development World Competitiveness Yearbook)和"政府信息透明性"(GWP);责任政务指标可以借鉴 WGI 表达和问责指标中次级指标"公务人员的责任性"(EIU)和"公众诉求的回应性"(CCR,Centre for Conflict Resolution);高效政务指标可以借鉴 WGI 政府效能指标中的次级指标"政府行政质量"(EIU;MIG,Merchant International Group Gray Area Dynamics;PRS;BTI,Bertelsmann Transformation Index)、"公众满意度"(GWP)和监管质量指标中的次级指标"行政规范的集约性"(GCS)。

但是,因为政务生态环境测评指标的精细化程度较高,以及我国地方政府的特殊性,WGI 指标体系并不能完全为政务生态环境测评指标体系提供完整的借鉴指标,还需要借鉴其他文献来补充,尤其是 WGI 没有涉及公务人员的服务意识和守法意识、政府的法治和业务教育体制、公众对政府的监督、决策过程的透明度,以及民主决策机制等要素,更加需要借鉴其他文献和研究成果来完善。

而地方政府绩效评价体系指标就能够补充以上这些不足。由范柏乃等(2005)学者创建的地方政府绩效评价体系,在对国内外政府绩效评价研究与实践述评的基础上,从行政管理、经济发展、社会稳定、教育科技、生活质量和生态环境 6 个领域,遴选了 66 个指标构成地方政府绩效的理论评价体系,其中行政管理领域的指标可以为政务生态环境的指标体系提供参考和运用价值:政务生态环境中的高效政务指标可以借鉴该指标体系中的次级指标"政务的公开性";廉洁政务指标可以借鉴该体系行政管理指标中的次级指标"执法的公正性"。

由叶脱和胡税根建立的政府绩效评估指标体系,通过文献法建立了一个政府购买社会服务绩效评估的概念化模型,并从投入、过程、产出、品质、成效、政治 6 个维度,建立了 36 个具体的评估指标,其信度和效度都取得满意效果。政务生态环境中的责任政务指标可以借鉴该指标体系中品质指标中的次级指标"工作人员的敬业精神";阳光政务指标可以借鉴该体系中政治指标中的次级指标"监督机制的有效性"指标;高效政务指标可以借鉴该体系中过程指标中的次级指标"服务流程的标准化程度"

和"服务流程的便捷度"。

由李文彬和郑文彪建立的基层民主绩效的测量指标体系,包含民主选举、民主决策、民主管理和民主监督指标。虽然该测量指标体系针对的是基层民主绩效,但其中的民主决策、民主管理和民主监督指标对其他层次的民主绩效都有很大的借鉴价值。其中,政务生态环境中的民主政务指标可以借鉴该指标体系的次级指标民主决策中的"决策的制度化"和"决策的参与性"指标,以及次级指标民主管理中的"决策纠错制度化"指标等。

2. 测度方法

本研究采取抽样调查问卷的形式对台州市政府的软性指标进行测评。因为政务生态环境的指标体系是按照要素的价值层面来分类,不同指标变量间的相关关系较弱,所以本文采取主成分分析的综合评价法,设立两级指标,一级指标有 6 个,每个一级指标下有 6 个二级指标,共 36 个二级指标,并且客观确定每个指标的权重,避免评价中的主观影响,提高综合评价结果的客观性和合理性。

(二)问卷设计和数据收集

1. 问卷设计

在以上文献研究成果的基础上,根据政务生态环境各构成要素的界定和特点,通过团队间交流,根据团队成员提出的建议,构建了政务生态环境测评指标体系,如表1所示,政务生态环境测评指标体系包括 6 个一级指标,36 个二级指标。

2. 数据收集

本研究问卷的调查对象主要为台州市企业人员和普通群众,以研究人员实地发放回收的形式为主。在台州市政务服务大厅、台州市各县(市、区)政务服务大厅、台州市社保公积金缴费大厅、台州市人才服务中心大厅、台州市国税、地税缴费大厅等地点进行问卷的发放与回收工作。被调查人主要为前往各个大厅办理政务事宜的企业人员和普通群众。本研究总共发放问卷 700 份,回收问卷 686 份,得到有效问卷 516 份,有效回收率为 73.7%。

表1 政务生态环境测评指标体系

一级指标	二级指标	具体解释	文献依据
法治政务	法律体系的完备性（B_1）	政府依法行政具有完备的法律依据	Political Risk Services International Country Risk Guide (2014)；李振志(2013)
	法制教育的完善性（B_2）	政府具有完善的法制教育体系，并能够借此提升依法行政能力	Gallup World Poll(2014)；李振志(2013)；何琪(2010)
	法治思维的应用性（B_3）	政府公务人员能够将法治思维应用到工作当中	Political Risk Services International Country Risk Guide (2014)；李振志(2013)
	政策制定的合理性（B_4）	政府公务人员的决策能力较强	何琪(2010)；李振志(2013)
	政策制定的合法性（B_5）	政府公务人员的决策依法合规	Political Risk Services International Country Risk Guide (2014)；何琪(2010)
	行政执法的合规性（B_6）	政府公务人员的行政执法依法合规	Gallup World Poll(2014)；李振志(2013)；
廉洁政务	公务人员不违法乱纪（B_7）	公务人员制定和执行决策、提供政府服务时不存在违法乱纪行为	范柏乃(2005)
	公务人员不贪赃枉法（B_8）	公务人员制定和执行决策、提供政府服务时不存在贪赃枉法行为	EIU(2014)；IPD(2013)；World Bank Country Policy and Institutional Assessments(2014)
	公务人员不以权谋私（B_9）	公务人员制定和执行决策、提供政府服务时不存在以权谋私行为	叶脱,胡税根(2015)
	公务人员不奢侈浪费（B_{10}）	公务人员制定和执行决策、提供政府服务时不存在奢侈浪费行为	World Economic Forum Global Competitiveness Survey (2013)
	公务人员不滥用职权（B_{11}）	公务人员制定和执行决策、提供政府服务时不存在滥用职权行为	EIU(2014)；IPD(2013)；World Bank Country Policy and Institutional Assessments(2014)
	公务人员不任人唯亲（B_{12}）	公务人员制定和执行决策、提供政府服务时不存在任人唯亲行为	World Economic Forum Global Competitiveness Survey (2013)

续表

一级指标	二级指标	具体解释	文献依据
阳光政务	公众能够查询政府文件（B_{13}）	市场主体、社会群众能够及时、便利地查询到政府文件	Gallup World Poll(2014)
	公众了解政府决策过程（B_{14}）	市场主体、社会群众能够了解政府决策过程	Institute for Management Development World Competitiveness Yearbook(2014)
	公众能够了解办事程序（B_{15}）	市场主体、社会群众能够及时、便利地了解政府办事程序	叶脱，胡税根（2015）；Gallup World Poll(2014)
	公众能够监督政府活动（B_{16}）	市场主体、社会群众能够监督政府行为活动	叶脱，胡税根（2015）
	政府能够公开收费标准（B_{17}）	政府能够及时、准确的公开行政收费事项及费用	Institute for Management Development World Competitiveness Yearbook(2014)
	政府及时公开处理结果（B_{18}）	政府能够及时、准确地公开政府政务处理的结果	叶脱，胡税根（2015）；Gallup World Poll(2014)
责任政务	政府机关及工作人员服务热情（B_{19}）	政府机关及工作人员办事服务热情，不存在"门难进、脸难看、话难听"的情况	叶脱，胡税根（2015）；吕维霞，王永贵（2010）
	政府机关及工作人员做事勤勉（B_{20}）	政府机关及工作人员做事勤勉认真，不存在"庸、懒、散"的现象	Economist Intelligence Unit (2014)；何琪（2010）；吕维霞，王永贵（2010）
	政府机关及工作人员做事负责（B_{21}）	政府机关及工作人员做事认真负责，不存在"不作为、乱作为、慢作为"的情况	Freedom House（2014）；吕维霞，王永贵（2010）
	政府机关及工作人员办事积极（B_{22}）	政府机关及工作人员做事勤勉，不存在"只要不出事，宁愿不做事"的情况	吕维霞，王永贵（2010）
	政府机关及工作人员态度认真（B_{23}）	政府机关及工作人员做事态度认真，不存在"不求过得硬，只求过得去"的情况	叶脱，胡税根（2015）；吕维霞，王永贵（2010）
	政府机关及工作人员积极进取（B_{24}）	公务人员做事积极进取，不存在公务人员缺乏事业心和进取心的情况	Economist Intelligence Unit (2014)；何琪（2010）；吕维霞，王永贵（2010）

续表

一级指标	二级指标	具体解释	文献依据
民主政务	政府官员的民主意识（B$_{25}$）	政府官员有较好的民主决策意识，能够做到决策民主	李文彬，郑文彪（2011）；李振志（2013）
	民主决策的机制完备（B$_{26}$）	市场主体、社会群众参与民主决策的体制机制完备	李文彬，郑文彪（2011）；李振志（2013）
	民主决策的渠道畅通（B$_{27}$）	市场主体、社会群众参与民主决策的渠道畅通	李文彬，郑文彪（2011）
	民主决策的程序严密（B$_{28}$）	市场主体、社会群众参与民主决策的程序规则严密	李文彬，郑文彪（2011）；李振志（2013）
	民主决策的监督健全（B$_{29}$）	政府民主决策的过程能够得到市场主体、社会群众有效的监督	李振志（2013）
	决策失误的追究完善（B$_{30}$）	政府决策失误存在完善的追究处罚机制	李文彬，郑文彪（2011）；李振志（2013）
高效政务	政府行政审批事项较少（B$_{31}$）	政府行政审批事项较少，不存在不必要的审批事项	World Economic Forum Global Competitiveness Survey（2013）
	政府行政审批流程清晰（B$_{32}$）	政府行政审批的流程清晰明了、办事便捷	EIU，PRS，BTI；叶脱，胡税根（2015）
	推诿扯皮现象明显较少（B$_{33}$）	政府部门权责统一，推诿扯皮现象少	范柏乃（2005）；李爱华，陈蕾（2010）
	政府行政审批公正透明（B$_{34}$）	政府行政审批的过程公正透明	范柏乃（2005）；李爱华，陈蕾（2010）
	政府行政审批收费较少（B$_{35}$）	政府行政审批的收费事项较少，且收费合理	World Economic Forum Global Competitiveness Survey（2013）
	政府行政审批速度较快（B$_{36}$）	政府行政审批的速度较快，能够按时完成	EIU，PRS，BTI；叶脱，胡税根（2015）

四、问卷的信度和效度检验

(一)问卷的信度检验

信度(reliability)反映被测特征真实程度的指标,是指测量结果的一致性或稳定性程度(范柏乃,2010)。一般来说,两次或多次测量的结果越接近,则它们的误差越小,结果的可信度越高。在实际应用中,信度主要有重测信度、复本信度、折半信度、同质性信度和评分者信度五种类型。本文采用内部一致性信度方法来检验政务生态环境评价体系的信度。

内部一致性信度(internal consistent reliability)通常用克劳伯克(Cronbach) α 系数来表示,α 系数的计算公式如下:

$$R_\alpha = \frac{K}{K-1}\left(1 - \frac{\sum S_i^2}{S^2}\right)$$

表 2 给出了政务生态环境测评指标体系的内部一致性信度(α 系数)。计算结果显示,政务生态环境测度量表和各二级指标的系数都在 0.9 以上,说明该评估指标体系具有较高的内部一致性信度。

表 2　Cronbach 内部一致性系数(政务生态环境测度量表)

	Cronbach's Alpha 值	项目的个数
法治政务量表	0.965	6
廉洁政务量表	0.975	6
阳光政务量表	0.967	6
责任政务量表	0.950	6
民主政务量表	0.963	6
高效政务量表	0.966	6
政务生态环境总量表	0.956	36

(二)问卷的效度检验

效度(validity),换言之就是有效性,它是指测量工具或手段能够准确测出所要测量事物的有效程度。从统计意义上说,效度是指测量结果与某种外部标准之间相关联的程度,关联程度越高即代表测量的结果越有效。本研究采用内容效度(Content Validity)来评定该测评体系的效度,计算公式为:

$$CV = \frac{n_e - \dfrac{n}{2}}{\dfrac{n}{2}}$$

本研究选择了 30 位公共管理、行政管理等领域专家学者、浙江大学公共管理学院博士来作判断,确定评价体系中 36 项指标与政务生态环境测评之间关系的密切程度,结果有 27 位评价人员认为这 36 项指标很好地反映了政务生态环境测评的内容。通过计算得出内容效度 CV 为 0.8,这说明了问卷设计的指标具有较高的内容效度。

(三)基于主成分的指标赋权

在进行主成分分析前,需对所有变量进行 KMO 检验,以检测各个变量之间的偏相关性。KMO 检验的取值在 0 到 1 之间,越接近 1 则变量之间的偏相关性越强,越适合做主成分分析。一般地,0.9 以上表示非常适合;0.8 以上表示适合;0.7 以上表示一般;0.6 表示以上不太适合;0.6 以下表示极不适合。

本研究对台州市政务生态环境评价指标的 6 个层面 36 个指标进行 KMO 检验,检验结果如表 3 所示。六个层面各自的 KMO 数值均接近或超过 0.9,所有指标全部纳入后的 KMO 数值也大于 0.9,说明台州市政务生态环境评价指标间的相关性很强,非常适合作主成分分析。

表 3　政务生态环境评价指标 KMO 检验

一级指标	KMO 数值	近似卡方	自由度	p 值
法治政务环境	0.935	3488.932	15	0.000
廉洁政务环境	0.938	4552.624	15	0.000
阳光政务环境	0.898	3711.552	15	0.000
责任政务环境	0.911	3721.618	15	0.000
民主政务环境	0.933	3618.381	15	0.000
高效政务环境	0.920	1946.370	15	0.000
全部	0.951	13996.987	630	0.000

台州市政务生态环境评价体系包括 6 个一级指标(即 6 个层面),36 个二级指标首先将 6 个层面的 36 个二级指标分别进行主成分分析,如表 4 所示。6 个层面均提取了一个主成分,方差贡献率分别为 84.184%、89.304%、84.190%、84.122%、84.600%、85.919%。

表 4　二级指标主成分分析的特征值及贡献率

一级指标	成分	初始特征值			提取平方和载入		
		合计	方差百分比	累积百分比	合计	方差百分比	累积百分比
法治政务环境	1	5.051	84.184	84.184	5.051	84.184	84.184
	2	0.264	4.394	88.578			
	3	0.209	3.487	92.065			
	4	0.178	2.968	95.032			
	5	0.154	2.574	97.606			
	6	0.144	2.394	100.000			
廉洁政务环境	1	5.358	89.304	89.304	5.358	89.304	89.304
	2	0.202	3.360	92.664			
	3	0.153	2.545	95.209			
	4	0.119	1.991	97.200			
	5	0.092	1.527	98.727			
	6	0.076	1.273	100.000			
阳光政务环境	1	5.051	84.190	84.190	5.051	84.190	84.190
	2	0.346	5.766	89.956			
	3	0.210	3.499	93.455			
	4	0.187	3.112	96.568			
	5	0.117	1.954	98.522			
	6	0.089	1.478	100.000			
责任政务环境	1	5.047	84.122	84.122	5.047	84.122	84.122
	2	0.375	6.251	90.373			
	3	0.202	3.371	93.743			
	4	0.164	2.739	96.483			
	5	0.111	1.852	98.334			
	6	0.100	1.666	100.000			
民主政务环境	1	5.076	84.600	84.600	5.076	84.600	84.600
	2	0.297	4.943	89.543			
	3	0.206	3.437	92.980			
	4	0.152	2.530	95.510			
	5	0.137	2.291	97.801			
	6	0.132	2.199	100.000			

续表

一级指标	成分	初始特征值			提取平方和载入		
		合计	方差百分比	累积百分比	合计	方差百分比	累积百分比
高效政务环境	1	5.155	85.919	85.919	5.155	85.919	85.919
	2	0.264	4.398	90.318			
	3	0.194	3.236	93.554			
	4	0.166	2.770	96.324			
	5	0.117	1.955	98.279			
	6	0.103	1.721	100.000			

注:提取方法为主成分分析。

表 5　二级指标主成分分析的成分矩阵

	成分		成分		成分
	1		1		1
B_1	0.916	B_{13}	0.902	B_{25}	0.889
B_2	0.905	B_{14}	0.925	B_{26}	0.925
B_3	0.926	B_{15}	0.911	B_{27}	0.933
B_4	0.917	B_{16}	0.923	B_{28}	0.932
B_5	0.923	B_{17}	0.912	B_{29}	0.936
B_6	0.917	B_{18}	0.932	B_{30}	0.903

	成分		成分		成分
	1		1		1
B_7	0.920	B_{19}	0.868	B_{31}	0.925
B_8	0.956	B_{20}	0.927	B_{32}	0.930
B_9	0.963	B_{21}	0.933	B_{33}	0.910
B_{10}	0.941	B_{22}	0.925	B_{34}	0.933
B_{11}	0.954	B_{23}	0.931	B_{35}	0.927
B_{12}	0.935	B_{24}	0.918	B_{36}	0.936

主成分表达式的系数等于成分矩阵系数(见表 5)与主成分特征根(见表 4)的算术平方根的比值,再进行指标权重归一化处理,得到每个主成分的综合得分公式,如下:

$$Y_1 = 0.166X_1 + 0.162X_2 + 0.170X_3 + 0.166X_4 + 0.169X_5 + 0.167X_6$$
$$Y_2 = 0.158X_7 + 0.171X_8 + 0.173X_9 + 0.165X_{10} + 0.170X_{11} + 0.163X_{12}$$
$$Y_3 = 0.161X_{13} + 0.169X_{14} + 0.164X_{15} + 0.169X_{16} + 0.165X_{17} + 0.172X_{18}$$
$$Y_4 = 0.149X_{19} + 0.170X_{20} + 0.173X_{21} + 0.170X_{22} + 0.172X_{23} + 0.167X_{24}$$

$$Y_5 = 0.156X_{25} + 0.169X_{26} + 0.171X_{27} + 0.171X_{28} + 0.173X_{29} + 0.160X_{30}$$
$$Y_6 = 0.166X_{31} + 0.168X_{32} + 0.161X_{33} + 0.169X_{34} + 0.167X_{35} + 0.170X_{36}$$

上述公式中的 36 个系数即对应的 36 个指标的权重。根据上述公式可以得到 6 个一级指标的综合得分,进而实施一级指标的主成分分析。

首先进行 KMO 检验,结果显示适合作主成分分析。如表 6、表 7、表 8 所示。

表 6　一级指标 KMO 检验

	KMO 数值	近似卡方	自由度	p 值
综合指标	0.838	1665.354	15	0.000

表 7　一级指标主成分分析的特征值及贡献率

成分	初始特征值			提取平方和载入		
	合计	方差百分比	累积百分比	合计	方差百分比	累积百分比
1	3.628	60.467	60.467	3.628	60.467	60.467
2	.824	13.728	74.194			
3	.740	12.340	86.534			
4	.329	5.487	92.021			
5	.304	5.063	97.084			
6	.175	2.916	100.000			

从 6 个指标中提取了一个主成分,方差贡献率为 60.467%。

表 8　一级指标主成分分析的成分矩阵

	成分
法治政务环境	0.854
廉洁政务环境	0.828
阳光政务环境	0.889
责任政务环境	−0.493
民主政务环境	0.836
高效政务环境	0.694

指标权重归一化处理后,可以得到台州市政务生态环境综合评价值为:
$$Y = 0.201Y_1 + 0.189Y_2 + 0.218Y_3 + 0.067Y_4 + 0.193Y_5 + 0.133Y_6$$

综上,经过对二级指标和一级指标的组成分析,我们最终建立了台州市政务生态环境的测度指标权重体系,如表 9 所示。

表 9　政务生态环境评价指标权重体系

一级指标(层面)	权重	序号	二级指标	权重
法治政务环境	0.201	1	B_1 依法行政具有完备的法律依据	0.166
		2	B_2 法治政府具有完善的教育体系	0.162
		3	B_3 政府具有较强的法治思维能力	0.170
		4	B_4 政府具有较强的政策制定能力	0.166
		5	B_5 政府具有较强的依法决策能力	0.169
		6	B_6 政府具有较强的行政执法水平	0.167
廉洁政务环境	0.189	7	B_7 公务人员能够做到不违法乱纪	0.158
		8	B_8 公务人员能够做到不贪赃枉法	0.171
		9	B_9 公务人员能够做到不以权谋私	0.173
		10	B_{10} 公务人员能够做到不奢侈浪费	0.165
		11	B_{11} 公务人员能够做到不滥用职权	0.170
		12	B_{12} 公务人员能够做到不任人唯亲	0.163
阳光政务环境	0.218	13	B_{13} 公众能够便捷地查询政府文件	0.161
		14	B_{14} 公众有机会了解政府决策过程	0.169
		15	B_{15} 公众能够便捷地了解办事程序	0.164
		16	B_{16} 公众能够有效地监督政府活动	0.169
		17	B_{17} 政府能够及时地公开收费标准	0.165
		18	B_{18} 政府能够及时地公开处理结果	0.172
责任政务环境	0.067	19	B_{19} 门难进脸难看话难听时有发生	0.149
		20	B_{20} 政府机关庸懒散现象随处可见	0.170
		21	B_{21} 不作为乱作为慢作为成为常态	0.173
		22	B_{22} 只要不出事宁愿不做事很普遍	0.170
		23	B_{23} 不求过得硬只求过得去很流行	0.172
		24	B_{24} 公务人员缺乏事业心和进取心	0.167
民主政务环境	0.193	25	B_{25} 政府官员的民主决策意识较强	0.156
		26	B_{26} 民主决策的体制机制比较完备	0.169
		27	B_{27} 民主决策的参与渠道比较畅通	0.171
		28	B_{28} 民主决策的程序规则比较严密	0.171
		29	B_{29} 民主决策的监督机制比较健全	0.173
		30	B_{30} 决策失误的追究机制比较完善	0.160

一级指标(层面)	权重	序号	二级指标	权重
高效政务环境	0.133	31	B_{31} 政府行政审批的事项明显减少	0.166
		32	B_{32} 政府行政审批的流程更加清晰	0.168
		33	B_{33} 相互推诿扯皮的现象明显减少	0.161
		34	B_{34} 政府行政审批透明度明显提高	0.169
		35	B_{35} 政府行政审批的收费明显减少	0.167
		36	B_{36} 政府行政审批的速度明显加快	0.170

根据上述指标权重体系,计算得到 516 份样本的法治政务环境、廉洁政务环境、阳光政务环境、责任政务环境、民主政务环境、高效政务环境的得分,如图 1 所示。

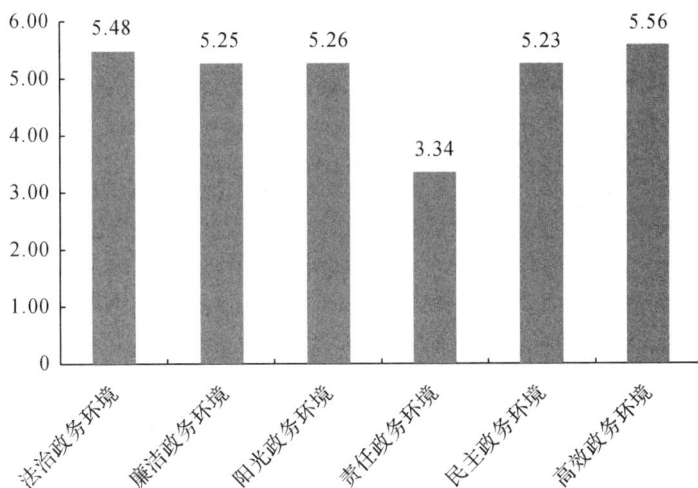

图 1 台州市政务环境评价得分

在得出 6 项一级指标(即 6 个层面)的主成分分析评价得分的基础上,根据 $Y = 0.201Y_1 + 0.189Y_2 + 0.218Y_3 + 0.067Y_4 + 0.193Y_5 + 0.133Y_6$ 可以进一步得到台州市政务环境的综合得分为 4.22。如图 2 所示。

(四)统计分析

1. 描述性统计分析

(1)问卷调查对象统计分析

科学的统计分析方法是研究取得成功的有效保障。在台州市及所辖县区的问卷调查共回收问卷 686 份,其中有效问卷 516 份。本次问卷调查涵盖了台州市和所辖

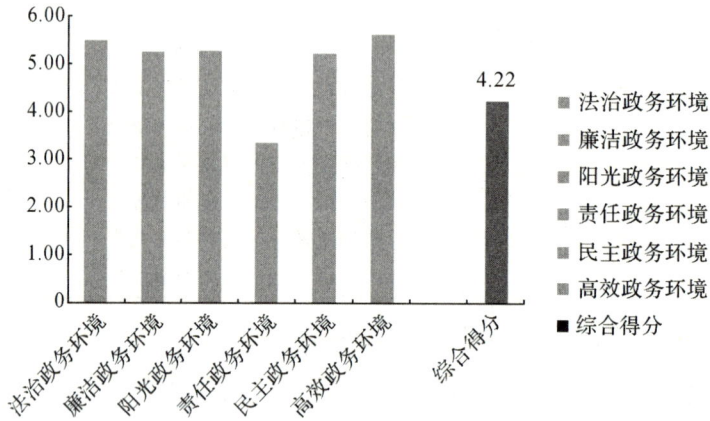

图 2 台州市政务环境评价综合得分

9 个县(市、区),具体的有效样本分布情况如表 10 所示。

表 10 问卷调查对象的市县区分布

序号	高校名称	样本数量	序号	高校名称	样本数量
1	台州市本级	109	7	玉环县	45
2	椒江区	46	8	天台县	45
3	黄岩区	46	9	三门县	45
4	路桥区	45	10	仙居县	45
5	温岭市	45			
6	临海市	45		合计	516

问卷调查对象的性别、年龄、单位、学历、企业所有制类型、企业行业性质等分布情况见图 3 所示。

(2)问卷结果一级指标统计分析

为了能够获取台州政务生态环境的实际水平,本研究分别绘制了政务生态环境建设成效 6 个维度 36 个指标的直方图以及 6 个维度的项目得分均值对比。在测评结果的统计分析中,评价均值的取值范围均为[1,7],即评价均值为 1 的得分最低,评价均值为 7 的得分最高。本文对 6 个一级指标的测评结果统计分析如下。

①法治政务测评

图 4 为台州法治政务生态环境 6 个层面的测评指标。从分析结果可以看出,均值范围为 5.00～5.17,处于中等偏上的水平,在"比较赞同"到"很赞成"之间,最高值为"法律体系的完整性",评分均值为5.17,最低值为"法制教育的完善性",评分

A₁性别
■男
■女
54.7%　45.3%

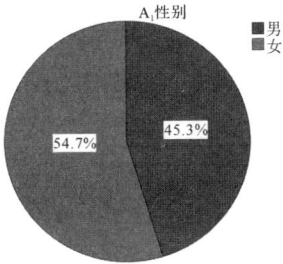

（1）调查对象的性别分布

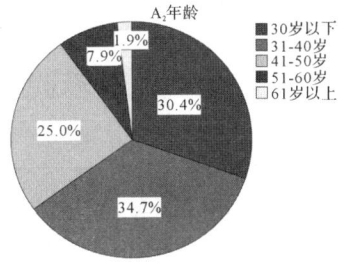

A₂年龄
■30岁以下
■31-40岁
■41-50岁
■51-60岁
■61岁以上
1.9%　7.9%　30.4%　25.0%　34.7%

（2）调查对象的年龄分布图

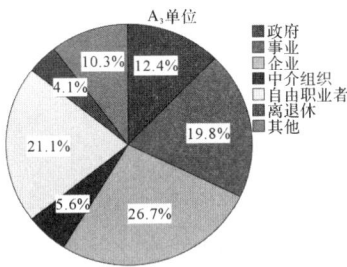

A₃单位
■政府
■事业
■企业
■中介组织
■自由职业者
■离退体
■其他
10.3%　12.4%　4.1%　19.8%　21.1%　26.7%　5.6%

（3）调查对象的单位分布

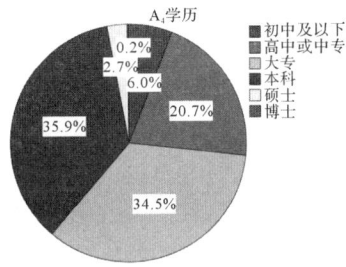

A₄学历
■初中及以下
■高中或中专
■大专
■本科
■硕士
■博士
0.2%　2.7%　6.0%　20.7%　35.9%　34.5%

（4）调查对象的学历分布图

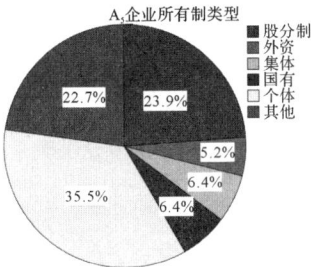

A₅企业所有制类型
■股分制
■外资
■集体
■国有
■个体
■其他
22.7%　23.9%　5.2%　6.4%　6.4%　35.5%

（5）调查对象所在企业所有制类型分布图

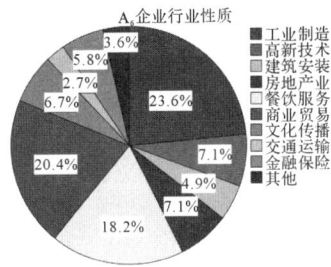

A₆企业行业性质
■工业制造
■高新技术
■建筑安装
■房地产业
■餐饮服务
■商业贸易
■文化传播
■交通运输
■金融保险
■其他
3.6%　5.8%　2.7%　6.7%　23.6%　7.1%　4.9%　7.1%　18.2%　20.4%

（6）调查对象的企业行业性质分布

图3　调查对象统计分析

均值为5.00。说明台州市政务法律体系比较完备,但法制教育较为缺乏。

图5为台州不同地区法治政务生态环境6项指标的得分均值比较,从图中可以看出,相同地区其6项指标得分均值差异都比较小,对于相同指标,各地区间得分均值差异较大,其中黄岩区和玉环县明显偏低,而路桥区和三门县则明显高于其他地区。但所有得分均接近或超过5.0,即比较赞同。

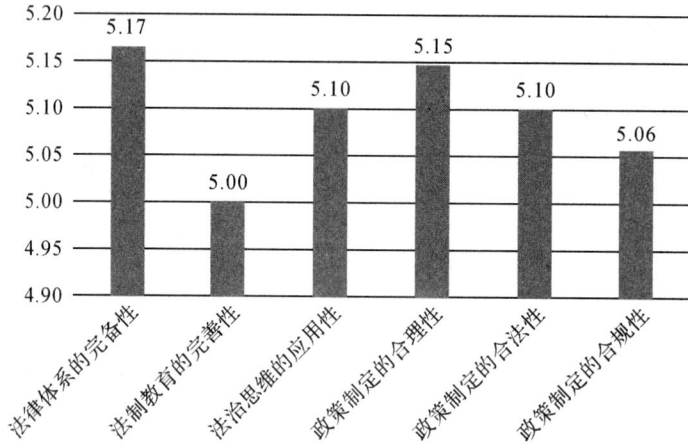

图 4　法治政务测评指标得分均值

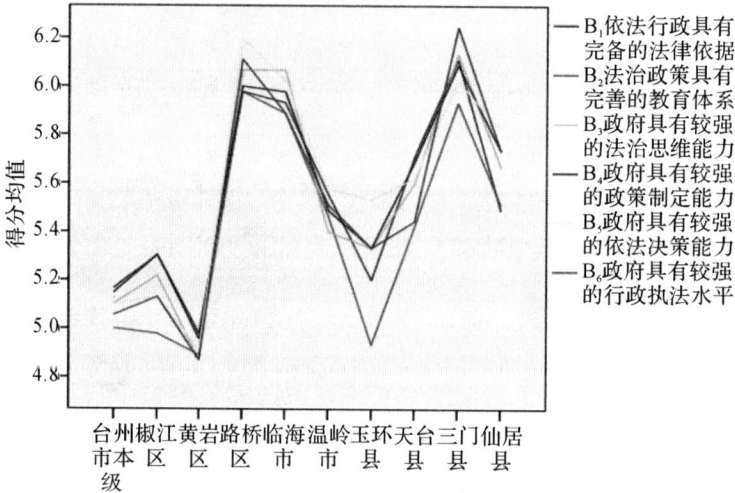

图 5　不同地区法治政务测评指标得分均值

②廉洁政务测评

图 6 为台州廉洁政务生态环境 6 个层面的测评指标。从分析结果可以看出,均值范围在 4.53～4.77 之间,处于中等水平,在"中等赞同"到"比较赞成"之间,最高值为"公务人员不违法乱纪",评分均值为 4.77,最低值为"公务人员不任人唯亲",评分均值为 4.50,次低值为"公务人员不以权谋私"。说明公众对台州市公务人员任人唯亲和以权谋私的行为的不满较为明显。

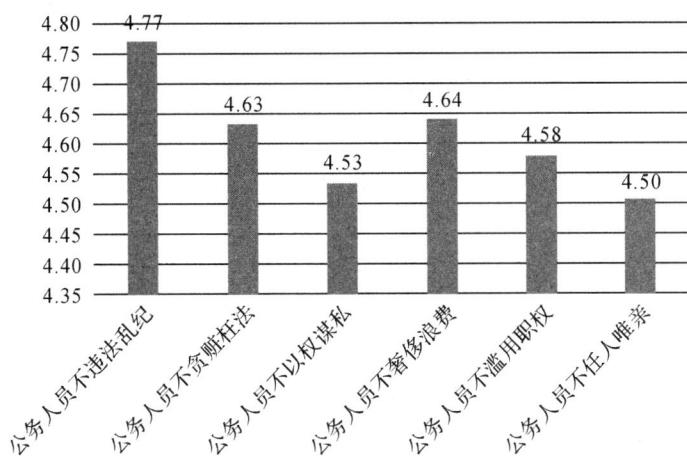

图 6　廉洁政务测评指标得分均值

　　图 7 为台州不同地区廉洁政务生态环境 6 项指标的得分均值比较,从图中可以看出,相同地区其 6 项指标得分均值差异都比较小,对于相同指标,各地区间得分均值差异较大,其中台州市本级、椒江区和黄岩区 6 项指标得分均值都低于 5.0。此外,三门县 6 项指标得分均值都高于 6.0。

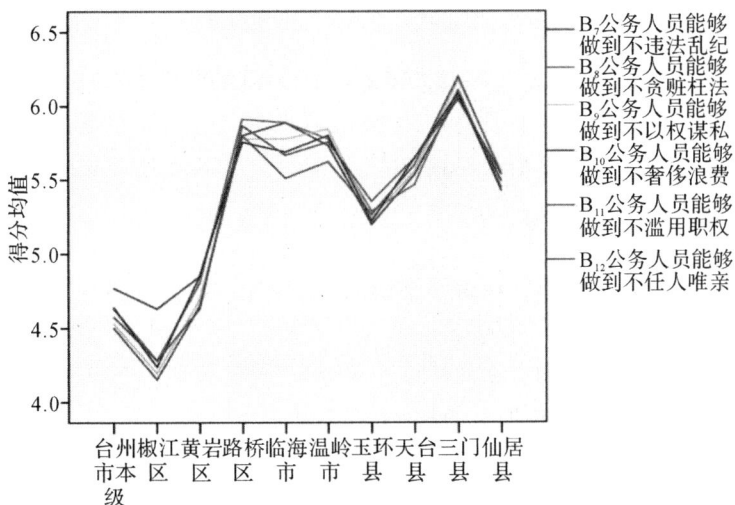

图 7　不同地区廉洁政务测评指标得分均值

③阳光政务测评

图 8 为台州阳光政务生态环境 6 个层面的测评指标。从分析结果可以看出,均值范围为 4.55～4.88,处于中等水平,在"比较赞同"到"很赞成"之间,最高值为"公众能够了解办事程序",评分均值为 4.88,最低值为"公众能够监督政府活动",评分均值为 4.55。说明台州市政务公开程度较高,但政府内部决策透明程度较低,公众的监督机制有待完善。

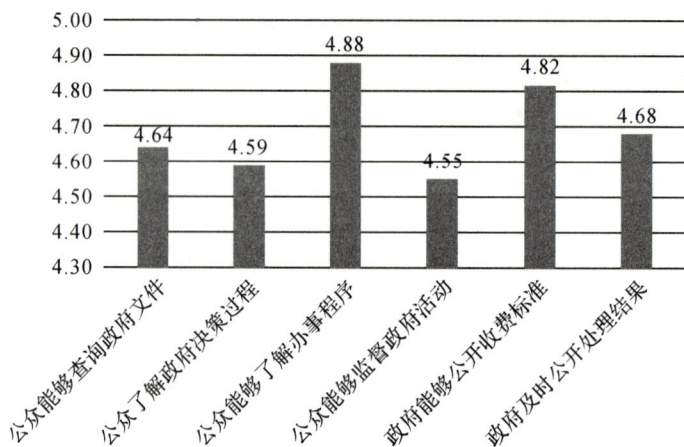

图 8　阳光政务测评指标得分均值

图 9 为台州不同地区阳光政务生态环境 6 项指标的得分均值比较,从图中可以看出,相同地区其 6 项指标得分均值差异都比较小(临海市、玉环县、天台县差异略大),对于相同指标,各地区间得分均值差异较大,其中台州市本级、椒江区和黄岩区 6 项指标得分均值都低于 5.0。

④责任政务测评

图 10 为台州责任政务生态环境 6 个层面的测评指标。从分析结果可以看出,均值范围为 3.03～3.23,处于中等偏下水平,在"不赞同"到"中等赞成"之间,最高值为"政务人员做事勤勉",评分均值为 3.23,最低值为"政务人员服务热情",评分均值为 3.03。说明台州市政务人员的服务热情、服务态度有待提高。

图 11 为台州不同地区责任政务生态环境 6 项指标的得分均值比较,从图中可以看出,相同地区其 6 项指标得分均值差异都比较小,值得注意的是,几乎所有地区各指标得分均值都低于 4.0,对于相同指标,各地区间得分均值差异较大,其中温岭市和三门县最低,且低于 2.5。

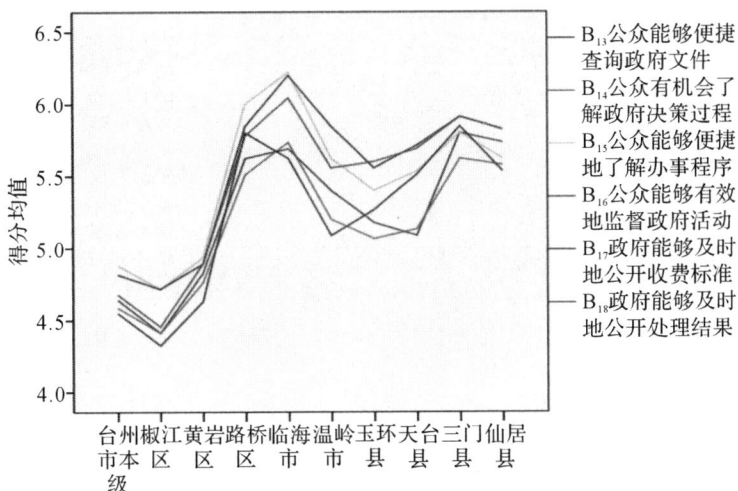

图 9　不同地区阳光政务测评指标得分均值

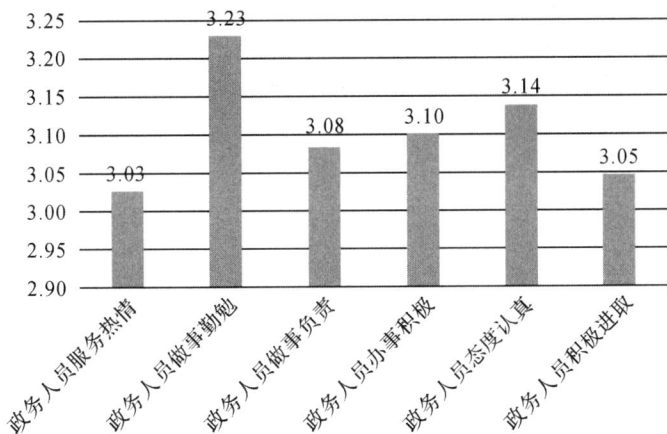

图 10　责任政务测评指标得分均值

⑤民主政务测评

图 12 为台州民主政务生态环境 6 个层面的测评指标。从分析结果可以看出,均值范围为 4.69~4.91,处于中等水平,在"中等赞同"到"比较赞成"之间,最高值为"民主决策机制完备",评分均值为 4.91,最低值为"政府人员的民主意识",评分均值为 4.69。说明台州市政务民主决策机制较为完备,但政务人员的民主意识有待提高。

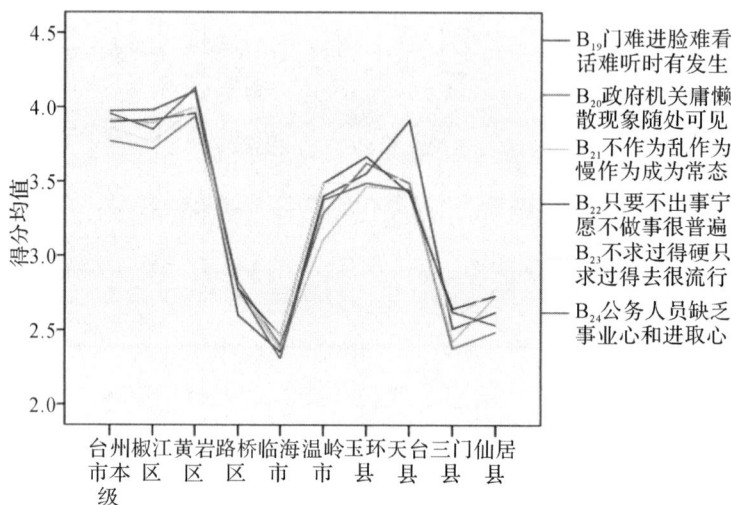

图 11　不同地区责任政务测评指标得分均值

右侧图例：

B₁₉门难进脸难看话难听时有发生

B₂₀政府机关庸懒散现象随处可见

B₂₁不作为乱作为慢作为成为常态

B₂₂只要不出事宁愿不做事很普遍

B₂₃不求过得硬只求过得去很流行

B₂₄公务人员缺乏事业心和进取心

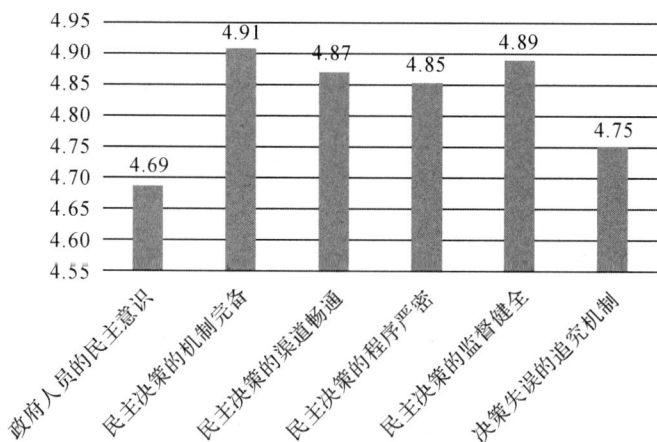

图 12　民主政务测评指标得分均值

数值：4.69、4.91、4.87、4.85、4.89、4.75

横轴标签：政府人员的民主意识、民主决策的机制完备、民主决策的渠道畅通、民主决策的程序严密、民主决策的监督健全、决策失误的追究机制

　　图 13 为台州不同地区民主政务生态环境 6 项指标的得分均值比较,从图中可以看出,相同地区其 6 项指标得分均值差异都比较小,对于相同指标,各地区间得分均值差异较大,其中黄岩区最低,台州市本级次之,均低于 5.0。

　　⑥高效政务测评

　　图 14 为台州高效政务生态环境 6 个层面的测评指标。从分析结果可以看出,均

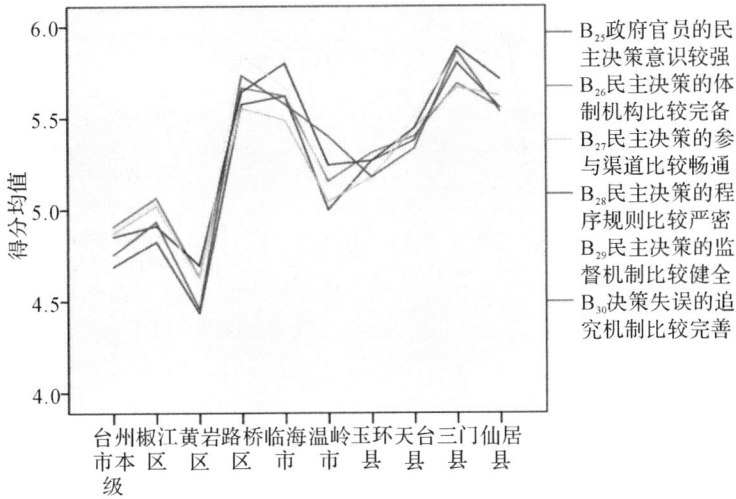

图 13　民主政务测评指标得分均值

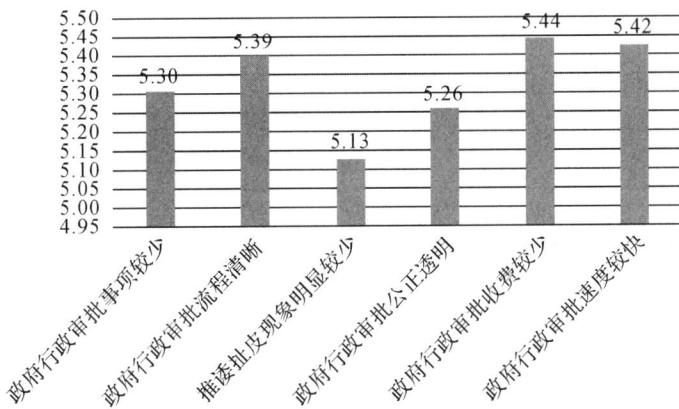

图 14　高效政务测评指标得分均值

值范围为 5.13~5.44,处于中等偏上水平,在"比较赞同"到"很赞成"之间,最高值为"政府行政审批收费较少",评分均值为 5.44,最低值为"推诿扯皮现象明显减少",评分均值为 5.13。说明台州市政务改革中,行政审批收费大大减少,行政审批事项减少,审批流程也更为优化简约,审批速度增加明显,但仍然存在部门间的推诿扯皮现象,公正透明度也有待提高。

图 15 为台州不同地区高效政务生态环境 6 项指标的得分均值比较,从图中可以

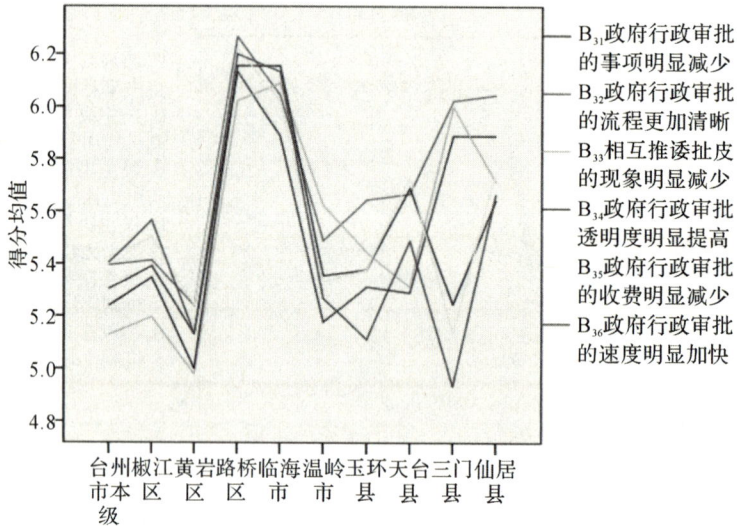

图 15　高效政务测评指标得分均值

看出,相同地区其 6 项指标得分均值差异比较小,但四个县的差异较大,对于相同指标,各地区间得分均值差异较大。

整体来说,在台州市政务生态环境的 6 个一级指标中,法治政务和高效政务得分较高,得到公众的普遍赞同。廉洁政务、阳光政务和民主政务得分中等,公众中等赞同,特别是公务人员任人唯亲、以权谋私的现象仍然存在,政府决策活动的公开程度仍然较低,公众监督有待提高,政府人员的民主意识也较为淡薄,这些指标影响了公众对台州市政务环境的评价得分。责任政务得分较低,公众对政务人员的服务质量普遍不满,台州政务人员的服务热情、服务态度亟待提高。

(3)不同县(市、区)问卷结果比较分析

本研究对台州市本级和台州所辖 9 县(市、区)的政务生态环境进行了问卷调查,其中市本级有效样本 109 份,9 县(市、区)有效样本 407 份,其中椒江区和黄岩区为 46 份,路桥区、温岭市、临海市、玉环县、天台县、三门县、仙居县为 45 份,样本皆具有县区代表性。

对台州市所辖各县(市、区)的综合得分均值进行比较分析,如图 16 所示。

由方差分析可见,县(市、区)之间综合得分均值差异不显著,得分均为 4.5～5.0,其中得分最高的为三门县,得分最低的为黄岩区。各县(市、区)应该借鉴学习三门县等得分较高的县(市、区)的政务机制和措施,弥补政务短板,提高整体的政务生态环境。

对台州市本级和所辖县(市、区)间综合得分均值进行比较,如图 17 所示。

ANOVA(方差分析)

综合得分

	平方和	df	均方	F	显著性
组间	9.558	8	1.195	1.912	0.057
组内	248.679	398	0.625		
总数	258.237	406			

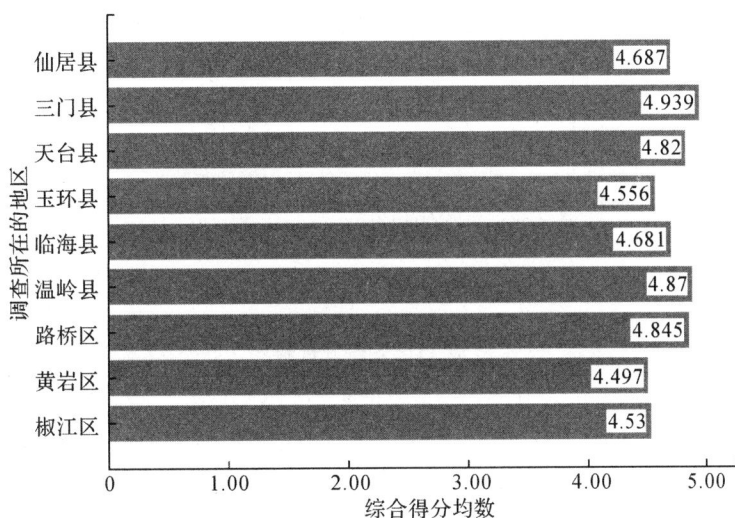

图 16　台州市所辖各县(市、区)的得分均值比较

由方差分析可见,市本级综合得分均数与县(市、区)的综合得分均数存在显著差异。台州市本级得分比所辖县(市、区)得分低0.69分,具有显著差异,说明公众对台州市本级的政务生态环境比台州所辖县(市、区)的政务生态环境的评价低,台州市本级的政务生态环境,特别是责任政务亟待提高。

2. 方差分析

在综合评价台州市政务环境的基础上,以综合得分为因变量,以年龄、性别、单位、学历、企业所有制类型、企业行业性质、县(市、区)为自变量,考察不同自变量不同分类对台州市政务环境评价综合得分的影响是否显著。具体的方差结果分析如表11所示。

ANOVA(方差分析)

综合得分

	平方和	df	均方	F	显著性
组间	40.248	1	40.248	63.074	0.000
组内	327.983	514	0.638		
总数	368.230	515			

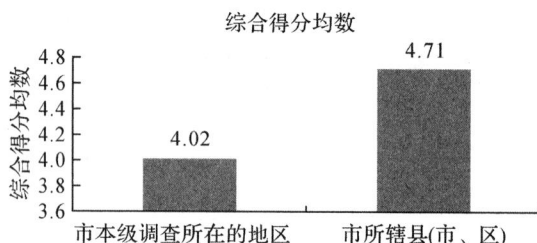

图 17　台州市本级和所辖县(市、区)的综合得分均值比较

表 11　方差分析表

方差来源	平方和(ⅲ类)	自由度	均方差	F	p 值
年龄	6.871	4	1.718	2.500	0.042
性别	1.242	1	1.242	1.808	0.179
单位	10.372	6	1.729	2.516	0.021
学历	5.800	5	1.160	1.688	0.136
企业所有制类型	7.020	7	1.003	1.459	0.180
企业行业性质	8.680	10	0.868	1.263	0.249
县(市、区)	48.494	9	5.388	7.841	0.000

因变量为综合得分;采用主效应模型。

从表 3.11 中可以看出,年龄、单位、县(市、区)对台州市政务环境评价综合得分存在显著影响($p < 0.05$),而性别、学历、企业所有制类型及企业行业类型的影响不显著。

五、政务生态环境的影响因素研究

(一)基于行政生态学的政务生态环境影响因素分析

行政生态学理论认为行政系统由整个行政组织和行政人员组成,能够对行政生态环境的变化做出积极的反应。行政生态环境是与行政系统有关的各种条件的总和,包括社会的各个因素。王沪宁(1989)将其分为政治圈、经济圈和文化圈三个方面,其中政治圈主要包含政治制度、政党制度、国家结构三个因素,经济圈主要包含生产方式、生产力、生产关系和所有制等因素,文化圈主要包括行政文化、行政领导文化和行政道德三方面的因素。里格斯在其建立的行政生态模型中则列举了影响一国行政的五种要素:经济要素、社会要素、沟通网络、符号系统和政治架构。行政系统会受到这些要素的制约,从而影响行政系统与社会圈之间的平衡关系。

行政生态学从生态学的角度研究了行政系统与社会圈的相互关系,而政务作为行政的子集,其基本属性与作为父集的行政基本上是一致的。因此,行政生态学的相关模型亦可被用于研究以政务为研究对象的问题中。然而,需要注意的是,本文所研究的政务生态环境与行政生态学中的行政生态环境有所差异。本文将政务生态环境定义为"直接或间接作用于政务活动并影响政务绩效的各种要素及其相互关联耦合而成的生态系统",即本质上是将政务生态系统作为研究对象。而行政生态学中的"行政生态环境"则是指行政生态系统中的一部分,是影响行政生态系统运行的重要因素。在厘清这两个概念的基础上,结合行政生态学的理论模型,可以得到政务活动的运行系统(图 18)。

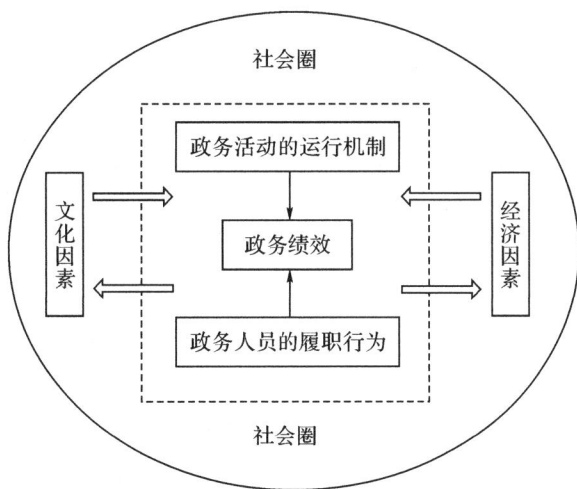

图 18　政务生态系统

从政务活动的运行系统中可以发现,文化和经济作为外部因素,会影响政务人员的履职行为和政务活动运作机制的构建,而政务系统的内部的体制机制以及政务人员的个人素质等也会对政务活动的绩效产生影响,从而影响整个政务生态环境。因此,可以从中抽取运行机制、政务人员、行政文化、物质条件四个主要因素,考察它们对政务生态环境的影响。

1. **运行机制对政务生态环境的影响**

随着市场化程度的不断提高,我国公共部门内广泛存在的审批范围过于宽泛、审批标准不甚规范、审批程序过于烦琐复杂等问题日益显现。这不仅阻碍了市场机制更好地发挥资源配置的基础作用,也暗中助长了设租和寻租等腐败行为的产生,增加了行政成本,降低了政府效率。政务生态环境的改善需要以运行机制的改良作为系统性保障基础。良好的制度环境和制度设计不仅可以增强公共服务质量,提高办事人民群众满意度,也可以优化办事流程,提高工作效率,减轻政府工作人员的日常负担(张祥吉,2013)。从政府的管理流程看,任何政务活动都可以划分为决策、执行和监督三个环节(程国权、谷志军,2012)。然而,决策环节是公众难以感知到的,因此此处主要研究执行和监督环节对政务生态环境的影响。

我国政府在执行环节存在"越位"、"错位"、"缺位"等问题。这些问题的存在使得行政效率大大降低,行政资源大大浪费,长此以往必然会破坏政务生态环境。而只有明晰政府职权边界,财政避免部门分割,充分整合和利用各种政务资源,从而提高政府整体效能(刘畅,2011)。

在监督方面,我国目前的监督权力最为缺乏。要提高行政效益,减少政务活动中产生的争议,就需要强化行政监督权(刘畅,2011)。监督机制的完善有利于找到影响行政效能低下的原因,找出薄弱环节,也有助于消除官僚主义的工作作风,从而提高政务绩效,形成高效、廉洁的政务环境(王凯伟,毛星芝,2010)。

H_{1a}:政府执行机制越优化,政务生态环境越好。

H_{1b}:政府监督机制越完善,政务生态环境越好。

2. **政务人员对政务生态环境的影响**

"创新社会治理体制"理念的提出标志着政府从原先强调控制逐步转向提供服务和进行协调工作,这也意味着今后政府的职能与角色将进一步转型,即政府将加快由管理者向服务者方向转变的速度(姜晓萍,2014)。这也意味着政务人员作为政府具体事务的执行者,也将面临角色的转变。

新公共管理理论认为政府虽然是公共管理部门,但也应该和企业一样,把社会资源从生产效率低的地方优化配置到能够提高使用效率的地方,并最大限度地提供更为多样化的与高质量的公共服务(尹文嘉,2012)。这对政务人员的工作技能、工作经验、服务态度等服务水平都提出了新的要求和挑战。

员工本身业务能力的强弱是影响其工作效率的重要因素,这不仅广泛存在于各类企业中,也广泛存在于公共部门中(李书烨,2010)。公共部门政务人员的业务能力不仅包括对日常业务的熟练操作程度,对业务流程规范的熟悉程度,也包括政治思想上的成熟度和心理上真心诚意为人民服务的职业素养(裴思瑶,2013)。

同时,新公共管理理论也认为政府的行政不应该是"管治行政",而应是以人为本的"服务行政"。评价公共部门的服务应该是以公民的积极参与为主要标准,强调从换位思考的角度和顾客公民的参与的形式来保证公共服务提供的质量(唐兴霖,2011)。公民并不是政府命令的接收者,而是类似于享受公共服务的企业顾客(曾保根,2010)。因此,新公共管理理论认为提高顾客的满意度是公共部门行政权力与行政行为改革的方向。这无疑又对政务人员的工作面貌提出了新的更严格的要求。而在服务理论中,工作人员的精神面貌、着装的整洁统一程度都会影响办事人员对服务质量的评价(邓胜利,张敏,2008)。

H_{2a}:政务人员服务水平越高,政务生态环境越好。

H_{2b}:政务人员工作面貌越好,政务生态环境越好。

3. 行政文化对政务生态环境的影响

经济体制改革的深入和国内外行政环境的改变对政府的创新性、回应性以及服务质量和效率都提出了更高的要求(庞明礼,2007)。

政务生态环境的改善需要政务人员之间、政务人员与政府体制机制之间的高度协调一致,这就需要行政文化发挥其作用,使各系统与人员之间配合默契。行政文化是与行政相关的文化,包含人们行政行为的态度、信仰、与价值观,以及人们所遵循的行政习惯,是一种多层次的、复合的文化。行政文化的形成受到历史条件、社会制度、文化心理、地理环境等多方面因素的影响(程启学,2013)。

行政文化的开放性相对于封闭性而言,是指政府部门之内、政府机构之间和政府与办事人员之间能够互相学习、交流与共享,并在政务生态系统内贡献、协调、处理来自不同方面的信息,以最大限度地提高政府绩效。行政文化的创新性是指政务生态环境内,政府能够鼓励政务人员进行创造性的工作,提倡冒险精神与创新意识,能够容忍错误(张根明,2010)。法制性程度的提高是改善政务生态环境的另一个重要因素。行政文化的法制性强调通过法律对各项政务活动、各个环节进行调节和规范,将行政管理的各个步骤和程序法律化。人治状态下,行政效率产生于直接的行政控制与政治动员,始终存在着行政效率递减的趋势(陈洪泽,2007)。实行依法行政,可以促进政务人员依法行使权力,扼制政务人员的不为与乱为,改善政务生态环境。

H_{3a}:开放性越强,政务生态环境越好。

H_{3b}:创新性越强,政务生态环境越好。

H_{3c}:法治性越强,政务生态环境越好。

4. 物质条件对政务生态环境的影响

政务生态环境的改善,不仅依赖于具体的政府制度和政务人员,更与社会的整体经济发展程度密切相关。良好的经济发展程度有助于各种政务活动的有序开展与实施,而相对落后的经济发展程度则会阻碍政务生态环境的进一步改善,成为阻碍政府提高行政效率的绕不开的客观因素(杜曙光,2007)。

此外,硬件设施也是影响政务生态环境的一个重要因素。硬件设施在政务活动的具体环境下是指各种办公设备与设施,既包括电子政务平台等在内的电子设备,也包括办事大厅等服务设施。随着信息技术的快速发展,各种数据与信息的搜集、传递都变得十分方便、快捷。政务人员与办事人民群众的知识水平和掌握电子化办公设备的能力都有了显著的提升。因此在利用日益改善的硬件设施的基础上,提高办事大厅的行政效率,合理地缩减行政层级等都变成了可能。

H_{4a}:经济基础越雄厚,政务生态环境越好。

H_{4b}:硬件设施越完备,政务生态环境越好。

(二)问卷的编制与试测

1. 问卷编制

该问卷严格按照问卷编制的程序和原则,依据行政生态学理论,结合我国政务活动的实际情况以及相关研究,抽取了影响政务生态环境的相关因素,设置了政务生态环境影响因素测评量表,要求调查对象根据其所感受到的实际情况,对每项陈述的现实状况的吻合度做出判断,其中 1 表示极其不符合,7 表示极其符合(见表 12)。

表 12　政务生态环境影响因素测评问卷

维度	调查内容	极不符合	很不符合	不符合	中程度	比较符合	很符合	极其符合
体制机制	政府部门会定期组织工作人员进行培训(R_1)	1	2	3	4	5	6	7
	工作人员的激励机制完善(R_2)	1	2	3	4	5	6	7
	工作人员的问责机制完善(R_3)	1	2	3	4	5	6	7
	办事流程描述清晰(R_4)	1	2	3	4	5	6	7
	办事部门(窗口)的主要负责事项描述清晰(R_5)	1	2	3	4	5	6	7
政务人员	政府部门的工作人员的工作技能水平高(R_6)	1	2	3	4	5	6	7
	政府部门的工作人员的工作经验丰富(R_7)	1	2	3	4	5	6	7
	工作人员的服务态度好(R_8)	1	2	3	4	5	6	7
	工作人员的精神面貌好(R_9)	1	2	3	4	5	6	7
	工作人员的服装整洁统一(R_{10})	1	2	3	4	5	6	7

续表

维度	调查内容	极不符合	很不符合	不符合	中程度	比较符合	很符合	极其符合
行政文化	政府注重创新（R₁₁）	1	2	3	4	5	6	7
	政府对创新失败的容忍度高（R₁₂）	1	2	3	4	5	6	7
	政府愿意倾听人民群众的意见（R₁₃）	1	2	3	4	5	6	7
	政府愿意跟其他机构合作（R₁₄）	1	2	3	4	5	6	7
	政府注重按照相关法律法规开展工作（R₁₅）	1	2	3	4	5	6	7
	政府注重法制宣传（R₁₆）	1	2	3	4	5	6	7
物质条件	与其他地区相比,本地区的经济发展更快（R₁₇）	1	2	3	4	5	6	7
	与其他地区相比,本地区的市场发育更为完善（R₁₈）	1	2	3	4	5	6	7
	政府的信息化建设完善（R₁₉）	1	2	3	4	5	6	7
	办事大厅的总体布局设置合理（R₂₀）	1	2	3	4	5	6	7
	办事大厅交通便利（R₂₁）	1	2	3	4	5	6	7

2. 问卷信度与效度检验

本研究对政务生态环境影响因素的量表进行了信度和效度检验,以确保对各维度变量的测量科学有效。

（1）信度检验

本研究采用内部一致性信度来检验政务生态环境影响因素指标体系的内部一致性信度。表 13 给出了政务生态环境影响因素指标体系的内部一致性信度(系数)。计算结果显示,政务生态环境影响因素测度量表和各二级指标的系数基本上都在 0.8 以上,说明该测评量表具有较高的内部一致性信度。

表 13　Cronbach 内部一致性系数(政务生态环境影响因素测度量表)

	Cronbach's Alpha 值	项目的个数
运行机制量表	0.873	5
政务人员量表	0.809	5
行政文化量表	0.760	6
物质条件量表	0.849	5
政务生态环境影响因素总量表	0.915	21

（2）效度检验

本研究采用内容效度来评定该测评量表的效度。本研究选择了 30 位公共管理、行政管理等领域专家学者、浙江大学公共管理学院博士来作判断,确定测评量表中 21 项指标与政务生态环境影响因素之间关系的密切程度,结果有 27 位评价人员认为这

21 项指标很好地反映了政务生态环境测评的内容。通过计算得出内容效度 CV 为 0.8,这说明了问卷具有较高的内容效度。

（三）描述性统计分析

本研究通过 SPSS21.0 对政务生态环境影响因素测评量表进行了描述性统计分析,表 14 显示了 21 项测评指标的最大值、最小值、平均值和标准差等。

从运行机制维度看,涉及执行管理制度方面的 3 个测量指标得分均在 3 左右,处于一个比较低的水平,可见台州市政府部门在行政事务的执行中还存在不少问题。而在监督机制上,两项指标的平均数均在 5 左右,可见台州市政府在对政务活动的监督方面做得比较好。

表 14 政务生态环境影响因素的描述性统计分析

测量维度	测量指标	N	最小值	最大值	平均数	标准差
运行机制	R_1	516	1	7	3.89	1.022
	R_2	516	1	6	3.60	1.072
	R_3	516	1	5	3.54	1.063
	R_4	516	2	7	5.03	0.966
	R_5	516	2	7	4.99	0.952
政务人员	R_6	516	2	7	4.11	1.039
	R_7	516	2	7	4.21	1.144
	R_8	516	2	7	5.09	1.094
	R_9	516	2	7	4.50	1.128
	R_{10}	516	2	7	4.67	0.922
行政文化	R_{11}	516	2	7	4.95	0.961
	R_{12}	516	1	7	4.65	0.891
	R_{13}	516	3	7	4.82	0.762
	R_{14}	516	2	7	4.55	1.048
	R_{15}	516	2	7	4.89	0.746
	R_{16}	516	2	7	5.11	1.020
物质条件	R_{17}	516	3	7	5.21	0.736
	R_{18}	516	2	7	4.23	0.744
	R_{19}	516	2	7	4.60	0.762
	R_{20}	516	1	7	4.17	0.993
	R_{21}	516	3	7	5.90	0.830

从政务人员维度看,涉及员工服务水平的 3 个测量指标中,技能水平和工作经验

的得分均在 4 左右,说明政务人员的工作技能还有待提高,但服务态度的得分在 5 以上,说明民众对政务人员的服务态度相对比较满意。但是在工作面貌上,两个测量指标的平均得分都在 4.5 左右,说明政府部门工作人员在民众眼中的工作面貌还应提升。

从行政文化维度看,法制宣传和按照法律法规开展工作两项指标的得分较其他指标要高,尤其是在法制宣传方面得分较高,可见政府对于法治比较重视,注重依靠法律法规秉公办事,维护社会公平。但是台州市政府在创新失败容忍度和与社会其他机构的交流合作上的得分都不高,可见台州市政府的行政文化是偏保守求稳型的。

从物质条件维度看,涉及经济发展的指标得分在 5 以上,反映了大部分民众认为当地的经济有所发展,但市场发育的得分偏低,可见台州市在市场化水平上还需进一步提升。而在关于办事大厅等硬件设施上的指标得分差异较大,在办事大厅的选址上,平均分接近 6,反映了办事大厅选址比较充分地体现了办事大厅的服务性。但在办事大厅的布局上得分较低,可见办事大厅对于一些人性化设施的考虑还比较少。在政府的信息化建设上,得分也不高,可见政府的电子政务发展还没有很好地满足民众的需求,还须进一步发展。

(四)多元回归分析

1. 变量确定

(1)因变量

根据第四章分析确定的政务生态环境测量指标和权重体系,政务生态环境的计算步骤为:

本研究以政务生态环境为研究对象,主要探讨体制机制(Z_1)、行政人员(Z_2)、行政文化(Z_3)和物质条件(Z_4)四个维度对政务生态环境的影响。其中政务生态环境为因变量,可以根据第四章分析确定的政务生态环境的测量指标和权重体系计算得出;体制机制、行政人员、行政文化和物质条件为自变量,通过各维度相对应的问题的得分求出算术平均数获得各个维度的分数。

法治政务环境:

$$Y_1 = 0.166X_1 + 0.162X_2 + 0.170X_3 + 0.166X_4 + 0.169X_5 + 0.167X_6$$

廉洁政务环境:

$$Y_2 = 0.158X_7 + 0.171X_8 + 0.173X_9 + 0.165X_{10} + 0.170X_{11} + 0.163X_{12}$$

阳光政务环境:

$$Y_3 = 0.161X_{13} + 0.169X_{14} + 0.164X_{15} + 0.169X_{16} + 0.165X_{17} + 0.172X_{18}$$

责任政务环境:

$$Y_4 = 0.149X_{19} + 0.170X_{20} + 0.173X_{21} + 0.170X_{22} + 0.172X_{23} + 0.167X_{24}$$

民主政务环境：

$$Y_5 = 0.156X_{25} + 0.169X_{26} + 0.171X_{27} + 0.171X_{28} + 0.173X_{29} + 0.160X_{30}$$

高效政务环境：

$$Y_6 = 0.166X_{31} + 0.168X_{32} + 0.161X_{33} + 0.169X_{34} + 0.167X_{35} + 0.170X_{36}$$

政务生态环境：

$$Y = 0.201Y_1 + 0.189Y_2 + 0.218Y_3 + 0.067Y_4 + 0.193Y_5 + 0.133Y_6$$

据此计算得到因变量台州市政务生态环境的 516 个样本。

（2）自变量

根据前文假设，本研究的自变量为执行机制、监督机制、政务人员服务水平、政务人员工作面貌、行政文化创新性、行政文化开放性、行政文化法治性、经济基础、硬件设施。

通过各维度相对应的问题的得分求出算术平均数获得各个维度的分数。

（3）控制变量

多元回归分析中要求自变量为等距变量或等比变量，如果是分类变量，则需要事先转化为虚拟变量。本研究中的控制变量为性别、年龄、单位、学历、企业所有制类型、企业行业性质。其中，年龄、学历两个变量具有较为严格的递增关系，不会影响市政结果判断，因此不进行变量转化。而性别、单位、企业所有制类型、企业行业性质四个变量分别以女性、离退休、集体、高新技术为参照组，转换得到 27 个虚拟变量。

2. 回归模型拟合

本研究以政务系统为研究对象，主要探讨运行机制、政务人员、行政文化、物质条件四个方面 9 个维度对政务生态环境的影响。本研究采用强迫进入变量法进行回归分析，所有自变量和控制变量都进入回归模型，自变量的选入吮吸与自变量对应变量的重要性无关。表 15 给出了回归模型的摘要汇总。

表 15　回归模型摘要表

Model	R	R Square	Adjusted R Square	Std. Error of the Estimate
1	0.883a	0.780	0.743	0.41364

由表 15 可知，32 个预测变量与政务生态环境的多元相关系数 R 为 0.883，决定系数 R^2 为 0.780，回归模型误差均方和的估计标准误为 0.41364。由于采用强迫进入变量法，只有一个模型，因此该 32 个预测变量能够解释因变量"政务生态环境"78％的变异量。

回归方程的方差分析表（表 16）显示，F 值为 21.140，显著性检验的值为 0.000，表示回归模型的总体线性关系是显著的，也就是说至少有一个自变量能达到显著水平。

从回归系数表(表 17)中可以看出究竟是哪些自变量的回归系数达到了显著水平。

表 16　回归模型的方差分析表[a]

	Model	Sum of Squares	df	Mean Square	F	Sig.
	Regression	115.745	32	3.617	21.140	0.000[b]
1	Residual	32.680	191	0.171		
	Total	148.425	223			

表 17 给出了回归模型的回归系数及其显著性检验。标准化的回归系数 β 越大，说明该自变量对应变量的影响也越大。从回归系数表中可以得到表转化的回归方程：

政务生态环境 $=-0.551+0.115\times$ 执行机制 $+0.212\times$ 监督机制 $+0.265\times$ 服务水平 $+0.153\times$ 工作面貌 $+0.166\times$ 开放性 $+0.192\times$ 法治性 $+0.154\times$ 经济基础 $+0.112\times$ 硬件设施 $+C+D$ [①]。

从标准化回归系数 β 来看，自变量对应变量的影响程度排序为：政务人员服务水平、执行机制、监督机制、行政文化的法治性、行政文化的开放性、当地的经济基础、政务人员的工作面貌、硬件设施。回归系数显著性检验结果显示，监督机制、服务水平、法治性在 0.01 的水平上显著、执行机制、工作面貌、开放性、经济基础、硬件设施在 0.05 的水平上显著，行政文化的创新性没有达到显著水平。

从回归结果看，政务生态环境的 9 各影响因素的系数都是正数，并且有 8 个影响因素的回归系数达到了显著性水平，说明这 8 个因素对改善政务生态环境具有显著的促进作用。

表 17　回归模型的回归系数表[a]

Model		Unstandardized Coefficients		Standardized Coefficients	t	Sig.
		B	Std. Error	β		
1	(Constant)	−0.551	0.433		−1.271	0.205
	年龄	0.078	0.040	0.092	1.974	0.050
	学历	0.064	0.039	0.075	1.660	0.098
	政府	−0.011	0.234	−0.004	−0.047	0.963
	事业	0.140	0.217	0.061	0.645	0.520
	企业	0.192	0.208	0.115	0.920	0.359

---

① 其中，C 表示年龄、学历两个控制变量的影响，D 表示性别、单位、企业所有制类型、企业行业性质转化后的虚拟变量的影响，在此不作具体分析。

续表

Model	Unstandardized Coefficients		Standardized Coefficients	t	Sig.
	B	Std. Error	β		
中介组织	0.123	0.235	0.035	0.524	0.601
自由职业者	0.199	0.212	0.103	0.942	0.348
其他	0.153	0.237	0.050	0.646	0.519
虚拟性别	0.044	0.063	0.027	0.698	0.486
股份制	0.077	0.134	0.041	0.574	0.567
外资	−0.012	0.178	−0.003	−0.065	0.948
国有	0.124	0.179	0.033	0.690	0.491
个体	0.178	0.134	0.105	1.324	0.187
其他	0.055	0.145	0.028	0.377	0.707
工业制造	−0.227	0.124	−0.118	−1.824	0.070
建筑安装	−0.136	0.174	−0.036	−0.781	0.436
房地产业	−0.026	0.155	−0.008	−0.167	0.868
餐饮服务	−0.336	0.134	−0.159	−2.500	0.013
商业贸易	−0.189	0.129	−0.094	−1.464	0.145
文化传播	−0.101	0.162	−0.031	−0.623	0.534
交通运输	−0.085	0.214	−0.017	−0.398	0.691
金融保险	−0.377	0.173	−0.104	−2.178	0.031
其他	−0.196	0.200	−0.045	−0.977	0.330
执行机制	0.091	0.036	0.115	2.567	0.011
监督机制	0.187	0.042	0.212	4.445	0.000
服务水平	0.300	0.071	0.265	4.240	0.000
工作面貌	0.167	0.057	0.153	2.946	0.004
创新性	0.087	0.056	0.081	1.550	0.123
开放性	0.178	0.054	0.166	3.299	0.001
法治性	0.183	0.045	0.192	4.079	0.000
经济基础	0.190	0.069	0.154	2.729	0.007
硬件设施	0.127	0.057	0.112	2.229	0.027

a. DependentVariable：政务生态环境。

（五）结果讨论

为了验证前文提出的假设,本研究通过多元回归分析进行假设检验。回归模型的多元相关系数 R 为 0.883,决定系数 R^2 为 0.780,回归模型拟合度较好;回归方程显著性检验的 F 值为 21.140,sig. ＝0.000,说明回归模型的线性关系是显著的。通过回归模型检验,得出回归模型不存在异方差、自相关和多重共线性问题。

根据多元回归分析结果,政务人员服务水平、执行机制、监督机制、行政文化的法治性、行政文化的开放性、当地的经济基础、政务人员的工作面貌、硬件设施对政务生态环境有显著影响,回归系数分别为:0.265、0.212、0.192、0.166、－0.154、0.153、0.115、0.112。行政文化的创新性没有达到显著水平,监督机制、服务水平、法治性达到了 0.01 的显著性水平,执行机制、工作面貌、开放性、经济基础、硬件设施达到了 0.05的显著性水平。也就是说,在其他条件不变的情况下,政务人员服务水平每提高 1 分,政务生态环境的得分就提高 0.265 分,因此,政务人员的服务水平对政务生态环境具有正向的提升作用,假设 H_{2a} 通过检验。同理,执行机制、监督机制、行政文化的法治性、行政文化的开放性、政务人员的工作面貌、经济基础、硬件设施对政务生态环境具有正向提升作用,假设 H_{1a}、H_{1b}、H_{2b}、H_{3b}、H_{3c}、H_{4a}、H_{4b} 通过检验。而行政文化的创新型未达到显著性水平,因此假设 H_{3a} 没有通过检验。如表 18 所示。

综合回归分析结果,创新性没有对政务生态环境起到显著性的促进作用。可能是因为政府创新需要一个长期的过程,并且创新成果的转化和创新效果的体现周期都比较长,难以及时对政务生态环境作出反应。另外,本研究调查的对象可能对政府创新的感受也不明显,因此使得创新性的影响作用不明显。

表 18　回归结果对原假设的验证结果

假设	假设内容	验证结果
H_{1a}	政府执行机制越优化,政务生态环境越好	通过
H_{1b}	政府监督机制越完善,政务生态环境越好	通过
H_{2a}	政务人员服务水平越高,政务生态环境越好	通过
H_{2b}	政务人员工作面貌越好,政务生态环境越好	通过
H_{3a}	创新性越强,政务生态环境越好	不通过
H_{3b}	开放性越强,政务生态环境越好	通过
H_{3c}	法治性越强,政务生态环境越好	通过
H_{4a}	经济基础越雄厚,政务生态环境越好	通过
H_{4b}	硬件设施越完备,政务生态环境越好	通过

六、政务生态环境的优化路径

本研究的目的是希望通过对台州市政务生态环境的测评,发现并改善台州市政务生态环境方面的不足,建立法制、公平、效率的良好政务生态,实现审批事项最少、办事效率最快、市场主体和人民群众满意度最高的目标。本研究通过对台州市政务生态环境的实际测评,以及与台州市政府各部门的座谈,总结出了台州市在政务生态环境方面的优缺点,结合台州市本身实际,对台州政务生态环境提出了以下优化措施。

(一)建立行政审批流程清单,简化流程优化服务

目前行政审批流程主要存在两个问题,一是缺少专门的审批流程规定;二是虽然有些部门针对某些事项制定了审批流程,但不具体不清晰,自由裁量空间太大,容易造成公务人员的寻租空间。除了进一步取消下放审批事项外,对需要保留的行政审批事项进行规范管理,优化流程,才能进一步提高效率,提高政务廉洁度。

具体举措为:①政府限期规定各直属部门,依据本部门的审批事项,制定并公开相对应的事项审批流程清单,包括的内容要素为审批事项名称、事项类型、审批对象、法定期限、承诺期限、审批依据、审批条件、申请材料、审批程序、是否收费、收费依据、收费标准、申请地点、责任部门、责任人员、投诉监督电话、审批流程图等。②在政务服务网上集中、统一、规范公布以上行政审批流程清单,增加在线咨询、受理和办案查询等服务功能。

(二)优化落实政府权责清单,限定权力明确职责

台州市政府已经实施了政府权责清单制度,取得一定效果,但就行政权力自身而言,实践中存在对行政权力和责任的分类不统一、标准不一致,由此带来法律适用不统一、改革范围不一致等问题。另外,权责清单制度作为政府的自我改革,涉及的部门多,牵扯的利益面广,面临的阻力较大。因此,政府应加强统筹谋划,切实优化落实政府权责清单,对权力及责任分类等问题进行集中研究,明确限定权力明确职责。

具体举措为:①厘清行政责任,健全问责机制。要按照权责一致的原则,厘清行政权力与行政责任相对应的关系,明确责任主体,建立权责清单。并要建立健全问责机制,明确问责的主体、内容、程序以及相关后果。同时要公开问责过程,要问责的公开透明,并接受群众、市场以及媒体的监督。②建立权责清单动态优化机制。根据市场环境变化、行政体制改革、法律法规的立改废、政府职能调整的进展情况,及时对既有的权力及责任清单进行调整,并按规定程序向社会公布公开,确保权力清单和责任清单适应社会治理、市场经济的需求。

(三)完善服务绩效考核体系,推进服务质量目标化

本文对台州市政务生态环境的实际测评中,发现公务人员的责任政务得分最低,成为制约政务生态环境改善的首要因素。政府普遍采用监督机制和作风建设来提高

公务人员的服务态度和服务质量,虽然一定程度上起到了震慑和教育的作用,但权责统一、赏罚分明的政务服务绩效考核体系亟待建立。

具体举措为:①政府内部设立相关的政府绩效管理小组,负责全面实施政府绩效管理工作,并制定详细的绩效管理办法,制定并优化考评指标体系,探索开展绩效管理监察。②将专家学者的理论知识运用到政府实践当中,由专家组成的第三方绩效评估机构对政府部门和公务人员的绩效进行考核,并与政府自身评价、公务人员自评相结合,促进评估结果的客观性、公正性与可接受性。③深入实施绩效工资制,建立以目标管理为基础的政务服务绩效考核体系,将公务人员的经济待遇、仕途命运、高级进修与个人政务服务绩效紧密挂钩,以此提升公务人员的服务意识与质量。

(四)建立服务教育培训体系,推进服务方法标准化

公务人员服务态度差、服务效率低,原因是公务人员的综合素质和业务能力差。通过建立政务服务教育培训体系,对公务人员进行思想和业务培训,可以提高公务人员的业务能力,提高思想觉悟,规范服务方法,最终改进服务质量。

具体举措为:①建立培训需求调研制度。增强教育培训的针对性和实践性,制定政务服务教育培训需求表,开展政务服务教育培训需求调查,找到政务服务薄弱环节,征求政务服务教育培训内容、培训方式和培训时间等方面的意见和建议。②建立公务人员培训管理制度。通过对公务人员培训的管理,准确掌握公务人员培训情况,防止了多头培训、重复培训和漏训现象发生,为公务人员培训选派工作提供依据。③对公务人员教育培训成绩进行绩效考核,教育培训成绩计入个人考核中,调动公务人员教育培训积极性。④与线上线下社会第三方教育培训机构合作。结合政务服务方面的实际需要和培训需求情况,与社会第三方培训合作,注重加强培训内容和课程的设置,避免随意性和盲目性,提升培训的效用。

(五)搭建政务服务云平台,实现跨部门政务互联互通

台州市已经建立了全市统一的政务服务网,但市级行政审批事项的43.8%尚未转移到政务服务网上来。因此下一步的电子政务建设是将云平台的资源向各直属部门发布,促使直属部门申请云服务,逐步将政务业务向云平台迁,构建一个集中、统一的政务服务网,推进电子政务网络化,实现跨部门、跨地区政务处理互联互通。

云平台建设的基本举措如下:①以省一级或市一级为单位提供高级云计算服务,市一级或县一级通过以设立云节点建设本级的云平台,使得数据能够实现一定层面的共享。②在搭建政务云或公有云时,应坚持集中部署、集中规划原则,将原有政府外网的相关业务迁移到政府的公有云上,避免云建设的重复浪费。③制定规范,实现数据标准化,在公有云、政务云建设过程中,要充分的引导和鼓励社会机构及营利性组织参

与到建设当中,通过标准化的数据,使得数据库建设成本大幅降低,加快数据库的建设与运用。

(六)深入挖掘政务大数据,实现政务决策依据科学化

台州市已经初步建立了政务云平台,利用云平台上的政务大数据可以优化政府决策、提高政务效率,推进政府决策的科学化。

传统的公共决策往往是由政府官员自身或者利用相关专家学者的研究成果,依靠政府官员的自觉、经验和知识做出的,因此此类型的决策往往都是经验型或者模糊型,很大程度上会出现适应性较差和执行力较差的问题。大数据可以利用已有或者采集的数据,通过一定的计算方法得到相对科学和理性的结果,基于数据结果和科学研究方法来指导政府决策,实现决策数据化,真正实现决策是基于实证的事实。此外,通过对大数据的分析,能够发现更深层次或者尚未了解的相关问题,使得政务处理能够做到防患于未然,而摆脱出现问题—解决问题的路径。

(七)强化权力监督机制,推进行政决策公众参与

公众参与是保障行政决策合法化的路径。随着信息化和网络化水平的提高,公众参与行政决策的形式日益丰富。政府应该确立平等、公开、透明的原则,以及合理的程序安排为公众参与创造一个良好的平台,促进行政决策公众参与制度充分反映民情和民意。

具体举措为:①完善政府信息公开法律制度。通过清晰界定信息公开的范围,建立信息咨询、教示制度和信息更正机制,明确电子政务公开流程、协调政府信息资源,保障信息公开和公众知情权。②确定行政决策事项的启动程序、公众范围、利益代表遴选、参与事项的范围、参与强度和参与形式,保障公众有序、公正、有效参与行政决策。③完善行政决策听证制度。通过扩大行政决策听证程序的适用范围,完善立法规范听证代表的遴选机制,明确听证会的程序规则,促进行政听证制度的规范化运行。④建立行政决策说明理由制度。对行政决策的合理解释能够使公众容易理解和接受行政部门作出的行政决策。这种说明理由制度有助于公众了解行政部门作出决策的法律和政策依据,认同行政决策选择,有利于行政决策的顺利执行,减少公众对行政部门的不满、争议和纠纷。基于依法行政原则,经过说明理由不仅可以确保行政部门所做的决策的合法性及合理性,而且可以防止行政部门或公务人员违法侵害公众的合法利益。

参考文献

[1] Arndt C, Oman C. The politics of governance ratings (PDF). Working Paper, MGSoG /2008 /WP003, 2008.

[2] Boyne G A. What is public service improvement? [J]. Public Administration,2003,81(2): 211-227.

[3] Boyne G A. Concepts and indicators of local authority performance: an evaluation of the statutory frameworks in England and Wales[J]. Public Money & Management,2002,22(2): 17-24.

[4] Charron N, Lapuente V. Does democracy produce quality of government? [J]. European Journal of Political Research,2010, 49(4): 443-444.

[5] Denhardt J V, Denhardt R B. The new public service: Serving, not steering [J]. Public Administration Review, 2000, 60 (6): 549-559.

[6] Donahue J D, Nye J S. For the People—Can We Fix Public Service? [M]. Washington: Bookings Insititution Press, 2003.

[7] Donald R M, Teather G. Measurement of S&T performance in the government of Canada: From outputs to outcomes[J]. Journal of Technology Transfer,2000,25(2): 223-236.

[8] Helliwell J F, Huang H F. How's your government? International evidence linking good government and well-being [J]. British Journal of Political Science, 2008, 38: 595-619.

[9] Hoogenboezem J A. Local Government Performance Indicators in Europe: An exploration[J]. International Review of Administrative Sciences,2004, 70(1): 51-64.

[10] Institute for Management Development World Competitiveness Yearbook. 2014.

[11] Isham J, Kaufmann D, Prithett L H. Civil liberties, democracy and the performance of government projects[J]. World Bank Economic Review, 2008,11(2): 219-242.

[12] Julnes P D,Holzer M. Promoting the utilization of performance measuring public organizations: An empirical study of factors affecting adoption and implementation[J]. Public Administration Review,2001,61 (6): 693-703.

[13] Kaufmann D, Kraay A, Mastruzzi M. The worldwide governance indica-

tors: Answering the critics. World Bank Policy Research Working Paper, 2007, No. 4149.

[14] Kaufmann D, Kraay A, Mastruzzi M. Response to: What do the world-wide governance indicators measure[J]. European Journal of Development Research, 2010.

[15] Kravchuk R S, Schack R W. Designing effective performance measurement systems under government performance and results of 1993[J]. Public Administration Review, 1996,56(4): 348-356.

[16] Langbein L, Knack S. The worldwide governance indicators: Six, one, or none? [J]. Journal of Development Studies, 2010,46 (2): 350-370.

[17] Macmillan P. Promoting good governance, development and accountability [J]. International Political Economy Series,2011.

[18] Peters B G, Pierre J. Governing without government? Rethinking public administration [J]. Jornal of Public Administration Research and Theory, 1998.

[19] Kotler P. Atmospherics as a marketing tool[J]. Journal of Retailing, 1973, 49: 48-64.

[20] Pierre J. Introduction: Understanding Governance[M] // Pierre J (Ed.). Dehating Governance. Oxford: Oxford University Press,2000.

[21] Pollilt C,Bouckaert G. Public Management Reform[M]. New York: Oxford University Press,2010: 198-201.

[22] Rice T M,Sumberg A F. Civic culture and government performance in the American states[J]. The Journal of Federalism,2008,27 (1): 99-114.

[23] Schedler K,Summermatter L, Schmidt B. Managing the Electronic Government: From Vision to Practice[M]. Charlotte: Information Age Publishing,2004: 90-96.

[24] Thomas M A. What do the worldwide governance indicators measure[J]. European Journal of Development Research, 2010,22: 31-54.

[25] Vigoda E. Are you being served? The responsiveness of public administration to citizens' demands: An empirical examination in Israel[J]. Public Administration,2000,78(1): 165-191.

[26] Woo G K, Yun J M. Customers' cognitive, emotional, and actionable response to the servicescape: A test of the moderating effect of the restaurant type[J]. International Journal of Hospitality Management, 2009, 28:

144-156.

[27] World Bank Country Policy and Institutional Assessments. 2014.

[28] World Economic Forum Global Competitiveness Survey. 2013.

[29] 毕建新,朱淑媛.电子政务与政府业务流程再造[J].现代情报,2004(4).

[30] 曾保根.价值取向、理论基础、制度安排与研究方法——新公共服务与新公共管理的四维辨析[J].上海行政学院学报,2010,02:29-40.

[31] 陈国权,谷志军.决策、执行与监督三分的内在逻辑[J].浙江社会科学,2012,04:27-32.

[32] 陈洪泽.论依法行政与行政效率[D].天津:天津商业大学,2007.

[33] 陈觉.服务产品设计[M].沈阳:辽宁科学技术出版社,2003.

[34] 程启学.中国特色社会主义行政文化建设研究[D].石家庄:河北师范大学,2013.

[35] 邓胜利,张敏.交互式信息服务环境及其影响因素分析[J].情报科学,2008,03:443-447.

[36] 邓崧,孟庆国.电子政务绩效评述的方法技术论[J].社会科学,2008(4).

[37] 董士伟.服务场景与等候经验对国道客运旅客行为意向与选择行为之影响[D].台北:台湾交通大学,2004.

[38] 董新宇,苏竣.电子政务与政府流程再造——兼谈新公共管理[J].公共管理学报,2004(4).

[39] 杜曙光.对我国行政复议若干制度的反思——从行政复议程序构造的角度[J].四川行政学院学报,2007,01:49-51.

[40] 杜治洲,汪玉凯.电子政务与中国公共服务创新[J].中国行政管理,2007(6).

[41] 范柏乃.权力清单制度:浙江经验、实施功效和推进机制[N].光明日报,2015(4).

[42] 范柏乃,张维维,贺建军.我国经济社会协调发展的内涵及其测度研究[J].统计研究,2013(7).

[43] 范柏乃,朱华.我国地方政府绩效评价体系的构建和实际测度[J].政治学研究,2005(1).

[44] 范柏乃,朱文斌.中小企业信用评价指标的理论遴选与实证分析[J].科研管理,2003(11).

[45] 傅永超,徐晓林.府际管理理论与长株潭城市群政府合作机制[J].公共管理学报,2007,4(2):24-29.

[46] [美]弗雷德·W.里格斯.行政生态学[M].金耀基,译.台北:台湾商务印书

馆,1981.

[47] 顾丽梅.新公共服务理论及其对我国公共服务改革之启示[J].南京社会科学,2005(1).

[48] 郭文娟.浙江省企业开放式创新能力评价及影响因素研究[D].浙江大学,2014.

[49] 胡税根,单立栋,徐靖芮.基于大数据的指挥公共决策特征研究[J].浙江大学学报,2015(5).

[50] 胡税根,徐靖芮.我国政府权力清单制度的建设与完善[J].中共天津市委党校学报,2015(1).

[51] 黄铧焕,薛丽芳.大数据,大政务,新网络——大数据时代电子政务网络的发展方向[J].电子政务,2013(5).

[52] 姜玮.深化审批制度改革,打造一流政务环境[N].杭州西子论坛,2014(2).

[53] 姜晓萍.国家治理现代化进程中的社会治理体制创新[J].中国行政管理,2014,02：24-28.

[54] 蒋满元.行政绩效管理的制度障碍及其制度创新[J].分析研究改革,2005(6).

[55] 金雄伟.优化服务关键在优化政务环境[N].杭州西子论坛,2014(2).

[56] 蓝志勇,胡税根.中国政府绩效评估：理论与实践[J].政治学研究,2008(6).

[57] 李泉.治理理论的谱系与转型中国[J].复旦学报,2012(11).

[58] 李书烨.基于提高员工满意度的公共部门人力资源培训体系探究[D].苏州大学,2010.

[59] 李松林.论新公共服务理论对我国建设服务型政府的启示[J].理论月刊,2010(2).

[60] 李文彬,郑文彪.建立农村基层民主绩效的测量指标探讨[J].广东行政学院学报,2011(12).

[61] 李作鹏,李振志.我国公民政治参与的制约因素与政策导向[J].法制与社会,2009(1).

[62] 廖扬丽.我国行政审批制度改革研究[M].北京:法律出版社,2006.

[63] 刘畅.建立健全决策、执行、监督"权力三分"运行机制的创新思路[A].中国行政管理学会.中国行政管理学会 2011 年年会暨"加强行政管理研究,推动政府体制改革"研讨会论文集[C].中国行政管理学会,2011：5.

[64] 刘凤丽.政务环境建设与吸引投资研究[D].青岛：青岛大学,2009.

[65] 刘江茹,李玉华.优化政务环境建设阳光型政府[J].教育教学论坛,2011,31：217-218

[66] 卢瑾,陈华森.西方政府服务的理论由来及其发展[J].云南行政学院学报,2008,3：23-29

[67] 罗亚苍.行政审批权力清单制度评析及完善[J].中国行政管理,2014(8).

[68] [美]罗伯特.B.登哈特,珍妮特.V.登哈特.新公共服务理论——服务,而不是掌舵[J].刘俊生,译.张庆东,校.中国行政管理,2002(10).

[69] 骆梅英.行政审批制度改革：从碎片政府到整体政府,中国行政管理[J],2013(5).

[70] 迈克尔·麦金尼斯.多中心治道与发展[M].上海：上海三联书店,2000：221-230

[71] 孟蕾.我国电子政府的绩效管理[J].华南农业大学学报社会科学版,2004(2).

[72] 苗雨.论我国政府责任实现的法制困境与出路[D].山东大学,2012.

[73] 潘经强.地方政府优化发展环境评价研究[J].科技创业,2008,10：102-104.

[74] 庞明礼."省管县"：我国地方行政体制改革的趋势？[J].中国行政管理,2007,06：21-25.

[75] 裴思瑶.论我国公共部门人力资源管理的改进[D].延安大学,2013.

[76] 彭文显.行政生态学[M].台北：台湾三民书局,1988.

[77] 史章建.银行服务环境维度测量及其对满意度的影响研究[D].北京：中国人民大学,2008.

[78] 唐兴霖,尹文嘉.从新公共管理到后新公共管理——20世纪70年代以来西方公共管理前沿理论述评[J].社会科学战线,2011,02：178-183.

[79] 陶凯元.国际服务贸易法律的多边化与中国对外服务贸易法制[M].北京：法律出版社,2000.

[80] 汪向东.我国电子政务的进展、现状及发展趋势[J].电子政务,2009(7).

[81] 王琛伟.提升政府服务水平优化发展环境的思考[J].中国经贸导刊,2013,7：55-57

[82] 王沪宁.行政生态分析[M].上海：复旦大学出版社,1989

[83] 王凯伟,毛星芝.行政监督实效提升的制约因素及对策[J].湘潭大学学报(哲学社会科学版),2010,04：83-86.

[84] 王鹏辉.旅行社服务环境的信息设计[J].新疆财经,2004,(3)：38-40.

[85] 王诗宗.治理理论与公共行政学范式进步[J].中国社会科学,2010(7).

[86] 王喜.新公共管理视角下的公共部门人力资源管理研究[D].内蒙古大学,2014.

[87] 吴声功.服务型政府的构建[M].北京：社会科学文献出版社,2006.

[88] 谢昕,成书玲.行政民主理论视角下的政务透明和公众参与关系研究[J].湖北社会科学,2006(10).

[89] 徐友浩,吴延兵.顾客满意度在行政绩效评估中的运用[J].天津大学学报(社会科学版),2004(10).

[90] 徐中奇.行政生态学研究述评及其对我国行政改革的启发[J].公共行政管理,1999(4).

[91] 杨凤春.论政府的服务性[J].北京行政学院学报,2014,4:1-7.

[92] 杨凤春.论中国政府的服务性[J].北京行政学院学报,2015,1:60-66.

[93] 杨红秀.湖南省宁乡县政务环境改善研究[D].湖南大学,2013.

[94] 易承志.治理理论的层次分析[J].行政论坛,2009(11).

[95] 尹文嘉.后新公共管理的超越与限度[D].上海交通大学,2012.

[96] 俞可平.治理与善治[M].北京:社会科学文献出版社,2000.

[97] 张安定.行政审批制度改革攻坚期的问题分析和突破策略[J].中国行政管理,2012(9).

[98] 张根明,陈才,曹裕,谢良.创新型人力资本对经济增长影响的实证研究——基于存量与水平的视角[J].科技进步与对策,2010,03:137-141.

[99] 张康之.公共行政学[M].北京:经济科学出版社,2003.

[100] 张克重,何凌云.政府质量与国民幸福:文献回顾与评论[J].国外社会科学,2012(4).

[101] 张祥吉.效率提高视角下的中国行政体制改革研究[D].东北财经大学,2013.

[102] 郑莉英.嘉兴市软环境建设监测评价体系研究[J].统计科学与实践,2010,4:50-52.

[103] 周运瑜.张家界旅游投资软环境评价[J].旅游研究,2010,2(4):63-67.

(作者简介:范柏乃:浙江大学公共政策研究院副院长、教授;易消宸:浙江大学公共管理学院硕士生;张兵:浙江省台州市市长。)

作者

凌剑峰

流域水污染协同治理机制研究
——以太湖流域治理为例

内容提要：流域治理是生态文明建设的重要内容，是流域经济社会可持续发展的关键因素，传统上囿于行政边界的治理模式日渐捉襟见肘。因此，需要新的跨域协同治理机制激发流域治理主体的协作积极性、维持合作秩序以保证流域协同治理有序、有效。本文采取个案研究法，通过对太湖流域近 20 年的治理实践的分析梳理，发现导致太湖流域治理困境的原因主要有地方政府治理内生性动力不足、地方政府间的恶性行政竞争、治理结构碎片化、相关利益主体参与边缘化等。因此，协同治理是太湖流域水污染治理的必然要求，而首先必须建立政策动力和内生潜力的有机融合、跨域协调、"政府主导、多元共治"的多元协同治理机制。

关键词：太湖水污染；跨域治理；协同机制

流域治理是生态文明建设的重要组成部分，这一问题已经成为当前制约流域经济社会可持续发展的重要瓶颈。2012 年国务院发布《重点流域水污染防治规划（2011—2015 年）》，确定了包括太湖、滇池、淮河、巢湖、辽河、黄河中上游等十大重点流域。2010 年重点流域总人口近7.75亿，占全国 56.5％，其中城镇人口约 3.45 亿。面积 308.8 万平方公里，占全国 32.2％。GDP 总量约为 20.82 万亿，占全国 51.9％，三产比例 10.3：50.1：39.4；人均 GDP 为 2.7 万元[①]。以 308.8 万平方公里的面积支撑 7.75 亿人口的发展，说明了重点流域地区的生态环境和

[①]　环保部.重点流域水污染防治规划（2011—2015 年）[EB/OL]. 2012[2016—3—20]. http：// www. zhb. gov. cn /gkml /hbb /bwj /201206 /t20120601_230802. htm.

资源承载能力面临着非常巨大的压力,有些地方可能已经到了临界点①。加大流域治理力度,提高流域生态环境质量迫在眉睫。

流域治理往往具有跨域治理的特征,就治理范围而言,流域治理通常跨越多个行政区。就治理主体而言,各级地方政府、流域管理机构、水资源管理部门、企业、社会组织、专家智库等参与其中,形成了多层次、多目标、多维度的跨行政区、跨部门、跨组织的复杂治理系统。需要建立一种长效的流域公共事务治理机制,以保证跨界流域污染得到及时有效的治理。相对于行政执法手段效用的不可持续,工程技术手段只能治标、不能治本。本文认为建立一种能够激发流域治理主体的协作积极性、合作有序的跨界协同治理机制是较为合理的选择。

太湖流域作为十大重点流域之一,其治污历史是我国流域治理的典型样本,是我国流域治理历程的一个缩影,充分反映了我国逐步深化认识流域治理的进程。太湖流域20多年的治污历史为我们深入研究流域治理问题提供了丰富的素材。本文拟以太湖流域水污染治理为例,探讨建立跨界流域治理中多元主体协同治理机制。

一、太湖流域污染及其治理

(一)太湖流域污染概况

太湖是我国第三大淡水湖,流域面积36895平方公里,流域内河网如织,湖泊星罗棋布,水面总面积约5551平方公里,水面面积在0.5平方公里以上的大小湖泊共有189个,水面面积在40平方公里以上的有6个。流域内河道总长约12万公里,河网密度为每平方公里3.3公里。出入太湖的河流有228条,其中主要入湖河流有苕溪、南溪和洮滆等;出湖河流有太浦河、瓜泾港、胥江等。

太湖流域是我国经济最发达的地区之一,在全国占有举足轻重的地位,主要涵盖上海、江苏、浙江等"两省一市",包括上海、苏州、无锡、常州、镇江、杭州、嘉兴、湖州等8个大城市。2012年流域内总人口5920万人,占全国人口4.4%;GDP 54188亿元,占全国GDP 10.45%;人均GDP9.6万元,是全国人均GDP的2.4倍;城镇化率73%。第一、二、三产业所占比重分别为3.7%、61.3%和35.0%。

20世纪50年代太湖流域水质基本没有污染。60年代初上海黄浦江水质出现恶化。随着经济腾飞,太湖流域城市化进程不断加速,大量的工业污水、城市生活污水排放进入太湖流域河流并最终流入太湖。至80年代中期,太湖流域的主要纳污河道相

---

① 胡德胜.围绕可持续发展破解重点流域治理难题[J].环境保护,2013(13):24-26.

继出现黑臭,太湖水域也有 1%的水面受到轻度污染。据统计 20 世纪 80 年代至 90 年代初,太湖平均水体水质由以 Ⅱ 类水为主下降到以 Ⅲ 类水为主;从 20 世纪 90 年代中期至今,全湖平均水质下降为劣 Ⅴ 类。太湖的富营养化程度不断加剧,已由 20 世纪 90 年代中期的轻度富营养化水平升至中度富营养化水平。中度富营养化面积 2005 年比 1998 年增加近 1600 平方公里。据水利部太湖流域管理局《太湖健康状况报告》的统计,2014 年,太湖主要水质指标平均浓度高锰酸盐指数为 Ⅲ 类,氨氮为 Ⅲ 类,总磷为 Ⅳ 类,总氮为 Ⅴ 类。太湖流域营养水平主要指标平均营养指数为 62.1,处于中度污染状况。更是在 2000 年和 2007 年分别爆发了太湖蓝藻事件,引起了社会的广泛关注,特别是 2007 年的蓝藻事件,甚至影响到整个无锡市的饮水安全。

(二)太湖流域水污染的治理

20 世纪 90 年代以来,以 1998 年的零点行动为大规模太湖水污染治理的起点,以两次太湖蓝藻事件为节点,可以将太湖 20 年的治污历史划分为三个阶段,依其治理手段不同可以分为:行政执法阶段、工程技术阶段以及综合治理阶段(如图 1 所示)。

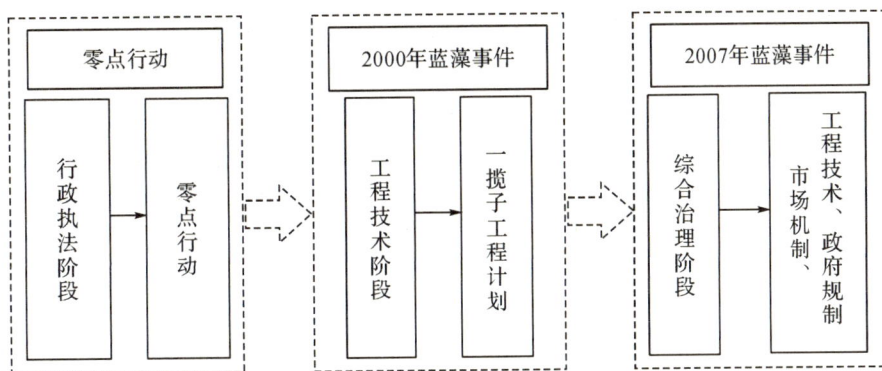

图 1　太湖水污染治理的三个阶段

1. 阶段一:行政执法

零点行动前后太湖治污的策略主要是通过严格控制点源、面源污染物的排放,实现太湖治理。1996 年,国务院环委会在无锡召开太湖流域环保执法检查现场会,成立了太湖水污染防治领导小组,确立了执法控制工业和农业污染的排放治理策略,制定了到 1998 年达到相关的排放标准,到 2000 年使湖水变清的治理目标。1998 年,国务院批复的《太湖水污染防治"九五"计划及 2010 年规划》进一步明确了工程措施与管理措施并重的治理策略。1996 年经全国人大批准的《国民经济和社会发展"九五"计划和 2010 年远景目标纲要》确立了实施工业污染源达标排放工程、饮服污染源达标排放工程、集中处理工程、湖面污染控制工程、禁磷工程、生态示范工程等"六大生态工程"，投入40亿元的资金实现太湖污染源排放的控制的治理计划。但是根据1998年2月23日—3月3日，太湖流域水污染防治领导小组组织有关部门及专家赴太湖的调查数据显示，太湖流域日排水百吨以上或日排化学耗氧量(COD)30千克以上的排污单位1035家，其中江苏省770家，浙江省257家，上海市8家，截至1997年年底，仅有328家完成了治理任务。为了保障"六大生态工程"的顺利实施，为了达到"1998年达到相关排放标准"的治理目标，1998年，国家环保总局发出了《关于开展"聚焦太湖"零点行动的通知》决定于1998年12月31日深夜开展流域内工业污染达标排放的执法活动，确保在新年到来之际流域内工业污染源排放达标。

2. 阶段二：工程技术

2000年的蓝藻事件后，在继承上一阶段以政府行政执法措施控制污染源排放的基础上，增加了通过工程技术手段实现污染控制、生态修复的治理目标。2001年，国务院制定了《太湖水污染防治"十五"计划》，在传统的强化行政管理的基础上，提出了以治污工程和生态修复工程等依靠工程技术为主要载体的治污方案，工程总共包括255个工程项目，总投资高达220.1亿元。其中治污工程主要包括城镇污水处理工程、城镇垃圾处置工程、工业污染源控制工程等；生态修复工程主要包括引江济太工程、生态恢复系统工程、生态清淤工程等。同年，科技部编制完成了《引江济太调水试验工程实施方案》，太湖流域管理局会同江苏、浙江、上海"两省一市"成立"太湖流域引江济太领导小组"，统一领导和协调引江济太的有关工作。2002年1月30日，正式启动引江济太调水试验工程。试图通过引入长江水提高太湖水体流动的速度，提升太湖水体自净的能力，缩短太湖换水的周期。为了克服引江济太工程的技术难题，太湖流域管理局制定了《太湖流域引江济太调水试验关键技术研究项目任务书》，包括引江济太水量水质联合调度、引江济太三维动态模拟系统开发、望虞河西岸排水出路及对策研究、引江济太效果评估等研究项目，委托给中国水利水电科学研究院、河海大学、中国科学院南京地理与湖泊研究等高校科研单位进行研究，以期攻克"引江济太"的技术难题，提高工程效率。2002年，科技部将太湖水污染治理技术的研究纳入"863计划"，作出了专项研究"太湖水污染控制与水体修复技术工程示范"课题的决策，旨在通过太湖典型污染区域系统的研究，建立高效集成技术，形成具有我国特色的湖泊污染控制与水体修复技术，探索解决河流湖泊污染水体修复、城市水环境质量改善、饮用水安全等的有效途径。课题主要包括重污染水体底泥环保疏浚与生态重建技术、河网区面源污染控制成套技术、太湖梅梁湾水源地水质改善技术等子课题。由无锡太湖湖泊治理有限责任公司承担，总投资为2.1亿元，是迄今为止我国最大规模的水环境治理工程研究课题。

3. 阶段三:综合治理

2007年,太湖蓝藻事件后,太湖治污迈入了综合治理的新阶段,通过治理主体、治理手段的协同整合打出太湖治污的组合拳。2008年,由国家发改委、环保部、水利部等部门牵头会同江苏、浙江和上海"两省一市"编制的《太湖流域水环境综合治理总体方案》指出产业结构调整、综合治理、科技进步、经济杠杆合力治污是取得治污成效的主要原因,明确了太湖治理必须走综合治理的道路。2011年国务院颁布的《太湖流域管理条例》,正式将"综合治理"作为太湖流域污染治理的总原则。2012年,由环保部、发改委、财政部、水利部等部门联合印发的《重点流域水污染防治规划(2011—2015年)》,提出了以水功能区限制纳污红线为依据,以污染物总量减排为抓手,以规划项目为依托,以政策措施为保障,综合运用工程、技术、生态的方法的太湖治理思路。2013年修订的《太湖流域水环境综合治理总体方案》在健全考核体系、强化科技支撑、坚持依法治太等传统治理措施的基础上,特别强调了完善协调制度、建立共享机制、强化市场手段、鼓励公众参与等综合治理措施。综合治理不仅是多种治理手段,是工程技术手段的整合,更为关键的是实现多元治理主体的合力。2007年以来,在国务院的积极引导下,太湖流域相继建立了长三角(太湖)发展论坛、太湖流域水环境综合治理省部际联席会议制度、太湖流域水环境综合治理水利工作协调小组、河湖专项执法联席会议、环太湖城市水利工作会议等多个跨职能部门、跨省、跨市县的协调机构和协调机制,增强各流域治理主体的协调力度,提高流域治理的效率。

2000年与2007年的大规模蓝藻爆发事件,以铁一般的事实宣告了行政执法手段与工程技术手段为主的治理策略失败,让人不得不接受太湖治污"16年无功而返"的现实。急风暴雨式的行政执法手段短期效果确实显著,但最大的问题是不可持续。工程技术手段只能治标,不能治本。2008以来的综合治理使得太湖水质趋于好转,劣Ⅴ类水质所占比例由2008年的35.3%下降到20.6%。与2008年相比水质类别达到或优于Ⅲ类、Ⅳ类、Ⅴ类水标准的比例均有所上升,富营养化程度降低,但是年际之间的水质波动情况较大,综合治理效果的存续和改善压力很大,治理困境仍未得到有效的破解。

二、太湖流域水污染治理产生困境的原因

从太湖流域的治理实践来看,太湖流域水污染治理困境产生的原因不在于工程技术层面,倘若单从技术层面上看,太湖要在三五年内实现治污,绝对有此可能,现在治

理的关键是管理体制问题。蓝藻不是不可治理,但要治水,先要治人[①]。

(一)地方政府治理内生性动力不足

太湖流域的水污染治理具有运动式治理的特征,运动式治理是国家权力直接干预各级官僚体制的运行,最大的特点是暂时叫停科层制常规过程,以政治动员代替之,以便超越科层制度。其结果常常导致失控危险和高昂的交易成本。表现为间断性和不确定性[②]。在太湖流域的治理实践中,1998 年的零点行动是一场最为典型的运动式治理,1998 年 12 月 31 日深夜来自国家计委、水利部、交通部、农业部、监察部、财政部等中央部委以及地方政府的近 1000 名环境执法人员深入一线现场检查和执法,截至 1999 年来临之际,太湖流域 1035 家重点污染单位的达标率为 97.3%,非重点污染单位的治污设施完工率为 70%。国务院宣布了基本实现阶段性治理目标。在这场环境执法的治理活动中,中央政府的权威直接越过各级地方政府深入到治理的最基层,强制执法,在这种高压态势下,短期内工业污染源的排放得到了很好的整治,但是好景不长,运动过后,原本达标的企业反弹很严重。仅一年后,太湖流域水环境监测中心的一位负责人便表示,"今年水污染反弹,可能是因为近来国内经济形势转暖,在'零点行动'中因治污不力被强行关闭的企业,或因效益欠佳关停的企业,如今又蠢蠢欲动、开工排污"。[③] 太湖流域的治理中的运动式治理,主要表现为治理的动力主要来自中央政府自上而下"一竿子插到底"式的直接干预,而非地方政府自身的发展需求,直接导致了地方政府在协作履行治理职能时缺乏积极性,采取"一阵风"式的治理策略,也使得太湖流域治污协作往往处于"议而不决、决而不行"的状态。

(二)地方政府恶性竞争

对比分析太湖流域"两省一市"及环太湖主要城市 2005 年和 2010 年的产业结构概况及演变(如表 1、表 2 所示)。首先,从太湖流域"两省一市"的产业结构来看,2005 年到 2010 年,江苏省部分第一产业比重下降 0.3%,第二产业比重下降 7.3%,第三产业比重增加 7.6%;浙江省部分第一产业比重下降 1.9%,第二产业比重下降 2.9%,第三产业比重上升 4.8%;就 2010 年的数据来看,只有上海市第三产业比重超过了 50%。总体而言,"两省一市"的产业结构呈现第二产业占据主导,第一产业比重有所下降,第三产业快速发展的状态。

其次,从产业发育的质量来看,太湖流域第一产业发展"靠湖吃湖",利用太湖水资

---

① 陈丽娟.太湖治污三五年本可实现百亿投入,16 年却收效甚微[N].人民日报,2007—06—21(08).

② 周雪光.运动型治理机制:中国国家治理的制度逻辑再思考[J].开放时代,2012(09):105-125.

③ 邓建胜,屠知力.环太湖治污调查[N].人民日报,2000—06—05(1).

源形成了以种植业、禽畜养殖、水产养殖等为主体的产业结构,产生了大量的面源污染。从第二产业来看,改革开放以来环太湖流域形成了以劳动密集型、资源利用粗放、乡镇企业为主的苏南模式,产业结构从建国时期的以轻工业为主,逐渐演变为以重化工产业为主体[①],主要发展的是纺织、印染、造纸、化工等行业,污染较为严重,且缺乏合理布局和统一规划,各自为战以至于产业同构率高达90%以上[②]。

最后,从环太湖流域的主要城市的上下游关系来看,江苏省部分,镇江位于最上游,依次是常州、无锡、苏州,浙江部分大致是湖州、杭州以及嘉兴,上海位于最下游。从产业结构而言,上游地区的城市第一、二产业的比重明显要高于下游地区,第一、二产业是点源、面源污染的主要来源,也即上游地区的污染排放情况要高于下游地区。从经济总量来看,江苏部分,镇江、无锡、苏州的地区生产总值分别为3502.48亿元、8518.26亿元、1.45万亿元;浙江部分,湖州、嘉兴、杭州的地区生产总值分别为2084.3亿元、3517.06亿元、10053.58亿元;位于最下游的上海2015年的地区上产总值为24964.99亿元。从地区发展来看上游地区明显弱于下游地区,这导致上下游各地区环境保护目标和经济发展需求之间强烈冲突,上游地区经济发展需求明显大于环境保护需求,下游正好相反。

表1   太湖流域"两省一市"产业结构情况[③]

产业类型 省市 年份	第一产业		第二产业		第三产业	
	2005年	2010年	2005年	2010年	2005年	2010年
江苏省部分/亿元	208.6	442.0	5324.0	11266.9	2857.1	8345.8
产业结构/%	2.5	2.2	63.5	56.2	34.0	41.6
浙江省部分/亿元	213.0	439.6	1784.5	4898.7	1296.8	4212.8
产业结构/%	6.5	4.6	54.2	51.3	39.3	44.1
上海市部分/亿元	12.6	4.5	187.4	61.9	—	70.3
产业结构/%	—	3.3	—	45.3	—	51.4

在我国单一制的国家结构形式下,中央政府将经济社会的发展任务纵向逐级"行政发包"给各级地方政府,并通过横向之间的"政治锦标赛"以官员晋升为主要激励对

---

① 潘铁山.太湖流域产业结构与水环境污染关系初探——以江苏省苏锡常三市为例[J].科技资讯,2012(07):145-146.

② 舒川根.太湖流域生态文明建设研究——基于太湖水污染治理的视角[J].生态经济,2010(06):175-179.

③ 数据来源:2008年编制和2013年修编的《太湖流域水环境综合治理总体方案》。

地方政府进行激励①。以经济发展为主要指标的"政治锦标赛",造就了过去 30 年中国经济高速的增长,但也引起了地方政府间为获取资源、发展产业的激烈的行政竞争,甚至是恶性竞争。环太湖城市之间产业结构雷同、同质化严重,上下游之间经济发展目标与环境保护目标之间的强烈冲突,造成环太湖地区各城市之间各自为政、低水平重复建设以及恶性竞争②,最终使得流域治理无法形成合力,治理效率低下。

表 2　太湖流域主要城市产业结构概况③

产业类型	第一产业/%		第二产业/%		第三产业/%	
省市　　　年份	2005 年	2010 年	2005 年	2010 年	2005 年	2010 年
镇江	4.4	4.1	60.6	56.4	35.0	39.5
常州	4.3	3.3	61.1	55.3	34.6	41.4
无锡	1.6	1.8	59.7	55.4	38.7	42.8
苏州	2.0	1.7	66.8	56.9	31.2	41.4
嘉兴	7.1	5.5	58.9	58.2	34.0	36.3
湖州	8.6	8.0	57.2	54.9	34.2	37.1
杭州	5.0	3.5	50.9	47.8	44.1	48.7
上海	0.9	0.6	48.9	41.9	50.2	57.5

(三)治理结构碎片化

《中华人民共和国水法》规定我国流域治理实行"流域管理与行政区域管理相结合的管理体制"。《太湖流域管理条例》明确指出太湖流域水环境的管理实行流域管理和行政区管理相结合的管理体制,具体而言,有关部委按法律、行政法规规定和国务院确定的职责分工,负责太湖流域管理的有关工作。流域内县级以上地方人民政府有关部门依照法律、法规规定,负责本行政区域内有关的太湖流域管理工作。水利部太湖流域管理局行使法律、行政法规规定的和国务院水行政主管部门授予的监督管理职责。就职能部门而言,涉及太湖治理的部门主要有水利、建设、交通运输、环保、旅游、国土资源、渔业、农业、林业等多个部门,就地方政府而言,主要包括江苏、浙江、上海"两省一市",更具体的话主要包括镇江、无锡、苏州、湖州、杭州、嘉兴、上海等七个城市。在"条块结合、双重领导"体制下,各职能部门依照其职能范围对太湖流域管理的某一块

---

① 周黎安.行政发包制:一种混合治理形态[J].文化纵横,2015(1).
② 秀义,邢晓燕.从行政壁垒到无缝衔接[J].招商周刊,2004,(Z3).
③ 数据来源:2008 年编制和 2013 年修编的《太湖流域水环境综合治理总体方案》。

专门内容进行管理,地方政府以行政区为单位对太湖在本行政区内的流域范围实行综合性管理。挂靠在水利部下的太湖流域管理局的职能主要为规划编制、项目实施、监督与管理,就其职能和行政级别而言难以承担其协调多个职能部门、多层级行政区的职责。各职能部门依自身职责参与太湖治理,由于权责交叉、职能定位不明晰,相互之间推诿、扯皮。各行政区依人为划分的行政区划展开治理,围绕太湖流域治理江苏省出台了《江苏省太湖水污染防治条例》,浙江省出台了《浙江省太湖流域水环境综合治理方案》,上海市出台的《水污染防治行动计划实施方案》,条例、方案之间缺乏对接,污染控制标准各不相同,无法形成整体性的治理思路。部门阻隔、区域分割使得太湖流域的治理结构趋向碎片化,自然难以形成治理的合力。

(四)相关利益主体参与边缘化

2007 年蓝藻爆发以来,为了改进传统的由中央政府主导推动,地方政府被动配合的治理方式,明确地方政府在太湖流域治污中的主体责任地位,建立了一系列跨部门、跨行政区的协调机制(见表 3)参与太湖流域治理的决策,从参与的单位来看主要还是集中于各个职能部门和各级地方政府,还有一部分专家,社会组织、企业、市民等相关利益主体处于"缺席"状态。2013 年修编的《太湖流域水环境综合治理总体方案》中提出了"鼓励公众参与,加强社会监督"的保障措施,并指出要保障公众的环境知情权、参与权和监督权,但是缺乏参与的机制、程序、渠道的建设,公众参与和监督还停留在"纸面上",无法真正落地。再者以"太湖流域水污染治理"在网上进行搜索,结果有 32600余条信息,但是基本没有关于社会组织、公众、企业等主体参与太湖治理政策过程的相关信息,只有相关主体的呼吁、倡导。上述情况表明,现阶段太湖流域的治理过程中相关利益主体只能在"公众议程"中发挥一定作用,在"政策窗"开启后的"政策议程"中,几乎没有机会和渠道发出声音,流域治理相关治理主体参与边缘化,难以与政府合作形成治理合力。随着时代的发展,公众、企业、社会组织、媒体对环境治理提出了越来越高的诉求,特别是通过互联网技术的运用,对政府流域治理形成了强有力的"倒逼机制",相关利益主体将会在未来的治理过程中起到更为重要的作用,甚至关系到治理的成败,正视、吸纳、消化政府外治理主体的之力量能够加强治理的整体力度,反之,这些力量继续边缘化很可能反过来冲击现有的治理系统。

太湖流域水污染治理困境形象的描述是"九龙治水"、"多头治水",在理论上则可以用"公地悲剧"、"集体行动的困境"、"囚徒博弈的困境"及"个体理性与集体非理性"等经典的概念加以概括。这是因为流域治理中的流域边界与行政区边界不完全一致,各职能部门的治权交叉且不明晰,在治理实践中,各主体基于自身的利益考量和发展目标制定治理策略和规划,往往缺乏有效的沟通与协商,甚至相互之间存在冲突,从而导致相互扯皮、推诿、各自为政。此外,多元利益主体在利益价值取向上趋于多元化,即存在公共利益的一致性,也存在个体利益的差异性,在"经济人"和"有限理性"的影响下,即使存在合作实现自身利益最大化的可能,也很可能因为信息不对称、个体利益与集体利益矛盾而使得合作失败。

表3 太湖流域跨部门、跨行政区协调机构、机制

成立时间	协调机制	参与单位
2007年	长三角(太湖)发展论坛	苏州市政协、北京决策咨询中心联合主办、苏州东方文化研究中心以及来自全国的专家学者
2008年	太湖流域水环境综合治理省部际联席会议制度	国家发改委等国务院13个部委;江苏、浙江、上海负责领导;有关专家
2008年	太湖流域水环境综合治理水利工作协调小组	水利部;江苏、浙江、上海负责领导;太湖流域水环境综合治理专家咨询委员会
2014年	河湖专项执法联席会议	太湖局、江苏、浙江、上海省(市)水利(水务)厅相关处室,以及上海、嘉兴、苏州、无锡、常州、湖州等市水行政主管部门
2014年	环太湖城市水利工作会议	太湖局、江苏省水利厅、浙江省水利厅、上海市水务局,以及环太湖苏州市、无锡市、常州市、嘉兴市、湖州市、青浦区和水利(水务)局

太湖治理是一个复杂的系统工程,要充分认识太湖治理的艰巨性、复杂性和长期性,树立打持久战的决心[①]。因此,问题的关键不在于能否找到一种一劳永逸、一蹴而就的治理策略,也不在于克服工程技术的缺陷,其治理困境的产生原因在于行政区治理的治理理念、碎片化的治理结构、封闭式的治理模式以及各自为战的治理行为。因此,必须转变治理理念,调整治理的方式,加强相关治理主体的协同合作,形成治理的合力。

三、建立太湖流域水污染协同治理机制

流域协同治理机制作为流域内开展环境协作和协同解决跨界污染治理的新思路,既不用调整行政区划、也不用调整既有的环保管理体制,相比之下,其建设成本最低[②]。结合太湖流域的治理实践,探索建立适合太湖流域水污染的协同治理机制。

(一)调整理念:促进政策动力与内生潜力的有机融合

建立流域水污染协同机制,首先是要能够调动流域治理主体的治理积极性,激发

---

① 顾岗,刘鸿志.琵琶湖和太湖污染治理的比较和对太湖治理的建议[J].世界环境,2001(03):32-34.

② 张紧跟,唐玉亮.流域治理中的政府间环境协作机制研究——以小东江治理为例[J].公共管理学报,2007(03):50、56、123-124.

其内在活力。在太湖以往的治理实践中普遍存在过度依赖上级政策推动,各级地方政府处于被动配合的状态,这种治理理念使得太湖治理处于"一阵风"式的运动式治理,无法形成治理的常态化机制。由此建立流域内水污染协同治理机制的前提是必须调整治理理念,形成政策动力与内生潜力有机融合的新理念。不同于传统的依赖上级行政单项推动的治理理念,政策动力与内生潜力有机融合的新理念有以下几点优势(见图2)。首先,从对太湖水污染治理的问题界定而言,传统的行政单项治理机制将其界定为行政问题,而双向融合治理机制则将其界定为区域公共事务治理问题。其次,从参与治理的主体而言,传统治理机制是政府单打独斗,而新治理机制则强调多主体共治。再次,从治理方式而言,传统的治理机制偏向自上而下依赖行政力量的强制推动,新机制则是强调治理过程中的多元互动形成治理的合力。然后,从治理责任的分配来说,传统治理机制治理责任由政府一家承担,是典型的"出了事情找政府",新机制则强调多元治理主体责任共担。最后,从结果了来看,在太湖治理实践中传统治理机制往往导致治理的时断时续,效果的反反复复,新的治理机制试图通过融合政策推动力和激发其他治理主体的内生潜力实现治理的可持续、常态化。总之,双相融合机制通过政策动力的推动,激发其他治理主体内生潜力的发挥,产生"相应—接纳"的政策效应,形成可持续、常态化的治理绩效。

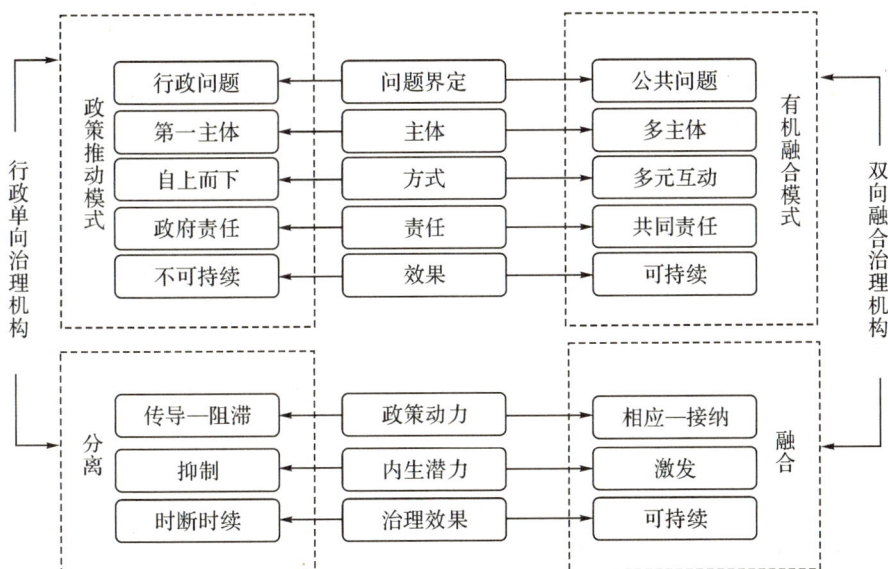

图 2　政策动力和内生潜力有机融合

(二)构建流域内政府间协同治理机制

中短期内,政府作为太湖治理的中坚力量的治理格局不会发生变化,构建流域协同治理机制的关键与核心是构建流域内地方政府间的协同治理机制。所谓流域内政府协同治理机制,主要包括:跨域协调机制、产业协作机制、市场调节机制、信息共享机制等。

1. 跨域协调机制

参与太湖流域治理的主体从纵向来看涉及上至国务院下至乡镇等多个政府层级,从横向来看涉及环保、水利、交通、渔业、农业、工业等多个职能部门,综合来看呈现多中心、多层次的特征,要实现跨部门、跨行政区(行政层级)的互动合作必须建立一种具有广泛包容性、职责明确、协作联动的长效工作机制。就太湖流域的治理实践来看,现有的流域协调机制还带有显著的行政层级的影子,比如太湖流域水环境综合治理省部际联席会议制度、太湖流域水环境综合治理水利工作协调小组实现了省级层面"两省一市"之间及其与中央各部委之间的交流。环太湖城市水利工作会议为环太湖主要城市提供了协商、对话的平台,在现有的协调机制中处于治污一线的乡镇政府很难发出声音,也使得高层的治理决策难以落地执行,因此,应当在现有的协调机制平台上,探索建立上下联动、内外结合,省、市、县、乡镇"四级联动";水利、环保等部门积极协作的"纵向到底、横向到边"的跨域协调机制。

2. 产业协作机制

流域内上下游之间的产业布局有着天然的联系,其布局的合理与否关系到流域环境治理的成败,也关系着环境治理与经济发展的相互适应。由此,必须推动建立科学、合理的产业协作机制,具体内容如下。

(1)制定统一的太湖流域产业发展规划。尽快完善太湖流域主体功能区规划,着眼于流域内人口、土地、资源、产业基础等,制定科学合理的产业规划,优化上下游地区产业协作机制,便于上下游之间的产业分工协作,有效破解行政区之间产业结构不合理、产业布局同质化造成的地方政府间恶性行政竞争问题。

(2)优化上游地区的产业结构。太湖水质总体呈现由西向东、由北向南水质逐渐变好的状态,位于上游地区的镇江、常州、无锡、湖州等城市的第一、二产业的三产占比明显大于下游地区,第一、二产业是点、面源污染物的主要来源,必须优化上游地区的产业结构,减少污染物的排放。推动循环型农业体系建设,对种植业、禽畜养殖业、水产养殖业等农业产业进行综合整治,大力发展生态农业、生态养殖业,逐步实现农业生产过程清洁化、产业链接循环化、废弃物处理资源化的农业生产综合循环体系。加强上游地区工业的技术改造和运营管理,关、停、并、转污染严重的企业,提高工业污水处理技术,加强工业污染物排放的监管,推行工业污染集中处理。

(3)优化城乡布局。根据资源环境承载力和生态功能分区的要求优化城乡空间布局,人口向城镇集中,提高流域内治污设施的利用效率。完善城乡污水处理厂、生活垃圾处理厂的空间布局,提高污染物处理能力。

3. 市场调节机制

市场调节机制是政府调节手段的必要补充,能够有效克服政府失灵,提高水环境治理资源的优化配置。因此,必须建立科学有效的市场机制推进地方政府协同治理绩效。主要包括:多元化融资机制、排污权交易制度、生态补偿制度及上游地区重要污染事故赔偿机制。

(1)多元化融资机制。太湖流域应当逐步建立起"政府引导、地方为主、市场运作、社会参与"的多元化的融资机制,积极鼓励和引导社会资本和民间资本参与太湖环境治理。在投入资金的比例上,在中央财政的引导下,逐步提高地方和社会资本的投入比例。引入 PPP 模式通过股权合作、服务购买、特许经营的方式,加强政府与社会资本的有效合作,减轻政府环境治理财政负担,降低社会主体投资风险,提高环境治理公共产品供给的效率和服务能力。

(2)排污权交易制度。排污权交易制度是指控制污染物排放总量的前提下,允许各污染源通过货币交换的方式调剂污染物排放量,被认为是一种能够有效实现污染治理总成本最小、社会环境效益最大的市场激励机制。太湖流域环境治理需要在深化"两省一市"的排污权交易试点成果的基础上进一步完善排污权交易制度。一是在太湖流域整体层面,通过中央政府的引导,各地方政府对话协商,污染企业有效参与的前提下完成排污权的初始确权和初始定价工作,使得主要污染物排污权真正资源化;二是完善排污权交易的一二级市场,一方面是在控制排污总量的前提下完成排污权的初始分配,并由政府经内部分配、拍卖、招标等形式有偿转让,另一方面则是允许企业间根据排污的实际情况通过市场手段实现排污权的再分配。三是建议覆盖全流域的排污权数字交易平台,完善太湖流域排污权交易市场,提升交易效率。

(3)生态补偿制度。首先,通过流域内地方政府的协商依据行政区交界处水质达标情况和下游水污染治理成本确定生态补偿的标准。其次,根据污染的外部性效应,进行上下游之间双向生态补偿,当上游地区水环境呈现正外部效应时,由下游地区补偿上游地区;反之则由上游地区补偿下游地区。最后建立包括区域生态补偿协调机制、污染损失评估机制、补偿资金筹集机制及水污染应急处理机制的生态补偿制度体系[①]。

(4)上游地区超标排污和环境事故赔偿责任机制。上游地区造成的环境污染的负

---

① 胡熠.论构建流域跨区水污染经济补偿机制[J].中共福建省委党校学报.2006(09):58-62.

(3)

外部效应将由全流域承担，特别是下游地区承担，因此上游地区的地方政府具有很强的"搭便车"心理，对于控制污染物排放的动力往往不足。因此，必须建立健全上游地区超标排放和环境事故赔偿责任的双向机制激励上游地区地方政府控制污染物排放，减少环境事故。

4. 信息共享机制

信息共享是实现协同治理的重要技术支撑，能够有效解决信息重复收集、利用率低下等问题，太湖流域应当率先实现跨"两省一市"的信息共享平台建设，由水利部太湖流域管理局统一管理、维护。组织整合散落在环保、水利、交通、渔业、农业、工业等职能部门中有关太湖水质监测、水体污染、水量等太湖水环境信息、环太湖重要污染企业污染物排放情况、各城市主要面源污染排放状况等相关信息，依法推进省、市、县三级太湖水环境信息的共享交互。为太湖流域水环境综合治理省部际联席会议、太湖流域水环境综合治理水利工作协调小组、环太湖城市水利工作会议等谋划太湖未来治理方案、协调解决太湖治理问题的机构提供及时、有效的信息依据，提升水环境综合治理的分析能力，增强太湖综合治理决策的科学性。

（三）引入公众参与，形成"政府主导、多元共治"的治理格局

多元治理主体协同治理机制的建设除了政府系统内部跨部门、跨行政区的协同之外，还必须纳入其余非政府的治理主体，同时，从太湖的治理实践来看，有效激发地方政府治理积极性的方式除了中央政府主导推动之外，还应加强非政府治理主体的广泛参与，形成对政府治理行为的约束、监督和倒逼。因此，必须采取具体的措施，切实保障非政府治理主体的知情权、参与权和监督权，形成"政府主导、多元共治"的治理格局。①建立太湖水环境信息新闻发布制度，确保太湖流域治理政务信息的公开、透明。定期、及时向社会发布太湖水污染监测信息，准确披露流域内企业环境信息，公布流域内重点污染企业的污染物排放情况；②建立流域环境重大事项听证制度，构建覆盖"两省一市"和主要城市的水环境听证制度，对于涉及公民用水安全和环境权益的重大水环境事项必须履行听证会程序；③现有的太湖治理协调、决策机制涵盖的参与主体还是比较单一，主要是中央各部门及各级地方政府，无法回应社会公众的利益诉求，构建重大决策事项旁听制度，扩大公众、社会组织、媒体的参与渠道，使非政府治理主体有机会进入"政策议程"，提高水环境治理信息的公开、透明度；④在太湖流域管理局的官方网站上开辟"流域治理意见箱"栏目，及时收集社会公众对太湖污染治理的建议，问计问策于民。

四、结论

太湖流域水污染治理是一个典型的跨部门、跨行政区的公共事务治理活动,具有复杂性、层次性、开放性、涌现性等特征。回顾太湖自 20 世纪 90 年代以来的治理实践,历经行政执法、工程技术及综合治理三个治理阶段,行政执法取得了短期性的、阶段性的成效,但是并不能常态化,工程技术只能起到辅助推进作用,不能治本,2008 年以来,太湖流域的污染治理迈入了综合治理阶段。综合治理既需要技术手段上的综合,更需要多元治理主体的综合,即解决流域治理问题需要多元利益相关者的合作共治[①]。多元主体的协同治理有两层要求:一是打破行政区之间、部门之间、部门与行政区之间的壁垒,形成有效、有序的协同机制;二是打破传统囿于行政力量、过度依赖政府的封闭式的治理模式,吸收社会组织、公众、企业等非政府治理力量的参与,形成一个广包容、有层次的协同治理体系。这就要求未来太湖流域综合治理必须建立健全政策动力与内生潜力有机融合、政府间积极协作、非政府治理主体广泛参与的多元治理机制。

(作者简介:凌剑锋:浙江大学公共政策研究院助理研究员。)

---

① 刘亚平.区域公共事务的治理逻辑:以清水江治理为例[J].中山大学学报.2006(04):35-39.

经济纵横

作者

金雪军
金 赟

供给侧改革研究

2015 年 11 月 10 日,习近平在中央财经领导小组第十一次会议上提出:"在适度扩大总需求的同时,着力加强供给侧结构性改革,着力提高供给体系质量和效率,增强经济持续增长动力。"这是我国最高领导层正式提出"供给侧改革"的概念,也标志着供给侧改革首次被提高至国家级政策高度,说明中国宏观经济政策正从需求管理转向供给管理。

一、供给侧改革的提出背景

"供给侧"与"需求侧"相对应。需求侧有投资、消费、出口三驾马车,三驾马车决定短期经济增长率。而供给侧则有劳动力、土地、资本、创新四大要素,四大要素在充分配置条件下所实现的增长率即中长期潜在经济增长率。结构性改革旨在调整经济结构,使要素实现最优配置,提升经济增长的质量。换言之,供给侧改革就是将劳动力、土地以及资本实现优化配置,同时推动创新科技发展,以助经济增长。

(一)中国经济发展困难重重

2007 年以来中国经济增速逐年下滑,进入换挡阶段。一方面,中国过去的主要增长动力来自于充足的劳动力,但 2003 年、2008 年刘易斯第一、二个拐点先后出现,导致劳动力成本持续大幅上涨。2011 年中国劳动力人口比重自 2002 年以来首次出现负增长,同时,人口老龄化现象愈发明显,截至 2014 年年底,60 岁以上老年人口已占总人口的 15.5%。随着人口红利的渐行渐远,人力成本逐年攀高,低成本优势不再,中国以

"低附加值"为特色的加工贸易告别高增长时代,跨国公司纷纷向东南亚地区转移低端生产基地,低端加工制造业领域普现产能过剩。另一方面,中国供需关系正面临着不可忽视的结构性失衡,"供需错配"也成为阻挡中国经济持续增长的最大路障。国内消费增速逐级而下,但中国居民在海外疯狂扫货,这说明国内的商品供给与国民逐渐攀升的消费能力不匹配,中低端产品过剩,而高端产品供给不足。而过剩产能也是制约中国经济转型的一大包袱,当年4万亿元财政刺激遗留下严重产能过剩问题,其中以传统行业为代表的产能远远超出总需求,产能效率低下。这都意味着,当前中国经济面临的问题,并不在短期需求,而在中长期供给,因此需要从供给端着手改革。

(二)供给侧改革是唯一可行之路

供给侧改革从调整经济结构、化解过剩产能、降低企业成本和房地产去库存等几个方面为中国经济发展扫清障碍。

第一,调整经济结构。供给侧改革将导致第三产业在经济中的占比进一步上升,第二产业中的传统工业部门占比将明显收缩,而这也将带来可观的消费规模。调整产品结构包括生产性消费品结构和生活性消费品结构,变制造大国为制造强国;推进消费升级和消费结构调整也是供给侧结构改革的重要任务。

第二,化解过剩产能。按照市场倒逼、企业主体、地方组织、中央支持、依法处置等办法,因地制宜、分类有序的化解部分传统行业产能过剩。其中以钢铁、煤炭等传统行业为代表,通过引导推出或强制责令退出等方法,使部分僵尸企业、落后产能加快出清。同时,依法为实施市场化退出创造条件,加快破产清算案件的审理,落实财税支持、不良资产处理、失业人员再就业和生活保障以及专项奖补贴等措施。允许产能过剩行业企业破产倒闭、兼并重组,同时严禁建设过剩行业新增产能项目。规范政府行为,取消政府对市场的不当干预和各种形式的保护,营造公平竞争的市场环境,使各类企业公平参与市场竞争。

第三,降低企业成本。近年来企业经营成本不断上升,工业企业主营业务成本占主营业务收入的比重一路上升,其中税金、管理费用、销售费用、财务费用都是成本的重要组成部分,因此减税势在必行。2016年5月1日起,中国全面推开营改增试点,将建筑业、房地产业、金融业、生活服务业全部纳入营改增试点,使得所有企业新增不动产所含增值税纳入抵扣范围,确保所有行业税负只减不增,减轻企业负担,提高企业利润,让企业有更多的资金投入到创新中,释放活力。同时,国务院出台对部分行业减免以往各项复杂的审批费用,也为企业降低了成本,调动了企业信心。

第四,房地产去库存。中国过去十多年的高增长主要依赖房地产业的蓬勃发展,但从绝对建筑量看,目前正在接近发展的极限。以住宅竣工量计,2014年全国住宅竣工超过28亿平方米,人均超过2平方米,从其他国家的发展历史看,远高于其他国家的历史峰值。2016 年年初以来,在政府颁布的一系列房地产利好政策下,由一线城市带头的楼市热时隔多年再次卷土重来。之后随着一线楼市政策收紧,对二线城市的溢出效应逐步显现,其中以苏州、南京为代表的二线城市表现尤为突出,为房地产去库存做出了可观的贡献。但 2016 年年初的楼市热对三、四线城市带动效果甚微,因此三、四线城市房地产去库存形势依然严峻。

二、供给侧改革的深刻内涵

(一)供给侧改革提出历程

2015 年 10 月 10 日,中央财办主任、国家发改委副主任刘鹤广东调研时首次提出"供给侧"概念,强调要大力推进市场取向的改革,更加重视"供给侧"调整,具体措施有加快淘汰僵尸企业,有效化解过剩产能,提升产业核心竞争力,不断提高全要素生产率。

2015 年 11 月 10 日,国家主席习近平在中央财经领导小组会议第十一次会议上首次提出"供给侧结构性改革"概念,即要在适度扩大总需求的同时,着力加强供给侧结构性改革,着力提高供给体系质量和效率,增强经济持续增长动力,会议上确定了供给侧结构性改革的方向:促进过剩产能有效化解和优化重组;降低成本;化解房地产库存,促进房地产业持续发展;防范化解金融风险。

2015 年 11 月 11 日,国务院总理李克强在主持国务院常务会议上,再次强调了"供给侧"改革的思路,会议提出要围绕消费新需求,创新消费品等相关产业和服务业供给,能够释放内需潜力、弥补民生短板、推动工业升级和产品质量提升。部署以消费升级促进产业升级,培育形成新供给新动力扩大内需。

2016 年 1 月 26 日,国家主席习近平主持召开中央财经领导小组第十二次会议,研究供给侧结构性改革方案,并发表重要讲话,强调"供给侧结构性改革的根本目的是提高社会生产力水平"。要在适度扩大总需求的同时,去产能、去库存、去杠杆、降成本、补短板,从生产领域加强优质供给,减少无效供给,扩大有效供给,提高供给结构适应性和灵活性,提高全要素生产率,使供给体系更好适应需求结构变化。

(二)国内外"供给侧"改革的案例

1. 中国 1998 年去产能历程

20 世纪 80 年代中后期,当时由于我国宏观调控不到位,中国经济持续高速增长,预算外投资膨胀无法控制 1988 年 7 月份,物价上升幅度已达 19.3%,创历史最高纪录。最终,在 20 世纪 80 年代末我国爆发了严重的通货膨胀,人民币贬值,抢购风潮席卷整个中国。高通胀迫使当时决策层执行了紧缩的财政和货币政策,从而导致了我国80年代末经济增速的下滑和市场需求的持续低迷。

然而在邓小平南方谈话之后,市场信心得到极大提振,同时加上宽松的货币政策,全国掀起了一轮加速投资的高潮,我国经济发展情况开始逆转。经济从1992年2季度开始迅速回升。全年GDP增长率达到14.2%;CPI从1992年3月开始突破两位数;M2激增,当年增长率达到31.28%,同时银行信贷放松,1992年的金融机构现金投放量是1991年的2倍多,1993年更是高达1528.7亿元。

但是高速的信贷投放却引发社会部分行业产能的严重过剩,资产投资增速一直维持高位;同时市场因为体制障碍,去产能和去杠杆缓慢,资源错配严重,信用资源持续流向国有亏损部门;此外,由于过热投资导致通胀攀升,致使1994年至1996年货币政策趋紧,再加上亚洲金融危机冲击下,社会总需求出现萎缩,供给端过剩问题越发严重,1997年前后,国有企业亏损面高达40%,产能利用率和开工率极低;同时经济体内部出现严重的债务问题,三角债问题严峻、银行坏账率高企。面对产能过剩的严峻问题,时任国务院总理朱镕基领导政府部门主要采取了以下措施。

首先,政府紧缩银行信贷投放,货币政策中性偏紧,倒逼企业去产能、去杠杆;然后使用行政手段对供给端进行改革:终止重复建设、清理过剩产能、兼并破产落后企业、下岗分流劳工。1996年至1998年,国有企业从11.38万家下降至6.5万家,减少幅度达到42%;对企业进行债权转股权,金融政策兜底,由资产管理公司剥离银行债务。四大资产管理公司收到财政部提供的资本金以及央行再贷款,获准后向对口商业银行发放专项金融债,向四大行收购不良资产,银行不良资产率大幅下降;同时对需求端进行改革,让市场释放新需求,税制改革使得国库充盈,房改使房地产成为新的经济增长点,房改带动高速城镇化消化制造业产能,汇改使得我国出口导向型经济逐步形成,国内出口增速回升引导过剩产能消化,除此之外,国家还实施以增发长期建设国债、减税为主的积极财政政策。1998年开始启动积极财政政策,当年增发1000亿元长期国债并配套1000亿元银行贷款用以加强基础建设。调整税收,清理整顿乱收费727项,极大地减轻了企业和社会负担。

经过这一连串的改革和调整,中国经济基本面得到极大改善,"去产能"和"去杠杆"取得了显著成效。

首先是国有工业企业数量减少。改革期间,随着许多企业破产兼并,工业企业数目有所减少。1996年至1998年,国有企业从11.38万家下降至6.5万家,减少幅度达到42%;其次是企业盈亏状况得到极大改善。以1997年年底的企业数为准,到2000年年底,国有及国有控股大中型企业的亏损面由39.1%下降至20%左右,国有重点企业中的6599家亏损企业中的大多数实现扭亏;同时,社会劳动生产率显著提高。1998年至1999年,国有企业就业人数下降约2200万,劳动生产率由1998年的

1.75万/人提升到2002年的3.24万/人,增长85%;供给侧改革也促使行业集中度迅速提升,催生了大批行业龙头企业。由于政府鼓励行业兼并重组,家电行业调整较快,行业集中度CR4从1998年的47.8%上升至2001年的66%,产能过剩状况得到化解。行业龙头企业,比如说海尔集团等,在此期间迅速发展壮大。

但是改革中也出现了一些问题,比如说大量失业造成的居民财富大幅下滑,居民资产的减少而迅速推高了居民杠杆。虽然政府大规模推动再就业服务,但大规模的城市工人失业再就业难度非常大,对社会平均生活水平和内需的创造产生了较大负面影响。

2. 德国20世纪80年代供给侧改革历程

1966年至1982年,德国在增速换挡后采用需求刺激政策,造成了政府债务和产业结构两大问题。在经历15年平均增速6.6%的高速经济增长期后,德国于1965年开始增速换挡。增速换挡初期,德国政府拒绝减速,加大财政投资力度,导致20世纪80年代初出现体制性和结构性的问题。体制性的问题是财政常年赤字,债务累积,极大地限制了逆周期财政支出刺激经济的空间。结构性问题使产业结构调整步伐缓慢,对传统工业部门长期实施维持性补贴,造成企业国际竞争力下降,产能过剩,对外贸易连续三年赤字,马克贬值。

为应对体制性和结构性问题,德国政府将经济政策转向供给侧。1982年,科尔政府上台后提出了"多市场、少国家"的偏向供给侧的经济政策,并采取了如下措施。

首先,国家开始大力整顿财政,削减社会福利,压缩政府开支。科尔政府上台后制定了整顿财政方针,要求各级政府每年的财政支出年增长率不超过3%,以降低"赤字率"和"国家率"。在社会福利方面,通过延迟养老金调整时间、降低失业者养老金缴纳基数、提高医疗费用自付比例等途径减少了在社会福利上的支出;然后实施减税政策,改革税收体系。德国早在1984年就颁布了《减税法》,分1984—1986年、1987—1988年和1989—1990年三个阶段进行减税,从而实现了税收份额从1982年的23.8%降低到1990年的22.5%,达到30年来的最低水平;此外,在改革期间,德国政府大力推动产业结构升级。对于钢铁、煤炭、造船、纺织等过剩产能行业严格控制财政补助金,压缩生产、人员和设备。对于农业、采煤等有战略需求的部门进行调整,将该部门最重要的实力保存下来。对于电子、核电站、航空航天等新兴工业,在整体进行财政整顿的背景下,在科研与发展上投入的经费逐年增多。政府还大力推广汽车、纺织等产业的自动化生产技术。结果制造业产能利用率从1982年的75%左右提高到了1989年的近90%;最后,德国政府灵活运用货币政策与财政政策,承诺保证币值稳定,其联邦银行可以更加专注于币值稳定的目标,不仅对内保证了相对其他西方国家更低的通货膨胀率,对外也提高了国内产品的出口竞争力。

通过一系列改革调整的举措,德国经济结构得到极大改善,取得了优异成效,值得我们学习借鉴。

1983 年至 1989 年供给侧改革期间，德国的国家支出比例、财政赤字、新债务减少，经济实现稳定增长，通货膨胀温和，贸易顺差逐年增加，马克成为欧洲货币体系的"定锚货币"和第二大国际储备货币；德国财政风险下降，无效融资需求收缩，贸易逆差和马克贬值趋势得到扭转，联邦银行贴现率和无风险利率得以稳定下降；居民财富的增长使增量资金进入股市。在以上因素的共同作用下，德国股市指数在供给侧改革期间保持上涨趋势，1982 年至 1989 年，DAX 指数增长了 2.6 倍，上市企业数量持续增加，资本市场得到突破性发展。

当然，改革是把"双刃剑"，也产生了以下负面影响。由于在产业升级的过程中，一部分过剩产能被淘汰，一部分传统工业实行了自动化，造成就业人数减少，事业率有所上升。1976 年到 1985 年，德国钢铁工业就业人数从 45.6 万减少到 21.7 万，纺织工业从 34.2 万减少到 23.1 万。

3. 两个案例的启示

第一，积极推行过剩产能企业债转股改造。国家可以组建金融资产管理公司，有序剥离银行有毒资产和不良资产，及时使债权债务关系转为参股控股的合作共赢新型伙伴关系，使去产能企业和银行摆脱包袱轻装上阵。

第二，改善环境降低企业成本。供给侧改革的关键在于充分发挥企业的作用，德国政府通过从税收、劳动力、能耗等方面降低企业成本，成功地将德国经济从危机中拯救了出来。为降低企业成本，释放企业活力，我国也应该多管齐下，不仅要通过减税降低企业的税负成本，也要降低人工、用能、物流等各种成本和制度性交易成本，激发企业活力。

第三，大规模淘汰落后产能和兼并重组是最有效措施。在去产能政策方面，虽然鼓励本国企业消费过剩产能或进口配额管制可以在短期内缓解行业的产能过剩压力，但并不能持久。淘汰过剩产能和通过兼并重组提升行业集中度与经营效率才是最为有效的途径。

第四，积极的行政干预为市场有效调节过剩产能和倒逼僵尸企业退市赢得了必要时间，弥补市场调节机制的失灵，逐步完善去产能相关的政策法规配套体系。

第五，尽量减小社会负面影响。德国的经验说明，供给侧改革可能会带来未来几年的高失业率。要提前做好失业人员的安置预案，在推进改革的同时加快完善社会保障体系，将供给侧改革带来的负面影响减至最小。

第六，实施有保有控的金融政策，增加银行资产的流动性，加大冲销银行的坏账率和不良资产率，同时对产能严重过剩行业实施有针对性的信贷指导政策，加强绿色信贷管理，优化信贷结构。

三、供给侧改革五大任务

供给侧改革为当前阶段我国宏观政策的重要议题,而去杠杆则是供给侧改革中"三去一降一补"五项重要任务的核心内容,是保证我国经济金融风险整体可控的重要手段。

(一)去产能

当前经济下行面临的主要挑战即产能过剩,旧产能不仅长期占用社会资金,阻碍新产能资金导流,还存在一定财务隐患,有碍金融系统稳定。而化解过剩产能,不仅能加速旧产能出清,缓解供需平衡压力,还可引导资金合理流向,促进经济结构转型。因此中央将去产能作为供给侧改革"五大任务"之首,视其为应对当前经济增长放缓的主要抓手。

(二)去库存

我国房地产行业一直是经济增长的重要支撑,在本轮经济下行中也起到一定程度"兜底"作用,但须认清的是,依靠房地产拉动并不符合经济转型的内在涵义。目前我国房地产库存已处历史高位,巨大的库存无法产生收益,无疑是对社会资金合理配置的桎梏。加之如今我国人口增长已步入拐点,一旦人口导入未能跟进,房地产库存将面临更大压力。中央对房地产去库存高度关注,态度明确,将其赋予供给侧改革的重要政策含义。

(三)去杠杆

此前我国经济发展一直处于加杠杆过程,究其缘由是投资回报率下降和软约束机制。高杠杆推升产能过剩,引发增长陷阱。同时结构性加杠杆造成对民间投资的挤出效应,不利于社会创新及经济转型。长此以往,还会引发债务螺旋式上升,危及金融系统稳定。这使得去杠杆成为供给侧改革的核心内容目前针对政府部门、居民部门的杠杆率较低,非金融企业部门杠杆率相对偏高的问题,国务院明确了"政府和居民部门可适度加杠杆,帮助企业降低杠杆率"的总体思路。2016年上半年反映实体内生融资需求的票据融资显著弱于往年,特别是在4月以来票据监管升级的背景下,票据贴现利率反而有所下降,这充分体现出当前市场化机制已逐步促使企业自发降低杠杆。

(四)降成本

降成本也是供给侧改革的主要抓手之一,供给侧改革就是要帮助企业降低制度性成本,增强企业创新能力,提高供给质量与效率,从而改善供给结构。实施营改增全覆盖,恰是"降成本"易收立竿见影之效的部分。2016年上半年,国务院常务会议审议通过了全面推开"营改增"试点方案,明确自5月1日起,全面推开营改增试点,将建筑业、房地产业、金融业、生活服务业纳入试点范围。营改增后,建筑业和房地产业税率确定为11%,金融业和生活服务业则确定为6%。按照方案要求,所有行业税负成本只减不增。6月23日,财政部税政司又紧急下发了《关于金融机构同业往来等增值税政策补充通知征求意见的函》,进一步扩大同业往来利息收入增值税免税范围,有效降低了城商行、农商行、基金、证券公司等资金融入方的资金成本。

（五）补短板

中央领导供给侧改革,实现供给与需求平衡有两种思路:一是做"减法",即通过去产能、去库存和去杠杆降低无效供给;二是做"加法",即通过补短板加速产业升级,促进经济结构转型,从量和质两方面增加有效供给。作为"三去一降一补"组合拳中最后把关一环,中国经济要"减"也要"加",补短板是给供给侧改革做"加法"。中国目前在大飞机、芯片等产业经济方面的高端技术产品和核心技术能力相对缺乏,在跟民生紧密相关的一些公共产品和公共服务短板现象特也别突出。当前,我国正进行城乡基础设施建设、环境保护建设、开发研究核心技术产品和高新技术产业等。这一方面能够增加有效供给,另一方面也能帮助消化钢铁、有色金属、水泥方面的产能过剩,将许多因为总量需求不足而效益低下的所谓僵尸企业拯救出来。

四、供给侧改革推进现状

（一）产能过剩

去产能是供给侧改革的五大任务之首,是供给侧结构性改革能否取得成功的关键。去产能的重点是抓好钢铁、煤炭等困难行业去产能。2016年2月国务院印发《关于煤炭行业化解过剩产能实现脱困发展的意见》和《关于钢铁行业化解过剩产能实现脱困发展的意见》,明确从2016年开始,用5年时间压减粗钢产能1亿～1.5亿吨;用3～5年的时间,再退出煤炭产能5亿吨左右、减量重组5亿吨左右。国务院意见印发后人社部、财政部、"一行三会"等多个部委机关陆续印发了8个配套文件,对奖补资金、职工安置、财税支持、金融支持、国土、环保、质量、安全等方面做出了更全面的说明。

煤炭行业方面,中央部委文件印发后,各地方政府陆续发布了本地区的煤炭供给侧改革实施方案,基本都明确了"3～5年内将要淘汰落后产能的数量目标"。2016年上半年全国 25 个产煤省(区市)和新疆生产建设兵团已全部签订目标责任书,并报送了实施方案,共去煤炭产能 8 亿吨左右,涉及职工 150 万人左右。1—6 月份全国煤炭累计产量 16.3 亿吨,同比下降 9.02％,产煤大省的当月产量同比均下降明显。

钢铁行业方面,当前产能严重过剩的主要原因之一是行业格局无序分散,钢铁要完成去产能任务,必须进一步组织钢铁行业结构优化调整。2015 年工信部《钢铁产业调整政策》提出到 2025 年,前十家钢企粗钢产量全国占比不低于 60％,形成 3～5 家在全球有较强竞争力的超大钢铁集团。2016 年在去产能背景下,宝武重组掀开了钢铁行业并购重组潮,合并后宝钢武钢将有足够空间进行产能转移,两家最终可能以防城港和湛江为主要生产基地。整体而言,钢铁行业去产能节奏慢于煤炭行业,2016 年上半年全国粗钢产量累计同比仅下降 1.1％,而钢材产量累计同比甚至增加了 1.1％。

(二)库存高企

房地产市场在国民经济中具有基础性、支柱性的地位。当前我国房地产市场库存高企,特别是在三、四线城市表现突出,引发房地产开发投资增速回落,给经济运行带来了较大影响。2015 年以来,各部委便纷纷出台各种政策刺激楼市,促进房地产行业去库存。在政策的强刺激之下,房地产市场去库存进度加快,但一、二线城市房价大幅上涨,而三、四线城市存销比仍高,总体去库存依然任重道远。

一、二线城市房价涨幅较大,其中深圳房价与去年同期相比暴涨 62.5％,上海、南京、北京分别以 30.5％、17.8％、17.6％的涨幅紧随其后,厦门、广州、杭州和合肥的房价同比增幅也超过 10％。从 2016 年上半年房地产市场的情况看,部分一、二线城市房价出现了非理性上涨情况,因此地方政府开始陆续出台调控措施。3 月底,苏州、上海、深圳接连推出楼市限购政策。随后,南京、合肥、武汉、廊坊等城市也分别出台调控措施,以稳定市场预期。

三、四线城市存销比仍然较高,目前新疆、江西、辽宁、甘肃、四川等地房地产库存依旧高企,在这些地区楼市利好政策依然延续,包括:从房地产企业和购房者两方面降低税费;充分利用公积金杠杆工具协助购房者入市;多举措鼓励和支持农民进城购房;加大棚改安置和住房保障货币化力度,打通商品房与保障房通道,大力发展租赁市场;盘活存量房去库存等。

三、四线城市房地产库存居高不下,而棚户区改造后群众有巨大的住房需求,因此在棚改中实施货币化安置,让棚户区居民拿着拆迁后得到的补偿款去市场上购买商品住房是去库存的一个有效手段。安徽省去年年底开始便通过鼓励棚改货币化安置,推动商品房去库存。棚改货币化安置具有缩短安置周期、满足群众多样化需求等诸多优点,特别是在房地产市场不景气情况下,对于消化商品房库存、稳定房地产市场具有重要意义。

(三)杠杆率居高不下

去杠杆是保证我国经济风险可控的重要手段,目前国内杠杆率居高不下,尤其自2009年以来逐年攀升,截至2015年年底我国实体经济部门的整体杠杆率已高达263.62%,杠杆水平已和欧元区经济体及美国等发达国家相近。分部门来看,政府部门杠杆率为57.37%,居民部门杠杆率为39.95%,非金融企业部门杠杆率为166.3%。非金融企业部门的杠杆问题尤为突出,近年来杠杆水平也持续提升,不少行业的平均资产负债率超过60%,多个优质行业的龙头企业资产负债率达到70%以上。

2009年以来我国杠杆水平的快速上升,究其缘由是投资回报率下降和软约束机制。高杠杆推升产能过剩,引发增长陷阱,大量产能过剩企业僵而不死,过剩产能无法出清,国有企业杠杆率不断攀升,大量资金沉淀在低效部门,导致企业利润持续恶化,经济增速不断下滑。同时结构性加杠杆造成对民间投资的挤出效应,不利于社会创新及经济转型。而经济增速的放缓和企业经营效益的下降,企业存量债务难以转化为有效投资并获得较好的投资回报,进一步加剧了企业的偿债压力和债务负担,去杠杆刻不容缓。

从目前分子端与分母端去杠杆的工作进程与推进效果来看,我国的经济去杠杆还存有不少问题及难点,亟待解决。第一,去杠杆存在结构性差异。一般而言,目前我国国有企业杠杆率较高,民营企业较低;大型传统行业企业杠杆率较高,中小型新兴行业企业杠杆率较低。这种杠杆的结构性差异为此轮供给侧改革去杠杆工作的推进带来了重大困难,"坏杠杆"与"好杠杆"的甄别也将直接影响信贷资源配置的效果。第二,股转债工作推进面临挑战。债转股的目标对象选取可能存在"寻租"行为,极易引发道德风险,最终导致用心经营、收益良好的企业需要按期足额偿付债务,而经营不善、无力偿债的企业通过债转股的政府兜底却得以免除债务,这种近乎"奖劣惩优"的行为对游戏规则的破坏势必会给市场带来不小的负反馈效应。第三,经济增长动能不足。经济进入"新常态"以来,投资需求不振,通缩压力骤增,政策刺激的拉升效应也逐步消退。在此背景下,经济增长动能已然不足,对GDP增长形成一定压制,不利于从分母端改善经济杠杆结构。

(四)企业成本高,民间投资回落

供给侧改革的一个主要目的在于实现全要素生产,提高生产效率。供给侧改革就是要帮助企业降低制度性成本,增强企业创新能力,提高供给质量与效率,从而改善供给结构。但目前我国企业在发展过程中遇到的问题,首先就是生产要素成本高企,生产率低下,导致利润空间不断受到挤压。企业成本偏高的症结主要在于交易性成本、税费负担、融资成本、社会保障成本等偏高,而这些成本在我国主要表现为制度性的。

民间投资反映经济内生动能,增速的下滑主要和当前宏观经济下行压力较大相关。在宏观经济下行的大背景下,市场需求不振,部分行业产能过剩,工业企业利润下降,投资回报率降低,民营企业融资困难,政策方面未给予民间投资足够的支持等方面,都在很大程度上挫伤了民间投资的信心。

投资收益下滑。国际经济增速放缓致使发达国家的进口依赖度下降,需求不振导致出口表现不尽如人意,使外向型企业利润严重受损。以浙江为例,近年来工业品出厂价格也持续下滑,尤其是部分产能过剩行业产品价格下滑幅度更大,连带利润增速下降,这其中多数行业正是民间投资比重较大的领域,进而阻隔了民间资本的持续投入。产业转型尚处早期,而对过剩、淘汰产业的整治力度在不断加强,这个阶段的投资收益下滑率几乎无法避免。

生产成本增加。传统劳动密集型企业是民营企业的典型代表,近年来中国人口红利消退的负面影响进一步显现,直接增加了劳动力成本,对劳动密集型产业造成沉重打击。同时,民营企业不同于国有融资平台,很少有政府隐性担保,也很少能享受增信的便利,因而其资金成本一直以来居高不下,融资难融资贵问题已经成为中小企业的心病。另一方面,在经济下行的大趋势中信用风险频发,又进一步恶化了其融资环境,这无异于是雪上加霜。

市场准入障碍。在传统行业的投资回报率增长乏力的同时,在一些利润较高的垄断性行业或者需求增长迅速的服务行业,由于相关政策配套措施不完善、落实不到位,存在显性或隐性的准入门槛,受此限制,民间资本事实上较难进入,更遑论分享投资收益、提振投资积极性。

政策环境不利。2016年上半年的稳增长政策主要以国有部门投资为着力点,对民间投资、制造业投资影响较小,在诸多领域都呈现出"国进民退"的状态。在稳增长政策驱动下,基建投资高企,地方债和政策性银行债发行随之明显加快。而在货币政策未有进一步宽松的情况下,财政扩张会推高民企的实际贷款利率,对民间投资形成"挤出"效应。

民间投资曾是推动中国经济增长的重要力量,2004—2015年,中国民间投资额从1.8万亿元猛增到35.4万亿元,年均增长率达到31.1%,比同期全社会投资年均增长率22.5%高出8.6个百分点。民间投资占全社会投资的比重也由2004年的30%提高到了2015年的64%。然而2016年以来民间投资增速快速下滑,2016年上半年同比仅增长2.8%,民间投资占全社会投资的比重与去年末相比也下降了3个百分点。

五、供给侧改革政策建议

（一）供给侧改革的风险点

第一，企业债违约风险上升。经济下行将企业置于巨大经营压力之下，由此催生的流动性困境无疑加剧债务偿付风险。而我国产能过剩行业向来具有资金密集的特点，包括钢铁、水泥、房地产和船舶等传统行业在经济顺周期时保持高负债或高杠杆状态，当经济转而下行，高负债或高杠杆直接衍生出巨大财务风险。从 2015 年开始，债券市场企业债违约事件便层出不穷，从天威集团"11 天威 MTN2"违约，到中煤集团"10 中钢债"违约，再到中铁物资债券违约，中国债市早已告别刚性兑付。预计随着供给侧改革加速过剩产能出清，相关僵尸企业可能成为债务违约重灾区。

第二，供应链金融受冲击。供应链金融模式要求商业站在整条供应链的角度，为产业链核心企业的配套企业提供融资支持。近年来供应链金融发展迅速，涉及金融较大。考虑到处于供应链中心地位的企业往往是钢铁、水泥和船舶等传统企业，此类企业在去产能过程中势必会影响到上下游诸多企业的运营，进而危及整条供应链上所有企业的银行贷款，导致银行坏账率上升。

第三，就业市场受波及。供给侧改革在化解过剩产能和处置僵尸企业过程中难免波及当地就业市场。除上述提及的资金密集外，我国产能过剩行业的另一大特点是劳动密集。众所周知，我国钢铁、煤炭、化工等行业向来是就业人数容纳量较高的行业，对此类行业去产能实际就意味着削减职工数量。考虑到此类传统行业职工中，单一技术人员多，复合型人才少，下岗后再就业将面临新行业较高的技术壁垒。因此职工再就业或安置问题成为供给侧改革的一大风险点，处理不当将深刻影响社会稳定。

（二）对供给侧改革的建议

化解过剩产能：按照市场倒逼、企业主体、地方组织、中央支持、依法处置等办法，因地制宜、分类有序的化解部分传统行业产能过剩。其中以钢铁、煤炭等传统行业为代表，通过引导推出或强制责令退出等方法，使部分僵尸企业、落后产能加快出清。同时，依法为实施市场化退出创造条件，加快破产清算案件的审理，落实财税支持、不良资产处理、失业人员再就业和生活保障以及专项奖补等措施。允许产能过剩行业企业破产倒闭、兼并重组，同时严禁建设过剩行业新增产能项目。规范政府行为，取消政府对市场的不当干预和各种形式的保护，营造公平竞争的市场环境，使各类企业公平参与市场竞争。

供给侧改革在提升生产效率同时势必导致原有产业就业岗位削减，失业率上升。

为妥善安置失业,建议全面发挥社会保障体系的兜底作用,建立社保账户全国统筹与个人账户相结合的城镇职工养老和医疗保险制度;建设安置职工下岗的社会安全网,成立诸如再就业中心等机构,解决失业员工的生活保障难题。此外,还应着力提升社会人力资本,优化劳动力配置,建议推进打破国内阻碍劳动力迁移的制度壁垒,大力发展服务业并促进第二产业从业人员将向服务业流动。

房地产去库存:2016年年初以来,众多房地产利好政策纷纷出台,助力"去库存"。2月2日,中国人民银行联合银监会首先送出"信贷大礼",在不实施限购的城市,对首套房首付比例最低降至两成,二套房首付比例最低可付三成。2月17日,中国人民银行、住建部联合财政部发布通知,将职工住房公积金账户存款利率,由现行按照归集时间执行活期和三个月存款基准利率,调整为统一按一年期定期存款基准利率执行。2月19日,财政部、国家税务总局和住建部三部门发布通知,对个人购买前两套住房给予降低契税优惠;对个人将购买2年以上(含2年)的住房对外销售的,免征营业税。财政部调减房地产契税营业税,购买90平方米以下二套房契税从3%减至1%。2月20日,中国人民银行、住房城乡建设部、财政部将住房公积金账户存款利率升至1.5%。2月21日,中共中央、国务院提出原则上不再建设封闭住宅小区。2016年3月,国务院部署从今年5月1日起,将营改增试点范围扩大到建筑业、房地产业、金融业和生活服务业。3月24日,财政部营改增后个人二手房仍按5%征收率计征,国税总局发布规定个人二手房交易5月起开征增值税。在政府颁布的一系列房产利好政策下,由一线城市以及部分二线城市带头的楼市热时隔多年再次卷土重来。

此外,推进户籍制度改革,也有利于化解地产高库存。我国房地产市场库存过高并非全局性问题,对城市户籍人口来说,房地产库存确实较高,但若算上城市的非户籍人口,房地产的库存压力并不算大。这种房地产市场的结构性供需矛盾需要因地制宜化解,建议推进户籍制度和住房制度改革,鼓励城市非户籍人口在城市安家落户,切实提高有效需求,化解房地产高库存。

降低杠杆率:在分子端,我国去杠杆的着力点包括三个。第一,降低利息。超低利率通过压低整个实体经济的利息支出,可将银行的潜在利润转为实体企业的潜在收益,通过这一途径可帮助实体经济去杠杆。第二,地方政府债务置换。通过地方债置换出地方政府融资平台普遍采用的信托、短期贷款、中票短融等债务形式,可拉长债务久期,降低融资成本,从而达到温和去杠杆的目的。第三,债务减记。在中国经济增速下行的背景下,有效需求无法吸收信贷膨胀而导致的产能扩张,导致银行不良资产率明显上升。债转股将银行与企业间的债权债务关系转变为金融资产管理公司与企业间的控股(或持股)与被控股关系,在去除银行不良率同时达到去杠杆的效果,助推供给侧改革,这也是下一阶段去杠杆的重要途径和手段。分子端去杠杆虽能短期奏效,但并非化解高杠杆的根本途径。因此去杠杆从根本上而言,还需从分母端着手。而

"扩分母"的基本着力点在于积极推动经济结构和经济体制改革,挖掘经济增长新动力,努力提高经济效率,扩大真实 GDP 规模。

1. 重视杠杆差别,优化杠杆结构

去杠杆绝不能一刀切,应注重优化杠杆结构,提升信贷资源的利用效率。建议首先深度厘清各行各业杠杆率的差别及合理范围,并根据行业内不同企业在规模、股权结构及所在地等方面的不同识别个别企业的正常杠杆率;然后结合企业在生命周期中所处的阶段,并立足于战略性新兴产业政策的角度,积极鼓励"好杠杆",对冲去杠杆带来的压力,加快培育中国经济的新动力;坚决去除"坏杠杆",加速推进产能过剩行业中僵尸企业的市场出清。

2. 科学合理推进市场化债转股

第一,合理选择债转股的目标对象。建议减少行政手段干预,更多依靠市场机制选择。只要培育出足够成熟的债权买方和卖方市场,市场便会自发遴选出陷入短暂危机、有脱困潜力的企业进行债转股,并从中获利,而完全丧失盈利能力的"僵尸企业"便会被淘汰出局,由此避免落后产能"搭便车"。第二,拓宽债转股持股主体范围。建议向券商资管子公司、各类公募甚至私募基金开放债转股权限试点,丰富不良债权买方市场,从而强化市场筛选机制。第三,科学研定债转股转换比例。转换比例过高助长赖账文化,过低无法发挥债转股效用。建议针对不同的企业根据其自身经营状况和脱困潜力、不良债务的"不良程度"等,由银行或 AMC 等持股主体与企业协商一致后设定转换比例。

3. 释放经济新动能

第一,适度宽松稳增长。温和的通胀有利于经济去杠杆,因此建议在稳增长的基础上继续实施积极的财政政策和稳健的货币政策。第二,发挥资本市场促进经济较快增长的积极作用。建议推进多层次资本市场建设与资本市场制度规范建设,并充分利用资本市场的资金配置效应,纠正资金错配、增大投资,促进资金脱虚向实,推进经济结构调整和产业升级。第三,以"大众创业,万众创新"为着力点,充分挖掘经济增长新动能。建议构建产学研合作模式,积极推进研发共担,技术共享,优化创新资源整合。同时着力打造创新创业的生态环境,政府可适度降低交易性制度成本,改善监管环境,以此缓解企业经营压力,大力释放企业创新活力。

降低企业成本,促进民间投资:制度性交易成本是制约企业活力的"硬伤",在经济上行周期,企业对经营成本的弹性较高,而当经济处于下行周期,过高的成本可能成为压倒企业的"最后一根稻草"。当前中央已明确提出降低企业生产经营成本,帮助效益良好的优质企业增强竞争力。因此各地方政府须落实好中央政策,从减税降费、简化制度审批、优惠水电价、融资扶持等方面积极着手,切实降低企业生产经营成本,促进企业创新升级,提升企业经济效益。

民间投资与企业盈利能力具有显著的正相关关系,企业投资回报率提升才能激发民间资本的投资积极性。因此从削减成本的角度,建议继续推进积极的财政政策,更重要的是切实降低企业税赋负担。在实施减免税赋同时,为配合供给侧改革的思路,可采取结构性导向,为战略性新兴产业多降税,而对产能过剩行业、高能耗高污染行业少降税,甚至不降税。此外,还可以搭建金融服务平台,统一调配政策性金融资源,定向限制或下调商业银行对信誉良好的民营企业的实际贷款利率。又如,为政策性担保公司注资,利用其对资质良好的民营企业提供增信服务,为企业融资提供便捷高效途径,通过完善金融服务,缓解民营企业融资难融资贵的问题。

供给侧结构性改革与民间投资下降有一定关系,提振民间投资的根本又在于深化供给侧结构性改革。只有深化供给侧结构性改革,民间投资才能从盲目投资变为理性投资,从无效变为有效投资,使民间投资提质增效。

首先,要促进民间投资大幅增加、提升有效供给,必须处理好政府和市场关系。政府必须简政放权,加快优化民间投资环境,该管的管,不该管的坚决放变。政府不能既当裁判员又当运动员。要进一步深化改革政府项目审批制度,打破各种"玻璃门"、"弹簧门"、"旋转门",促进公平竞争、建立诚信机制,从而有效降低商业成本,为民营企业发展做好服务工作。

其次,提振民间投资还需要从供给侧改革着手,加快混合所有制改革,积极推进资源品价格改革,通过政策组合拳推动公共产品价格市场化。混合所有制改革是党的十八届三中全会提出的重大改革措施,目的是激发民间投资积极性。但是,目前这项改革进展缓慢。鼓励民间投资从产能过剩行业转向新兴产业,是当前供给侧结构性改革的重要任务。只有鼓励民间资本大举进入新兴产业,才能使民间投资提质增效,健康发展,从而,确保中国经济健康发展。

民间投资是深化供给侧改革的关键驱动力,更是落实"大众创业、万众创新"的重要基点,这一问题亟须引起关注。与此同时,在当前经济结构调整不断加速、经济下行压力仍然较大的新形势下,供给侧结构性改革正处于大力推进、逐步落实的攻坚期,因而更需要尽快激发民间投资的活力与潜力,提升全社会金融资源配置与利用效率。加快深化改革与促进发展的有机结合,基于深化供给侧改革视角扭转民间投资颓势,不仅具有驱动实体经济发展的动能效应,大幅提高经济增长内生动力的积极作用,更有着推进供给侧结构性改革的战略价值。除此之外,还能从以下两点来进一步推动民间投资的发展。

一是优化经济结构,开拓投资新领域。

经济结构与市场需求错配是当前经济增长放缓的主要症结,由此造成整体投资回报率下降,进而形成对提振投资信心的桎梏。作为典型的市场化主体,民间资本具有天生的逐利特性,因此优化经济结构、对接需求结构的变化,提升整体投资回报率才是促进民间投资增长的根本所在。供给侧改革旨在调整经济结构,加速落后产能出清,促进行业转型升级。建议从供给侧改革的角度,坚决淘汰劣质企业、劣质项目,积极引导低端制造业向高端制造业转型,大力发展新兴产业尤其是高附加值服务业,从而促成一套优胜劣汰的筛选机制,为民间投资提供优质投资领域、投资标的,调动民间资本的积极性。此外,随着医疗改革、教育改革、养老改革的推进,需求红利的进一步释放也能为民间投资带来巨大机会,积极做好引导、对接,提供配套政策,也是当务之急。

二是逐步降低准入门槛,营造公平竞争的市场环境。

国企与民企在竞争型市场中应具有同等地位、享受同等待遇,唯有坚持公平竞争、尊重优胜劣汰,方能体现市场自身的调节功能,增进经济效率、优化资源配置。因此,要有明晰的规则保护,防止国企利用所有制身份逆向淘汰民企。李克强总理在今年5月主持召开国务院常务会议时,就曾明确要求降低民间资本的投资进入门槛。建议加快民间资本投资准入门槛的开放进程,逐渐消除某些行业中存有的行政管制与垄断问题,从而营造公平竞争的市场环境,进一步强化民间投资的自主决策权、保护其在公私合作项目中的话语权。例如,管理层可基于市场化定价机制,构建可行有效的投资回报制度,积极引入民间资本参与优质PPP项目等。

(作者简介:金雪军,浙江大学/浙江省公共政策研究院执行院长、教授;金赟,财通证券研究所副所长,浙江省公共政策研究院兼职研究员。)

作者
蔡 宁
项心言

浙江产业技术创新战略联盟发展的研究

内容提要:2008年12月30日,科技部等六家单位联合发布《关于推动产业技术创新战略联盟构建的指导意见》,指导并推动了以国家战略产业和区域支柱产业的技术创新需求为导向,以形成产业核心竞争力为目标,以企业为主体,围绕产业技术创新链,运用市场机制集聚创新资源,实现企业、大学和科研机构等在战略层面有效结合,共同突破产业发展的技术瓶颈为指导思想的组织形式——产业技术创新战略联盟的建设。

依托于国家政策和浙江省产业的发展需要,从2010年启动至今浙江省已相继构建了风电、氟材料、LED等46家省级产业技术创新战略联盟,建设单位达471家,其中企业390家,并按照突出项目的系统性、联动性,以企业为主体,产学研用结合,组织实施形成产业链、创新链上取得群体性突破的项目群的项目126个,累计投入研发经费达12.6亿元。这些联盟单位根据市场情况、技术需求和各方共同利益的要求,在联盟组织架构、治理机制、经费筹措、利益保障、开放发展等方面进行了积极的探索,对提升浙江省产业竞争力,推动产业转型升级发挥了重要的作用。但由于联盟所涉及行业的经济技术差异以及联盟成员单位利益的多样性,浙江省联盟在发展过程中也面临诸如进一步确立联盟内企业主导地位、项目合作为纽带模式如何向战略利益共赢转变等问题。开展产业技术创新战略联盟构建与运行情况的总结与分析,加强跟踪指导,实行滚动支持和动态管理显得尤为必要。

关键词:产业技术创新战略联盟;运行机制;对策分析

一、浙江产业技术创新战略联盟发展的现状与特点

(一)浙江省产业技术创新战略联盟发展的现状

浙江省产业技术创新战略联盟在 2010 年和 2011 年两年内快速发展,截至 2012 年已有 23 家联盟,如图 1 所示,其中涉及材料、船舶工业、纺织、机电、农业、轻工、新材料、新能源、信息、医药、制冷、装备和资源 13 个领域。

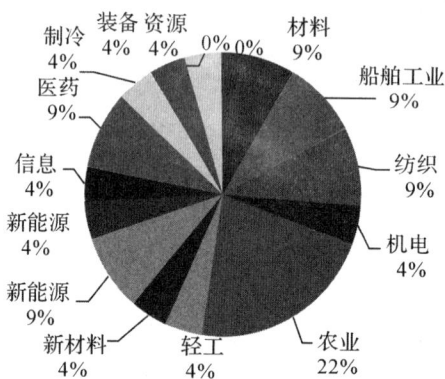

图 1 浙江省产业技术创新战略联盟领域分布

23 家产业联盟其中有 15 家联盟由行业龙头骨干企业牵头,占总数的 65%,如图 2 所示,23 家联盟其中有 20 家联盟由企业牵头组建,2 家由科研机构牵头,1 家由行业协会牵头。

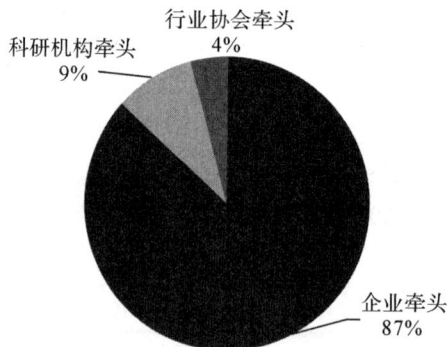

图 2 浙江省产业技术创新战略联盟牵头单位类型及所占比例

23 家联盟中有 10 家联盟单位的常设机构与联盟牵头单位相同,仅占联盟总数的 43.5%。如图 3 所示,联盟的常设机构一般为科研机构,或者高校,23 家联盟中分别有 6 家和 5 家联盟的常设机构选择在科研机构和高校,分别占联盟总数的 26% 和 22%。

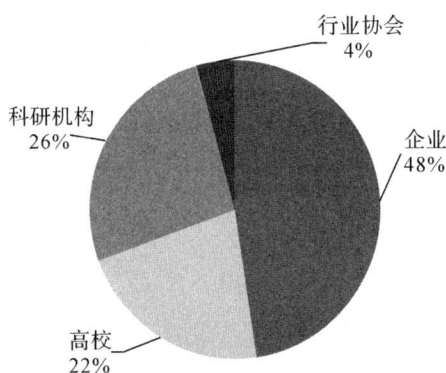

图 3　浙江省产业技术创新战略联盟牵头单位类型及所占比例

截至 2012 年,浙江省 23 家产业技术创新战略联盟有 356 家单位参与建设,如图 4 所示,其中企业 254 家,高校 58 家,科研机构 44 家。

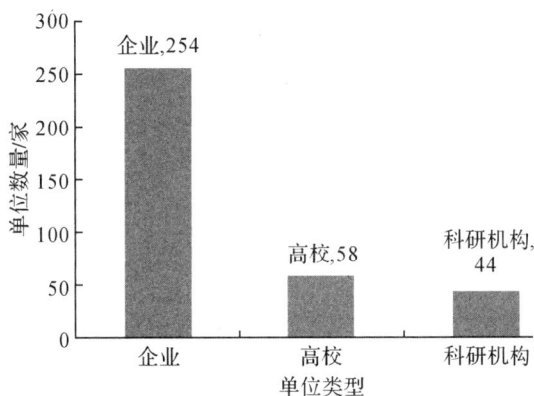

图 4　浙江省产业技术创新战略联盟成员单位组成

在 2010 年和 2011 年浙江省产业技术创新战略联盟快速发展,联盟根据市场情况、技术需求和各方共同利益的要求,在联盟组织架构、治理机制、经费筹措、利益保障、开放发展等方面进行了积极的探索,组织实施了 126 个联盟项目,研发总投入18.38亿元,第一批总投入 86 个项目共计 12.6 亿元,第二批 36 个项目共计 57842 万元。

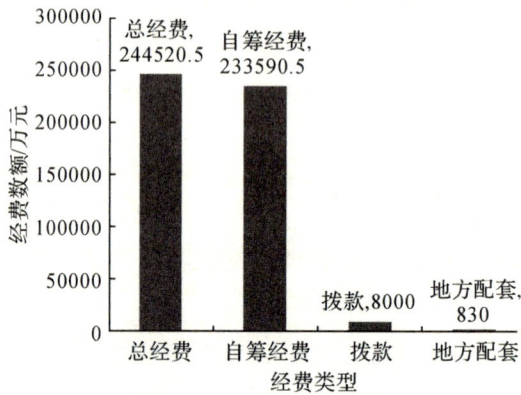

图 5　浙江省产业技术创新战略联盟经费构成情况

如图 5 所示,据不完全统计浙江省产业技术创新战略联盟的总经费为 244520.5 万元,其中自筹经费为 233490.5 万元,拨款为 8000 万元,地方配套经费为 830 万元。

(二)浙江省产业技术创新战略联盟的类别及其特征

浙江省产业技术创新战略联盟涉及领域广泛,联盟合作形式多种多样,可以依据联盟的产业影响力、联盟内核心成员合作方式、联盟内核心成员间实力的差别三个维度将联盟进行分类。

联盟的产业影响力反应联盟在整个行业了所具有的代表性,是龙头企业之间的强强联合还是中小企业共同寻找新的突破。联盟内核心成员的合作方式是指联盟内核心成员单位在合作方式上是合作关系还是竞争关系。产业链上下游的合作或者相同大类不同细分市场的合作关系更容易实现合作研发,同时合作研发也更容易受到市场利益的驱动;在终端产品市场有竞争关系的核心成员单位,其合作研发则更难以协调,联盟技术研发的关注点更多地集中在关键共性技术上。联盟内核心成员间实力的差别决定联盟是一家独大还是百家争鸣。企业实力主要由企业的生产和盈利能力、技术水平、管理水平等因素决定;高校和科研机构的实力主要由高校和科研机构的科研设备水平、研究人员水平等因素决定。成员间实力不同,在联盟运行中影响力的大小、话语权、地位的高低也会相应不同。核心成员实力相差悬殊,联盟呈现出一家独大的局面,其他成员单位全部围绕核心成员单位发展;若核心成员实力相当,则没有哪家企业可以取得最强势的地位,这样的联盟决策方式和实力相差悬殊的联盟也会有很大不同。

根据上述三个维度可以将产业技术创新战略联盟分成 8 类,这 8 种联盟其运行机制、创新模式的选择等方面都不尽相同。

(1)产业影响力强实力区别大的非竞争性联盟。该联盟一般由行业内的龙头企业牵头,其他企业围绕龙头企业合作的方式展开联盟工作。这类联盟的技术创新活动一般由龙头企业牵头围绕其本身需求进行,这样技术创新溢出效果比较强,技术辐射机制完善。该类联盟在资源整合、技术合作方面的需求可以保障联盟自身有效运转,可以通过市场机制自行组建,自主运行。例如浙江省的化学药制剂产业技术创新战略联盟,其合作方式就是利用理事长单位华东医药在制剂研发、生产及市场销售上的优势,联盟其他成员积极与理事长单位开展合作,形成产业链各个环节的优势互补,根据市场需求联合开发产品,分工合作,互利共赢。

(2)产业影响力强实力区别大的竞争性联盟。这种联盟一般由龙头企业牵头组建,联盟内企业在市场上处于竞争关系,企业之间的实力相差悬殊,他们的合作方式更多是以关键共性技术的需求为纽带进行技术创新。由于联盟成员单位实力差别较大,科技创新的水平以及科研投入也不尽相同,如何建立良好的风险共担与利益共享机制成为联盟能否成功运行的关键因素。浙江省的产业联盟大多倾向于产业链上的互补合作,目前并没有哪家联盟明显地表现出产业影响力强实力区别大的竞争性的联盟特征。

(3)产业影响力强实力区别小的非竞争性联盟。这种联盟由在产业占主动地位的几家企业牵头,联盟成员之间是互补关系,成员之间实力差距较小,是"强强"合作模式。该类型的联盟在浙江省比较常见,比如不锈钢长材产业技术创新战略联盟,该联盟由在浙江省品种最全、规格最全的不锈钢棒材生产商、不锈钢管材生产商、不锈钢标准件制造商三方牵头成立,涵盖全产业链的各个环节。在联盟中联盟成员进行诸如人才培养、资源共享、成果扩散等多种方式的合作。这种联盟对市场支配力较强,影响范围广,对于整条产业链上的技术创新都有很强的促进作用。

(4)产业影响力强实力区别小的竞争性联盟。该联盟行业影响力强,联盟内成员实力差别小,互相之间有竞争关系。这样的联盟大多在市场合作、关键共性技术的研发等方面合作。由于成员单位实力相差不大而又有直接竞争关系,联盟成员单位的关注点更多集中在研发过程中的技术基础的投入和关键共性技术的分享。浙江省低压电器产业技术创新战略联盟就属于这种类型,几家企业在终端市场形成直接竞争关系,该联盟的项目更多地集中在过程创新而非终端产品上,例如:低压电器自动化在线检测关键技术研究、低压电器接触材料关键技术研究与应用等项目,材料和检测技术不涉及终端产品市场,减少联盟内企业对于自身核心技术溢出的担忧同时又解决了企业在生产过程中遇到的问题。

(5)产业影响力弱实力区别大的非竞争性联盟。该类型的联盟产业影响力较弱,成员之间实力相差比较大,成员之间的关系是互补合作的不存在竞争关系。目前在浙江省这类联盟比较少见。

(6)产业影响力弱实力区别大的竞争性联盟。该类型的联盟产业影响力弱,成员之间实力相差比较大,成员之间的关系是竞争性的关系。联盟成员单位与科研院所或者高校展开合作。目前这种类型的联盟在浙江省也比较少见。

(7)产业影响力弱实力区别小的非竞争性联盟。该类型的联盟产业影响力较弱,成员之间实力差别比较小,成员是非竞争的合作模式。这类联盟大多是中小企业组建,在产业链上寻求合作和技术创新。联盟更倾向于为企业提供一个伙伴选择的平台。目前在浙江省这类联盟比较少见。

(8)产业影响力弱实力区别小的竞争性联盟。该类型的联盟产业影响力较弱,成员之间实力差别比较小,成员之间是竞争关系。由于企业规模较小,市场支配力不够,企业对创新成果在市场需求、产业化方面的顾虑较多。这类联盟的成员单位通过组建联盟,在突破目前的技术难点的同时能够非常有效地降低企业科技研发风险。目前在浙江省这类联盟比较少见。

目前浙江省产业技术创新战略联盟目前几乎全部是由政府引导组建的,产业影响强的联盟企业在联盟的申报过程中会相应占有优势,因此产业影响力弱的 4 种联盟类型在浙江省目前仍比较少见。但随着产业技术创新战略联盟优势的凸显,在市场机制下,会有更多的中小企业自发组建更多类型的产业技术创新战略联盟,寻求更多的联盟发展组建和发展模式。

通过上述联盟的分类,可以了解不同的联盟成员的构成情况、利益诉求,根据这些情况可以更有针对性的制定相应的扶持政策。

(三)浙江省产业技术创新战略联盟发展的特点

经过两年的实践,浙江省产业技术创新战略联盟成员单位逐渐对联盟的组织形式、运行方式更加了解,浙江省的联盟在发展过程中也展现出其独特的优势与特点。

(1)联盟推动了行业全产业链的协同发展

联盟不同于产学研合作就在于其对产业链的整合能力。浙江省联盟成员全产业链协同发展表现为三种模式:第一,联盟内主导企业推动型协同发展。化学药制剂产业技术创新战略联盟利用理事长单位华东医药在制剂研发、生产及市场销售上的优势,联盟成员单位在原料药生产上的优势,形成产业链中各环节的优势互补,根据市场需求联合开发产品,分工协作。为提升联盟的研发水平,联盟成员还与美国 IPS 公司、AVRIO Biopharma 公司等国外一流药品研发、试制生产及服务公司建立了战略合作。第二,市场导向型协同发展。电动汽车产业技术创新战略联盟以市场为导向,联盟成员自发形成利益共同体,围绕产业链协同发展。第三,项目引领型协同发展。浙江省瓜菜产业技术创新战略联盟将联盟项目作为全产业链协同发展的手段,按产业链组织项目,项目开发由科研、生产、推广和应用等联盟成员单位参加,以实现全产业链的协同发展。

(2)联盟改变了产业链上同环节成员之间的无序竞争状态

联盟通过内部协商交流、联盟标准制定、牵头单位协调等方法,实现了处于产业链同环节成员之间由竞争关系向竞合关系的转变。浙江省带锯床和特色机械装备产业技术创新战略联盟,通过制定联盟标准,使联盟各成员企业实现错位发展思路,通过差异化发展,避免了联盟内企业的恶性竞争;化学药制剂产业技术创新战略联盟通过牵头单位的协调,使成员企业间建立了战略性合作关系,有效地避免了重复研发和同质化竞争的情况。

(3)联盟使得成员单位建立起多种资源有效共享的机制

开放和共享联盟成员单位的仪器设备、科技数据等多种资源是实现资源整合的重要形式,是联盟成立的一项重要条件,也是联盟顺利运转,并开展协同创新的基础。

借助于联盟平台,联盟成员建立了更为深入、广泛和持续的交流与合作机制,联盟内成员实现了人才、设备、信息、市场等多种资源的共享。第一,人才资源的共享。从联盟的组成来看,联盟集成了企业、大学和科研院所的优势力量,可以发挥各方面的优势联合培养创新人才。浙江省联盟在人才培养中坚持产学研三方互动,吸收高校教师、科研机构的科研人员到成员企业去兼职,鼓励企业家、工程师到高校兼职教学,鼓励学生到联盟成员企业实习等,建立了良好的机制,取得了很好的效果。制冷空调产业技术创新战略联盟推广人才联合聘任模式,并建立了创新人才引进激励基金,吸引创新型人才加入联盟,以实现人才资源的共享。第二,设备仪器资源共享。仪器设备的共享节省了大量的仪器设备重复购置经费,提高现有仪器设备的使用效率,使有限的科技资源得到充分利用。浙江省许多联盟都已建立了设备仪器资源的共享机制。中药现代化产业技术创新战略联盟根据目前浙江省重要行业发展共性技术和继续解决的问题,设立了中药材规范化生产技术、中药饮片规范生产技术、中药制药过程控制技术和中药新药研发四个开放性平台供联盟成员共享。在设备共享的同时,浙江省一些产业技术创新战略联盟还尝试共同购置或开发更加尖端、复杂的仪器设备,这样提高了整体科研基础设施的水平和创新能力。第三,信息资源共享。电动汽车产业技术创新战略联盟,运用邮件、电话和短信平台等现代沟通媒介,在联盟成员间共享产业重大政策、行业重大新闻、项目申报等事项信息。第四,市场信息共享。化学药制剂产业技术创新战略联盟充分发挥华东医药公司在制剂研发、生产与市场销售、渠道上的优势,建立了联合销售平台,为非竞争性联盟成员的战略联合提供了可资借鉴的经验。瓜菜产业技术创新战略联盟则利用成员企业原有的推广网络,建设试验示范基地,加大近年来育成品种和新育品种的示范推广。

(4)跨省界合作联盟为有效配置和运用产业创新资源提供了平台

不锈钢长材产业技术创新战略联盟以重大产业技术创新和产业技术标准制定平台建设为目标,突破了地域空间的限制,依据材料研究—冶炼—热加工—冷加工—制品—

应用全产业链整合的需要,吸收上海、江苏、安徽等省市企业和科研院所的加入,这些联盟成员单位均为细分行业的佼佼者。由此,为联盟目标的实现奠定了坚实的基础。

(5)以协同成员单位利益和联盟持续发展为目标的联盟治理和运行机制在探索中不断完善

联盟组建和持续发展的基础是成员单位具有共同的利益,治理机制和运行机制设计是协调好维系联盟持续发展的前提,各联盟在组建和运行期间给予了高度的关注和积极的探索。浙江省食药用菌产业技术创新联盟为规范联盟成员单位行为开展了全面系统的治理与运行机制的设计,建立了包括联盟组织、项目、会费缴纳、收益分配和知识产权、仪器设备共享、成员违约、甚至联盟解散和清算等内容的制度体系。制冷空调产业技术创新战略联盟理事长单位和秘书处并非同一组织,决策职能与执行职能分离有利于成员单位的利益均衡与约束机制的建立。中药现代化产业技术创新战略联盟则在联盟对外服务项目培育和联盟共同基金建立上进行了有益的探索,以图通过运行机制的创新为联盟的持续发展提供基础。

(6)以提升联盟形象和认知度为目标的联盟整体品牌塑造和传播已积极开展

浙江省联盟在运行过程意识到联盟品牌对于持续发展的重要意义,运用展示平台的建设,CI导入和传播,试图将成员单位及其产品品牌的营造和推广与联盟及其产品品牌塑造和传播有机结合起来。瓜菜产业技术创新战略联盟在展示区、展示基地和示范平台建设;中药产业技术创新战略联盟在CI建设;信息安全产业技术创新战略联盟在联盟网站、联盟宣传、联盟实体基地建设上进行了尝试,取得了较好的成效。

二、浙江产业技术创新战略联盟发展的问题

(一)联盟本身发展的问题

(1)缺乏统一而明确的联盟目标

在联盟组建初期联盟自身的目标定位会影响到联盟的组织形式、运行模式、伙伴选择、决策方式等各个方面,关系到联盟的存续时间,是联盟组建和发展过程中最为关键的部分。

无论是企业主体,还是科研院所,对于建立产业技术创新战略联盟都有着不同的利益追求。企业的目的在于盈利,在利益保障的前提下,很可能长期停留在该技术层面,自主研发和创新的愿望与能力不足;高校科研院所则偏向于追求研究的学术价值。如果在联盟组建初期没有形成明确的联盟目标,在联盟正式运行阶段合作伙伴之间会仍各自保持着自己特定的利益诉求,这样在联盟决策过程中双方会产生矛盾,很有可能表现出联盟伙伴产生短视行为,不注重长期利益,或者出现非对称的利益分配等。

我国产业技术创新战略联盟的目标更倾向于产学研的合作,解决产学研缺乏战略层面的持续合作、产学研结合组织形式松散、合作过程缺乏利益和信用保障机制、技术创新成果商业化渠道不畅通等问题。而浙江省在产业技术创新战略联盟在具体的实践中联盟成员单位期待联盟能够解决的问题则更加多样化,这样使得联盟在运作过程更容易由于目标不同产生联盟成员单位之间以及联盟成员单位与联盟本身的矛盾。

例如浙江省林木种苗花卉技术创新战略联盟,在其联盟章程上将联盟目标定义为:探索建立以企业为主体、市场为导向、产学研结合的产业技术创新机制;集成和共享技术创新资源,加强合作研发,突破林木苗花卉产业发展战略及共性、关键技术瓶颈,搭建联合攻关研发平台;展开技术辐射,培育林木种苗与花卉产业重大技术及产品创新的集群主体,使联盟成为浙江省技术创新体系的重要组成部分。该联盟的目标过于概括不够具体明了,因此在联盟组建过程中吸纳了一些没有关键共性技术的伙伴进入联盟,在运作过程中联盟遇到了成员之间关键共性技术不足等具体问题。

(2)联盟成员的选择难以突破既有的合作关系,存在路径依赖,如何依据联盟目标进行成员单位的选择仍是需要解决的问题

联盟伙伴选择是联盟的战略性问题,理应在组建初期有充分的酝酿和考虑,在运行期有明确的吸纳和退出策略设计,目前在浙江省,由于联盟发起单位所限,现有的成员单位选择还是囿于既有的合作关系。例如在对电动汽车产业技术创新战略联盟进行访谈过程中纽贝耳汽车(杭州)有限公司负责人坦言在联盟组建初期联盟的合作伙伴大多来自于已存在的伙伴关系,例如和该公司有多年合作关系的杭州铁城信息科技,对于依照联盟目标选择适合联盟发展的企业这方面的问题,并没有做过太多考量。基于上述思考的伙伴选择很容易造成联盟地域上的局限性。

不同目标的联盟的地域集聚程度也各不相同,以完善产业链,加强产业链上下游合作或大型设备共享为目的的联盟比以制定技术标准或共同开拓市场为目的的联盟更具有地理集聚倾向。目前浙江省产业联盟,由于联盟发展时间短、联盟政策上地方性等原因,大多成员单位都仅限于浙江省,有很多联盟都集聚在同一个城市,如图6所示,截至2012年,浙江省的23家联盟中只有1家联盟是跨区域组建的。地理区位上的集聚,虽然在一方面可以加强成员单位之间的联系,有利于技术的溢出效应但也很大程度上限制了联盟成员单位的选择范围,不利于联盟吸收新的理念,限制联盟向全国范围、甚至国际化发展。

(3)联盟理事会的决策机制仍需不断完善

理事会作为联盟最高决策层,其决策制度安排将对联盟的发展产生决定性影响。目前浙江省很多联盟在联盟的制度建设中对决策机制有所考量,但基本都采取成员单位作为理事长、副理事长或理事拥有同等决策权的制度安排或者只规定了决策机构,并未对决策机制进行深入探讨这种方式。例如浙江省皮革产业技术创新战略联盟,在

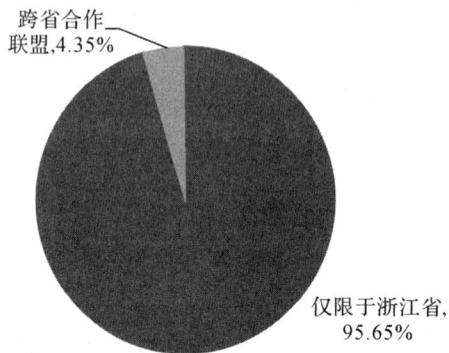

图 6 浙江省产业技术创新战略联盟地域性及其所占比例

联盟规章中提到出决策机构为理事会,但并未对理事会该如何进行决策进行细致的探讨。由于经济技术实力差异,成员单位的决策影响力在现实过程是不对等的,在决策过程中很难确保企业的主导地位,因此。如何制定行而有效的决策机制,在充分发挥理事长单位作用同时又反映其他成员单位的利益诉求,是需要联盟运行过程中需要解决的一个难题。

(4)引领和协同联盟成员产业技术创新行为的机制有待进一步探索

规划联盟产业技术创新路线是必要的,但由于行业技术经济的差异和市场环境的复杂性,产业技术创新路线具有不确定性,可能很难给予清晰描述和定义,期望运用对技术创新路线进行规划的方式协同联盟成员的产业技术创新行为,在某些情况下可能是无效的。例如电动汽车产业化技术还不成熟,电动汽车产业技术创新战略联盟成员单位在未来产业技术创新范式上难以形成一致的意见,未来联盟共赢的模式仍须进一步探索。种苗花卉产业技术创新战略联盟由于产业性质的关系,传统的关键共性技术上的合作路线并不适用于该联盟,需要根据联盟需要探索出行之有用的技术创新机制。

(5)联盟成员主要以项目经费为纽带的合作方式没有根本改变,联盟持续发展的动力机制仍是需要解决的问题

如表1所示,产业技术创新战略联盟有多种合作形式,大致可以分为两类:一是项目型;二是公司型。

项目型产业技术创新战略联盟是联盟成员单位为了节约研究开发成本,降低开发风险而围绕特定开发项目合作成立的联盟。这种联盟组织形式可实现联盟成员的资源互补,增强技术创新实力。其特点为联盟各方面都有明确的技术创新目标,不容易产生矛盾,并按平等和优势互补的原则将项目任务分解到每个联盟成员,所有项目参与成员都能从项目开发中获益,一切联盟活动服从于联盟项目目标。但同时由于单一项目的合作使得联盟成员之间关系松散,联盟执行力较低。一旦项目结束,联盟很可

能面临解散的可能性,联盟存续时间较短。

表1 项目型与公司型产业技术创新战略联盟对比

合作形式	项目型	公司型
结构特点	简单	复杂
运行成本	低	高
关系紧密程度	低	高
执行力	低	高

公司型产业技术创新战略联盟是由企业与合作伙伴共同出资组建新的公司的一种组织形式,这种联盟合作方式可以在新公司内从事联盟各方面生产和技术活动。联盟成员按照出资比例构成该公司的大小股东,他们是联盟的实际决策者;企业经营者对公司进行日常管理,对股东负责。这类联盟结构复杂运行成本较高,但成员之间关系更加紧密,执行力更强,同时由于公司的存在,联盟的存续时间也更长久。

目前浙江省的产业技术创新战略联盟大多以项目经费为纽带进行项目型的合作模式,联盟为企业、科研院所、高校提供合作平台,通过联盟成员大会确定联盟成员需求,联盟成员中的几家成员单位共同合作,签订项目协议,共同完成技术的开发,开发后知识产权归参加项目的成员单位拥有。这种以项目经费为纽带的合作模式联盟组织相对松散,联盟的创新效率比较一般;同时由于合作层次的单一化影响了联盟的持续性。

目前浙江省产业联盟在联盟合作方式上也进行了一些尝试,例如中药现代化产业技术创新战略联盟在联盟基金建立;制冷空调产业技术创新战略联盟在联盟独立运作方面有些设想。但推动联盟成员单位在科研、制造、市场甚至资本方面进行深层次全方位合作仍是需要解决的问题,联盟成员的全面战略性合作有待开展。

(6)支撑联盟产业发展的基础研究的动力不足,产业关键技术与设备的瓶颈难以突破

面向市场需求组织联盟项目开发是必要的,但作为以提升产业技术创新能力和引领产业发展为目标的联盟而言显然是不够的。化学药制剂产业技术创新战略联盟的13个联盟项目,至少有10个项目涉及具体新药产品的开发,几乎没有涉及关键共性技术。林木种苗与花卉技术创新战略联盟7个项目,每个项目均为具体某品种或某类型林木种苗、花卉的新品种开发与培养技术,并不是基础性产业关键技术。

(二)联盟管理问题

(1)政府和市场在联盟组建和运行中的角色定位仍有待明晰

目前浙江省的大多数产业技术创新战略联盟是在政府引导下,根据市场需求成立

的,政府的介入对联盟的构建起到重要作用。相对于政府角色的复杂性,市场是联盟发展的舞台。从理论上说,政府与市场的界限是清晰的,利益的一致性是联盟组建和持续发展的根本动力。然而,联盟成员不可能是完全理性决策者,利益诉求也就不会是联盟成员单位决策的唯一驱动因素。因此,面对联盟成员单位的多重多样化需求,明确政府与市场在联盟组建、联盟评估、联盟管理整个建设过程中的角色定位是必要的,也是有难度的。

(2)以联盟建设任务书中项目完成情况作为联盟实施效果的考核依据,对联盟实施效果难给出客观公正的评价

由于联盟是非独立运行的联合体,联盟参与者的身份归属具有双重性,试图区分企业是作为个体,还是作为联盟成员参加产业技术创新活动几乎不可能,因而以项目完成情况作为实施效果的考核依据缺乏基本的前提,难以达到预期的效果,比如食用菌产业技术创新战略联盟中的项目"食用菌有效成分萃取与相关产品研发及产业化",仅由寿仙谷生物科技有限公司和浙江工业大学两家单位参与,我们无法有效区分该项目立项与联盟成立是否有关。

(3)联盟组建和运行过程忽视了与省外产业技术创新战略联盟的协同问题

由于行政管理体制限制,浙江省之外甚至国家层面都建有电动汽车产业技术、光伏产业技术、信息安全产业技术等联盟,如何更为有效地配置和利用资源是联盟主管部门必须关注的问题。事实上,这不仅涉及资源问题,更与联盟的运行和发展紧密相关,将对联盟组建目标的实现产生直接影响。

(4)由于联盟建设过程的不确定性和复杂性,联盟的运行与现有管理制度、体制和机制之间存在的诸多矛盾需要多部门的协同解决

联盟的组建和运行涉及财政、税收、工商、民政、科技、经信、发改、审计等多个政府管理部门,对于诸多需要解决的问题,联盟主管部门难以有所作为。比如,联盟作为独立非营利联合体运行需要民政部门支持;联盟调整预算科目和预算额需要科技、审计、财政等部门的支持。

三、产业技术创新战略联盟发展的案例分析

1. 美国半导体制造技术联盟(SEMATECH)的经验与启示

(1)联盟成立的背景

20 世纪 70 年代美国曾经占据世界半导体市场份额的 70%,但是后来日本利用 VLSI 联盟(日本超大规模集成电路技术联盟)通过联合创新取得巨大成功,在微电子、半导体、存储器等电子领域超越美国,夺走了大部分市场,使美国在世界半导体市场的占有率一度降低到 37%。由于半导体产业的"集体危机",产业界出现了联合研

发的愿望。美国政府对此高度重视,决定将微电子产业定位为美国战略产业,由政府部门介入,以国家意志和政府力量推动该产业的发展。

因此于 1987 年 8 月 7 日,在美国政府支持下由 IBM、TI、Lucent、Digital Semi-conductor、Intel、Motorola、AMD、LSILogic、National Semiconductor、Harris Semi-conductor、Rockwell、Micron Technology、Micron 和 HP 等 14 个主要半导体公司组建半导体技术研发合作产业联盟(SEMATECH),希望通过合作研发半导体制造技术,提高美国半导体的生产能力,抵御来自日本的竞争,帮助美国半导体企业重新占据市场份额。

(2)联盟的组织结构(见图 7)与管理

SEMATECH 联盟采取董事会负责下的项目管理机制,董事会主席、总裁兼首席执行官来自 SEMATECH 联盟专职负责人,其他董事、主要的高管人员来自成员企业(见图 7)。

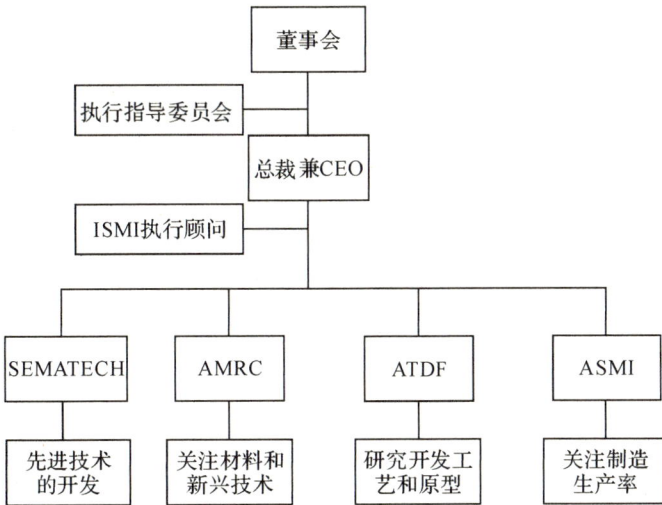

图 7 SEMATECH 组织结构

在治理结构方面,SEMATECH 联盟采用两种方式:一是成员企业直接参加联盟领导活动中。二是建立联盟理事会,成员企业的高级管理人员参加联盟理事会,同时采用轮值制,由成员企业轮派人员担任联盟代理人,协调联盟项目参与者的活动,并设立执行技术委员会,通过该委员会确定联盟的研究开发测试活动的优先顺序。执行技术委员会下设技术咨询委员会,负责对具体项目的咨询、审查与批准。这种制度安排,促进了联盟成员间的信息交换,保证了联盟研究同企业实际需求的相关性与应用性。

（3）联盟运行机制

资源整合机制。联盟内的成员涵盖了产业链的各个环节,这些成员单位在各自的技术领域形成良好的互补,在联盟运行过程中可以充分利用这些优势,通过分工合作完成整条产业链各个环节的开发,充分整合产业链上的资源,形成竞争优势。SEMATECH 与成员单位的合作包括三个基本阶段:第一阶段是研究合作,成员公司根据内在需求在 SEMATECH 内部达成合作意向,对前端技术开展共同研究,积累现实素材;第二阶段是开发合作,成员公司针对研究成果,将前端研发扩展到应用研发阶段;第三阶段是生产率合作,成员公司扩展研究成果的共享,开展联合生产,从而实现生产率的提升。这三方面的合作囊括了所有半导体企业的技术需求,涵盖整个产业链条,有效地整合了各个企业的资源。同时联盟提供的统一购买和测试服务,减少了企业的重复开发等工作,降低企业的研发和引进成本,实现资源合理有效的配置。

人才培养机制。SEMATECH 成员的义务之一就是派遣技术人员到 SEMATECH 任职,一般任职时间为 6～30 个月,从事相应的技术研发工作。核心技术作为一种隐性知识,可以通过技术人员的交流实现传播和扩散。这种人才交流制度不仅有利于来自企业、大学、科研机构的核心技术人员能力水平的提高,同时也为联盟和联盟成员单位培养了一大批优秀的技术人才,加速项目研究进度。

风险共担与利益共享机制。在知识产权保护方面,SEMATECH 原来规定,研究成果只有在成员公司独占 2 年之后才可以向其他非成员公司转让。现在则以一定的转让费和专利使用费向所有的美国公司开放,这使参加新设备合作开发的设备公司可以面向更为广阔的市场。由于 SEMATECH 的成员公司直接参与了设备的开发工作,因而更容易消化吸收 SEMATECH 的技术成果,并且可以根据自己的需要做一些相应的改进,与非成员公司相比,成员公司还是享有一定的竞争优势。

成果扩散机制。成果扩散与辐射带动,是联盟的成立的重要动因,也是联盟发展的积极成效。联盟通过新技术、新产品的推广和应用在行业内形成辐射作用,使整个行业的科技创新能力得到提升。SEMATECH 联盟的一种成果扩散机制是通过委托开发的方式。SEMATECH 为非联盟企业提供技术服务,这种服务可以扩大联盟的影响力,获得联盟资金,同时也可以加强联盟与外部的交流,加大联盟的技术溢出,实现成果扩散。

（4）联盟的发展过程

SEMATECH 从 1987 年成立至今,在政府资助、联盟的合作方式、发展战略方面大概可以分为四个阶段(见表 2)。

第一阶段:1987—1990 年。这一阶段联盟刚刚起步,联盟成员单位较少,联盟成员单位的合作方式多以企业与企业间的合作为主。美国国会持续稳定的向联盟提供资金支持,每年拨款 1 亿美元资助联盟开发半导体制造技术。

第二阶段:1991—1995年。这一阶段,联盟快速发展,并逐步完成联盟成立初期预定的大部分目标。第一阶段、第二阶段政府合计向联盟投资8.5亿美元。这个阶段联盟成员的合作方式除了有竞争关系的企业之间横向的合作,也有制造商与供应商之间沿产业链的纵向合作模式。纵向合作避免了成员单位之间的竞争关系,对关键共性技术的关注和过程创新使联盟的合作形式更加多样化。

第三阶段:1996—1999年。这一阶段,联盟已经完成了成立初期政府为联盟制定的目标,在1995年SEMATECH执行委员会投票决定1996年后将不再需要公共支持而依靠联盟获益独立运行继续服务其成员单位。在这一阶段SEMATECH的视野不仅局限在美国本土,向国际化发展,允许外资公司参加联合开发研究。在此期间联盟成员单位的合作方式既有本国企业间的横向合作和纵向合作,也有多国间的合作;同时联盟向联盟外的企业提供委托开发服务,联盟的合作方式不仅限于联盟内成员单位之间的合作,增加了联盟与非联盟成员单位的委托开发合作模式。

第四阶段:2000年至今。这一阶段SEMATECH的国际化进程加快,来自多个国家的联盟成员单位在全球范围内就半导体制造技术的工艺、材料和设备开发进行合作。同时2003年SEMATECH调整了其经营模型,允许地方政府作为研发联盟成员单位加入联盟。该阶段联盟成员单位的合作方式更加多样化,既有本国内联盟内部成员单位之间的纵向合作与横向合作,也有多国间联盟内部成员单位之间的合作,同时联盟提供委托开发,与联盟外的企业与联盟进行技术上的对接。

表2 SEMATECH演变的阶段分析

阶段1:1987—1990年	阶段2:1991—1995年	阶段3:1996—1999年	阶段4:2000—今
竞争	竞争前	竞合	竞合
本国内 企业与企业合作	本国内 企业与企业合作 产业链合作	本国内 企业与企业合作 产业链合作 多国间 企业与企业合作 联盟与企业合作	本国内 企业与企业合作 产业链合作 多国间 企业与企业合作 企业与联盟合作 联盟与联盟合作

(5)在SEMATECH运行过程中政府行为的分析

①立法支持。通过新立或修订法律法规等手段给予联盟支持。这种支持主要是为联盟提供相应的支持并规范联盟行为,并规避一些现行体制或法规约束。例如美国国会1984年通过的《联合研究开发法》目的是为了规避反垄断法律障碍鼓励研发联盟企业的建立。1993年通过的《国家合作研究与生产法案》鼓励企业研发,并着重激励

新技术的成果化的相关法案。

②公共财政政策支持。政府运用公共财政政策支持产业技术联盟主要分为两种方式：一种是政府通过一定的财政投入、补贴或者奖励等手段鼓励组织、公共机构和个人参与联盟建设。美国政府对于 SEMATECH 联盟的公共财政政策支持属于这种类型。另一种方法是直接将公共财政政策落实到参与联盟建设的企业中，比如把企业参与联盟活动作为能拿到政府某些自主的先决条件。

③经费支持。SEMATECH 自 1987 年成立至 1996 年，投入预算 17 亿美元，其中一半由美国政府财政资助。具体由美国国防部高级研究计划署提供，通过国防部对 SEMATECH 进行拨款和项目管理。在原定的研究开发计划到期之后，国防部继续向 SEMATECH 的项目进行投入，一直到 1996 年后停止，其投入占总投入的 50%。

④组织支持。政府作为参与者，可以通过公共组织参与联盟，这在关键共性技术的研究项目中尤为重要。组织支持的优点在于能够更好地利用联盟各种资源，有效规避联盟内的机会主义风险，促进联盟形成和发展。建立合作研究中心是一种非常有效的手段。鼓励和支持联盟成立合作研究中心可以加强联盟成员的合作，增强创新效率。合作研究中心内联盟成员单位共同提供技术人员，组成联合研究机构，该机构负责研发产业共性问题，共享知识产权。同时由于这类创新往往是过程创新，企业的核心竞争技术并不会泄露。这种模式联盟成员间合作紧密，创新较高，有利于联盟长远发展。SEMATECH 联盟正是以合作研究中心为核心进行联盟建设。

⑤监督机制。美国政府对 SEMATECH 政府资助的经费的使用情况是否符合相关要求、联盟成员单位研发经费是否到位等问题进行监督。1988 和 1989 年的国防授权法美国审计署（GAO）根据政府审计标准对 SEMATECH 的财务状况进行审计，监督其经费使用情况。同时美国政府对于 SEMATECH 联盟的技术发展情况、联盟的管理情况、联盟的项目完成情况以及联盟对于产业竞争力的影响等方面也都进行一定的评估和监督。

(6) 政策启示

综合以上分析，相对于浙江省目前的产业联盟发展的状况，SEMATECH 联盟发展对浙江省主要有以下两点启示。

一是政策的集中性。目前浙江省对于产业技术创新战略联盟资金上的支持多为针对联盟项目的资金支持，这些联盟经费从 200 万～500 万元不等，但资金占联盟总经费的比例很少，约为 3.4%。这些经费的作用主要在于引导，但是对于某些具有关键性技术问题或者未来具有巨大发展潜力目前市场环境不容乐观的产业，联盟项目资金表现出的促进作用并不明显。面对有较大发展潜力但目前市场状况不容乐观的产业或具有极难攻克的产业重大关键性技术问题的产业，联盟成员单位往往由于对过往发展模式的路径依赖、目前尚有盈利空间、对风险的担忧等因素并不愿意进行这方面的技术研发工作。SEMATECH 对于此类项目的投入往往可以占联盟总资产的50%,甚至更多。集中的投入有利于产业重大关键性技术问题的突破,对于联盟做大做强,以及产业转型升级,带动区域经济发展都有很大的帮助。

二是政策的长效性。浙江省由政府引导形成的产业技术创新战略联盟普遍成立年限较短,大多成立时间仅为 1~2 年时间,发展尚不成熟,同时在政府对联盟的支持方面相比于国外时间也比较短暂。美国国会对于 SEMATHCH 联盟持续不断的支持长达 10 年之久,1987—1996 年政府投资总额为 8.5 亿美元。1996 年,SEMATHCH 联盟进入了稳步发展阶段,宣布不再需要政府投资。稳定而长效的资金支持使联盟有更充分的时间建立完整的利益机制,在政府资金撤离之后也可以继续运行下去,并持续使联盟成员单位获利。

2. 北京产业技术创新战略联盟的经验与启示

(1)北京市产业技术创新战略联盟的现状与特点

北京是国内产业技术创新战略联盟发展较早的一个地区,在过去十几年的发展过程中,北京市现有联盟超过 100 家,成员单位超过 5000 家(见图 8)。这 100 多家联盟行业覆盖面非常广阔,包括通信、新能源、农业、能源等各个领域。其中更是包含了闪联等被科技部列为全国首批"产业技术创新战略联盟试点单位"的联盟。

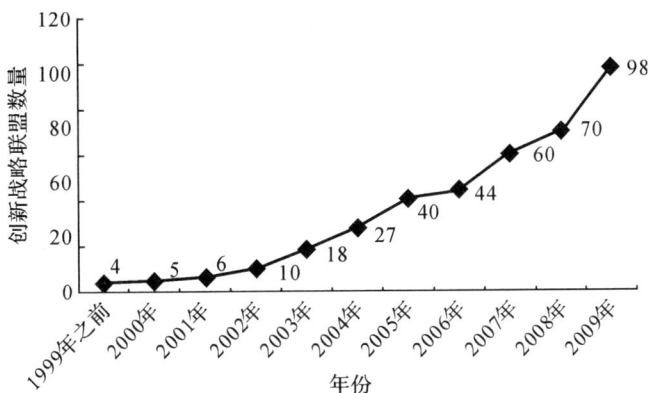

图 8 北京地区产业技术创新战略联盟发展趋势

从北京地区的产业技术创新战略联盟的发展历程来开,相对于浙江省,北京地区的产业技术创新战略联盟主要有以下三个特点。

北京地区产业技术创新战略联盟发展起步早、数量多。相比于浙江省在 2010 年产业技术创新战略联盟逐渐开始发展,北京的产业技术创新战略联盟起步更早,发展时间更长。北京地区产业技术创新战略联盟发展主要经历三个阶段。第一阶段是

2002 年之前,从图 8 中可以看出,2002 年之前北京地区产业技术创新战略联盟的数量非常稀少,大约有 10 个左右,这时候的联盟规模比较小,不正规,联盟实践形式单一、契约不完善,大多以联合体的形式出现。2002—2007 年是联盟发展的第二阶段,这时候由于我国加 WTO,企业的自主创新面临重大挑战,在市场作用下,企业自主的寻求与其他企业的合作以期提高自身的自主创新能力,一些联盟在这种环境下产生,联盟在提高企业自主创新能力和竞争力方面发挥了重要作用。2008 年至今,是联盟发展的第三阶段。这一阶段由于科技部等六家单位联合发布的《关于推动产业技术创新战略联盟构建的指导意见》以及北京市配合出台了一系列促进产业技术创新战略联盟发展的政策,2008 年之后在政府推动和引导下成立的联盟越来越多。这些联盟发展环境更加优越,也使得北京地区的产业技术创新战略联盟呈现出其第二个特点:实践形式更加丰富、类型更加多样化。

北京地区产业技术创新战略联盟的实践形式更加丰富多样、更加开放化。北京地区由于发展时间长、基数大、政策环境优越等一系列因素,产业技术创新战略联盟不断探索创新,在联盟运作和发展过程中,发展目标、组织结构、治理和管理方式、运作机制以及法律形式呈现出多样性、灵活性和创新性的特点,形成一系列有特色的联盟。这些联盟的合作方式不仅限于共同进行技术创新一方面,在市场合作、产业链合作、技术标准合作等各个方面都进行了探索式的尝试。

以联盟的地域性为例,相对于浙江省的产业技术创新战略联盟,北京市的产业技术创新战略联盟不仅限于北京地区,呈现出更开放的发展模式。北京地区大多数产业技术创新战略联盟更加开放化,其成员单位不仅限于北京地区,更吸引了外地企业甚至跨国企业加入联盟,或与跨国联盟合作,在技术合作上呈现向全国各地甚至跨国企业扩散的趋势(见图 9)。

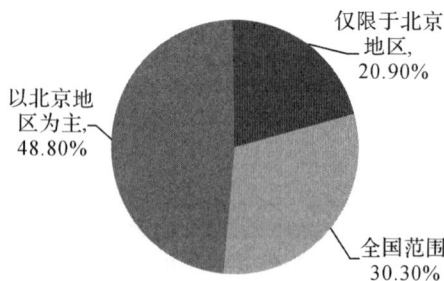

图 9 北京地区产业技术创新战略联盟地域性与所占百分比

政府推动引导和自发组织的联盟并存。相对于浙江省产业技术创新战略联盟多为政府推动引导而形成,北京地区的产业技术创新战略联盟是政府引导和企业自发组织并存的模式。据不完全统计,北京地区由企业自发组织形成的联盟约占联盟总数的 38.1%,由政府推动引导形成的联盟约占联盟总数的 61.9%。政府推动引导的联盟关注点更多地集中在行业共性技术或者重大科技问题的公关;而企业自发形成的联盟目标和运作形式都更加多样化。这种政府引导和自发组织并存的发展模式,可以有效整合各种资源,提高北京地区产业的综合实力。

(2)北京市产业技术创新战略联盟的相关政策分析

北京市把建设产业技术联盟视为加快产业升级和提高产业竞争力的重要手段,不断加大对产业技术联盟的支持力度,许多联盟都曾受益于政府的支持和帮助。为了支持联盟建设和规范联盟发展,北京市出台了一系列政策措施,各项政策的主要内容如表 3 所示。

表 3　北京市产业技术创新战略联盟相关政策一览

时间	政策名称	主要内容
2006 年	促进中关村科技园区产业技术联盟发展的实施办法	明确了政府支持产业技术联盟发展的主要工作,提出了对配套资金额度、贷款贴息比例,以及专利申请补贴等具体规定
2008 年	北京市人民政府关于在中关村科学技术园区开展政府采购自主创新产品试点工作的意见	明确自主创新产品采购范围,扩大政府采购适用领域;在首购、订购、首台(套)重大技术装备试验和示范项目、推广应用等四个方面探索政府采购的新方式;建立对政府采购自主创新产品的有效激励机制
2009 年	关于落实科技北京行动计划,发挥科技优势,以联盟方式促进"三农"工作的意见	明确了农村领域科技联盟的建立的原则和目标;鼓励各类主体发起并参与"三农"领域科技创新服务联盟的建设;鼓励以联盟方式对接国家、北京地方重大项目及标准研究;动员与协调相关政府部门积极支持"三农"领域联盟;积极研究支持"三农"领域联盟建设的相关政策
2010 年	支持中关村国家自主创新示范区中小科技型企业投标承接重大建设工程项目的若干措施	明确了支持企业的范围和所需条件;规范了承接重大建设工程项目的流程和相关资金的配套支持
2011 年	关于促进产业技术创新战略联盟加快发展的意见	明确了产业技术创新战略联盟的发展目标;明确了产业技术创新战略联盟加快发展的重点方向和工作内容;提出了从技术研发、金融资金投入、创办研发机构、建设科技平台等方面给予支持;建立"北京地区产业技术创新示范联盟"认定工作机制;规范了产业技术创新战略联盟的管理办法

从表 3 中可看出,政府主要从以下三个方面对联盟的发展做出了支持:一是推动

和支持联盟的成立,帮助制定联盟的发展方向和主要目标;二是给予资金和项目的支持,鼓励联盟承担国家和北京市的科技计划项目,向标准创新迈进,开展科技研发和成果转化;三是出台有利于联盟发展的政策措施,如政府采购自主创新产品等。

在众多政策措施中,推进政府采购自主创新产品试点显得尤为突出。北京市在全国率先通过收购、订购首台(套)重大技术装备试验和示范项目,并予以推广应用等方式,加大对自主创新产品的政府采购力度,扩大相关技术获产品的示范应用。据统计,截至 2010 年年底,北京市累计认定 1632 家单位的 4566 项自主创新产品,政府采购自主创新产品累计签约 612 个示范项目,采购金额累计 84.5 亿元。政府采购中关村自主创新产品工作的开展,有力地促进了首都经济社会的发展和产业机构的优化调整,加快了中关村国家自主创新示范区的建设。此外,北京市政府还支持在京银行机构为联盟成员企业提供信贷支持,满足其在融资、贷款贴息、担保等方面的需求。

(3)北京地区产业技术创新战略联盟发展的政策启示

综合以上分析,可以总结得出北京市支持产业技术创新战略联盟的发展中主要有以下特点:

以各方的共同利益为基本出发点。以企业、科研院所和行业协会等联盟成员的共同利益为出发点,制定联盟发展形式和发展目标,共同的长期战略利益是联盟组建和持续发展的基础。例如长风开放标准平台软件联盟就是在大多数企业的共同利益诉求基础上成立的。

以技术标准和知识产权作为产业技术联盟的核心竞争力。建立科技创新平台,对制约产业发展的关键技术进行联合攻关,使项目、资金、技术、人才等创新要素向企业急剧,加快形成产业技术创新链,提升企业自主创新能力和产业核心竞争力。

以国家政策导向和战略目标为发展方向。北京市科委以联盟为载体,积极对接国家科技重大专项,配合科技部重大行动和重大计划。例如中关村半导体照明产业联盟发挥了北京在检测和标准制定方面的优势,对接了"十城万盏"照明工程。

积极探索科技成果产业化新模式,以科技创新促进产业转型升级。如北京材料分析测试服务联盟,在促进成果转化上有自己的一套流程,即对科技成果进行评定;通过建立行业市场信息网络,进行成果对接;创造融资机会,提供技术与资本结合的渠道。

四、推动浙江产业技术创新战略联盟发展的思路与对策分析

浙江省通过颁布了一系列相关法规、建立激励扶持制度、指定引导政策并对联盟实施政府监管等政府行为来促进浙江省产业技术创新战略联盟的发展。2010—2012年,浙江省为产业技术创新战略联盟制定了一系列地方性政策,促进产业技术创新战略联盟的发展(表4),这些政策以中央政府层面颁布的法律、法规为基础,详细的提出

了产业技术创新战略联盟的构建、申报等具体政策,更具有可操作性,切实的促进浙江省产业技术创新战略联盟的发展。在建立激励扶持制度和政策引导方面,浙江省设立产业技术创新战略联盟专项资金,支持联盟围绕产业技术链,开展产业关键核心技术的研发;同时浙江省支持联盟作为项目组织单位参与省科技计划项目的组织实施;支持有条件的联盟整合相关成员单位优势资源,集成产学研各方力量,依托联盟建设国家和省重点实验室。在政策监管方面,省科技厅组织或委托第三方监督评估机构对联盟执行项目进行监督检查,对于浙江省产业技术创新战略联盟在建设过程中,不按规定管理和使用专项经费,不按规定进行会计核算,将以通报批评或终止项目经费拨付方式进行处理。

尽管在这两年在相关法规的约束、激励扶持制度、引导政策的促进和政府监管下,浙江省产业技术创新战略联盟的发展取得了很大进步,但仍存在一系列问题,分析浙江省产业技术创新战略联盟存在的问题。提出推动浙江省产业技术创新战略联盟发展的思路与政策,仍是需要探讨的论题。

表 4　浙江省产业技术创新战略联盟的相关政策

时间	部门	相关政策名称
2010 年 6 月	浙江省科学技术厅	关于申报浙江省产业技术创新战略联盟的通知
2010 年 7 月	浙江省科学技术厅、浙江省财政厅	浙江省产业技术创新战略联盟建设和管理办法
2010 年 11 月	浙江省科学技术厅	关于建设首批浙江省产业技术创新战略联盟的通知
2012 年 9 月	浙江省科学技术厅	关于开展浙江省产业技术创新战略联盟建设运行情况评估的通知
2012 年 9 月	浙江省科学技术厅	浙江省科学技术厅关于做好产业技术创新战略联盟建设工作的通知

1. 推动浙江产业技术创新战略联盟发展的思路分析

产业技术创新战略联盟本质上是对产学研合作机制的创新,对比产学研合作,联盟建设和发展的特点体现于:第一,从战略层面考虑联盟的可持续性;第二,从全产业链合作视野考虑技术创新成果的产业化和商业化;第三,从联盟成员共同技术创新需求出发,解决产业技术创新问题,而非个别企业技术问题。由此,着眼于机制创新的对策思路首先必须解决联盟成员的利益一致性问题,再考虑联盟的可持续发展及其目标的实现问题,也就是首先必须解决组建动力机制问题,再解决合作运行机制与可持续发展机制。

(1)降低市场交易和信息搜寻成本,创新联盟组建动力机制

联盟由企业、大学、科研机构或其他组织机构等独立法人,根据自愿原则,立足共同需求,按市场经济规则,以契约形式结成的合作开发共同体。也就是说,合作的原始动力来自于成员单位共同的利益诉求,但鉴于市场缺陷、信息不对称、合作方信任缺失等诸多因素,政府应基于市场机制,通过降低市场交易成本和信息搜寻成本,以推动联盟的组建。

(2)关注结果管理和考核,创新联盟合作运行机制

联盟运行机制创新取决于联盟决策机制、引领协同机制、利益共享机制和风险共担机制的设计。由于联盟在技术经济特征,联盟成员单位文化差异、利益的多重性、合作经历经验等方面有比较大的不同,这些机制的建立需要联盟成员单位在运行过程中不断摸索、磨合和完善。政府在联盟合作运行机制上过多的干预是不明智的,也是无效的。我们以为,对于联盟的合作运行应以结果管理和考核为导向,激发各联盟机制创新的积极性和主动性,而结果管理和考核的前提在于区别成员单位技术创新与产业共同技术创新,产业共同技术包括产业链上关键技术和产业共性技术,明确有效联盟运行机制的表征就是产业共同技术创新成果的产业化与商业化。

(3)塑造发展理念,创新联盟可持续发展机制

可持续发展机制包括联盟的战略发展机制、包容开放机制和学习交流机制。联盟的可持续发展有赖于联盟成员之间形成全面战略性合作关系,需要突破联盟关系的锁定,鼓励建立更为广泛的动态联系,强化联盟内外的交流和学习。联盟组建和运行是联盟可持续发展的基础,联盟良好的运行绩效是联盟可持续发展机制建立的必要条件,但并不是充分条件,联盟成员单位的发展理念也是不可或缺的必要条件。由此,政府在联盟可持续发展机制创新上应重点关注如何引导联盟成员单位的发展理念,以推动联盟的可持续发展。

2. 推动浙江产业技术创新战略联盟发展的政策

依据对策设计的思路,从产业技术创新战略联盟组建、运行、发展、退出整个过程,联盟发展的对策应着眼于以下五个方面。

(1)依据浙江省产业发展的战略需求,放宽联盟组建的前置条件,提供联盟合作的动力

放宽联盟组建的前置条件,只要符合浙江省产业发展的战略需求,成员单位具有合作意愿,并有明确组建目标和方案的,均允许组建联盟。为保证联盟成立的动力是成员单位真实的共同的利益诉求,避免机会主义,联盟应有 1 年到数年不定期的试运行期。在试运行期,联盟的重点在于不断探索和完善运行机制,为联盟正式运行与发展积累经验。为降低联盟的交易成本,推动联盟的组建,试运行期由科技厅给予一定

的运行经费支持,并运用公共媒体采取公开邀约方式降低联盟合作伙伴的信息搜寻成本。在运行期间鼓励联盟成员的动态调整,鼓励跨省进行合作伙伴的选择,以更有效的配置和利用资源。

(2)明晰联盟正式运行的条件,推动产业共同技术创新成果的产业化应用

在联盟试运行1年以后,给予联盟根据自己发展状况和需要,提交正式运行申请的自由。联盟正式运行的前提条件是:提出明晰的产业共同技术创新合作项目,也就是联盟能提出需要合作研究的产业共性技术或者产业链上关键技术。改革现有的以联盟利益共享和风险共担机制建设为考核点的方法,要求联盟围绕这些项目成果产业化应用设计好利益共享和风险共担机制。作为支撑,一是增加联盟单列的科技支撑项目,加大单项项目的支持强度;二是针对联盟缺乏动力进行基础性产业共性技术开发研究的情况,在项目立项上给予倾斜。

(3)简化考核内容,以项目完成结果为导向推动联盟合作运行机制的建立

简化现有的考核内容及其指标,不再对联盟的运行体制和机制、运行制度建设、运行过程进行管理和考核,给予联盟自主决定运行管理方法、手段、制度的自由。另一方面,对现有项目考核重在关注经济和技术指标,而忽略项目在联盟内共享,联盟外扩散的情况进行改革。

(4)鼓励联盟积极探索支撑联盟可持续发展的各种方式和载体

鼓励联盟积极尝试以多种途径筹集联盟运行和开发经费,比如通过建立联盟会费制度、联盟创新基金、联盟培训收费、大型设备仪器使用费用、科技开发服务费用、知识产权转让费用等,甚至在联盟中引入风险投资公司参与,为联盟持续发展提供运行和开发费用;积极协调政府相关部门,鼓励联盟通过各种载体支撑联盟的可持续发展,比如建立联合实验室和平台、建立联合研究院、建立联盟法人组织等。

(5)加强示范性联盟建设,积极推动联盟间的经验交流和学习

在浙江省开展示范性联盟建设工作,以点带面推动联盟间的交流和学习,在条件许可情况下,积极推动浙江省联盟与省外优秀联盟的交流与学习。另一方面,运用培训、宣传等多种手段,培育联盟成员单位的战略发展理念,以推动联盟建立有效的可持续发展机制。

参考文献

[1] 陈晓洪,马骏,袁东明.产业联盟与创新[M].北京:经济科学出版社,2007.

[2] 邸晓燕,张赤东.产业技术创新战略联盟的类型与政府支持[J].科学学与科学技术管理,2011(4):78-84.

[3] 冯海红,王胜光.产业技术联盟支持政策的国际经验与启示[J].工业技术经

济,2008,27(5):65-67.

[4] 胡冬云.产业技术创新联盟中的政府行为研究——以美国 SEMATECH 为例[J].科技管理研究,2010(18):21-24.

[5] 纪占武,王庆.产业共性技术供给双重失灵及其消解——以美国 SEMATECH 为例[J].科技与经济,2012,2(3):11-15.

[6] 金碚,吕铁,邓洲.中国工业结构转型升级:进展、问题与趋势[J].中国工业经济,2011(2):5-15.

[7] 金碚.中国工业的转型升级[J].中国工业经济,2011(7):5-25.

[8] 刘林舟,武博.产业技术创新战略联盟构建原则及政策取向[J].科技进步与对策,2012,29(14):102-106.

[9] 刘姝威,陈伟忠,王爽,罗双福.提高我国科技成果转化率的三要素[J].科技与经济,2006(4):55-58.

[10] 刘志迎,李芹芹.产业链上下游链合创新联盟的博弈分析[J].科学学与科学技术管理,2012,33(6):36-41.

[11] 苏靖.产业技术创新战略联盟构建和发展的机制分析[J].中国软科学,2011(11):15-20.

[12] 伍建民,张京成,李梅.产业技术联盟与政策导向[M].北京:科学出版社,2011.

[13] 谢科范,赵湜,黄娟娟,郑彤彤.产业技术创新战略联盟理论与实践[M].北京:知识产权出版社,2013.

[14] 徐刚,梁淑静,高静.产业技术创新战略联盟本质与运行难点[J].商业研究,2012(7):112-116.

[15] 徐明华,李红伟.浙江民营企业转型升级的路径选择——基于企业成长理论的分析[J].浙江树人大学学报,2010,10(2):45-60.

[16] 殷群,胡大伟.产业技术创新联盟三大问题分析[J].现代管理科学,2011(3):67-68.

[17] 殷群,贾玲艳.中美日产业技术创新联盟三重驱动分析[J].中国软科学,2012(9):80-89.

[18] 张建民.对企业核心竞争力的再认识[J].技术经济与管理研究,2011(1).

[19] 中共绍兴市委党校课题组.浙江省传统产业转型升级的实证分析——以绍兴市纺织工业为例[J].浙江社会科学,2010(9):28-33.

(作者简介:蔡宁,浙江省公共政策研究院副院长,浙江大学公共管理学院教授;项心言,浙江大学公共管理学院博士生。)

作者

李金珊

温州市产业结构研究
——从税源开始谈起

内容提要：改革开放以来，中国进入了由计划经济向市场经济的转型过程，这一过程伴随分权化、市场化及全球化，同时也形成了经济活动的空间集聚，产生了中国沿海第一批专业化的产业区。"温州模式"是一个经济制度变迁的成功模式，讲述了一个地方产业区形成的成功故事。传统的温州模式类似于最初的马歇尔产业区，即利用外部规模经济获得竞争优势的小企业在区域上集聚；温州模式实际上代表了一种成功的区域发展路径：以小规模制造和以市场导向的灵活生产、内生化增长为特征的家庭企业为中心，并辅以本地分销网络、多年的本地资本积累和地方"厚"制度等条件。

然而 21 世纪以来，温州出现了增长乏力乃至逐年倒退的现象，对温州的关注也从"学习经验"转向"诊断问题"，这不仅引发了学术界的关注，更驱动了地方政府对于这一事实的深刻认识。

关键词：产业结构；税源；温州经济

一、研究意义与研究目的

时任浙江省委书记夏宝龙在 2013 年视察温州时说："杭甬温历来雄踞全省前三名，温州这几年落后了。"[①]在温州市委的十一届四次全会报告中明确写道："（温州）大多数经济增长指标全省垫底，主要总量指标在全省排位明显退后，绝对值在全省比重进一步下降，

---

① 原文见温州政务网：《陈一新：深入实施"十大举措"全力推进赶超发展——在市委十一届四次全体（扩大）会议上的报告》(http://gov.66wz.com/system/2013/08/30/103789704.shtml)，浏览日期为 2016 年 9 月 18 日。

不少总量指标被兄弟市超越。温州经济综合实力已掉到第二梯队,发展势头掉到第三梯队。资金外流、企业外迁、人才外走,产业链、资金链面临不少问题,产业空心化和企业低小散问题突出。"[1]由图1[2]可知,2014 年温州市人均生产总值为人民币 47118 元,是全省 11 个地级市中的最后一名,与倒数第二名的丽水市相差人民币 2341 元。或许人均 GDP 并不是衡量经济发展水平最为科学的指标,但是现实中曾经作为浙江乃至中国经济发展先头军的温州面临如今"名落孙山"的事实,还是表明了这一指标的有效性。在这种情况下,我们有必要重新审视"温州模式",探究温州经济发展中存在的问题,从而更好地为温州市未来的发展提供决策依据。

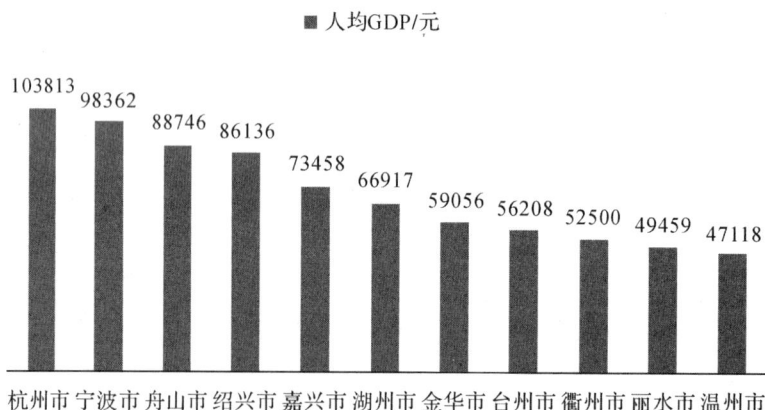

■ 人均GDP/元

图 1   2014 年浙江省各市人均生产总值一览

二、研究方案和数据采集

(一)研究方案

1. 研究对象

本研究以温州这一独特区域的产业结构整体研究对象和分析对象,以税源分析为研究切入点,对温州三次产业间的关系及各产业内部门的关系和相关联因素进行分析,通过数据处理、比较分析与实证分析,探讨和解决温州今后主导产业的选择及产业调整与优化的政策选择,在宏观和微观层面解决温州经济发展的路径,为提高温州的

---

①   原文见温州政务网:《陈一新:深入实施"十大举措"全力推进赶超发展——在市委十一届四次全体(扩大)会议上的报告》(http://gov.66wz.com/system/2013/08/30/103789704.shtml),浏览日期为 2016 年 9 月 18 日。

②   数据来源:《温州市统计年鉴 2015》,图表为作者自行整理所得。

综合竞争力提供些许参考。

为了更好地研究税源与税收在地区间的背离随着区域经济发展的情况,我们借鉴其他文献的指标即税源税收背离度(下称"税收背离度"),客观描述温州市税源与税收的背离情况。

$$税收背离度:S_i = \frac{T_i}{\sum\limits_{i=1}^{n}T_i} - \frac{G_i}{\sum\limits_{i=1}^{n}G_i}, \quad i=1,2,3,\cdots,n$$

其中为 S_i 行政区域税收收入所占比重与该地区经济总量所占比重之差,T_i 为地区的税收收入,G_i 为地区的生产总值。若某地区 S_i 为正则为税收净流入地,反之则为税收净流出地,无论正负值均被视为税源与税收的背离程度。

税收背离度在一定程度上能反映产业结构中存在的问题,而经济发展与产业结构调整之间存在着相互依存的关系。一方面,就经济发展中的结构转换而言,经济发展必然带来产业结构的转换。随着经济增长而带来的人均 GDP 的增加,消费者的需求量将发生变化。根据恩格尔法则,由于人均 GDP 的增加,食物支出在总支出中所占的比重将下降,而在工业品和劳务方面的支出比重则相应上升,这意味着整个社会需求结构发生变动,需求结构的变动必然导致供给结构的变动,加上技术等因素的影响,从而引发相关产业结构的变动。另一方面,产业结构向合理化及高级化进行调整所发生的变动,必然推动经济增长,若产业结构进一步合理化与高级化,与国内外需求结构的变动及技术进步相适应,主导产业的效率进一步提高,这种产业结构的调整必然能促进经济总量的持续增长,从而实现经济发展的目的。产业结构合理化对经济增长的贡献在发展中国家更加重要。由于发展中国家的市场体系发育不成熟和地区产业分割,非均衡现象更为突出,通过产业结构调整,提高资源要素的配置效率,能更有效地推动经济的可持续增长。产业结构的合理化与产业升级是发展中国家经济增长的重要因素和条件。根据经典产业经济学函数——柯布—道格拉斯生产函数——可知,经济增长可被描述为:

$$Y = A^T \cdot L^\alpha \cdot K^\beta \cdot \mu$$

式中 Y 是工业总产值,A^T 是综合技术水平,L 是投入的劳动力数(单位是万人或人),K 是投入的资本,一般指固定资产净值(单位是亿元或万元,但必须与劳动力数的单位相对应,如劳动力用万人作为单位,固定资产净值就用亿元作为单位),α 是劳动力产出的弹性系数,β 是资本产出的弹性系数,μ 表示随机干扰的影响,$\mu \leqslant 1$。从模型中不难看出,决定工业系统发展水平的主要因素是投入的劳动力数、固定资产和综合技术水平(包括经营管理水平、劳动力素质、引进先进技术等)。为简化分析过程,在本研究中这三种要素被刻画为劳动力要素、资本要素和科学技术要素。

2. 研究目的

"放水养鱼"告诉我们一个显而易见的道理:鱼的生长离不开水的孕育滋补。对于税源与税收的关系,我们也可以明白税源是税收的源泉。税源决定税收,而税收又反作用于税源。从税源与税收的鱼水关系延伸到一个规范的经济体,那么一个地区的税源与税收应该保持一致性即一个地区拥有多大的税源就应该获得相应的税收收入。

然而在现实世界中,由于区域经济活动复杂性的特点,普遍存在着税源与税收不一致的经济现象,在本质上体现的就是产业结构的不合理性,从而使得经济发展受到阻滞。本研究以温州市税源现状为突破口,综合考量产业发展中的劳动力、资本和科技三大要素,探究"温州模式"存在问题的原因,并提出相应的政策建议以供地方政府作为决策依据。

(二)数据采集

本研究的数据均来源于 2011—2015 年《浙江省统计年鉴》、《温州市统计年鉴》,部分涉及同时期浙江省其他各市的统计年鉴。为防止数据研究所带来的片面性,本研究同时将 2016 年 8 月于温州市实地考察的调研结论附于研究分析部分。

三、研究分析

本研究原设计对温州市各大税源主体进行详细分析,但数据均须通过产业年鉴进行,而温州市并没有详尽的产业分析报告,因此,为综合分析温州市的税源情况,我们仅能通过选取 2015 年温州市国地税关于税收收入的分析报告为主要着眼点,从而窥探现阶段温州市整体产业税源的贡献情况。

从分行业的国税数据①来看,2015 年温州市第一产业国税收入 1769 万元,同比增长 3.09%,占国税收入的 0.05%,占比与上年同期持平。第二产业国税收入 227.21 亿元,同比增长 6.38%,占国税收入的 66.25%,占比下降 0.78 个百分点。第二产业中工业行业国税收入 226.54 亿元,同比增长 6.41%,占温州市国税收入的 66.06%,占比下降 0.76 个百分点;其中不含调库收入 168.33 亿元,同比增长 1.48%,占温州市不含调库收入的 59.15%,占比下降 2.01 个百分点。第三产业国税收入 115.55 亿元,同比增长 10.16%,占国税收入的 33.70%,占比在 2014 年提高 0.47 个百分点的基础上又提高 0.78 个百分点。第三产业中,房地产业税收收入 4.54 亿元,同比增长 70.85%,主要是受欠税入库因素的影响;交通运输业税收收入 4.47 亿元,同比仅增长

---

① 由于温州国税所提供的数据报告仅 2015 年具有分行业的相关描述,因此本部分只能以 2015 年的情况为近年产业税收贡献的依据进行描述。

0.07%；信息传输、软件和信息技术服务业、金融业和租赁和商务服务业等部分现代服务业税收收入 31.39 亿元，同比增长 9.75%。地税相应数据则反映了新的问题。建筑业税收增长 16.0%，增收 5.8 亿元，拉动温州市税收增幅 2.0 个百分点；房地产业和制造业则平稳增长，其中房地产业增长 6.1%，增收 6.2 亿元，拉动温州市税收增幅 2.1 个百分点。房地产业主体税种营业税、企业所得税、契税分别下降 0.2%、41.5%、1.8%，其增收主要依靠土地增值税（增长 66.5%、增收 9.1 亿元）强劲拉动。制造业增长 6.8%，增收 4.2 亿元，拉动温州市税收增幅 1.4 个百分点。制造业增收主要原因是房、土两税入库时间前移和报喜鸟集团法人股限售解禁一次性增收、森马集团业绩增长拉动。减收行业主要有交通运输业和信息传输业，分别减收 2.1 亿元、1.7 亿元，合计拉低温州市税收增幅 1.3 个百分点，减收主要原因是去年同期高基数和"营改增"政策性减收。

从上述分析可知，温州市的主要税源集中于第二产业中的制造业和房地产业。2015 年温州市企业所得税同比增长 14.75%，增收 7.91 亿元，占不含调库收入增收额的 59.30%。但企业所得税的增长主要是由新办企业投产增收、企业减持股票和清缴欠税入库等非可比因素拉动，其中华润电力、森马投资、绿城房地产和绿城家景房地产 4 家企业合计增收 7.51 亿元，占企业所得税增收额的 94.87%。剔除这 4 家企业的企业所得税后，温州市企业所得税仅增长 0.76%。

而作为新经济增长点的高新技术产业的状态不容乐观。据 2015 年温州市税收分析报告可知，尽管温州市高新技术企业税收增长良好，但税收总量仍偏小。温州市高新技术企业税收收入 18.67 亿元，同比增长 28.33%；其中不含调库收入 12.78 亿元，同比增长 14.10%，高于温州市不含调库收入增幅 9.18 个百分点；不含调库增值税 9.01 亿元，同比增长 8.84%，高于温州市不含调库增值税增幅 8.68 个百分点。虽然高新技术企业税收增长良好，对税收增量的贡献率达到了 16.97%，拉动税收收入增长 1.29 个百分点，但其总量仍偏小，2015 年仅占整个温州市税收总量的 5.44%。

为了更好地分析现阶段温州市的产业状况，根据 $S_i = \dfrac{T_i}{\sum\limits_{i=1}^{n} T_i} - \dfrac{G_i}{\sum\limits_{i=1}^{n} G_i}$，我们对近

五年来温州市的税源税收的背离程度进行了量化分析（见表 1）。

由表 3.1 可知，温州市的税源自 2010 年后一直呈现向外转移的现象，且税收背离度一直保持在 2.2%～2.3% 之间，且整体处于缓慢上升的局面。换言之，除 2010 年外，近 4 年来温州市一直处于税收净流出地的局面。同时，由图 2[①] 可知，同时期温州市第一产业 GDP 产值比重由原先的 3.21% 下降到 2.74%。第二产业 GDP 产值比重

---

① 作者自行整理所得。

由原先的 51.18％下降到 47.17％。而第三产业 GDP 产值比重则由 45.61％上升至 50.09％。由此我们不难得出近五年来温州市的产业结构状态:一直处于以第二产业为先导,第三产业比例逐年上升并开始赶超,第一产业从产值的角度已经可以忽略不计。

表 1　温州市 2010—2014 年税收背离度①

年份	地方收入	全省税收	地方 GDP 总值	全省 GDP 总值	税收背离度
2010 年	3867623	24649600	29188152	277476500	0.05171265
2011 年	2514457	29520100	34079708	323633800	−0.02012551
2012 年	2676835	32277700	36705615	347391300	−0.02272932
2013 年	2953060	35456600	40245008	377565800	−0.0233041
2014 年	3267466	38539600	43030469	401730300	−0.02233079

为更深入地对税源背离程度进行研究,需要引入经济离散度和税收离散度,但基于温州市层面所提供的材料不足以及温州市统计年鉴中缺乏分县市的财政税收情况的相关数据,因此,本研究不得不放弃原有的研究方法,转而对温州市产业的现状进行分析,试图剖析现阶段面临的问题。

但由于 2010—2014 年度温州市国税所提供的分析报告中并没有三产国税贡献的具体分析,依据地税提供的相关统计中不难看出,如图 3 所示,温州地税的主要来源为第三产业。而从国税报告中模糊的表述中,我们又可以得出温州国税的主要税收收入来自于第二产业。仅凭上述两者间的报告,我们并不能得出温州市三大产业税收的总体情况,因此,仅凭国地税提供的报告和相关材料,我们无法根据温州市整体的税源情况进行分析。如果温州市的税源主体是第三产业,研究方案则需要集中于如何合理引导第一、二产业向第三产业的靠拢问题,同时,道格拉斯生产函数的解释效率也会相应降低。但是从浙江省整体的产业现状来看,浙江的整体产业现状呈现出来的是全省是以"低、小、散"的第二产业为主导,第三产业为辅的整体产业状况所呈现的。因此,从基本的经济常识和对温州市的走访状况来看,温州市的税源主体为第二产业的可能性大于第三产业。

同时,表 2 印证了温州市的税源主体为第二产业,这与图 2 中三产 GDP 占比所得的产业结构分布基本吻合。因此,本研究认为,尽管缺乏国税的相关数据,温州市的主要税源集中于第二产业,而在第二产业中的主导行业为制造业和房地产业(建筑业)。

---

①　数据来源:2011—2015 年《浙江省统计年鉴》及《温州市统计年鉴 2015》;表中总值单位均为万元,本表由作者自行整理所得。

■ 第一产业　■ 第二产业　■ 第三产业

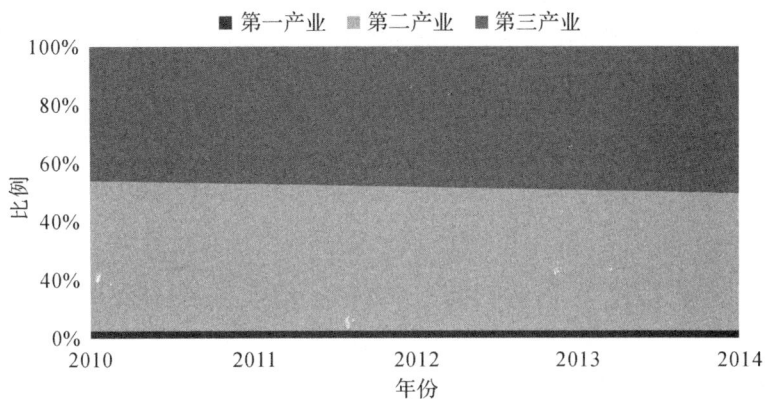

图 2　2010—2014 年温州市三产 GDP 占比

■ 第一产业　■ 第二产业　■ 第三产业

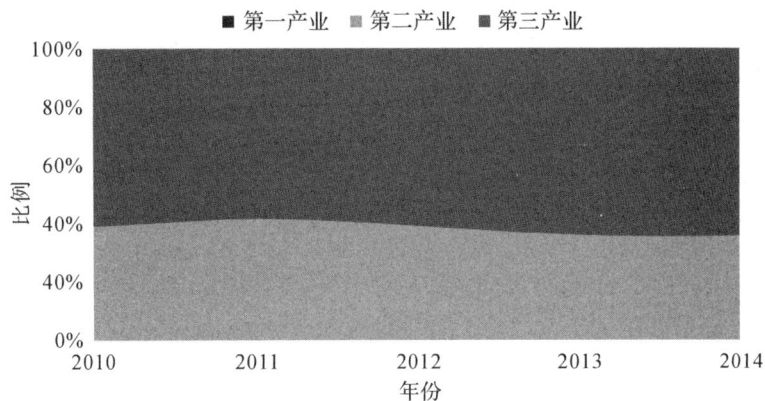

图 3　2010—2014 年温州市三产地税收入占比

表 2　温州市近五年来三产贡献率[①]

年份	第一产业	第二产业			第三产业
		总量	工业	建筑业	
2010 年	0.1	5.4	5	0.4	5.5
2011 年	0.1	3.6	2.2	1.4	5.6
2012 年	0.1	2.6	1.4	1.2	3.9
2013 年	0	4.1	3.3	0.8	3.6
2014 年	0.1	4.2	3.1	1.1	2.9

---

① 数据来源:2011—2015 年《温州市统计年鉴》。

综上所述,若要知晓近五年出现的税收净流出现象产生的原因,必须对第二产业中各大生产要素进行分析。也就是说,柯布—道格拉斯生产函数中对于劳动力、资本和技术三大要素的分析框架契合了本研究的分析单元。

(一)数据分析及结果

对产业要素来说,随着产业要素的集中与分散,在宏观层面上将直接表现为经济增长与产业的结构变化,而在微观层面上则显示出企业数量与规模的空间组合格局的变动。并且,企业规模与数量的扩张过程既是企业行为空间效应的积累过程,也是空间要素流动被吸收和企业实力不断积累的过程,在一定的范围内企业既充当了吸纳要素的载体,又成了促进经济成长的基础力量。归根到底,产业结构的变动,取决于推动产业结构变动的投入要素质量及其配置结构质量等因素。产业结构演变过程,无非是各种产业载体对资本要素、劳动力要素、技术要素和制度要素等因素及其变化而依据"成本——收益"经济原则决定的配置行为所演绎出产业分化和重组的过程。近年来,中国产业结构的转变,并不缺乏收入水平提高决定的需求结构转变的拉动作用,但是却明显缺乏支撑产业结构转变相应素质的产业要素,换句话说,产业要素的素质提高未能跟上产业结构转变的要求。

1. 劳动力要素分析

从世界各国经济的发展历史和发展趋势来看,资源和资本竞争的时代逐步被劳动者的素质,以及由劳动力素质而决定的科学技术竞争的时代所取代。劳动力配置结构、劳动力素质,既是衡量产业结构变动的一个重要指标,同时也是推动产业结构转变的一个重要条件。众所周知,在一定的产业结构下,总要求一定的劳动力结构和劳动力素质与之相配套,才能满足产业以及产业之间经济活动的客观要求。正因为如此,劳动力结构及其素质往往成为反映一国产业结构水平的一个重要指标。产业结构的升迁总是伴随着劳动力结构和素质的变迁。在工业化过程中,大量剩余劳动力从农业部门转向工业部门,劳动力的转移不仅取决于工业部门发展的吸纳能力,而且取决于劳动力素质是否适应于工业化进程的要求。因此,劳动力的成长,即劳动力规模和素质的成长,成为产业结构升级的重要条件之一。同时,劳动力配置结构变动和劳动力技能素质提高将影响和制约其他要素结构和产业结构的变化,直接影响到产业结构调整和升级的进程。

从总体上看,劳动力素质的提高不仅可以节省和替代资本,提高劳动生产效率,而且更为突出的是促使新的生产方式和产业的形成和发展。纵观产业发展历史,不难发现现代新兴产业的形成和发展,往往都是集中于那些拥有相当高劳动力素质的国家和地区,并且依赖于这些国家和地区劳动力素质的不断提高。正是因为这些国家和地区积聚了大批的技术创新人才和新技术运用人才以及高素质产业工人,推动了科学技术日新月异地迅猛发展和缩短了科技成果产业化周期,使生产高附加值、高技术含量的智能化产品的新兴产业不断涌现成为现实,从而加速推进产业和产业结构高级化发展,才使这些国家和地区保持着较强的产业竞争力。与此同时,劳动力素质的提高,还推动了传统产业的改造和调整。因此,在产业结构调整进程中,劳动力需要经过职业再培训,更新、扩大原有的劳动技能和技术知识,提高自身素质,以适应产业调整和改造的要求。

从劳动力素质的提高来看,自第四次人口普查即 1990 年以来,温州人口素质包括劳动力素质有明显的提高,较好地适应温州经济的发展要求,推动了温州产业结构的调整与优化。

表3　每十万人受教育程度[①]　　　　　　　　　　　　　　　　　单位:人

学历 \ 阶段	第三次人口普查(1982)	第四次人口普查(1990)	第五次人口普查(2000)	第六次人口普查(2010)
大学	284	628	2306	7128
高中	2992	4369	9198	12611
初中	12887	18682	33256	36663
小学	36012	43161	38765	29379

尽管表3反映的数据内包含了在校学生的数量,但从温州自身纵向比较来看,无论是人口素质还是劳动力素质都得到较好的改善,另外从粗文盲率的角度也可以反映以上问题,第三次普查粗文盲率为 28.25%,第四次为 19.63%,第五次为 7.01%,第六次为 7.06%[②],粗文盲率有明显的下降趋势。与此同时,温州的人才队伍建设也取得很大的成效,培养与形成了一大批优秀的企业经营管理人才和专业技术人才。尤其是一批精通市场、善于管理、敢于创新的企业经营管理者及上百万走南闯北的温州人,成为温州独特的人才资源优势。

但是对照实施温州经济发展战略的要求,温州仍然存在人才资源严重不足,瓶颈制约日益凸现等问题。对于经济发展来说,最大的问题集中在高层次技术人才。

尽管根据统计年鉴中显示,截至 2014 年年底温州市人才资源总量达到 677386 人,占全市人口(8136900 人)的 8.32%,达到了国际公认的经济腾飞人才密度(7%),但是从人才分布状况来看,绝大部分人才集中于建筑业(155130 人),教育业(87887 人),公共管理、社会保障和社会组织领域(86381 人),而从事制造业(187524 人)和技

---

① 数据来源:2011—2015 年《温州市统计年鉴》。
② 数据来源:2011—2015 年《温州市统计年鉴》,由作者自行整理所得。

术研究(8941 人)的人才仅占人才总量的 29.00%。这就意味着能直接转化为生产力部门的人才分布并不如人才密度显示的情况乐观。同时,表 4 中的数据也证实了在 R&D 部门中较高学历(研究生以上学历)的人数也并不充分。

表 4　R&D 人员组成情况表①　　　　　　　　　　　　　　单位:人

时间 项目	2010	2011	2012	2013	2014
R&D 人员合计	22971	22760	30015	36678	39942
研究人员	5305	5526	6504	8030	8186
全时人员	13648	16635	21858	26033	26821
非全时人员	9523	6125	8157	10645	13121
博士毕业	142	131	161	182	
硕士毕业	569	653	637	681	
本科毕业	6647	7197	7776	8532	
其他学历	15613	14779	21441	27283	

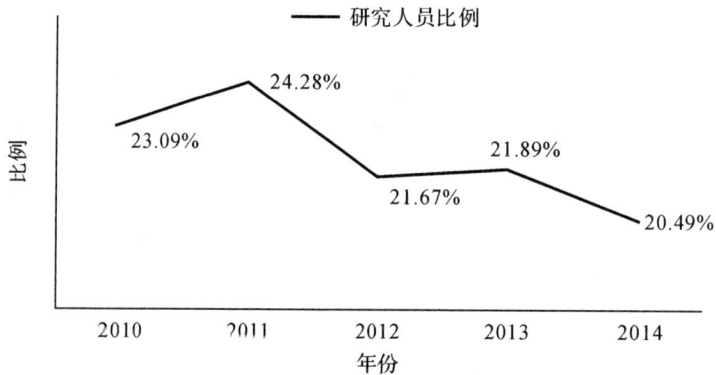

图 4　2010—2014 年研究人员比例

由图 4② 也可知,自 2010 年以来,温州市 R&D 部门中的专职研究人员的比例呈现出波动性下降的趋势。另一方面,人才的分布部门状况也并不乐观。根据年鉴数据,温州市人才在企业的人数共有 447674 名,占所有人才的 66.09%,这依然与国际公认的企业人才占比率(80%)具有一定距离。

---

①　尽管 2014 年的数据缺失,但参照前四年的数据记录,我们有理由相信 2014 年的 R&D 人才学历分布比例与 2013 年相近。

②　作者自行整理所得。

而从劳动者的增量来看,大量的外来务工人员,2010年第六次普查显示有323.84万人进入温州,较好地满足了温州劳动密集型产业发展的需求,同时,也弥补经济发展对劳动力量的需求的矛盾,因为同期温州外出的劳动力就有173.69万人。但是由于第六次普查数据仅停留于2010年,近年来出现的民工荒与技工荒并没有准确反映在统计数据中。而这些用工荒的问题正逐步成为制约温州发展的重要因素(详见调研分析部门),应当被引起高度重视,需要切实解决技术产业工人的增量问题及人才资源的合理配置与流动问题。政府要在政策引导、环境优化、适应推动上做好文章,促进人才培养的本地化与高级化,有效适应温州产业经济发展的要求。

从劳动力就业结构来看,主要发生了如下变化。

一是从业人数的比重与产业GDP占比的变化趋势相仿。由表5可知,第一产业的GDP占比由3.21%逐年下降到2.74%,从业人数由0.10%波动性下降到0.06%;第二产业的GDP占比由51.18%逐年下降到47.17%,从业人数由67.19%下降到58.70%;第三产业的GDP占比由45.61%逐年上升至50.09%。从业人数由32.71%逐年上升至41.25%。这与温州市工业企业由于高成本、高污染以致企业整体外迁有关,但这在一定程度上表明了温州市具有第三产业发展的空间。

表5 三产GDP总值与从业人数占比①

年份	GDP总值占比			从业人数占比		
	第一产业	第二产业	第三产业	第一产业	第二产业	第三产业
2010年	3.21%	51.18%	45.61%	0.10%	67.19%	32.71%
2011年	3.17%	50.08%	46.76%	0.09%	64.96%	34.95%
2012年	3.11%	48.75%	48.14%	0.04%	62.84%	37.12%
2013年	2.83%	47.60%	49.57%	0.05%	59.68%	40.27%
2014年	2.74%	47.17%	50.09%	0.06%	58.70%	41.24%

二是三大产业的从业人数变动并不是很显著,而且开始出现变动率逐年下降的趋势。第一产业的变动为−0.01%、−0.05%、0.01%和0.01%,第二产业的变动为−2.23%、−2.12%、−3.16%和−0.98%,第三产业的变动为2.24%、2.17%、3.16%和0.97%。这在一定程度上能够反映温州市产业结构调整出现瓶颈期,尽管面临环境保护、税收优惠和用工荒等现实,由市场完全自发的产业结构调整业已日趋饱和。而且第三产业的从业变动与第二产业的从业变动大致相反,说明了第二产业正在逐步向第三产业转移的现状。面临需要更多劳动力成本的第三产业,用工荒的现实

---

① 数据来源:2011—2015年《温州市统计年鉴》,由作者自行整理所得。

是否会成为严重制约温州产业结构调整的重要环节则是另一个需要具体考量的问题。

2. 资本要素分析

任何一个国家或地区的产业结构成长,都需要经过产业资本的不断积累和技术的不断创新,使国民生产份额中非农业产业比重以及社会劳动就业总额中非农劳动部分不断增加,从而促使本国、本地区人民的劳动就业方式和居住方式发生根本变迁,逐步完成从农业社会向工业社会的转变。产业资本的规模和结构决定了产出的规模和结构。产业资本的形成及其在各产业间的分布,不仅对产业结构的形成具有决定作用,而且还对产业结构的调整具有至关重要的推动作用。实际上,产业结构的调整和优化,既是盘活存量资产的问题,又是搞好增量资产的问题。搞好增量资产的问题,关键就是要搞好产业投资问题。

产业投资实际上就是把社会储蓄转化为资本的实现形式,它包括间接融资和直接融资。而前者是以金融机构作为媒介,后者则是资金通过金融市场直接流入企业,从而实现投资。因此,投资过程就是实物资本的形成过程,即货币资本在不同产业、企业之间的配置过程。随着投资的增加及其在各部门、各地区之间的投资比例的变化,实物资本在各部门各地区之间的分布也将发生变化,从而有可能使产业结构和生产布局合理化。可见,产业投资规模和结构的变化过程在某种程度上反映了产业结构的变化过程。

表6　2004年以来全社会及固定资产投资情况[①]　　　　　　单位:万元

年份	全社会投资	固定资产投资		
		总量	投资项目投资	房地产开发投资
2004年	5073204	3989301	2573098	1416203
2005年	5421089	4659166	3119465	1539701
2006年	6455524	5578827	3891232	1687595
2007年	7370316	6405924	4480991	1924933
2008年	7584399	6558402	4364483	2193919
2009年	8377764	7244812	4711388	2533424
2010年	9259795	8020022	5315067	2704955
2011年	17515175	15403087	85997540	6805547
2012年	23571082	21103395	14228367	6875028
2013年		26181629	18837921	7343708
2014年		30528120	22439357	8088763

---

① 数据来源:《温州市统计年鉴2015》,2013年及2014年全社会投资数据缺失。本表由作者自行整理所得。

固定资产投入作为投资中最重要的组成部分不仅在总量上与经济增长密切相关,直接影响和决定着经济增长的速度,而且在结构上直接影响和决定着经济结构特别是产业结构的形成及其发展变化。因统计资料限制等因素,本研究只选用温州全社会固定资产投资变动的情况来反映温州投资的变动状况(见表6)。

从投资规模上看,温州全社会固定资产投资规模由 2004 年的 507.3204 亿元增加到 2012 年的 2357.1082 亿元,增长了 3.65 倍;温州的固定资产投资规模则由 2004 年的 398.93 亿元增加到 3052.81 亿元,增长了 6.65 倍,其中项目投资和房地产开发投资分别增长了 7.72 倍和 4.71 倍,在金融危机和后金融危机时代为温州的经济稳定做出了一定的贡献。

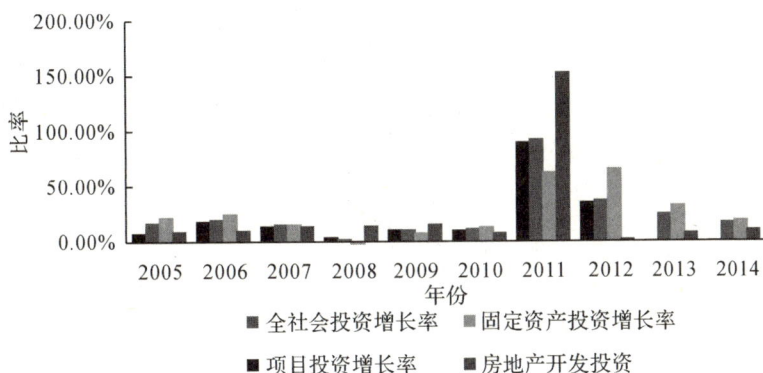

图 5 2005—2014 年各投资类型增长率

但是从图 5[①]中不难看到,2011 年各项投资的增长率都有大幅度地提高,但从那一年之后投资增长率又迅速恢复到 2005 年的水平。这在一方面表明了投资增速开始趋于理性化,但在另一方面也证明了政府政策对于资本市场的干预只能是短暂的(2011 年的井喷式增长主要得益于国务院四个亿的投资计划和温州金融试点的政策支持及上一届政府对相关政策的推波助澜)。因此,如何通过正确的政策选择刺激投资增长,是一个亟待思索的问题。

3. 科学技术要素分析

产业结构是一个复杂开放的系统,生产的发展以及产业结构的变化同社会再生产的其他环节和因素都紧密相关。因此,产业结构的形成及其变化,受着很多因素的影响和制约,其中最主要的有:社会最终需求的变化、科学技术的进步、国际贸易的发展

---

① 作者自行整理所得。

等。产业结构的转换就是在这些因素的相互作用下实现的,其中科学技术进步是最关键的因素。正如经济学家特利克耶杰所言,在需求模式和相对成本变化中,技术进步无疑起着主要作用。

在国民经济的大体系中,任何一个产业部门都以它们的产品供给社会,满足全社会生产与生活的需要。产业结构即产业之间的相互关联,取决于产业之间的生产技术结构水平。技术进步主要表现为新行业的出现以及生产迂回程度的加强,也就是说技术进步意味着经济的进一步多样化:一方面,原有产业和产业部门分解,某些产品或原有生产过程的某一阶段随着生产技术的变革和社会需求的扩大而分离出来,形成新的产业和产业部门;另一方面,技术进步使得新产品、新工艺、新能源、新技术的发明和应用成为可能,由此扩大了社会分工的范围,创造了生产活动的新领域,形成新的生产部门和新的产业。技术进步还促使科学→技术→生产的周期日益缩短,新产品和新部门不断涌现,产品升级、更新速度加快。另外,技术进步的结果并不是消灭一批传统产业,而是使这些传统产业以新的面貌出现在新的产业结构之中,有的甚至成为某些新兴产业赖以建立的重要物质条件之一。技术进步将使整个产业结构建立在新的技术基础之上,并且具有了新的内容,由此导致与科技进步相伴的产业升级进而是产业结构的升级。

在科研经费投入情况方面,2014 年温州市科研经费支出合计 59.65 亿元,其中财政投入科研活动的经费共 6.67 亿元,占公共预算支出的 2.15%。非政府投入科研经费为 97.75%,绝大多数为企业自筹。相对来说,温州的科技活动对市场信号较为敏感,研发的重点也是放在能在市场迅速获得成效的项目上。而在美国的民间部门研发经费中,由联邦政府负担的部分达 30% 以上。这说明温州由于政府投入不足等问题,也影响了温州的基础研究,存在科技发展支撑力不足和产业结构调整后劲力不足的问题。

表 7　2014 年 R&D 经费支出情况①　　　　　　　　　　　　　单位:万元

R&D 经费支出合计	经常性支出		资产性支出		
	总计	人员劳务费	总计	土建工程	仪器和设备
596468	531781	193013	64687	668	64020

在科研经费的使用情况方面,如表 7 所示,R&D 经费支出的 89.15% 被用于经常性支出上,资产性支出仅占 9.75%,这也从侧面反映了科研经费使用的效益有限。

从图 6② 也不难看出,温州市在科技投入领域在全省范围来看也并不名列前茅,

---

① 数据来源:《温州市统计年鉴 2015》。
② 数据来源:《温州市统计年鉴 2015》,作者自行整理所得。

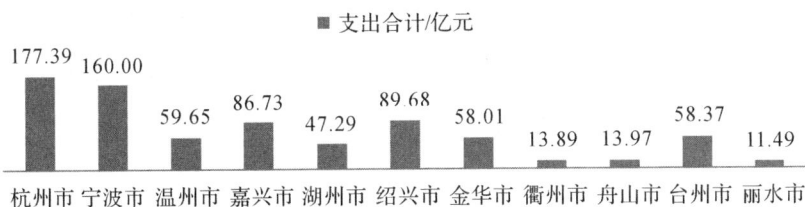

图 6　2014 年浙江省各市 R&D 支出合计

跟支出前两名的杭州市和宁波市甚至差了 100 多亿元人民币。而且值得注意的是,本图的数据来源于《温州市统计年鉴 2015》第 419 页,在该页上温州市的数据为 0。这表明在全省统计 R&D 数据时,温州市并没有向省厅上报统计数据,换言之,相对于其他几个地区而言,当温州市统计得到 59.65 亿元的数据时,其他几个地区的统计数字可能早已超出了上报数据。不过,即使是不同统计时期内得到的数据,图 3.5 还是能反映出温州市科研投入较少的现实。

在科技项目方面,如表 8[①] 所示,温州市科技项目呈现波动性增长的状况。尤其自 2013 年,科技方面的奖项(科技进步奖)和科技计划项目较之前几年,都处于较低水平,2014 年才有所回升。从发明专利、实用新型专利、外观设计专利来看,呈逐年递增趋势。技术合同数与成交额上看,2000 年与 2002 年有较大的提高。以上可以看出,温州在加大科技投入的同时,科技项目与发明专利及实用性技术都有很大的发展,推进了温州的产业发展,但是,从科技进步奖减少等情况看,也反映了一个基础性、创新性科技研究开发不足的问题,一定程度上影响科技进步对产业结构调整的推动作用。

表 8　温州市科技项目情况

时间 项目	2010 年	2011 年	2012 年	2013 年	2014 年
市级科技计划项目(项)	846	499	945	582	1029
市及市级以上新产品(项)	467	423	774	862	808
省级	457	415	774	856	806
科技成果获奖	121	121	121	107	120
科技进步奖	121	121	121	107	120
省部级	23	23	22	24	20

---

① 数据来源:2011—2015 年《温州市统计年鉴》,作者自行整理所得。

续表

项目＼时间	2010 年	2011 年	2012 年	2013 年	2014 年
市级	98	98	99	83	100
发明专利累计（项）	3609	4231	4956	5639	6593
实用新型专利累计（项）	25494	31713	41906	57124	72829
外观设计专利累计（项）	28895	33238	39587	47755	55467
技术合同情况					
合同数（项）	224	193	74	98	84
技术成交额（万元）	9357	1837	2798	16010	31633
专利、科技成果					
专利授权数（件）	10554	11184	17267	24069	24371
市级以上科技成果奖（项）	121	121	121	107	120
省区外高新技术企业数（户）	316	399	480	525	637

（二）调研分析及结果

为防止数据分析导致的偏颇，我们在数据分析的基础上综合选取了两大主要调研地区进行实地走访与考察。调研选取的地点为温州市鹿城区和瓯海区，覆盖了温州市经济发展的两大前沿地区。调研对象既有温州市经济发展的先头企业（如红蜻蜓、崇高百货等），也有在强有力的行业协会（如鞋革协会、电气协会、服装协会等），更包括了市政府在内的三组主管经济发展的重要部门代表（其中包括发改委、经信委、财政、税务等部门）。

1. 企业调研情况

根据企业座谈，温州市当前产业具有以下几个特点。

（1）产业块状化。温州产业的空间集聚特征突出，具有较强的沿海平原指向性。从空间分布上看，温州的产业主要集中分布在市区（鹿城、瓯海、龙湾三区）、乐清、永嘉、瑞安、平阳和苍南等地区。经过多年发展，沿海平原地区的 30 多个集镇通过分工协作，形成了"一村一业，一镇一品"的"块状经济"产业布局。其中比较典型的产业有鹿城的鞋革、服装、烟具产业，龙湾的不锈钢、食药机械产业，乐清的低压电气、电子信息产业，瑞安的汽摩配产业、永嘉的泵阀产业、苍南的印刷包装产业。

（2）企业家族化。中小家族企业是温州产业区发展的主体。根据年鉴数据，2014年温州共有工业企业 155929 家，年产值 500 万元以上（规模以上）的企业 4897 家，占企业总数的 3.14%。其中私营企业 3217 家，占上规企业总数的 65.70%。温州民营企业起步于家庭企业,在当地浓厚的宗族文化影响下,大部分企业带有很强的家族制色彩,家族成员通常在企业经营管理层中担任重要角色,控制着企业的发展方向。尽管一些大企业通过股份制改革逐步向混合家族制企业转化,但是公司股权仍大部分掌握在家族成员手中。到目前为止,产业区内只有少数几家企业通过上市成为真正的公众企业。

(3)文化封闭化。温州产业区内具有独特的地域文化特征,企业和产业的发展深深地根植于当地稠密的制度文化之中。在永嘉学派功利主义的影响下,温州当地弥漫着积极进取的创业文化,"宁为鸡头,不为凤尾"的观念深入人心。产业区内充满着浓厚的商业氛围,基于血缘、亲缘和地缘关系形成了稠密的社会网络,市场信息和技术信息在产业区内快速流动,各种商业机会和技术诀窍很容易通过当地的关系网络获得,企业间的正式与非正式交流十分频繁。此外,产业区内的市场行为也主要依托于当地的社会网络,长期以来形成的信任机制维系着产业区的发展。

以上三大特征决定了企业在后续发展中必然会出现以下问题。

第一,是人才(尤其是高端人才)的招工难和留不住问题。在知识经济时代,知识资本被用来衡量公司的竞争力。知识资本是指公司的劳动群体具备的特定知识和技能。往往成功的企业以创新思维、尖端产品和服务取胜,而这一切都源于员工的知识和技能。拥有知识资本的人对不同类型的企业有不同的界定,如计算机程序员、网络工程师、市场分析人才等。其他掌握知识资本的人群还包括中层经理、高级管理人才、法律顾问等人群,这些知识资本群体既可能对企业的运营有深入的了解或行业经验,也可能对企业的运营体系或相关法律等事物具有专长。当雇员离开,公司就会失去他们辛苦学到的知识和付出代价得到的经验。特别是掌握核心技术或商业机密的知识型人才的离职,致使企业可能无法立刻找到可替代的人选,从而导致企业关键岗位的空缺,也可能导致企业的核心技术或商业机密的泄露。企业再培养一批掌握核心技术的知识型人才,必然要花费企业的人力、物力和财力,这势必影响或增加企业的正常成本运作,甚至可能对企业造成严重的损害。当雇员投奔竞争者,损失就更加惨重。公司不仅仅损失了知识基础的重要部分,其竞争者更不费吹灰之力得到了公司花费了时间和金钱所培养出的这一部分资本。显然,温州市强大的内向型文化使得人才难以融入温州的当地生活,另外并不完善的基础设施建设(如医院、小学、停车库等)也成了人才引进的推力。

第二,是温州市产业政策的不稳定性。温州地方政府的"无为而治"①导致了20世纪 90 年代温州经济的崛起,但是在市场经济条件日趋完善且经济日益全球化的今

---

① 特别提示,本报告中的"无为而治"并不能摈弃乱作为的现象。只有良好的制度环境、优秀的整体发展规划才能有效缩减政府乱作为的空间。

天,这种"无作为"的理政思维则成了本土企业发展最大的桎梏。根据调研结果的反馈,温州市的税源大户在选择总部时优先考虑的是当地的政策扶持力度。地方政府为了通过总部经济的手段获得税源,通常会许以财政奖励(如税收返还)、租金减免等手段留住税收大户。但是现实的问题在于这种政策的优惠只能在短时间内产生作用。尤其是在政府换届的时候,这种政策优惠在很大程度上会被视作短时间内的空头支票。相比于温州地方政府短时间的政策安排,宁波市由于独特的地理区位条件辅之以一定政策优惠的做法,更加能够吸引税收大户的眼光。姑且抛开宁波市作为副省级城市所具有的特殊的政策倾斜,宁波市的经济发展水平和优渥的人才政策使得高端人才倾向于留在宁波发展。另外,对于企业来说,只要是符合宁波市政策优惠范围内的,一般都能享受到免费的办公场所——一方面能为企业尽可能减少成本负担,另一方面宁波政府享有这些办公场所的产权,并不需要担心用地和后续流通使用的问题——这些都是现阶段温州市大型税源把宁波作为新办公场地的重要因素。

2. 行业协会调研情况

多元利益的冲突与整合是市场经济条件下的重要社会特征,必须有一种开放、畅通的利益表达和实现机制,才能减少多元利益的摩擦、冲突,维护社会的稳定。作为行业利益代表的行业协会,通过纵向沟通和横向协调,为这一机制的确立提供重要支持。一方面,通过行业协会这一中介,企业与政府之间得以进行充分沟通。行业协会可以代表本行业迅速地把利益诉求和权利主张传递到政府决策过程之中,同时也把政府决策过程中的信息反馈给会员企业,从而架起了国家与企业的沟通桥梁,在企业与政府间建立起一种长久可靠的信任机制。另一方面,通过行业协会,协会成员之间可以进行利益协调。面对不同成员之间的利益矛盾和意见分歧,行业协会能够以其组织的力量,进行互谅互让、放眼全局的自我协商和化解,从而促进自觉、稳定的行业秩序的形成。因此行业协会对于温州经济的问题的揭示主要产生于行业发展的角度。

行业协会所关注的是温州"低小散"经济模式的转型与未来。首先,温州产业区形成的背景是计划经济体制下的"短缺经济",巨大的"市场隙"为边远农村地区形成产业区提供条件。温州当时选择的产品大部分是居民生活或生产单位所需,但是城市工业不会或不屑生产的小商品,如再生布、再生塑料、小五金电器、纽扣、拉链等。这些产品往往技术含量不高,因此决定了产业的低端特征。如何将低端、无序的产品聚成一个温州特有的品牌,既需要打破旧有的家族式企业的桎梏,又需要引进高端的人才。在这一方面,行业协会表达了与企业相似的担忧。

其次,温州产业区的发展受到宏观制度变迁的约束。温州产业区的形成与发展主要是通过"挂户经营"、"股份合作制"企业等形式的制度创新,率先突破中国的体制枷锁,形成区域内的制度先发优势;地方政府的"无为"在产业区发展初期起到积极作用。但是,在发展到成熟阶段之后,温州产业区发展面临宏观经济制度变迁滞后的阻力。

例如,金融制度改革的滞后阻碍了产业区的进一步发展。此外,中国的市场环境受政府管制,政府对民营企业市场准入仍然严格控制,因此产业区的发展前景主要取决于政府的意志。

再次,在市场环境发展不成熟的条件下,企业的发展具有强烈的投机趋向。在20世纪80年代的"短缺经济"时期,温州产业区经历了"质量危机",如乐清的假冒伪劣电器、鹿城的假皮鞋。由于市场规范不完善,产业区在发展过程中容易出现"机会主义"倾向,往往导致严重的产品质量问题。时至今日,这依然是困扰着温州自有品牌的老大难问题,其中既有外来企业对温州品牌的假冒,也有温州企业对外来品牌的仿制。

最后,随着市场竞争的日趋激烈,企业面临新的问题。传统的经营理念存在路径依赖性,许多企业面临低端"锁定",技术升级过程非常艰难。相反,许多企业纷纷放弃实业,寻找新的"市场空隙",转向利润较高的投机性行业。实业空心化最终造成的结果是温州资本市场出现的不稳定性,由于当前资本市场受到一系列制度及非制度性的影响,温州当地的资本市场状况不容乐观。

3. 政府部门调研情况

经济主管部门对于温州经济发展无力的反馈主要集中于以下几点。

一是本地要素的强有力制约。温州与杭州、宁波等发达城市相比,资源约束格外明显,包括水、电、土地都严重不足,特别是土地资源的瓶颈制约。土地供需关系的矛盾,直接造成企业扩容的困难,抑制了工业性投入,特别是土地资源的瓶颈制约。土地供需关系的矛盾,直接造成企业扩容的困难,抑制了工业性投入。配置效率不够高,不少成长型中小企业无法得到土地。供地率不够高,土地紧缺又带动地价上升、房价上涨,导致企业生产成本与商务成本的提高。

二是产业组织存在缺陷。温州产业组织缺陷表现为大多产业集群内部企业成长缓慢,小型家庭、家族制企业仍然是各个集群的主体,企业单体竞争力很弱,自主创新能力不强,对环境依存度很高,内部竞争秩序也较为混乱。比如,由于各个生产工序分散在不同的企业之中,各个企业主从个体理性出发,都有搭便车的倾向,他们不会为了共同的质量信誉,而主动承担提高产品质量的成本,所以集群化的生产不利于产品质量的提高,也难以树立起产品品牌;小规模企业资金实力有限,难以购买投资数额巨大的先进设备,产业技术升级受到一定的影响;大量小企业集聚在一地,固然有利于产业知识的传播,但是另一个副作用是也容易导致仿冒等侵犯知识产权的情况发生,从而影响创新的积极性。所以集群内企业仿制成熟产品的积极性很高,自主投资创新的积极性偏低,影响集群核心竞争能力的提高。

三是人才匮乏。在温州高级技师比研究生还要少。如果劳动力素质不能提高,必然制约产业的提升。比如船舶制造,它对电焊工的技术要求是很高的,虽然甲板等平面上的制造很多都是自动化的,但在很多角上还要靠人工焊接,如果没有高级电焊工,这个船的质量就是值得怀疑的。下一步如果温州不结合产业发展和企业需求,大力加强职业技术教育,相应增加职业培训基地,加快培养各类技术人才特别是紧缺人才,那人才资源缺乏将严重制约温州经济的进一步发展。

四、相关结论

综合数据分析和调研结果,制约温州经济发展的主要因素可以被归结为以下几个方面。

最重要的因素是基础设施建设。一直以来政府都流传着"要想富,先修路"的理念,这一点对于温州来说依旧适用。尽管高铁和动车开通之后,温州作为多班动车的始发地使得温州成了沟通东部沿海经济带的重要环节。但是相比长三角和珠三角的各个地市,温州交通基础条件较差,城际交通虽有所改善,但城内交通,无论是温州市区还是县城,甚至一些乡镇(如柳市、龙港)之间的基础设施配套并不完善。这也导致了与之相连的工业基础相对薄弱。温州实际是有海优之名,无海利之实,温州虽处海洋之滨,但却是前不近上海,后不连香港。正如经济学中发展理论描述的那样,温州成长起来的高端产业(包括人才、资本)大量向上海、杭州等中心城市集聚,而依赖低成本的低端产业开始向更低成本的中西部地区转移。这样就会导致传统产业竞争力进一步下降,市场空间与利润空间进一步缩小,使部分中小企业原已存在的安全生产、产品质量、劳动保护等问题更加突出;另一方面,又促使企业向外发展,寻求生产成本更低、效益更高的地方。

其次,人才政策的落实与反馈性差。如前所述,不管是统计数据还是实地调研与访谈的结果都向我们展示着温州人才问题的亟待解决。事实上,我们在温州市政府、鹿城区政府和瓯海区政府都曾经询问过当地主管部门有关人才政策的问题,注入人才政策的拨款、相应的条件等,几乎听到的答案只是一句"我们有人才政策,但是很复杂,每个部门都有",甚至连最基本的关于所辖部门人才政策的数量都得不到有效回答。这只能说明,在温州人才政策的落地存在很大的问题,更遑论人才政策的具体回应。再加上基础设施建设的滞后,应该说温州的人才政策收效甚微或者说没有得到足够的重视。

再次,传统低附加值产业的桎梏。温州企业大多是以小起步,最后聚小成大,在崛起过程中,"块状经济"或者说产业集群的贡献功不可没,"块状经济"可以说是"温州模式"重要组成部分。自20世纪八九十年代始,迫于生计的温州人创办家庭工厂,利用制度创新、市场创新与技术突破,以"轻、小"起步,逐步形成了"小产品大市场、小资本大集聚、小企业大协作、小产业大规模"的块状经济特色,更呈现出"一镇一品牌、一县一主业、家家户户办企业"的蓬勃发展态势。随着先发优势的丧失,经济步伐的加快和国际金融危机的倒逼,体制优势也已经弱化甚至已经逐步丧失,块状经济结构性矛盾的弊端也暴露无遗。支撑这些"块状经济"的大多是劳动密集型、低附加值的传统产业,存在人才要素严重匮乏,公共创新服务体系缺失;低层次竞争和不良竞争环境;自主品牌较少、创新能力不强等缺陷,亟须向现代产业集群转型升级。

最后,温州市政府近二十年对于温州产业的毫无作为也是导致温州市发展落后于浙江省其他几个地区的关键因素。在本报告的写作过程中,我们发现温州市政府部门对于整体产业情况缺乏基本认识。这一点首先体现在国地税上交的相应税源报告中,两者对于税源的认识仅仅集中于税收主体的单一分析。另外,税务部门均忽视了对税源和产业的发展之间关系研究,且报告时的统计口径不一,使得本报告的研究困难重重,比如在进行整体税源情况的了解中,国税的统计仅关注于主要行业的规模以上企业,而地税的统计则相对宏观地兼顾到了整个行业的分析。同样是税务部门在对税收情况进行汇总时缺乏统一的报告也是造成温州市政府对于产业调整缺位的重要因素。缺乏最基础的、统一口径的数据分析,可能也是温州市政府无法对产业结构作出精准判断,从而作出产业调整政策选择的重要因素之一。因此,如何整合部门力量,合理解决现阶段温州市产业调整大局中出现的问题,是现阶段政府部门亟待解决的问题。

五、政策建议

税源问题是我们研究的切入点,但研究的结果却无法回到税源上,因为税源本身就是产业,就是经济的持续发展。解决税源问题也许可以通过技术手段的调库、加强征税等等,但归根结底还是要解决发展的问题。因此,我们建议从以下几个方面入手。

(一)加强基础设施建设

经济起飞离不开基础设施建设的助推。沿海地区经济快速发展和某些区域开发的成功,一条共同的经验就是通过率先启动大规模的基础设施建设,为经济高速增长奠定坚实的基础。经过这些年的超常规发展,温州的基础设施面貌有了翻天覆地的变化,促进了全国经济社会的快速持续增长。然而,由于过去基础薄弱和历史欠账多,温州基础设施的某些瓶颈制约因素仍未消除。在新的起点上推进新跨越,加强基础设施建设显得更加紧迫。另一方面,基础设施的建设能够为温州市吸引更多的高端人才,为下一步传统产业的转型升级提供新的助力。

(二)产业扶持的重点应当注重税收政策而非财政政策

制造业的税收扶持与服务业的税收扶持的侧重点应有所不同。由于两者的产业性质不同,第三产业从全省的发展趋势看,其发展速度明显有赶超制造业的趋势。尽管温州目前的第三产业还很薄弱,我们建议还是应当有针对性地加大对第三产业的扶持力度,以便更多的企业将结算中心留在本地,也就是将税收留在温州,而不仅仅是将生产地留在温州。不管是人才政策还是产业扶持政策都要向新兴产业倾斜,尽管现阶段这些产业的比重尚低,但其发展势头较好,这也是税源培育的重中之重。

(三)重新整理并完善现有的人才政策

第一,温州政府在致力帮助温州制造业产业转型升级的同时,应加大人才引进力度,以优惠的政策吸引技术人才,引进一批针对转型升级需要,可以帮助温州制造业转型升级的专业性人才,比如能够帮助改革温州制造业产业集群结构问题的管理人员和技术专家,同时重点引进能够进行品牌运作的高级管理人才,具备知识和经验的复合型人才,同时也要注意与国际社会接轨,具有国际市场敏感度的外贸人才等。第二,在引进人才的同时,也要注重本地人才的培养,结合全国成功城市的案例,创办本地的专业人才培训机构。与当地高校合作,培养高技术人才,在相应院校的相应专业中,设立专门的培训研究所,吸收潜力人才,重点培养产业集群发展及转型升级所需的各类型人才。第三,政府因努力建设本市的企业转型升级的氛围,做好产业集群发展的宣传工作,同时应鼓励当地产业集群对科技创新研究方面的投入,通过政策方式给予有能力负担创新研究的企业以优惠,帮助企业实现科研技术方面的创新研究,同时应做好与行业协会间的交流合作,及时将对产业有利的信息传达到各个企业,帮助引导及支持产业集群的转型升级和发展。

(四)重视行业协会在本土人才培养中所起到的作用

行业协会是温州市产业发展的重要支撑力量。相比较于政府部门,行业协会拥有较为严谨的组织架构和脱离政府利益关系链条的优势,能够在最大程度上为政府的宏观决策提供较好的建议与方案。在行业发展方向上,行业协会更清楚行业未来发展的方向,同时也具备更多的专业化人才对整个行业进行具体地评估和分析,从而为企业的转型升级提供强大的智力支持。另外,行业协会也更能明白行业所需的专业人才,由行业协会共同参与本土化人才的培养,通过设立专门化的学校、聘请专业的老师对本土的技术工种进行培训,并加强与高校的高端人才培养计划,能够为本土人才的培育提供新的可行性思路。

(五)通过制度手段规范市场运作

想要实现产业集群的转型升级,集群内企业的转型升级是必不可少的基础,但是现在温州制造业产业集群中,还存在很多的恶性竞争,一味考虑个体经济效益,从而忽略了产业集群整体的经济利益,产业集群内部缺乏有效的沟通、整合,进而缺乏有效的合作性,从而阻碍了产业集群的转型升级。温州制造业产业集群想要成功转型升级,集群内的各个企业的团结协作是必不可少的。温州因为家族企业比较普遍,所以集群内企业间的交流合作比较缺乏,导致许多信息孤岛,互相企业间信息部流通。实现集群内的协作,就需要各个企业间形成一个交流沟通的网络体系,在竞争的同时,也能互相交流学习,从别的企业中获取自己企业的创新生产所需,同时帮助对方企业更好地发展,通过整体间的合作帮助来带动整个产业集群的转型升级。大企业在培养、开发自己企业的人才技术的同时,也应发挥产业龙头的作用,在着眼高价值环节的同时,能将非关键性的一些环节下包给一些中小企业,从而形成多层次分工体系,建立能够快速适应外界环境变化要求的集群网络,帮助中小企业向工艺、产品升级,而自身也能实现向设计、品牌方面的升级。两者互补,发挥各自优点特性,从而实现集群整体转型升级。

(作者简介:李金珊,浙江省公共政策研究院副院长、教授。)

社会建设

作者

凌卯亮

宣传教育、心理认知与居民的垃圾分类行为：一个新的分析框架

内容提要：既往研究在探讨政策如何影响居民的垃圾分类行为时，往往将政策作为输入变量，居民的有效分类率作为输出变量，关注点多在于政策投入是否有回报以及回报率如何，将政策干预的过程与机制视作"黑箱"。然而，更深层次地研究政策的干预机理对于以提高居民认知程度与道德责任感为宗旨的"宣传教育政策"尤为重要。打开"黑箱"不仅可以建构"宣传教育→心理认知→分类行为"的新的分析框架，而且能够揭示宣传教育对居民心理认知以及"心理认知→分类行为"关系的形塑机制，从而将相关研究引入更微观的层面。应用偏最小二乘模型对来自 HZ 市相邻行政区 10 个社区、610 个随机居民样本的量化分析验证了理论框架，且研究还在理论和实证两个方面深化了晚近文献关于垃圾分类行为类型化研究的尝试。这些探索对于实践部门科学地干预居民的垃圾分类行为显然具有重要的参考价值。

关键词：宣传教育；心理认知；垃圾分类行为；偏最小二乘模型

一、引言

伴随着快速城市化，垃圾治理的重要性日益凸显，被视为衡量一个城市可持续发展能力的关键指标（Nzeadible et al，2012；Scheinberg et al，2010；Mbande，2003）。"减量、复用和分类回收"（reduction、reuse and recycling）是当前国际上城市生活垃圾治理的主流策略，由于垃圾的"减量"和"复用"需要居民生活与消费方式的自发转型，推行难度较大（Mont et al，2008；Vermeir et al，2006），相较之下，居民个体的分类行为更易被社会舆论、政策干预等外部因素所形塑（Wan et al，2015；

Chen et al, 2009)。居民的垃圾分类行为能有效降低后端处置的成本与难度,大大提高垃圾的回收利用率,因而受到发达国家和越来越多的发展中国家的重视,相应地,分类政策体系设计与绩效优化也日渐成为 21 世纪全球垃圾治理领域的焦点议题(Tobler et al, 2012;Colon et al, 2006;Drescher et al, 2004)。

我国已成为世界上最大的垃圾生产国,但是垃圾分类工作起步较晚,尚未实行强制型分类法规和经济类分类税费政策,宣传教育是眼下唯一的政策工具。由于垃圾分类工作依赖个体的行为自觉,是复杂的"人类行为"问题(De Groot et al, 2010;Hoyos et al, 2009),不仅受制于外部的政策环境,更受限于个体的心理认知,因此,基于发生学视角解读居民微观分类行为异质化现象的内、外部成因已经成为该领域研究的主流(Wan et al,2015;Wan et al, 2013;Lebersorger et al, 2011;Purcell et al, 2009;Chu et al, 2003;Chan,1998;Ajzen,1991),环境行为学理论也认为心理认知是解析个体环境行为的重要归因工具和连接外部环境与个体行为的关键枢纽。然而,既往文献往往将政策与认知因素简单地并列,分别考量其对居民垃圾分类行为的直接影响效果,在这样的思路下,政策的干预过程自然成为"黑箱"。因此,相关文献既没有揭示政策干预的内在机制,也无法在更微观的层次上探讨政策效果。基于此,本文拟建构新的分析框架,解析政策、认知与行为之间的逻辑关联,揭示宣传教育政策干预居民个体分类行为的内在机理,将研究引入更微观的层次,从而形成新的理论贡献。

后续的内容安排如下:第二部分是文献综述,从宏观层面的政策供给和微观层面的心理认知两方面梳理既往垃圾分类研究文献的贡献与不足;第三部分建构新的分析框架,探讨宣传教育政策、居民认知与居民分类行为之间逻辑关系;第四部分应用偏最小二乘模型分析来自 HZ 市 JG 区、XS 区 10 个社区的居民样本数据,验证上述逻辑的合理性;第五部分进一步探讨政策干预对居民心理认知以及"心理认知→分类行为"关系可能的形塑作用,并在理论与实践两个方面深化晚近的垃圾分类行为类型化研究;第六部分是本文的结论和贡献。

二、文献回顾

(一)干预居民垃圾分类行为的政策工具及效果

品读文献可以发现至少有三类政策工具被用来干预居民的垃圾分类行为:法规类强制型政策、税费类诱导型政策及宣传教育类培育型政策(Wan et al,2015;Kinnaman et al,2000;Fullerton et al, 1998;Jenkins,1993;Wertz,1976)。法规类政策包括罚款、强制性收费等政策工具,由国家或地方政府制定规则,并强制推行;税费类政策主要通过奖励、补贴、优惠等正向激励,或征收税费等负向激励,以诱导企业或居民进行正确的垃圾分类。总体而言,这两类政策干预力度强、实施范围广,政策效果也得到了诸多研究的验证(Starr et al, 2015;Lisa et al, 2010;Hageet al, 2009;Callan et al, 2006;Kinnaman, 2005;Peretz, 2005;Kinnaman et al, 2000;Feiock et al, 1993;Jenkins, 1993;Wertz,1976)。如 Wertz 基于家庭效用最大化模型,对比了旧金山市(已实行垃圾单位定价法)和美国其他城市(没有实行垃圾单位定价法)的垃圾平均排放量,测算出垃圾收费的价格弹性为−0.15;其后,Jenkins 基于 14 个城市的数据,测算出垃圾"按重量计费"政策(pay-as-you-throw)的价格弹性为−0.12;Kinnaman 和 Fullerton 应用地区垃圾分类的需求模型[①],对美国 909 个城镇的截面数据进行回归分析,不仅得出了计费政策与地区分类需求间高达−0.28 的交叉价格弹性,同时也验证了强制型政策对居民分类行为具有显著的正向作用。

不同于前两者,宣传教育政策的实施主体一般为基层政府或者社区,具有辐射范围小、形式多样且强制程度较低的特点,往往以大众传媒或社区志愿活动为载体传播相关知识与信息,以提高居民的知晓率和认同感,培养居民自主参与的意愿和能力(Grazhdani,2016、2015;Starr et al,2015;Sidique et al,2010;Jean et al,2005;Knussen et al,2004)。虽然短期内宣传教育类政策成效较低,但有着其他政策无法比拟的高持续性,不仅对当下居民的分类参与有着引导作用,还会培育居民长期的行为方式(Iyer et al,2007),长期来看,政策效果也是非常显著的。Grazhdani(2015)通过对 Prespa Park 地区 15 个村庄的研究发现这些村庄在分类宣传教育方面的资金投入量与它们的垃圾分类回收率之间有着显著的相关性。在研究中,针对宣传教育效果的"滞后性",Grazhdani 采用"三年期村庄分类教育经费投入"作为宣传教育政策绩效的代理变量,以双向固定效应模型为逻辑起点论证了包括宣传教育在内的诸多政策变量是影响地区垃圾分类水平的重要因素;Sidique 等(2010)基于美国明尼苏达州 1996—2004 年 774 个市县的面板数据,不仅验证了强制型政策的效果,还测算出人均每年增加 1 美元的宣传教育投入可以提升大约 2% 的回收率。

(二)心理认知因素对分类行为的影响

个体行为异质性受诸多心理因素的影响,相关理论如汗牛充栋。2000 年以降,Ajzen(1991、1988)提出的计划行为理论(theory of planned behavior, TPB)成为垃圾分类行为研究的重要理论工具,关于居民认知层面的态度(attitude)、主观规范(subjective norm)、知觉行为控制(perceived behavior control)等心理因素对分类效果影响

---

① Kinnaman 与 Fullerton(2000)以居民个体效用最大化为逻辑起点推导出地区垃圾分类的需求模型,简言之,垃圾分类是地方社会经济属性、分类法规政策、公共服务等诸多内、外生变量的综合函数。

的探讨[①],更是成为研究者关注的焦点(Kirakozian,2016;Pakpour et al,2014;Wan et al,2013;Nzeadibe et al,2012;Scheinberget al,2010;Chu et al,2003)。Chu 和 Chiu (2003)基于 TPB 理论模型构建了影响家庭垃圾再循环的整体性模型,应用结构方程模型(SEM)分析了我国台湾地区高雄市 386 户居民的样本数据,验证了态度、主观规范及知觉行为控制对于居民分类意愿及行为均具有显著的推动作用。其后,研究者逐步纳入了道德约束感知(perceived moral obligation)、政策有效性感知(perceived policy effectiveness)、文化认知(cultural recognition)等其他因素,进一步修正了 TPB 模型,并应用多种计量模型验证了这些因素的影响程度(Crociata et al,2016;Kirakozian,2016;Sánchez et al,2016;Babaeiet al,2015;Wan et al,2015;Pakpouret al,2014;Pakpouret al,2012;Pakpouret al,2011;Jones et al,2010)。如 Pakpour 等(2014)在伊朗 Qazvin 市通过两次时间点(相隔一年)的调研,获取了 1782 份居民样本数据,应用层次回归模型(hierarchical regression model)验证了道德约束感知对于居民分类行为的显著正向影响;Crociata 等基于意大利 19170 名居民的大样本数据,使用 Probit 模型分析了社会文化因素的影响,认为居民对于本土文化的认同程度越高,往往越会积极参与垃圾分类。

Wan 等(2015)借鉴环保行为类型化(Steg et al,2009;Kollmus et al,2002)的研究成果发现,"垃圾分类行为"是一个包含了居民参与日常分类活动等直接行为及居民支持国家或地区的分类政策等间接行为的集合,相对于直接行为而言,间接分类行为是居民个体从心理层面支持相关政策,如倾向于一个致力于推进垃圾分类工作的政治家、拥护相关政策体系等。针对既往研究未对垃圾分类这样的环保行为进行明确的类型化区分而仅仅关注直接行为的局限,Wan 等提出甄别居民间接分类行为的重要性,并以香港地区 246 户居民的小样本数据为研究对象,遴选出外部影响感知、自身利益感知、分类政策有效性感知等个体心理层面的间接分类因素,并验证了这些因素显著影响着居民对国家或地方垃圾分类政策的支持程度,从而使相关研究进入更加微观的层次。

(三)简要评述

既往研究一方面从国家或地区层面探讨了各类政策工具对居民实际的垃圾分类

[①] 相关文献清晰界定了态度、主观规范和知觉行为的内涵,即:态度是个体对于特定行为选择的利益认知和价值取向变量(Chu et al,2003);主观规范体现了行为主体对于重要参照群体的遵从动机,可分为初级规范信念和次级规范信念,前者来自于家庭、朋友和邻居的影响,后者来自于环境组织、政府甚至大众传媒的影响(Chu et al,2003;Chan,1998),且初级规范信念的重要性高于次级规范信念(Chu et al,2003);知觉行为控制主要来自于个体对于行为所需知识、信息等内在约束及时间、空间、渠道、基础设施等外在约束掌控能力的认知(Wan et al,2015;Tonglet et al,2004)。

行为的干预效果,另一方面从个体层面分析了各类心理因素对居民垃圾分类行为的影响,新近的研究更加关注后者,且进一步类型化了居民的分类行为并探讨了间接分类行为的心理归因。然而,这些研究仍然停留于应用各种计量方法检验各类政策因素、环境因素、文化行为因素以及心理因素对居民最终分类行为的影响方向和程度,晚近的研究虽然将垃圾分类行为类型化为间接分类行为和直接分类行为,但实证研究相对欠缺,且没有深入挖掘可能存在于这两种分类行为间的某种联系。

之所以如此,关键在于相关研究缺乏对政策干预内在机理的深入剖析。逻辑而言,政府的政策干预,尤其是当前我国政府最主要的政策工具——宣传教育,应是通过形塑居民的心理认知,继而影响居民的分类行为,忽视了这一逻辑,就无法打开政策干预的"黑箱",更不可能深层次研究政策干预过程中可能存在的更微观的效应。因此,该研究领域亟须建构一个新的理论框架,以从更微观的层面探讨宣传教育政策干预居民垃圾分类行为的机制及效果。

三、理论模型与研究假设

宣传教育属于信息类培育型政策,持续不断地向居民宣传垃圾分类的重要性,并传授分类知识等,可以提升居民的认同感、责任感与操作能力,继而体现为居民更有效的分类行为。有理由认为,宣传教育政策旨在通过影响居民的心理认知,进而影响居民的分类行为,即遵循着"宣传教育→心理认知→分类行为"的逻辑。这一层次递进的逻辑散见于诸多关于环保行为的研究文献(Nyborg et al,2006;Lau et al,2000;Roberts et al,1999),但尚未在居民垃圾分类的研究领域系统地建构和应用。

1. 宣传教育政策对居民心理认知的影响

既往研究分别用"分类态度"、"主观规范"、"知觉行为控制"、"道德约束感知"、"分类政策有效性感知"等指标描述居民的心理认知,并基于各自的理论视角和数据论证了宣传教育政策正向且显著地影响着居民对垃圾分类的心理认知,综合这些研究成果,本文提出假设 H_1^1 至 H_1^5:宣传教育对居民的态度/主观规范/知觉行为控制/道德约束感知/政策有效性感知具有正向影响,换言之,在实施宣传教育的社区,居民对垃圾分类有着更好的心理认知。

2. 居民的心理认知如何影响分类行为?

居民的心理认知对分类行为的影响已得到社会心理学、环境行为学等理论及相关实证研究的支持,这一影响不仅体现在直接分类行为上,也体现在间接分类行为上[①]。具体而言如下。

分类态度(Attitude)是居民价值认知的函数,而这一认知往往受其所感知到的个体利益、成就感及社会利益的综合影响(Wan et al,2015;Rauwald et al,2002),居民对于垃圾分类的价值感知越强,其分类态度越积极,对分类政策的支持程度也就越高(Wan et al,2015)。因此有假设 H_2^1:态度对政策支持具有正向的影响,居民对于垃圾分类的态度越积极,其对于分类政策的支持程度往往越高;积极的分类态度会推动居民更主动地参与日常垃圾分类(Kirakozian,2016;Tonglet et al,2004;Chu et al,2003),亦有假设 H_3^1:态度对居民参与分类具有正向的影响,居民对于垃圾分类的态度越积极,参与程度就越高。

主观规范(Subjective norm)是指居民对于重要的参照群体所施加的"舆论压力"的具体感知(Wan et al,2015;Pakpour et al,2013;Tonglet et al,2004)。出于模仿的本性,居民在某种程度上会将亲朋、邻里的行为作为自己行动的准则,从而自发学习或效仿,换言之,家人、好友、政府、社会组织、大众传媒等外界参照群体的期望和看法会影响居民的分类行为(Kirakozian,2016;Nguyen et al,2015;Chu et al,2003;Chan,1998)。因此有假设 H_2^2:主观规范对政策支持具有正向的影响,居民感知到参照群体对政策的期望越强,自身对分类政策的支持程度也越高;同样可有假设 H_3^2:主观规范对居民分类参与具有正向的影响,即居民感知到参照群体参与分类的程度越高,自身参与的程度也就越高。

个体对特定行为的便利性认知(perceived facilitation)和控制信念(control belief)构成了知觉行为控制(perceived behavior control)(Chiu et al,2003;Ajzen,1991)。具体而言,居民对于是否掌握分类知识、是否有足够的时间和空间进行分类、小区内是否有完善的分类设施、分类工作是否便利等约束条件的克服意愿和能力都显著影响着居民的分类行为(Sánchez et al,2016;Pakpour et al,2012;Tonglet et al,2004;Chu et al,2003),这些因素反映了居民对于分类行为的便利性认知和自身行为的控制信念,二者共同构成了居民的知觉行为控制。因此有假设 H_2^3:知觉行为控制对于政策支持具有正向影响,即居民对分类行为的控制信念越强,对政策的支持程度也越高;亦有假设 H_3^3:知觉行为控制对于居民分类参与具有正向影响,即居民对分类行为的控制信念越强,其参与垃圾分类的程度也越高。

近年来,社会道德准则对于居民分类行为的规范作用得到了越来越得到学界的认

---

① 根据 Wan 等(2015)的研究,本研究将居民分类行为类型化为居民对分类政策的支持程度(recycling policy support)(间接分类行为)和居民实际参与家庭日常垃圾分类的程度(household waste recycling)(直接分类行为)。

同(Kirakozian,2016;Sánchez et al,2016;Pakpour et al,2012;Abbott,2011;Chu et al,2003;McCarty et al,2001)。与混合倾倒相比,垃圾分类在增加居民不便利性的同时有效地减少了社会环境治理成本,从而增加了社会整体利益。道德约束感知(perceived moral obligation)正是个体面对分类行为所引致的社会利益与个体利益相悖困境下权衡的产物(Pakpour et al,2012;Chu et al,2003)。然而,囿于个体特征的多样性,居民对于双重利益的取舍往往充满着不确定性,并导致了其在垃圾分类行为上的差异。实证研究表明,垃圾分类在公共道德规范体系中的地位越突出,“全民参与”的氛围就更易营造,居民往往会倾向于做出增加社会福利的行为选择(Kirakozian,2016;Sánchez et al,2016)。由此有假设 H_2^4:道德约束对于政策支持具有正向的影响,即居民感知到的公共道德约束越强,越会支持分类政策;亦有假设 H_3^4:道德约束对于分类参与具有正向的影响,即居民感知到的公共道德约束越强,越会主动参与垃圾分类。

居民对政策有效性的感知程度决定了居民的分类行为选择,一方面,居民对政府所提供的分类服务的认可度越高、有效性感知越强,那么他们对分类政策的支持程度也就越高(Wan et al,2015),因此有假设:政策有效性感知对于政策支持具有正向影响;另一方面,居民对于分类政策是否能够成功实现垃圾“资源化、减量化”目标的主观感知也是居民参与垃圾分类的重要动力机制(Wan et al,2015;Wan et al,2014;Steg et al,2009),因此亦有假设 H_3^5:政策有效性感知对于分类参与具有正向影响,即居民的政策有效性感知越强,越有可能参与垃圾分类。

课题组通过与居民的访谈发现,垃圾分类执行较好的小区的居民往往表现出对政府垃圾分类政策更好的支持程度,换言之,直接分类行为可能会提升居民内在的环保意识,从而对间接分类行为具有正向影响,即居民参与日常分类活动程度越高,对于分类政策的支持程度也越高,形成了假设 4(H_4)。

综上所述,本文建构了一个新的理论模型以从更微观的层次研究宣传教育政策干预居民垃圾分类行为的内在机制,如图 1 所示。

四、问卷设计、数据与实证分析

(一)问卷设计与数据

1. 问卷设计与数据获得

HZ 是全国首批试点垃圾源头分类管理的城市之一,然而 10 多年来并未明显改善,市政府 2015 年出台了《HZ 市生活垃圾管理条例》,在全市范围内强力推行生活垃圾的源头分类工作。本文的数据来源于对 HZ 市 JG 区 7 个社区和 XS 区 3 个社区的

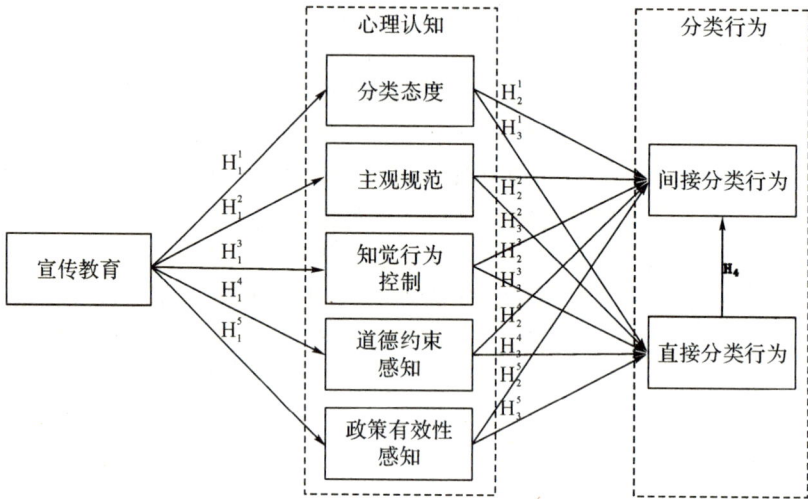

图 1　宣传教育政策干预居民分类行为的假设模型

居民问卷统计。一方面,同一个城市毗邻城区的 10 个社区在人口结构、经济文化、制度政策等方面具有较高的相似性,使研究更加可控;另一方面,JG 区的 7 个社区较早推行了垃圾分类政策,具有丰富的差异化样本①,而 XS 区的 3 个社区却是 HZ 市仅有的几个尚未推行垃圾分类政策的社区,选择它们作为控制对照组可以消除霍桑效应。因此,通过比较这两组居民在分类态度、主观规范、知觉行为控制、道德约束感知和政策有效性感知上的差异,有助于揭示实施宣传教育政策与否对居民心理认知的影响。实际操作中,本研究设置居民是否受到宣传教育政策干预的虚拟变量(POLICY),对于已开展分类宣传教育政策的 JG 区居民而言,该变量取值为 1;而对于尚未开展宣传教育政策的 XS 区居民而言,该变量取值为 0,以检视宣传政策与居民各类心理因素的关联。

　　心理认知的五个变量操作化为 26 个题项,所有因素都采用 Likert-5 评分方法赋值,"非常不同意"=1,"不同意"=2,"不一定"=3,"同意"=4,"非常同意"=5。居民的分类行为包括直接分类行为(居民的实际参与程度)和间接分类行为(居民对政策的支持程度)。既有文献中关于直接分类行为的测量方法较多,如 Starr 和 Nicolson(2015)、Sidique 等(2010)采用地方政府统计的分类率作为居民分类行为的客观代理变量;Grazhdani(2016)、Tonglet(2004)对固定居民样本的日常垃圾分类重量进行了

———————

① 　JG 行政区既有推行垃圾分类政策 3～4 年之久的示范社区,如 XA、MLC 社区,也不乏推行 1～2 年的 XD、JT 等社区,不同的政策推行时点导致了大相径庭的实施效果。

长期的跟踪统计,以此量化居民垃圾分类情况;Kirakozian(2016)、Crociata 等(2015)则通过直接询问居民是否参与垃圾分类的方法,得到居民分类情况的二元指标。然而该方法过于简单,无法反应居民分类参与程度的层次信息。我国垃圾分类政策起步晚,地方政府制定具体政策时具有一定的盲目性,导致垃圾分类的具体数据严重缺失,而跟踪调查小样本又具有明显的局限性,因此,本文参考 Pakpour 等(2014)的测算方法,设置"在过去一年里,您专门收集过以下生活垃圾吗?"题项,获取居民对于废纸、废电池、厨余垃圾等 9 种基本生活垃圾的分类频率,如附表所示。对于间接分类行为研究较少,本文根据 HZ 市垃圾分类宣传教育政策的具体实施举措设置了相关的四道题项,并采用 Likert-5 评分方法赋值。

课题组向该领域的研究者、HZ 市固体废弃物管理部门的专家和领导、政府工作人员、社区工作人员等 220 人发放了问卷初稿征求意见,共有 87 人作了反馈。课题组根据反馈意见修改了问卷结构、相关问题与题量,然后对 JG 区 JH、XA 社区的 24 户居民进行了小规模的预调研,并根据调研情况进一步修改完善,形成了最终问卷,见附表。然后,课题组在 2016 年 3 月至 5 月间抽取了 HZ 市 JG 区、XS 区的 10 个社区,按照 1:10 的比例对居民随机抽样。为了保证问卷得到有效填写并及时回收,课题组选派专人每天来往于这 10 个社区,指导居民填写并及时回收填写完成的问卷。课题组发放 1875 份,回收问卷 1645 份,回收率 87.7%。为了保证研究质量,课题组成员按照严格的标准对回收的问卷进行筛选,剔除存在题目漏填、笔迹相仿、连续 5 题及以上选择同一选项以及选项相似度较高等现象的问卷,最终得到有效问卷 610 份,其中 JG 区有效量为 483 份,XS 区为 127 份[①]。在调研过程中,课题组对心理认知变量数据统一采取纸质问卷发放方式予以收集,对分类行为变量数据则多采用调研员询问或网络问卷发放的方式予以收集,以控制问卷可能存在的共同方法偏误。在得到最终数据后,采取 Harman 单因子检验的方法,对问卷中所有潜在变量的测量题项进行因子分析,结果共抽取 6 个特征根大于 1 的未旋转因子,且第 1 个因子解释了 38.34%,6 个因子共解释了 64.62%的方差,这反映了方差并不是主要由共同方法偏差导致。最后采用偏最小二乘模型(partial least square model,PLSM)[②],应用 SmartPLS 2.0 软件

[①] 两组有效居民样本中,男女比例基本为 1:1;年龄绝大多数分布在 20~65 岁;大多数居民的受教育程度为高中及本科,少数为初中或研究生及研究生以上学历;大多数居民的家庭月收入为 5000~15000 元,少数居民的家庭月收入在 15000 元以上。

[②] 结构方程模型(SEM)旨在通过构建测量模型及潜变量模型以探究各潜在构念之间的因果关系(Chin,1998;Joreskog & Sorbom,1989),依据算法的不同,又可分为结构方程模型(covariance-SEM)及偏最小二乘模型(variance-PLS)(Hair 等,2011)。相对于前者,偏最小二乘模型通过最小化误差平方寻求测量指标数据的最佳函数匹配模式,且对样本分布的要求更为宽松,更适合理论发展及小样本模型评估(Hair 等,2011;Lu 等,2011;Reinartz 等,2009)。

来检验理论假设。

2. 对测量指标信度、效度的检验

本文首先对问卷中各题项的信、效度进行了测算与检验。按照 Chin(1998)、Fornell 和 Larcker(1981)的阐述,检验标准具体可分为:①所有测量指标载荷系数均大于 0.5 且在 $p=0.01$ 的水平上显著;②各潜在变量(公共因子)的组合信度(composite reliability,CR)均大于 0.7;③各潜在变量的平均方差提取值(average variance extracted,AVE)均大于 0.5[①];④各因素 AVE 值的平方根应大于该因素与其他因素的相关系数值[②]。

表1、表2分别展示了 PLS 测量模型与因素相关矩阵的分析结果:所有测量指标的因素载荷值均大于 0.5,在 $p=0.01$ 的统计水平上显著,各因素的平均方差提取值及组合信度的取值范围分别为[0.572,0.751]及[0.857,0.938],且各因素平均方差提取值的平方根均大于该因素与其他因素间的相关系数值,这说明各因素测量指标体系的信、效度良好。

表 1 测量模型分析结果

因素	测量指标	因素载荷	平均方差提取值（AVE）	组合信度（CR）
态度（AT）	AT1	0.825	0.698	0.933
	AT2	0.876		
	AT3	0.856		
	AT4	0.737		
	AT5	0.857		
	AT6	0.854		
主观规范（SN）	SN1	0.812	0.600	0.900
	SN2	0.829		
	SN3	0.810		
	SN4	0.729		
	SN5	0.794		
	SN6	0.661		

---

① 此标准检验各因素的收敛效度(convergent validity)是否良好。
② 此标准检验各因素之间的区分效度(discriminant validity)是否良好。

续表

因素	测量指标	因素载荷	平均方差提取值（AVE）	组合信度（CR）
知觉行为控制（PBC）	pbc1	0.636	0.561	0.884
	pbc2	0.654		
	PBC3	0.757		
	PBC4	0.816		
	PBC5	0.811		
	PBC6	0.800		
感知道德约束（PMO）	pmo1	0.894	0.671	0.857
	pmo2	0.894		
	PMO3	0.644		
感知政策有效性（PPE）	PPE1	0.869	0.751	0.938
	PPE2	0.881		
	PPE3	0.894		
	PPE4	0.825		
	PPE5	0.862		
分类参与程度（WR）	WR1	0.598	0.572	0.922
	WR2	0.651		
	WR3	0.701		
	WR4	0.865		
	WR5	0.870		
	WR6	0.759		
	WR7	0.822		
	WR8	0.724		
	WR9	0.767		
政策支持程度（PS）	ps1	0.649	0.643	0.877
	ps2	0.865		
	PS3	0.816		
	PS4	0.859		
宣传教育政策（POLICY）	POLICY	1.000	1.000	1.000

注：以上测量指标的因素载荷值均在 p＝0.01 水平上显著。

表 2　因素间的相关关系矩阵

	AT	SN	PBC	PMO	PPE	WR	PS	POLICY
AT	0.836							
SN	0.770	0.775						
PBC	0.478	0.544	0.749					
PMO	0.786	0.720	0.493	0.819				
PPE	0.543	0.593	0.527	0.581	0.867			
WR	0.436	0.447	0.497	0.441	0.457	0.756		
PS	0.551	0.569	0.434	0.574	0.723	0.447	0.802	
POLICY	0.168	0.128	0.271	0.127	0.115	0.131	0.069	1.000

注:对角线上的斜体数字代表各因素平均方差提取值的平方根。

(二)对分析框架"宣传教育→心理认知→分类行为"的验证

基于 PLS 结构模型的建构与内部路径的检验,本研究进一步验证宣传教育政策、心理认知及居民分类行为间的逻辑关联[①],结果如表 3 所示。宣传教育政策对五类心理认知的正向影响均在 $p=0.01$ 的统计水平上显著,假设 H_1^1 至 H_1^5 全部得以验证,从而证明了宣传教育政策对居民分类态度、主观规范等五类认知因素的正向影响,即政策的实施有利于提高居民对垃圾分类的心理认知。

当分类行为细分为直接分类行为和间接分类行为两种类型时,不同于既往研究,本文的研究显示心理认知的五项指标对两种类型的分类行为的影响呈现出明显的差异,如表 3 所示。具体而言:

"态度"对直接分类行为(即"分类参与程度")的影响在 $p=0.01$ 的统计水平上显著($\beta_{AT \to WR}=0.175, p<0.01$),假设 H_3^1 得到验证,这说明积极的态度是推动居民参与日常生活垃圾分类的重要内在因素,然而,"态度"对间接分类行为(即"政策支持程度")的影响却不具有显著性,因此得到验证。Wan 等(2014)的实证研究也有同样的结果,他们将此界定为居民的分类态度和对信息传播等培育型政策支持程度之间存在的"脱耦"现象,然而研究并没有解释其原因,这一"脱耦"现象还有待于进一步探索。

"主观规范"对间接分类行为具有正向显著的影响($\beta_{SN \to PS}=0.089, p<0.1$),表明居民对重要参照群体期望的感知越强,其对分类政策的支持程度往往也越高,故 H_2^2 成立;但是"主观规范"对直接分类行为却具有显著的负向影响($\beta_{SN \to WR}=-0.112$,

---

① 本文因素间路径系数的显著性检验是通过 610 个数据、1000 次样本的 bootstrap 重复抽样这一非参数估计法予以实现的,具体算法原理参见 Chin(1998)的相关描述。

$p<0.1$)，H_3^2 未能得到验证。Kirakozian(2016)基于法国某地区 694 个居民数据的分析得到了类似结果，基于实证分析，Kirakozian 认为在某些情况下外部参照群体具有消极作用，而不是大多数学者所认为的都是正面作用。整体而言，HZ 市垃圾分类水平不高、道德规范意识不强，可以认为家庭、好友等外部参照群体并未对居民产生正向的示范作用，甚至可能通过实际行为或言语造成负面影响，以至于大多数居民认为垃圾分类"不重要"甚至"毫无意义"。可见，消极的"主观规范"不仅无法有效推动居民分类参与行为，甚至产生负面影响。

"知觉行为控制"仅对直接分类行为具有正向显著影响（$\beta_{PBC \to WR} = 0.314, p<0.01$)，即居民对控制分类行为约束条件的感知程度越高，参与垃圾分类的程度也越高，因此 H_3^3 得到验证，而 H_2^3 不成立。这一实证结果进一步表明垃圾分类更大程度上是一种理性行为，是居民基于对行动成本及其控制能力相权衡后的理性选择。

"感知道德约束"对两类分类行为的影响均正向显著（$\beta_{PMO \to PS} = 0.109, p<0.05$；$\beta_{PMO \to WR} = 0.128, p<0.1$)，这意味着居民对垃圾分类的道德感与责任意识越强，其对于宣传教育政策的支持程度以及亲身参与垃圾分类的程度则会越高，H_2^4、H_3^4 得到验证。相类似地，"政策有效性感知"对两类分类行为同样具有显著的正向影响（$\beta_{PPE \to PS} = 0.537, p<0.01$；$\beta_{PPE \to WR} = 0.196, p<0.01$)，与 H_2^5、H_3^5 的预期相一致。因此政策要想有效果，必须畅通地传递到居民，并让居民感知到政策是有效的。

从表 3 还可以看出，直接分类行为（即"分类参与程度"）对间接分类行为（即"政策支持程度"）具有正向显著的影响（$\beta_{WR \to PS} = 0.081, p<0.01$)，获得验证，换言之，居民参与到垃圾分类的实践中，随着自身分类成效的提升，对政府的相关垃圾分类政策也会表现出更高的支持率。同时，实证结果也佐证了 Thøgersen 和 Noblet(2012)提出的"直接分类行为是连接居民心理认知及其间接行为选择的关键中介变量"的观点。

综上所述，实证结果显示居民的心理认知是连通政府的宣传教育政策与居民垃圾分类行为之间的桥梁，"宣传教育→心理认知→分类行为"的分析框架得以验证，从而打开了宣传教育政策影响居民垃圾分类行为的"黑箱"。并且，本文的实证检视了 Wan 等(2015)对居民垃圾分类行为类型化的细分，并揭示了心理认知对两类行为影响的差异性，完善并丰富了相关研究。

五、研究的深化与拓展

一个仍然需要进一步探讨的问题是：随着宣传教育政策的长期推行，前文验证的逻辑关联是否会产生历时性变化？研究的这一拓展有利于深度解析宣传教育政策的可持续性。

由于 JG 区的 7 个社区在推行垃圾分类宣传教育政策的过程中,其手段、内容、每个月的投入经费等方面基本相同,区别只是在于推行的时间不同。基于此,本研究根据既往研究惯例,以 3 年为分界点进一步将 JG 区的 7 个社区分成 A、B 两组,其中 A组社区的政策实施长于 3 年,共有 2 个社区;B 组社区的政策实施 1 年左右,共有 5 个社区。并将 XS 区的 3 个社区作为对照组(C 组)。经过处理后,A、B、C 三组样本量分别为 161、322 和 127。相应地,分别设置"社区开展垃圾分类宣传教育政策是否长达 3年"(POLICY_A)及"社区开展垃圾分类宣传教育政策是否不满 3 年"(POLICY_B)两个虚拟变量(如是,赋值为 1;否则赋值为 0),取代原有的单一政策变量(POLICY)。然后,构造它们与心理认知、直接分类行为因素的交互项[①],以检视持续的政策干预对"认知—行为"关系、"直接行为—间接行为"关系的影响。纳入新变量的 PLS 模型的分析结果[②]如表 4 所示。

首先,宣传教育政策对心理认知的影响存在明显的时间性,如变量 POLICY_B 对五类心理变量均具有高度显著的正向影响($p = 0.01$),而变量 POLICY_A 对"态度"、"主观规范"及"感知道德约束"影响的显著性程度较低($p = 0.1$ 或 0.05)、对"政策有效性感知"的影响不再显著、对"知觉行为控制"的影响仍显著($p = 0.01$),这表明宣传教育政策对居民心理认知的影响发生了历时性变化,相对于未受到宣传教育政策干预的 C 组样本而言,政策的短期实施有助于显著提升居民的分类意识、责任感及政策满意度,但随着政策的长期推行,这一刺激作用将会不断减弱,当居民的热情逐渐退去后,垃圾分类行为终将回归理性,而对于行动成本最小化的追求决定着居民的垃圾分类行为[③]。这一结论呼应了前文有关"知觉行为控制"对两类分类行为影响的分析,显然比 Iyer 和 Kashyap(2007)、Sidique 等(2010)和 Grazhdani(2015)等学者的研究更进一步。由于未能打开宣传教育政策作用机理的"黑箱",他们的研究仅揭示了政策干预的效果和政策终止后仍然持续着的影响力,但是并没有触及政策干预过程中呈现出的动态效应。

其次,宣传教育政策效果的时间性同样体现在"心理认知→分类行为"的逻辑关联上。对"心理认知→分类行为"的主效应及可能存在的政策调节效应的检验结果表明,

---

① 即 POLICY_A * AT、POLICY_A * PBC、POLICY_A * PPE、POLICY_A * PMO、POLICY_A * SN、POLICY_A * WR、POLICY_B * AT、POLICY_B * PBC、POLICY_B * PPE、POLICY_B * PMO、POLICY_B * SN、POLICY_B * WR。

② 在此之前,本文仍对测量模型进行了测算,结果表明各指标及因素的信、效度均良好,限于篇幅,这一结果不再列出;同时,为避免交互项产生的共线性问题,我们对调节变量亦作了标准化处理并进行了多重共线性检验,结果表明所有变量的 VIF 值均小于 10,因此模型并不存在明显的共线性问题。

③ Diekmann 和 Preisend Örfer(2003)的实证研究也验证了这一观点,即尽管居民具有环保意识,但是过高的行为成本会降低其环保行为的可能性。

主效应与前文基本一致,政策变量 POLICY_A 与部分心理因素的交互项的结果具有统计意义上的显著性,但有关变量 POLICY_B 的交互项系数均不显著,因此,宣传教育政策在效果上具有明显的滞后性。同时,这一更加微观层面的经验检视也揭示了宣传教育政策干预效果的动态性,具体而言:交互项"POLICY_A * AT"对直接分类行为具有显著的负向影响($\beta_{POLICY\_A * AT \rightarrow WR} = -0.171, p < 0.01$),这说明,当政策实施时间长达 3 年后,"态度"对于直接分类行为的影响逐渐弱化,即长期推行的宣传教育政策加剧了居民分类态度与其实际行为间的"脱耦",导致了态度转化为实际行动效率的不断降低[①];交互项"POLICY_A * SN"对间接分类行为同样具有显著的负向影响($\beta_{POLICY\_A * SN \rightarrow PS} = -0.133, p < 0.05$),这意味着宣传教育政策随时间的推移将会减弱社会规范对居民政策支持行为的促进作用,进一步支持了宣传教育与实际行为间"脱耦"的观点;交互项"POLICY_A * PBC"、"POLICY_A * PPE"均与"政策支持程度"存在显著的正向关联($\beta_{POLICY\_A * PBC \rightarrow PS} = 0.093, p < 0.05$;$\beta_{POLICY\_A * PPE \rightarrow PS} = 0.113, p < 0.1$),宣传教育政策对"知觉行为控制—间接分类行为"、"政策有效性感知—间接分类行为"具有持续的正向影响,且随着政策干预的持续,其影响不断增强。

再次,模型对"直接分类行为→间接分类行为"环节中两类因素间的主效应及相关的政策调节效应进行了检验。结果显示,直接行为对间接行为的影响正向显著,但两个交互项的系数均不显著,这表明分类参与行为对政策支持行为具有稳定的催化效应,且不随政策推行时间的增加而发生明显的波动。

概言之,宣传教育政策的干预具有明显的动态性和滞后性。宣传教育政策持续推行一段时间后,虽然居民的政策满意度、行为控制力对其间接分类行为的正面影响得以强化,但总体而言,政策对居民心理认知的正向作用不断递减,尤其是居民个体的态度、社会规范对分类行为选择的正向作用更是日渐式微,而居民对实际参与成本的理性度量是影响其垃圾分类行为最主要的原因。这说明单一的、以居民分类意识培育为导向的宣传教育政策持续效果不甚理想,只有改变居民参与垃圾分类的成本—收益关系的政策或者政策组合,才能对居民的分类行为产生持续有效的影响。

六、结论与展望

首先,本文通过探究宣传教育政策、居民心理认知与居民垃圾分类行为间内在逻辑关联,提出了"宣传教育政策→心理认知→分类行为"的理论框架,尝试着打开"宣传教育政策→居民垃圾分类行为"的"黑箱",从更微观的层次揭示了宣传教育政策干预

---

① Ölander 和 Thøgersen(1995)、Guagnano 等(1995)也曾经论述过,随着时间的推移态度的影响不断式微。

居民垃圾分类行为的内在机理,从而突破既往文献仅对政策、心理认知因素的影响效果作简单、并列检验的局限,基于 HZ 市 10 个社区居民数据的实证结果支持了该分析框架。

其次,本研究深化了垃圾分类行为的类型化研究,并提供了经验检视。实证研究不仅验证了这种类型化细分的合理性与必要性,而且进一步阐释了居民的直接分类行为对间接分类行为的正向影响,这一结论使垃圾分类行为的研究走向更加微观的层面,并为相关理论的拓展与应用提供了基础。

最后,通过在更微观的层次上探讨"宣传教育→心理认知"、宣传教育政策对"心理认知→分类行为"以及"直接分类行为→间接分类行为"的时间性,更深层次分析了宣传教育政策对垃圾分类行为的持续干预效果,不仅拓展了研究的深度和广度,而且对单一的宣传教育政策边际效用递减趋势的论证,为多种政策组合的出台提供了理论上的支持。

垃圾分类是一项复杂的人类行为选择过程,与政策的类型、人口特征等因素密切相关,后续研究更需要建立在跨地域、多组固定样本基础上的持续跟踪调查,甚至要引入"实验学"的研究方法,探讨不同类型政策的绩效及其相互之间的整合协调机制,为我国多样化政策工具的设计及实施提供先验性经验支持。

表 3　PLS 模型的分析结果

被解释因素	解释因素:宣传教育政策(POLICY)		解释因素	被解释因素:政策支持程度(PS)		被解释因素:分类参与程度(WR)	
	β	$\|t$ 值$\|$		β	$\|t$ 值$\|$	β	$\|t$ 值$\|$
态度(AT)	0.168***	3.813	AT	0.073	1.492	0.175***	2.629
主观规范(SN)	0.128***	2.869	SN	0.098*	1.940	−0.112*	1.720
知觉行为控制(PBC)	0.271***	6.021	PBC	−0.044	1.317	0.314***	7.196
感知道德约束(PMO)	0.128***	3.148	PMO	0.109**	1.990	0.115*	1.651
政策有效性感知(PPE)	0.115**	2.566	PPE	0.537***	11.448	0.196***	4.244
			WR	0.105***	3.505		
			R2	0.575		0.329	

注:*** $p<0.01$,** $p<0.05$,* $p<0.1$。

表 4 纳入新生变量后 PLS 模型的分析结果

被解释因素	解释因素：POLICY_A		解释因素：POLICY_B		解释因素	被解释因素：PS		被解释因素：WR	
	β	|t值|	β	|t值|		β	|t值|	β	|t值|
AT	0.103*	1.913	0.252***	4.553	AT	0.070	1.365	0.120*	1.867
SN	0.102**	1.962	0.178***	3.283	SN	0.098*	1.837	−0.070	1.163
PBC	0.341***	6.658	0.307***	5.425	PBC	0.017	0.395	0.248***	5.087
PMO	0.088*	1.748	0.186***	3.538	PMO	0.100*	1.813	0.142**	2.015
PPE	0.047	0.876	0.185***	3.229	PPE	0.534***	12.161	0.214***	4.512
WR	0.047	1.049	−0.059	1.375	WR	0.088***	2.659		
PS	−0.048	1.198	−0.017	0.447	POLICY_A*AT	0.047	0.910	−0.171***	2.792
					POLICY_A*SN	−0.133**	2.134	0.042	0.607
					POLICY_A*PBC	0.093**	2.093	−0.040	0.699
					POLICY_A*PMO	−0.007	0.122	0.107	1.485
					POLICY_A*PPE	0.113*	1.714	0.024	0.480
					POLICY_A*WR	−0.022	0.511		
					POLICY_B*AT	−0.061	0.775	−0.103	1.243
					POLICY_B*SN	−0.004	0.047	−0.001	0.011
					POLICY_B*PBC	−0.050	0.735	−0.076	1.314
					POLICY_B*PMO	−0.009	0.151	0.143	1.409
					POLICY_B*PPE	0.100	1.163	−0.064	0.727
					POLICY_B*WR	0.025	0.457		
					R2	0.601		0.367	

注：*** $p<0.01$，** $p<0.05$，* $p<0.1$

附录 A

附表 1 问卷题项

潜在变量	测量题项	
态度（AT）	AT1	生活垃圾分类有利于保护环境、节约资源,值得我们去做
	AT2	垃圾分类让我很有兴趣和成就感,值得我们去做
	AT3	垃圾分类是个人讲卫生的表现,值得我们去做
	AT4	分类出来的可回收废品可以出售并获得报酬,值得我们去做
	AT5	通过垃圾分类可以为孩子树立榜样,值得我们去做
	AT6	垃圾分类可以帮助国家减少治污成本,值得我们去做
主观规范（SN）	SN1	您的家人支持您对生活垃圾进行分类吗？
	SN2	您的好友或同事支持您对生活垃圾进行分类吗？
	SN3	您的邻居支持您对生活垃圾进行分类吗？
	SN4	政府、社区支持您对生活垃圾进行分类吗？
	SN5	环保组织支持您对生活垃圾进行分类吗？
	SN6	您是否愿意听从环保类节目、新闻的呼吁,进行垃圾分类？

续表

潜在变量	测量题项	
知觉行为控制(PBC)	PBC1	您有足够的时间去进行垃圾分类吗？
	PBC2	您家有足够的空间储藏分好类的垃圾吗？
	PBC3	政府或社区为您提供了完善的分类设施(如分类袋、分类垃圾箱)吗？
	PBC4	您清楚生活垃圾应该分成哪几类吗？哪些可以被回收吗？
	PBC5	您清楚被分好的垃圾应该分别倒进什么垃圾桶吗？
	PBC6	您家进行垃圾分类方便吗？
道德约束感知(PMO)	PMO1	垃圾分类是保护生态环境的道德行为,每个人都有义务去做
	PMO2	垃圾分类是勤俭节约的道德行为,每个人都有义务去做
	PMO3	无人监督时候,对垃圾不分类就直接丢进垃圾桶的行为会让您羞愧吗？
政策有效性感知(PPE)	PPE1	政府、社区十分重视垃圾分类问题,并一直积极倡导、努力推动居民参与垃圾分类。
	PPE2	政府、社区提供了科学有效、简洁明了的垃圾分类标准
	PPE3	政府、社区推动的宣传活动能清楚地解释垃圾分类的好处和重要性
	PPE4	政府、社区推动的分类宣传活动能够有效提高居民的分类回收意识
	PPE5	政府提供的分类政策为参与日常垃圾分类提供了良好便利的环境。
垃圾分类参与程度(WR)	WR	在过去一年里,您专门收集以下生活垃圾的频率是？
		废纸/废纸板;废弃电池、电子设备;剩饭等厨余垃圾;废弃塑料瓶;废弃罐头、易拉罐;废金属;可再生塑料;废弃玻璃瓶;废弃衣物、纺织品
分类政策支持程度(PS)	PS1	您支持政府在您所生活的社区开展垃圾分类宣传活动吗？
	PS2	您支持政府加大对于垃圾分类宣传活动的财政投入吗？
	PS3	您支持政府、社区对积极采取垃圾分类的居民给予表扬、荣誉称号等激励措施吗？
	PS4	您支持政府在您所工作的单位开展垃圾分类宣传活动吗？

参考文献

［1］Abbott A, Nandeibam S & O'Shea L. Explaining the Variation in Household Recycling Rates across the UK. Ecological Economics, 2011,70 (11): 2214-2223.

［2］Ajzen I. Attitude, Personality and Behavior. London: Open University Press , 1988.

［3］Ajzen I. The Theory of Planned Behavior. Organizational Behavior and Human Decision Processes, 1991,50(2): 179-211.

［4］Babaei A A, Alavi N, Goudarzi G, Teymouri P, Ahmadi K & Rafiee M. Household Recycling Knowledge, Attitudes and Practices towards Solid Waste Management. Resources Conservation and Recycling, 2015, 102: 94-100.

［5］Callan S J, Thomas J M. Analyzing Demand for Disposal and Recycling Services: A Systems Approach, Eastern Economic Journal,2006,32(2): 221-240.

［6］Chan K. Mass Communication and Pro-environmental Behaviour: Waste Recycling in Hong Kong, Journal of Environmental Management, 1998,52 (4): 317-325.

［7］Chan R Y. Determinants of Chinese Consumers' Green Purchase Behavior. Psychol. Mark. , 2001,18 (4): 389-413.

［8］Chen M F & Tung P J. The Moderating Effect of Perceived Lack of Facilities on Consumers' Recycling Intentions, Environment & Behavior, 2009, 42 (6): 824-844.

［9］Chin W W. The Partial Least Squares Approach to Structural Equation Modeling. Mod. Methods Bus. Res, 1998,295 (2): 295-336.

［10］Chin W W. Commentary: Issues and Opinion on Structural Equation Modeling. MIS Q. , 1998, 22 (1), vii-xvi.

［11］Chu P Y & Chiu J F. Factors Influencing Household Waste Recycling Behavior: Test of an Integrated Mode. Journal of Applied Social Psychology, 2003,33(3): 604-626.

［12］Colon M & Fawcett B. Community-Based Household Waste Management: Lesson Learnt from EXNORA's Zero Waste Management' Scheme in Two

South Indian Cities. Habitat International, 2006, 30(4): 916-931.

[13] Crociata A, Agovino M. & Sacco PL. Recycling waste: Does culture matter? Journal of Behavioral & Experimental Economics, 2015, 55: 40-47.

[14] De Groot J, Steg L. Relationships between Value Orientations, Self-Determined Motivational Types and Pro-Environmental Behavioral Intentions. Journal of Environmental Psychology, 2010, 30: 368-378.

[15] Dhar R & Simonson I. Making Complementary Choices in Consumption Episodes: Highlighting versus Balancing. Journal of Marketing Research, 1999, 36: 29-44.

[16] Diekmann A & Preisendörfer P. Green and Greenback: The Behavioral Effects of Environmental Attitudes in Low-cost and High-cost Situations. Rationality & Society, 2003, 15 (4): 441-472.

[17] Drescher S, Patel A & Sharatchandra H. Decentralised Composting of Urban Waste—An Overview of Community and Private Initiatives in Indian Cities. Waste Management, 2004, 24(7): 655-662.

[18] Feiock R C & West J P. Testing Competing Explanations for Policy Adoption: Municipal Solid Waste Recycling Programs. Political Research Quarterly, 1993, 46(2): 399-419.

[19] Fornell C & Larcker D F. Evaluating Structural Equation Models with Unobservable Variables and Measurement Error. Journal of Markerting Research, 1981, 18(1): 39-50.

[20] Glasman L R & Albarracín D. Forming Attitudes that Predict Future Behavior: a Meta-analysis of the Attitude-behavior Relation. Psychological Bulletin, 2006, 132(5): 778-822.

[21] Grazhdani D. Contingent Valuation of Residents' Attitudes and Willingness-to-Pay for Non-Point Source Pollution Control: A Case Study in Prespa Park, Southeastern Albania, Environment Management, 2015, 56 (1): 81-93.

[22] Grazhdani D. Assessing the Variables Affecting on the Rate of Solid Waste Generation and Recycling: An Empirical Analysis in Prespa Park. Waste Management, 2016, 48: 3-13.

[23] Guagnano G A, Stern P C & Dietz T. Influences on Attitude-behavior Relationships: A Natural Experiment with Curbside Recycling. Environment & Behavior, 1995, 27(5): 699-718.

[24] Hage O S, Derholm P & Berglund C. Norms and Economic Motivation in Household Recycling: Empirical Evidence from Sweden. Resource & Conservation & Recycling, 2009,53(3): 155-165.

[25] Hair J F, Ringle C M & Sarstedt M. PLS-SEM: Indeed a Silver Bullet. J. Mark. Theory Pract, 2011, 19 (2): 139-152.

[26] Hoyos D, Marie P & Fernandez-Macho J. The Influence of Cultural Identity on the WTP to Protect Natural Resources: Some Empirical Evidence. Ecological Economics, 2009, 68: 2372-2381.

[27] Iyer E S, Kashyap R K. Consumer Recycling: Role of Incentives, Information and Social Class. Journal of Consumer Behaviour, 2007,6 (1): 32-47.

[28] Jean H P, Bruce E T & David H F. Explaining the Performance of Mature Municipal Solid Waste Recycling Programs. Journal of Environmental Planning & Management, 2005,48(5): 627-650.

[29] Jenkins R R. The Economics of Solid Waste Reduction: The Impact of User Fees. Cheltenham,UK: Edward Engar, 1993.

[30] Jones N, Evangelinos I K, Iosifides T, Halvadakis PC & Sophoulis CM. Social Factors Influencing Perceptions and Willingness to Pay for a Market-based Policy Aiming on Solid Waste Management. Resources Conservation and Recycling, 2010,54(9): 533-540.

[31] Joreskog K G & Sorbom D. LISREL 7: A Guide to the Program and Applications. SPSS, Chicago , 1989,

[32] Kinnaman T C. Why Do Municipalities Recycle?. Journal of Economic Analysis & Policy, 2005, 5(1): 1294-1294.

[33] Kinnaman T C & Fullerton D. Garbage and Recycling with Endogenous Local Policy, Journal of Urban Economics, 2000,48(3): 419-442.

[34] Kirakozian A. The Determinants of Household Recycling: Social Influence, Public Policies and Environmental Preferences. Applied Economics, 2016, 48(16): 1481-1503.

[35] Knussen C, Yule F, Mackenzie J & Wells M. An Analysis of Intentions to Recycle Household Waste: The Roles of Past Behavior, Perceived Habit and Perceived Lack of Facilities. Journal of Environmental Psychology, 2004,24(2): 237-246.

[36] Kollmuss A & Agyeman J. Mind the Gap: Why Do People Act Environ-

mentally and What Are the Barriers to Pro-environmental Behavior?. Environ. Educ. Res. , 2002,8 (3): 239-260.

[37] Lau L B Y & Chan R Y K. Antecedents of Green Purchases: A Survey in China. Journal of Consumer Marketing, 2000,17(4): 338-357.

[38] Lebersorger S, Beigl P. Municipal Solid Waste Generation in Municipalities: Quantifying Impacts of Household Structure, Commercial Waste and Domestic Fuel. Waste Management, 2011,31 (9-10): 1907-1915.

[39] Lu I R, Kwan E, Thomas D R & Cedzynski M. Two New Methods for Estimating Structural Equation Models: An Illustration and a Comparison with Two Established Methods. Int. J. Res. Mark. , 2011, 28 (3): 258-268.

[40] Mbande C. Appropriate Approach in Measuring Waste Generation, Composition and Density in Developing Areas. Journal of the South African Institution of Civil Engineering, 2003,45: 2-10.

[41] McCarty J A, Shrum L J. The Influence of Individualism, Collectivism, and Locus of Control on Environmental Beliefs and Behavior. Journal of Public Policy & Marketing, 2001,20(1): 93-104.

[42] Mont O, Plepys A. Sustainable Consumption Progress: Should We Be Proud or Alarmed?. Journal of Cleaner Production, 2008, 16 (4): 531-537.

[43] Nguyen T T P, Zhu D & Le N P. Factors Influencing Waste Separation Intention of Residential Households in a Developing Country: Evidence from Hanoi, Vietnam. Habitat International, 2015,48: 169-176.

[44] Nyborg K, Howarth R B & Brekke K A. Green Consumers and Public Policy: on Socially Contingent Moral Motivation. Ssrn Electronic Journal, 2006, 28(4): 351-366.

[45] Ölander F, Thøgersen J. Understanding of Consumer Behavior as A Prerequisite for Environmental Protection. Journal of Consumer Policy, 1995, 18(4): 345-385.

[46] Pakpour A H, Sniehotta F F. Perceived Behavioral Control and Coping Planning Predict Dental Brushing Behavior among Iranian Adolescents. Journal of Clinical Period Ontology, 2012,39 (2): 132-137.

[47] Pakpour A H, Zeidi I M, Emamjomeh M M, Asefzadeh S & Pearson H. Household Waste Behaviors among a Community Sample in Iran: An Ap-

plication of the Theory of Planned Behavior. Waste Management, 2014, 34(6): 980-986.

[48] Peretz J H, Tonn B E & Folz D H. Explaining the Performance of Mature Municipal Solid Waste Recycling Programs. Journal of Environmental Planning & Management, 2005,48(5): 627-650.

[49] Purcell M & Magette W L. Prediction of Household and Commercial BMW Generation According to Socio-Economic and other Factors for the Dublin Region. Waste Managemen, 2009,29 (4): 1237-1250.

[50] Rauwald K S & Moore C F. Environmental Attitudes as Predictors of Policy Support across Three Countries. Environ. Behav. , 2002, 34 (6): 709-739.

[51] Reinartz W, Haenlein M & Henseler J. An Empirical Comparison of the Efficacy of Covariance-based and Variance-based SEM. Int. J. Res. Mark. , 2009,26(4): 332-344.

[52] Roberts J A, Straughan R D. Environmental Segmentation Alternatives: A Look at Green Consumer Behavior in the New Millennium. Journal of Consumer Marketing, 1999,16(6): 558-575.

[53] Sánchez M, Lópezmosquera N & Leralópez F. Improving Pro-Environmental Behaviors in Spain, The Role of Attitudes and Socio-demographic and Political Factors, Journal of Environmental Policy & Planning, 2016, 18(1): 47-66.

[54] Scheinberg A, Wilson D C & Rodic-Wiersma L. Solid Waste Management In the World's Cities. London: Earthscan, 2010.

[55] Sidique S F, Joshi S V & Lupi F. Factors Influencing the Rate of Recycling: An Analysis of Minnesota Counties, Resources Conservation & Recycling, 2010, 54(4): 242-249.

[56] Starr J & Nicolson C. Patterns in Trash: Factors Driving Municipal Recycling in Massachusetts. Resources Conservation & Recycling, 2015, 99: 7-18.

[57] Steg L & Vlek C. Encouraging Pro-environmental Behaviour: An Integrative Review and Research Agenda. Journal of Environmental Psychology, 2009, 29(3): 309-317.

[58] Thøgersen J & Crompton T. Simple and Painless? The Limitations of Spillover in Environmental Campaigning. Journal of Consumer Policy,

2009,32(2):141-163.

[59] Thøgersen J & Noblet C. Does Green Consumerism Increase the Acceptance of Wind Power?. Energy Policy, 2012, 51(6):854-862.

[60] Tobler C, Visschers V H & Siegrist M. Addressing Climate Change:Determinants of Consumers' Willingness to Act and to Support Policy Measures. Journal of Environmental Psychology, 2012,32 (3):197-207.

[61] Tonglet M, Phillips P S & Bates M P. Determining the Drivers for Householder Pro-environmental Behaviour:Waste Minimisation Compared to Recycling. Resources Conservation & Recycling, 2004, 42(1):27-48.

[62] Wan C & Shen G Q Percived Policy Effectiveness and Recycling Behaviour:The Missing Link, Waste Management, 2013, 33 (4):783-784.

[63] Wan C, Shen G Q & Yu A. The Role of Perceived Effectiveness of Policy Measures in Predicting Recycling Behaviour in Hong Kong, Resources, Conservation and Recycling, ,2014,83:141-151.

[64] Wan C, Shen G Q & Yu A. Key Determinants of Willingness to Support Policy Measures on Recycling:A Case Study in Hong Kong. Environmental Science & Policy, 2015, 54:409-418.

[65] Wertz L K. Economic Factors Influencing Household's Production of Refuse. Journal of Environmental Economics and Management, 1976,2:263-272.

[66] Vermeir I & Verbeke W. Sustainable Food Consumption:Exploring the Consumer "Attitude Behavioral Intention" Gap. Journal of Agricultural & Environmental Ethics, 2006,19(2):169-194.

[67] Vinzi V E, Chin W W, Henseler J & Wang H. Handbook of Partial Least, 2010.

（作者简介：凌卯亮，浙江大学公共管理学院硕士研究生。）

作者
杨舍莉

转型期农村弱势群体的形成、教育困境及保障

——以西北农村地区为例

内容提要：改革开放以来，我国社会经济体制的变革促使传统农村社会发生转型。农村社会开放性增强，农民外流增多，农民职业选择多元化。不同职业农民社会资本累积的差异带来阶层分化，不同阶层在公共服务的选择上也出现分化。在教育选择上，相对优势的农民阶层选择将子女送至城市接受教育，农村教育成为留守农村的弱势群体的主要选择。而当前，弱势群体面临着农村学校教育衰落、学校撤并、家庭教育缺位的受教育现状，教育保障不完善。社会转型中，教育政策一方面要在价值取向上立足公平，另一方面在制度设计上需通过完善学生资助体系、教师保障与激励机制，建立资源共享机制，探索农村学校布局模式，保障弱势群体的教育权益。

关键词：社会转型；弱势群体；政策价值；教育保障

一、研究缘起及问题

教育作为一项社会性的活动，与社会分层息息相关。功能主义认为，教育有助于维持社会的整合与稳定。在社会存在严重阶层分化或分裂冲突的可能下，教育通过社会化或选拔功能，促进了社会的公正与平等，维系了社会结构的稳定[①]。而冲突主义则认为教育有可能带来阶层的再生产。各阶层群体围绕荣誉、声望所展开的竞争以及对教育文凭的

[①]　如美国社会学家帕森斯所提出的教育社会化功能与英国社会学家特纳（J. H. Turner）、霍珀（E. Hopper）提出的教育选拔功能。

追求产生学校教育冲突,统治阶级通过教育将本阶级的文化合法化,用"符号暴力"的"文化专断"方式实现阶层的再生产[①]。

教育在社会分层上正反两方面的功能要求教育政策要妥善处理各阶层的教育需求,以维系社会结构的稳定。改革开放以来,随着我国市场经济的深入发展,工业化、城市化进程加快,城乡社会阶层结构发生了重要转变。在此过程中,由于制度和资源的排斥,部分阶层被筛至金字塔的底部,成为社会中的底层群体。如何通过教育政策设计,促进该类群体在阶层中的向上流动,是社会转型期教育政策设计的难点所在。本文通过对我国西北某贫困乡镇学区的教育管理人员、教师、学生的问卷调研和访谈,借助社会学、政治学等学科视角,对转型期我国农村社会弱势群体面临的受教育现状和相应政策设计进行了综合分析。

二、转型期农村弱势群体的留守

"弱势群体"、"底层群体"是社会学中经常探讨及使用的概念。"弱势群体(social vulnerable groups)"是指"由于某些障碍及缺乏经济、政治和社会机会,而在社会上处于不利地位的人群"[②]。"底层群体"则是从社会结构分层的角度出发来界定的一个概念,指在各项社会层级评判标准上均处落后地位的群体。"弱势群体"、"底层群体"的概念本质上揭示了现代社会发展过程中,"经济利益和社会权力分配的不平等,以及社会结构的不合理"[⑤]。本文中的弱势群体是指在社会分层过程中,由于自身及制度障碍,在社会结构中处于不利地位的群体。在社会转型过程中,不同阶层的农民在生活空间与公共服务的选择上出现分化,而这其中,由于制度和资源的排斥,部分弱势群体被甩到边缘地带,成为留守农村的主要群体。

(一)农村社会的转型

社会转型是"现代因素由外到内、由表及里、由名到实,与传统因素此消彼长的社会进化过程"[③]。农村社会的转型是传统农村社会向现代化农村社会转变。改革开放前,中国农村社会是以土地依赖、聚村而居、家族归属为主要特征的"乡土社会"[④]。农民以农业生产为主要谋生方式,土地是农民生存的基础。在农耕为主的经济生产方式

---

① 如美国社会学家柯林斯(Collins)提出的"学历社会文凭竞争"与法国社会学家布迪厄(Pierre Bourdieu)提出的"文化再生产"理论。

② 王思斌.社会转型中的弱势群体[J].中国党政干部论坛,2002(3):22-26.

③④ 刘祖云.社会转型:一种特定的社会发展过程[J].华中师范大学学报(哲学社会科学版),1997(6):28-30.

下,农民聚村而居,形成了以礼治序的"熟人社会"和农民对生于斯长于斯的乡土的归属感。中国农村在这种经济生产方式和社会结构形态下,形成了封闭、流动性低的传统农村社会。

改革开放后,社会经济体制各方面的变革驱动了中国农村社会的转型。农村联产承包责任制的实行促进了农村生产力的发展,农村剩余劳动力得到释放。城市工业与服务业的发展吸纳了农村剩余劳动力。传统农村社会在"推拉"双重力量的影响下,农民经济生产方式发生改变,农村社会的开放性及流动性增强,传统乡土社会逐渐瓦解,农村社会结构逐渐转型。

(二)农民阶层的分化

改革开放前,我国社会长期处于政治主导的社会运行形态下,农村社会以农业生产者——农民为主。虽然农民在政治身份被上划为富农、中农、贫农等,但农民作为一个整体统一的阶级,内部同质性仍然较高。伴随着农村社会的转型,原先同质性较强的农民阶级通过水平或垂直的社会流动,逐渐分化成不同的层级。

农民群体的初期分化表现在职业的分化。20世纪80年代,农村剩余劳动力的释放与乡镇经济的发展拓展了农民的就业空间,农民在农业劳动者的基础上分化为农民工、雇工、农民知识分子、个体劳动者、私营企业主、乡镇企业管理者、农村管理者等不同职业[1]。后期,农民职业的分化带来了农民在各类社会资本上积累量的差异,农民阶层出现真正意义上的社会地位分化。21世纪初,经济资本拥有量较多的私营企业主、乡镇企业管理者与政治权力较强的乡镇干部成为农村社会中的上层,个体工商户、农村知识分子组成农村阶层结构中的中层,而在第二、三产业从事务工的农民工、农业劳动者成为社会中的底层[2]。

随着社会发展的深入,农民工群体逐渐成为农村社会中的新兴阶层并发展壮大。2015年全国农民工总量27747万人,占农业人口的比重约达到46%,占总人口的比重约达到20%[3],无论是从数量上还是社会影响力上,当下农民工群体已成为我国整个社会阶层中相对独立的力量。一方面,由于职业性质、社会权力关系、文化资本的差异,农民工群体的内部异质性增强,如按财富占有不同可划为富裕农民工阶层、中产农民工阶层以及贫弱农民工;另一方面,由于收入差异的拉大,不同职业的农民在农村社

---

① 陆学艺,张厚义等.转型时期农民的阶层分化——对大寨、刘庄、华西等13个村庄的实证研究[J].中国社会科学,1992(4):137-151.

② 林坚.我国农民的社会分层结构和特征——一个基于全国1185份调查问卷的分析[J].湘潭大学学报(哲学社会科学版),2006,30(1):15-20.

③ 中华人民共和国统计局.2015年国民经济与社会发展统计公报[EB/OL].2015-10-09. http://www.stats.gov.cn/tjzs/tjsj/tjcb/tjzl/200407/t20040705_44611.html.

会阶层结构中的格局发生变动,如部分经济收入较高的农民工在农村社会阶层中的地位上升,而部分个体工商户、农村知识分子的地位逐渐式微。

(三)弱势群体的留守

阶层的分化下不同农民群体的利益诉求与选择能力出现差异,直接表现在农民对生活空间和公共服务选择的分化。城乡二元结构下城市与农村生活条件、公共服务、福利保障、资源配置等方面的差异,促使社会资源占有不同的农民阶层选择不同的生活空间。对相对优势的阶层而言,他们通过在城市购房,迁移户籍,选择城市优质的公共服务;对相对中间的阶层而言,他们虽不能一蹴而就地迁移至城市生活,但通过"两栖"的方式,在城市与农村中交叉流动;而对于底层弱势群体而言,他们既不能像优势阶层一样,以较快的速度在城市占有一席之地,也不能像部分中间阶层一样通过长期累积以达到进城的目标,在自身能力及社会资源占有的差异下,成为农村社会空间中的主要生活群体。

在教育场域,城乡教育质量与教育成本的差异导致不同阶层的农民在教育选择上出现分化。对于相对优势的农民阶层而言,城市优质的教育质量满足他们的受教育需求,将子女送至城市接受高成本的优质教育是他们的选择;而对于底层的弱势群体而言,他们更倾向于选择成本较低的普通农村教育。以调研地区某村小为例,该校现仅有五名一至三年级的在读学生。据校长反映,事实上该村当前约有六十多名学龄儿童,但由于该村离城市较近,大部分家庭经济条件较好的农民选择将儿童送至城市接受教育。根据调研,留守儿童、单亲家庭儿童、老弱病残家庭儿童成为接受农村教育的主要群体,其中留守儿童占比较大,当地留守儿童占比达 78%。

三、弱势群体面临的受教育困境

(一)家庭教育缺位

由于家庭成员组成的不健全,弱势群体的家庭教育缺位。调研问卷显示,当地儿童与父母交流的频率上,经常交流的占到 35%,交流较少的占到 50%,而几乎不交流的人占到 14%;在与父母交流的内容上,对学习的交流占到 78%,对生活的交流占到 21%。在对"你希望父母对你哪方面(学习或生活)的指导多一些"的问题上,93%的儿童选择了学习,可见学习是父母与子女双方关注的重要话题。但在"父母对你的学习有指导吗"的问题上,指导较少的约占到 71%,没有指导占到 12%,而指导较多的才占到 17%。部分教师反映,"家庭教育缺失,留守儿童较多"、"学生基础薄弱,学习无积极性,家长不够重视孩子学习"、"对个人特殊情况的学生,和家长的交流不够"、"家庭对学生的学习不够重视,学生不爱学习"。

(二)学校教育衰落

弱势群体家庭教育的缺位对学校教育提出了更高的要求,但在农村社会转型的过程中,农村学校教育的发展态势也不尽乐观。以调研地区为例,如图1所示,2000年至2005年间,该学区入学人数居多且波动幅度较为稳定。自2010年开始学生入学人数呈锐减趋势,2014年全学区仅剩558人,五年间减少了2300人。学生生源的大量减少造成农村学校数量的萎缩。在2000年至2008年间,该学区学校平均数量在15所左右,至2014年全区仅剩6所学校,农村教育陷入衰落的困境。

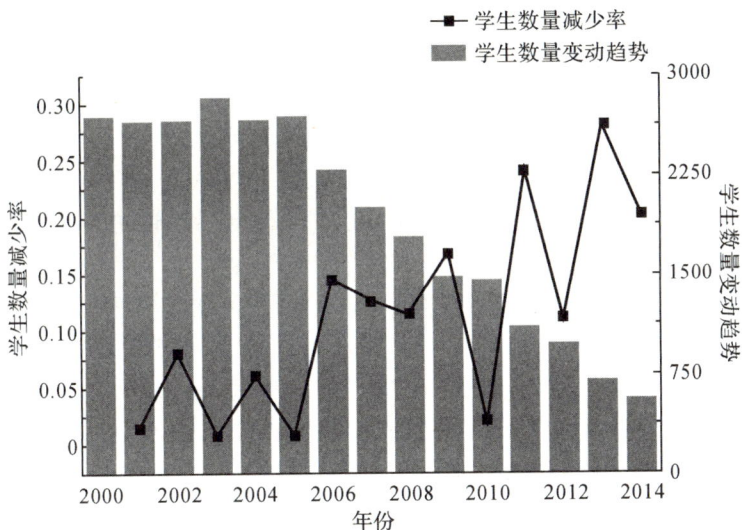

图1 农村学区学生人数变动情况(数据来源:根据作者调查所得)

农村学龄人口的减少对农村教育的发展带来潜在影响。首先,学生人数的减少将直接导致农村生均教育经费的减少,经费不足影响农村学校的维系和建设。其次,学生流失造成师生比严重失调,教师工作效率下降。该学区学生总量较多时师生比最高达到24.26:1,而当前减少至4.49:1。校长反映师生比失调致使"人浮于事"的现象比较严重,教师工作积极性不高,工作效率下降。再次,农村学校的萎缩又潜在地带动了农村教育资源向城市的流动。根据调研,青年农村教师于农村学校长期工作的意愿较低。该学区有73%的年龄分布在20~40岁的教师表示"今后想流动至城市任教",仅有27%的年龄分布在40~60岁的老教师表示"会留在本校继续任教",一些青年教师不愿意扎根农村,将精力放在城市教师的招考上。因此,一方面农村人口的大量外流削弱了农村教育,而另一方面农村教育的衰落促使农村中经济条件较好的阶层流向城市以寻求更好的教育资源,农村人口外流加剧。农村教育的发展在这种"循环累积因果效应"中每况愈下,留守农村的弱势群体的受教育生态进一步恶化。

(三)农村学校撤并

农村学生的减少及农村学校的萎缩使"撤点并校"成为政府重新调整农村学校布局的现实选择。2001 年,中央政府提出"因地制宜调整农村义务教育学校布局"[①],但由于实践过程中地方政府的盲目撤并,"撤点并校"带来了学生上学路途变远、安全问题增加、辍学率上升等诸多负面效应,2012 年政府"暂停农村义务教育学校撤并"[②]。

根据调研,由于该地地形以山地沟壑为主,村落之间距离较远,当地政府在"撤点并校"政策执行过程中持较为谨慎态度。但随着学生生源进一步地减少,学校的撤并仍不可避免。当地在仅存的 3 所村级小学中,各校仅有五人左右的学生。而作为农村教育支柱的乡镇中心学校及完全学校也面临着萎缩的可能。2013 年中心初级中学的入学人数为 262 人,到 2014 年减少至 192 人,人数下降率达 26%。而完全学校由于初中部招不到足够的学生,当地教育部门计划从 2016 年后撤销初中,由完全学校转为村级小学继续办学。

对农村经济条件良好的优势阶层而言,由于他们可以选择将孩子送至城市接受教育,"撤点并校"对他们并无太大影响;对经济条件尚可、家庭劳动力充足的农民来说,他们有能力承担学校撤除后的教育成本,"撤点并校"对他们的影响相对较小;而对于经济条件较差的弱势农民群体而言,学校撤并后他们无力支付子女去较远的学校的上学的交通及住宿成本,"撤点并校"对他们的受教育权造成负面影响。据校长反映,当地曾计划撤并一所人数过少的村级小学,但由于村民的阻挠,最终决定暂停撤并,维持现状。"贫困不仅仅是收入低下,而是应该'按照人们实际能够享有的生活和他们实实在在拥有的自由来理解贫困与剥夺'"[③],弱势群体教育选择的无力本质上是一种权利的贫困。

---

① 中华人民共和国教育部.国务院关于基础教育改革与发展的决定[EB/OL]. http://www.moe.edu.cn/publicfiles/business/htmlfiles/moe/moe_16/200105/132.html.

② 中华人民共和国中央人民政府.国务院办公厅关于规范农村义务教育学校布局调整的意见[EB/OL]. http://www.moe.edu.cn/publicfiles/business/htmlfiles/moe/moe_16/200105/132.html.

③ 单丽卿.教育差距与权利贫困——基于连片特困地区扶贫开发实践困境的讨论[J].中共福建省委党校学报,2015(3):22-26.

四、立足弱势群体的教育保障

综上所述,一方面,转型期农民阶层的分化下不同阶层教育选择出现分化,农村弱势群体成接受农村教育的主要群体;另一方面,城乡教育资源的差异和人口的流失使农村教育陷入衰落的困境,农村弱势群体的教育生态环境将有可能进一步恶化。在"内外交困"的现实背景下,转型期教育政策要一方面要在价值取向上立足公平,另一方面在制度设计上完善对弱势群体的教育补助。

(一)政策价值取向立足公平

公共政策的价值取向是公共政策的主体在公共政策运行中价值追求的方向及利益分配的倾向①。教育政策作为教育领域内的公共政策,是政策制定主体对教育利益和教育资源的分配。教育政策的价值取向是教育政策的出发点和归宿,关系着教育政策的发展导向。本文认为,转型期教育政策价值取向首先应保障个体受教育权的平等,其次在公平与效率的权衡中立足公平,切实保障弱势群体受教育权益。

1. 个体受教育权平等

政治哲学家约翰·罗尔斯认为,社会基本制度的建构应以正义为中心原则。正义即公平,没有公平就没有正义。"所有的社会价值——自由和机会、收入和财富、自尊的基础——都要平等地分配,除非对其中一种价值或所有价值的一种不平等分配合乎每一个人的权益"②。教育制度是公民权利的主要表现,其首要价值是保障每个个体的受教育权平等。随着我国义务教育的大力普及,当前大部分地区都做到了儿童的入学机会平等,即受教育权的"起点平等",但在"过程平等"上仍存在不足。

以城乡教育财政投入体制为例。新中国成立之初,政府优先发展工业,城市教育也优先于农村教育发展,形成了"城市教育靠国家、农村教育靠集体"的经费承担体制,城市教育经费被纳入政府公共服务,而农村教育经费则以农民筹资为主。此后,随着我国经济水平和教育水平的不断提升,农村教育经费的承担主体才逐渐由农民向各级政府转移。

政府城乡教育财政投入体制的差别,造成了农村教育"先天性"的滞后发展,农村教育在办学条件、师资水平与城市教育存在较大差距。此外,城乡教育资源配置的差异促使农村相对优势的阶层向城流动追求优质教育资源,进一步削弱了农村教育。农村学生在受教育过程中存在着隐性不平等,而过程不平等的累积又会造成一定程度的

---

① 杨芳.公共政策价值谱系及其实现路径[J].中山大学学报(社会科学版),2014(2):167.
② 约翰·罗尔斯.正义论[M].何怀宏,何包钢等,译.北京:中国社会科学出版社,2001:23-24.

结果不平等。教育发展的根本目的是促进个体的普遍共同发展,因此,保障个体受教育权的平等,为"具有类似天赋和才干又有相同意愿的个体"提供公平平等的机会,以促进个体的公平竞争和社会流动。

2. 公平优先

由于资源的稀缺性,每一项社会制度都会面临公平与效率的权衡。社会转型过程中,由于人口结构、经济结构等的变革,社会资源也将进行新一轮的整合。在这个过程中,若政策片面地追求资源配置的效率而忽视公平,有可能对部分群体的权益造成损伤。

以"撤点并校"政策为例。从各级政府的角度来看,农村学生大量减少、学校萎缩的背景下,农村教育资源需重新整合配置,而"撤点并校"通过对学校的整合,能较为有力地优化教育资源配置,因此具有充分的科学性和合理性。但对于经济条件较差的弱势农民群体而言,学校撤并后他们无力支付子女去较远的学校的上学的交通及住宿成本,"撤点并校"会对他们的受教育权造成负面影响。

"撤点并校"政策之所以被中止,根本原因在于其"功利主义"的政策价值取向。功利主义是衡量微观个体的幸福逻辑在宏观社会体系中的应用。其认为,人的幸福程度是个人行为所带来的"快乐"这一感受的总量与"痛苦"的净差额,人的快乐程度越高,幸福程度也越高。将其推理到社会这一庞大体系,核心思想便是若能够满足社会成员的最大幸福,制度便具有正义性。功利主义的正义观忽视个体的效用水平,追求的是总体社会福利的最大化,其结果往往是社会资源总量看起来增加了,但个体所获得的资源却不甚公平。正义的社会制度尊重每一位公民的平等自由,而不是以功利主义所倡导的社会整体福利最大化为标准。"在一个正义的社会里,平等公民的自由权被认为是确然不移的,得到正义保障的权利不受政治交易的支配,也不受制于社会利益的权衡"[1]。因此,本文认为,转型期教育政策价值取向在"公平"与"效率"的权衡中,应公平优先。

(二)完善弱势群体教育补偿机制

政策价值取向在立足公平的前提下,还要通过制度上的调整,对弱势群体进行一定程度的差异补偿。罗尔斯指出,在平等自由的权益分配下,制度应照顾社会处境不利的群体,即"最少受惠者"。社会资源分配不可能做到绝对的公平,但这种分配必须要对"最少受惠者"有利。通过对"最少受惠者"资源上的倾斜分配,来缩小先赋差异所造成的社会差距,"这条原则实质是要求国家应对社会成员的社会经济差别予以调节,

---

① 约翰·罗尔斯.正义论[M].何怀宏,何包钢等,译.北京:中国社会科学出版社,2001:57-59.

使之最大限度地改善最差者的地位"。"社会福利状况是根据处境最恶劣的个人福利水平来衡量",通过提高弱势群体的福利效用水平,以提高社会整体福利水平。

1. 完善个人资助及保障体系建设

第一,为学生提供交通补贴。随着农村学校的整合,大部分学生需要远赴离家较远的规模较大的学校接受教育,交通成本增加。但现有的资助体系中缺乏"学生交通补贴"项目。将"学生交通补贴"纳入公共财政预算,对于偏远贫困地区,建立中央财政分担的学生交通补贴机制。第二,提高贫困地区寄宿生生活补贴中央财政分担份额。自2006年中央提出对贫困家庭学生补助寄宿生活费以来,寄宿生生活补贴所需资金主要由地方政府承担,虽然2015年中央提出寄宿生生活费由中央和地方按照5∶5比例分担,但贫困地区地方政府财政能力较弱,中央财政仍需扩大分担份额。第三,完善学生住宿条件。部分贫困地区学生住宿条件匮乏,如调研地区中心小学没有配套学生宿舍,儿童分流寄宿于初级中学学生宿舍。完善规模较大学校学生宿舍建设,提高宿舍生活条件。

2. 完善教师激励与保障机制

完善教师激励与保障机制,有吸引人才、留住人才,提升农村教育水平。在吸引人才方面,一是提高教师整体工资水平。建立贫困地区教师工资"中央为主"或"以省为主"的分担机制,根据当地生活成本、经济增长速度及社会其他行业的工资增长水平,逐步提高教师工资待遇,缩小地区、行业差距。二是畅通教师补充渠道。地方政府和师范院校建立合作机制,通过减免学费、建立升学机制等激励措施鼓励优秀毕业生基层任教;提高"特岗教师计划"工资性补助标准,吸引大学生积极参加。

在留住人才方面,一是增加贫困地区教师补偿性工资收入。针对偏远地区学校和教学点的教师设计更合理的补偿性工资收入政策,单列并调增偏远农村教师津贴标准。二是调整农村中小学教师绩效工资经费承担主体。根据调研,绩效工资存在"名存实亡"的嫌疑。如调研地区教师工资主要由基本工资(岗位工资与薪级工资)和各类津贴(教龄津贴、工作津贴、生活津贴)组成,缺少激励性工资项目。绩效工资从原有工资中扣发一部分,根据考核结果再重新发放,不仅没有起到激励的作用,反而挫伤了部分教师的工作积极性。绩效工资落实不到位的根本原因在于县级政府财政能力薄弱。因此,教师绩效工资承担主体应上移至省级政府,减弱绩效工资经费的短缺程度。省级政府可在全省范围内按国家统一规定的编制标准和工资标准,采用专款形式足额发放。三是职称评聘向优秀农村教师倾斜。建立科学的教师综合素质评估体系,改变当前职称评聘以教龄为依据的评估方式,激发教师工作积极性。

3. 建立资源共享机制

建立资源共享机制有助于公平、高效地分配和使用资源。通过推行"区管校聘"、"县管校聘"等制度改革,推进教育系统内一体化管理。当前农村学区内、城乡学校间

"条块式分割"的等级管理模式使不同学校组织之间缺乏必要的横向联系。优质教育资源集中于城市学校、农村中心学校,村级小学发展薄弱。通过推行"区管校聘"、"县管校聘"等教师管理制度,促进乡镇内、城乡间教师资源的流动,提高薄弱学校的教学质量。

4. 探索农村学校布局模式

人口日益减少的趋势下,农村学校如何布局关系着未来农村教育的可持续发展。目前,针对未来农村学校布局,各界所提出的观点主要有:①农村教育城镇化。该观点认为,城市化作为一种不可逆的趋势,将资源大量投入日渐衰落的农村教育上是不可取的。农村教育不仅要在质量上向城市靠拢,在地理位置上也应向城市聚集,"初中进城、小学进镇、集中修建教育园区"[①]。②振兴小规模学校。"撤点并校"政策提出后,交通偏远、教育质量差、资源利用率低的小规模学校成为被撤并的主要对象。但由于盲目撤并引发了学生"上学远、上学难、上学贵"等问题,保留和建设小规模学校重新引起政府、学界的重视[②]。该观点认为,"在教育现代化的维度上,小班小校可能是未来学校的发展方向"[③],建设小而优、小而美的小规模学校,有助于保障儿童就近入学,并实现因材施教。③一镇一校模式。该观点主要由调研中教育基层实践人员提出。其认为,未来农村教育布局方向是乡镇范围内建设一所涵盖幼儿园、小学、初中的较为完备、质量较高的一体化学校。一镇一校模式有利于资源集中整合,发挥规模效益,提升农村教育质量。本文认为,科学合理的农村学校布局首先应坚持保障弱势群体的受教育权,其次应根据当地人口流动趋势优化资源配置。以调研地区为例,当地偏远村落较多,交通不便,农村教育城镇化或一镇一校模式可能损伤底层弱势群体教育权益。而随着一些偏僻村庄人口的外迁,小规模学校建设有可能造成资源的闲置和浪费。根据人口集聚度,整合教育资源,盘活现有存量,设置 2~3 所同等规模、年级较为完备的学校,保障学生就近入学,接受较高质量的教育。因此,政策要强调因地制宜,避免"一刀切",根据各地实际需要,设置合理的学校布局。

(作者简介:杨舍莉,浙江大学公共政策研究院助理研究员。)

---

① 如胡俊生.农村教育城镇化:动因、目标及策略探讨[J].教育研究,2010,2:89-93.胡俊升,司晓宏.农村教育城镇化的路径选择——"平原模式"与"柯城模式"浅析[J].北京大学教育评论,2009,7(3):181-186.

② 2012 年政府通过《关于规范农村义务教育学校布局调整的意见》,提出"适当保留和恢复的农村小学和教学点";2015 年,通过《关于进一步完善城乡义务教育经费保障机制的通知》,提出"加快探索建立乡村小规模学校办学机制和管理办法,保障当地适龄儿童就近入学"。

③ 杨东平.建设小而优、小而美的农村小规模学校[J].人民教育,2016(2)

国际视野

作者

国 懿

德国对外政策智库及其影响力构建①

内容提要：尽管德国智库在数量及国际影响力方面在国际智库中排名前列，但国内对这一国别智库的纵深研究目前尚有待深入。本文认为，德国智库可分为独立学术型智库、大学联合型智库、政党智库及政府所有型智库四种主要类型。学术型智库是德国智库中最重要的智库类型，公共资金的大量介入使德国代表智库模式具有面向公共决策的需要开展研究、免于受到私人利益集团干预、通过学术独立构建公共影响力的主要特点。德国独立学术型智库中，对外政策类智库具有较大的国际影响力。本文通过对 6 家具有代表性的德国对外政策研究领域智库进行比较研究，重点对其特点以及其对公共政策的影响力构建方式进行评析。

关键词：德国智库；对外政策智库；影响力构建

一、概述

智库（think tank）是一种独立于政府决策机制的政策研究及政策咨询机构，具有公共政策研究机构的主体身份、相对独立的地位以及相对稳定的状态，目标为对公共政策和社会舆论施加影响（李建军，崔树义，2010：3-5）智库自 20 世纪初诞生以来，在西方主要发达国家经历了近百年的发展，已形成影响机制较为成熟的重要的非政府力量。智库的研究水平往往是一个国家的软实力发展水平和国际话语权的象征。

西方学界针对智库的研究主要出现在智库影响力大幅上升的冷战时期，大多从政治学、国际关系角度展开，研究视角主要来自美国，研究

---

① 2013 年度浙江省教育厅科研项目"德国外交智库模式及发展趋势"（Y201327271）成果。

路径经历了从智库发展历史路径(Paul Dickson，1971)到智库行为实证主义研究(Diane Stone，1996；Donald Abelson，1996；安德鲁·里奇，2010)的主流范式转变,近年来进一步聚焦智库在政策制定过程中的参与机制和影响力体系框架形成(唐纳德·E.埃布尔森,2010)。德国作为欧洲的中心国家,在智库发展历史和区域影响力方面有着重要地位。尽管智库在德国的历史较为悠久,最早建立的智库型研究机构弗里德里希艾伯特基金会成立于1925年,至今已近百年,但德国学界对于智库的主流研究出现相对较晚,主要在20世纪90年代以后,关注重点为智库在公共政策制定过程中的"政策咨询者"(Steffen Dagger et al，2004；Kuhne Clemens，2008；马丁·W.蒂纳特,2014)身份及智库在公共政策战略讨论中的作用(Daniel Eisermann，1999)。近年来随着德国本土智库类型的发展和多样性拓展,德国学界也出现了一系列对德国智库的类型特点比较研究(Thunert，2000；Braml，2004；Thunert，2004),同时对政党智库在政策过程中的作用给予了更为明显的关注(Clemens，2008；Heisterkamp，2014)。总体而言,与美国智库研究视角相比,德国学者总体仍较为弱化智库对于公共政策的"干预"途径,而强调智库的"公共政策咨询"角色和影响机制。

二、德国智库概况及类型

德国智库学者蒂纳特将德国的智库类型分为学术型智库和宣传型智库两大类(马丁·W.蒂纳特,2014:42-43)。他认为,学术型智库还可根据其从属关系分为政府创立的研究院所、高校附属智库、私人资助的学术机构以及企业基金会四类。宣传型智库可以涵盖隶属利益集团的智库、亲近政党的政治基金会研究所以及独立于正当及利益集团的机构三类。另一位德国学者菲舍尔则根据智库的利益倾向将德国智库分为:自立于国家革新体系中的学术型智库、与私人利益关系密切的拥护型智库以及与政治利益挂钩的政党智库三类(多丽丝·菲舍尔,2014:30-31)。

笔者认为,上述两种分类方式涵盖面较广,基本覆盖了德国智库的各种存在方式。但比对德国智库在世界范围内的影响力指数,却必须看到如"私人资助的学术机构"、"企业基金会"、"拥护型智库"类别并不具备得到认可的代表性。因此,本文在两种分类方式的基础上,根据德国智库各种影响力较大的类型数量分布情况,将其划分为独立学术型智库、大学学术型智库、政党智库和政府所有型智库四种主要类型。需要特别注明的是,有别于一些研究中对于"大学附属政策研究中心"(褚鸣,2013:59)的不当理解和表述,本文中的大学学术型智库概念基于德文中的该类研究机构属性表述 An-

Institut(联合研究所),强调此类研究机构与大学之间的半独立半依存关系。① 为了进一步厘清德国具有影响力的智库在数量上的类型特点,下文将依据在国际范围内得到广泛转载的智库排名进行样本选取和分析。

根据美国宾夕法尼亚大学"智库与公民社会计划"课题组连续第9年发布的《2015年全球智库报告》(McGann et al, 2016),德国智库数量为195,位居美国(1835)、中国(435)、英国(288)及印度(280)之后,列全球第五。另外,在该报告列举的175个全球影响力顶级智库中,德国智库占12个(见表1),仅次于美国(24)及英国(16)。德国智库的优势影响力主要集中在外交政策和国际事务智库、国际经济政策智库、透明度和治理智库领域。该报告从资源、使用率、产出和影响力四大指标进行评估后认为,进入世界前175家顶尖智库的德国智库共有12个。

表 1　影响力排名国际前列的德国智库

排名	名称	分类	智库类型
14	Transparency International (TI) 透明国际	国防和国家安全智库; 外交政策和国际事务智库; 透明度和善治智库	独立学术型智库
18	German Institute for International and Security Affairs (SWP) 德国国际和安全事务研究所	外交政策和国际事务智库	独立学术型智库
25	Konrad Adenauer Foundation (KAS) 康拉德·阿登纳基金会	政党智库	政党智库
26	Friedrich Ebert Foundation (FES) 弗里德里希·艾伯特基金会	国防和国家安全智库; 国际发展智库	政党智库
40	German Council on Foreign Relations (DGAP) 德国外交政策协会	外交政策和国际事务智库	独立学术型智库
41	Kiel Institute for World Economy 基尔世界经济研究所	国内经济智库 国际经济政策智库	大学合作学术型智库

---

① 德国的 An-Institut 是一种从组织形式和法律形式上均独立、但又坐落于高校之中的研究机构形式。这种形式的研究机构往往具有民法意义上的法律形式,如非营利有限公司。其所有人也比较灵活,一般以国家、大学、注册协会以及学者居多。许多联合研究所中的负责人往往由高校终身教授兼职担任,因此在研究实力、人员配备上与其所相关的高校有着密不可分的关系。

续表

排名	名称	分类	智库类型
57	Bonn International Center for Conversion（BICC） 波恩国际非军事转化中心	安全政策研究智库	政府所有型智库
80	German Development Institute（DIE） 德国发展研究所	国际发展智库； 附属政府智库	政府所有型智库
87	Heinrich Boll Stiftung（HBS） 海因里希·伯尔基金会	政党智库	政党智库
120	Potsdam Institute for Climate Impact Research（PIK） 波茨坦气候影响研究所	—	独立学术型智库
145	Institute for Economic Research（IFO） 经济研究所	国内经济智库； 国际经济政策智库	独立学术型智库
155	Friedrich Naumann Foundation for Freedom（FNF） 弗里德里希·瑙曼基金会	政党智库	政党智库

（排名、名称和分类来源：《2015年全球智库报告》，智库类型分类：本文作者）

　　根据本文的分类标准，上述智库中根据类型可归为独立学术型智库的有5个（TI/SWP/DGAP/PIK/IFO）、政党智库4个（KAS/FES/HBS/FNF）、大学合作学术型智库1个（基尔世界经济研究所）、政府所有型智库2个（DIE/BICC）。对于德国智库的总体数量，德国学界的看法则普遍认为在150至200家，《2015全球智库报告》认为德国的智库总数量在195家。本文对进入该《智库报告》各类智库排名（包括分类智库排名）的所有德国智库进行了基于其法律形式、资金来源、研究结构的定性比对分析，下文将直接对分析结果进行总结。

三、德国智库的类型特点及发展现状

　　从数量上看，学术型智库（包括独立学术型智库和大学合作学术型智库）是德国智库中最具代表型的智库类型。大学学术型智库除了与特定高校具有紧密的半附属合作关系之外，从法律形式、资金来源、科研团队组成方面均与独立学术型智库非常相似。独立学术型智库与大学学术型智库一样，往往对于自身的学术独立性非常重视，智库中的资深研究成员往往(同时/曾)拥有在高校执教的位置或经验。这两种类型的智库均主要通过媒体构建自身的公众影响力。在这一过程中,各种德国日报或周报政治及财经版编辑和作者成为智库的重要目标群体(Martin Thunert,2004:68)。

在代表性的德国独立学术型智库/大学学术型智库中,莱布尼兹学会的成员数量非常显著。莱布尼茨学会(Leibniz-Gemeinschaft)是具有德国特色的学术联合会,其历史最早可以追溯到 1949 年 3 月由西德各州签署的《德意志联邦共和国州际科学研究机构资助协议》,旨在促进具有跨地区意义的科研合作获得资助。1977 年西德政府和各州共同发布了一份得到公共财政共同资助的 46 个研究机构的名单(也称"蓝名单")。1990 年两德统一后原东德的部分研究机构加入后,"蓝名单"上的受资助研究机构数量于 1992 年上升为 81 个。1991 年 1 月 24 日,"蓝名单"上的 32 家研究机构共同发起了"蓝名单工作联合会",共同管理跨机构事务,1997 年更名为"莱布尼茨学会"。学会经过了 20 多年的发展,目前已发展为拥有 89 个成员机构、从业人员达 1.7 万人的组织。其总部设在首都柏林。莱布尼茨学会是一种具有鲜明德国特色的学术机构自治机构,其成员主要是科学研究机构,通过进入莱布尼茨学会获得稳定的公共预算支持(机构的基本支出由国家和州各承担 50%)。此外学会成员机构还可以获得额外的第三方科研资助。2012 年所有莱布尼茨学会成员机构的总预算达到 150 亿欧元(其中第三方资助 3.4 亿)(Leibniz-Gemeinschaft,2014)。莱布尼茨学会的成员机构与各高校密切合作,根据德国联邦统计局 2013 年的数据,有 340 位学会的研究人员同时身为大学教授,286 人同时被大学和研究机构聘用(Statistische Ämter des Bundes und der Länder,2013:7)。学术型研究机构通过进入莱布尼茨学会的方式促进研究人员的学术和大学教学之间的密切衔接,以保证研究的前沿性及问题导向,同时通过该学会获得稳定的公共资金来源以保证高水平研究的可持续进行。

从法律形式看,德国智库的主要法律形式为独立的非营利注册协会,具有独立法人资格。在独立学术型智库中,约半数为非营利注册协会。在目前德国的 6 个政党基金会康拉德·阿登纳基金会、弗里德里希·艾伯特基金会、海因里希·伯尔基金会、弗里德里希·瑙曼基金会、罗莎·卢森堡基金会、汉斯·塞德尔基金会中,除瑙曼基金会之外,其余 5 个法律形式均为注册协会。政府所有型智库法律形式主要为非营利有限公司,由联邦政府/州政府为共同法人,共同持有。大学学术型智库的法律形式则分别为独立基金会和非营利注册协会。

从资金来源看,表中所列的学术型代表智库 80% 的主要或全部资金来源为公共财政(包括联邦政府、州财政以及欧盟资金),所有的政党基金会、政府所有型智库以及大学学术型智库的主要资金来源均为公共财政。政党通过与其政治主张关系紧密的研究机构从事教育、研究及国际活动可以获得公共财政的支持,大量的公共资金从而流向了政党基金会。这些资金的来源主要为联邦内政部、外交部、联邦环境部、联邦经济合作及发展部、联邦教育及科研部。德国的文教事业属于各联邦州所辖事务,学生数量占高等教育领域学生总数量 94%(Statistische Ämter des Bundes und der Länder, 2013)的公立高校的经费来源为各州教育部拨款。在大学学术型智库的主要公共资金来源中,除联邦外,各州的教育部也是重要的资金来源。德国的四种主要智库类型与公共资金之间均存在非常密切的联系,一方面可以理解为智库的生存和研究对于政府拨款具有较大的依赖性,另一方面也应看到,即使是最为依赖公共资金的大学学术型智库与政府所有型智库也可以在基本预算之外通过科研活动获得额外的第三方资助以及培训收入,从而保证智库在运作模式上具有一定的灵活性和积极性。

目前在德国联邦议会拥有议席的 6 大政党都拥有各自的智库。有别于对公共政策主要施加间接影响力的学术型智库,政党智库由于本身是代表政党政治理念的智囊,并不避讳自身的政治立场,其智库研究成果在该政党成为执政党时能较直接地对公共政策施加直接影响力。根据德国的现行政治体制,进入联邦议会的政党可以得到公共财政的拨款,用于党派发展。根据德国《基本法》第 21 条,政党不得直接通过政党系统从事各类教育、研究及国际活动(马丁·W.蒂纳特,2014)。政党基金会的研究领域、研究兴趣与其亲近政党的政治理念和政治兴趣不可分割,在某种程度上讲,政党基金会的工作就是其亲近政党的风向标。政党基金会通常被观察者视为其"母政党"的"半官方"(Martin Thunert, 2000)机构。尽管如此,政党基金会并不能理解为政党的下设机构,也不是政党内研究机构的延伸。德国的政党基金事实上是一种与其亲近政党密切绑定的思想库、行动库(do-tanks)和外延团队的结合(Martin Thunert, 2000)。

四、德国代表性外政策分类智库的特点

从研究领域看,具有国际顶尖影响力的德国智库的重要研究领域为国防安全/外交政策及国际事务领域。如在表 1 所列国际影响力排名前列的 12 家德国智库中,德国国际和安全事务研究所(SWP)、德国外交政策协会(DGAP)、波恩国际非军事转化中心(BICC)、德国发展研究所(DIE)的研究领域主要为外交政策、国际事务以及国家安全研究。这 4 家智库从资金预算来源、咨询对象、研究领域、研究成果去向方面均和德国外交部有非常密切的合作关系,因此在本文中统称为对外政策智库。另外还有两家具有较高国际知名度的智库:德国黑森邦和平暨冲突研究基金会(HFSK)和德国国际及地区问题研究所(GIGA)虽然未被《2015 全球智库报告》列入全球 175 家最具影响力智库排名,但基于其在该领域研究和咨询的重要国内影响力,以及其进入了《2015全球智库报告》的最佳分类智库排名,也被本文列为具有代表型的对外政策样本智库。下文将对这 6 家具有国际影响力的德国对外政策类智库进行特点总结以及概况介绍。表 2 资料来源主要为各智库的年报及官网等一手资料。

表 2　德国代表对外政策研究样本智库概况

名称	成立/法律形式	总部	规模	预算/资金来源	研究领域
German Institute for International and Security Affairs (SWP) 德国国际和安全事务研究所* http：//www.swp-berlin.org/	1962年 民法意义上的基金会(隶属于SWP基金会)	柏林 (2011年起)	130多名研究人员	1382万欧元 (2013年) · 政府(1170万欧元) · 第三方科研项目资助(212万欧元)	· 欧洲一体化 · 欧盟外交关系 · 西部巴尔干地区 · 安全政策 · 美洲 · 俄罗斯及独联体 · 中东、非洲及亚洲 · 全球性问题
German Society for Foreign Policy (DGAP) 德国外交政策协会* www.dgap.org	1955年 注册协会	柏林	协会成员约2500人,研究院约30名研究人员	467万欧元 (2013年) · 基金会 · 企业 · 政府资金 · 会员会费 · 自有DGAP咨询有限公司 (2011年成立)	· 欧洲及欧盟 · 法国及德法关系 · 美国及跨大西洋关系 · 俄罗斯及欧亚大陆 · 中东 · 中国及亚太地区 · 安全及国防政策 · 世界经济
Hessische Stiftung Friedens- und Konfliktforschung (HSFK) 德国黑森邦和平暨冲突研究基金会 www.hsfk.de	1970年 公法意义上的基金会(莱布尼兹学会成员)	法兰克福	约70名雇员	· 政府资金(黑森州政府)	· 国家安全政策与世界秩序政策 · 国际组织与国际法 · 跨国领域的非政府参与方 · 治理与社会和平

续表

名称	成立/法律形式	总部	规模	预算/资金来源	研究领域
German Development Institute (DIE) 德国发展政策研究所* www. die-gdi. de	1964年 非营利有限公司(持有人为联邦政府75%和北威州政府25%)	波恩	约150名雇员,其中2/3为研究人员	949万欧元(2013年) ·联邦及北威州共550万欧元 ·联邦教育及科研部350万欧元 ·第三方资助及培训收入40万欧元	·双边及多边发展政策 ·可持续经济及社会发展 ·治理、国家及安全 ·环境政策与资源管理 ·世界经济及发展资金
Bonn International Center for Conversion (BICC) 波恩国际非军事转化中心* https: // www. bicc. de	1994年 非营利有限公司(北威州与勃兰登堡州共同持有,中心主任同时担任波恩大学和平与冲突领域教授)	波恩	约50名雇员,其中一半为研究人员	主要资金来自北莱茵-威斯特法伦州政府,勃兰登堡州为共同股东	·战争话语 ·民事/军事界限 ·武器及政治经济 ·武器转让及军备控制 ·基地转化与武器销毁 ·动员与复员 ·使用暴力 ·自然资源 ·迁移
German Institute of Global and Area Studies (GIGA) 德国国际及地区问题研究所 https: // www. giga-hamburg. de	1964年 民法意义的基金会	汉堡	约160名雇员,其中90名为研究人员	1126万欧元(2014年) 其中约70%来自联邦外交部、汉堡科学、研究及平等部以及其他联邦部;约30%来自第三方科研资助	·政治责任及政治参与 ·和平与安全 ·增长与发展 ·权力与理念

1. 德国国际和安全事务研究所(SWP)

德国国际和安全事务研究所是欧洲大陆规模最大的国际政治类研究型智库,也是从人员规模来看德国最大的同类智库。该智库成立于1962年,在成立之初,研究所最早设于慕尼黑附近的小城 Ebenhausen,主要研究东西方阵营关系。1965年当时的联邦德国议会通过决议对研究所提供资助。2001年研究所总部迁往首都柏林。目前该研究所一共拥有约140名雇员,同时每年还有将近70名客座学者、短期资助获得者、项目短期雇员以及实习生在研究所工作。从 2009 年起,该智库在比利时布鲁塞尔开设代表处,承担该研究所与欧盟、北大西洋公约组织以及其他欧洲研究及咨询机构之间的交流。德国国际和安全事务研究所的主要宗旨是:为政治决策者在对外政策和安全政策以及国际政治领域提供咨询。该研究所的咨询对象主要为德国联邦议会、联邦政府以及对德国而言重要的国际组织如欧盟、北约组织以及联合国。

德国国际和安全事务研究所自我定位为基于自有研究人员进行的扎实的科学研究的智库组织,并将科研质量视为自己与其他政策咨询机构相比最大的特点。根据其宗旨描述,该智库在传递最新信息以及面向需求进行咨询之外,同时自身也是一个注重基础科学研究的机构。该智库尤其注重保持自身的独立性,宣称并不依附于任何政党或其他利益集团。在决定自身的研究重点上,德国国际和安全事务研究所自行决定其研究重点并部分公开发表研究结论。该研究所目前拥有约 50 名专职研究人员。除了进行智库相关研究之外,该研究所在将自己定位为进行交流和对话的平台的同时,很少将内部的咨询过程和结果对外公布,目的在于为政策决策者与研究人员之间的交流提供保密空间,以使相关讨论最大限度地摆脱短期政治及政党政治的影响。

2. 德国外交学会(DGAP)

该学会为德国知名的国际外交政策研究智库,其总部位于德国首都柏林。德国外交学会将自己定位为独立的、中立的、非营利性协会。学会成立于 1955 年,参照美国的美国外交关系协会(Council on Foreign Relations)和英国的查塔姆研究所(Chatham House)两家著名智库模式建立。目前德国外交学会拥有超过 2500 名成员,基本会员会费为每年 250 欧元。会员的会费成为外交学会的重要收入来源。外交学会研究所年预算的大约 17% 来自公共资金,其余全部来自非公共资金(包括会员会费)。除了会员制,该学会还有一个由 60 个企业组成的资助者协会,研究所的所有研究项目均由基金会、企业乃至个人进行资助。德国外交学会的主要目标是:为德国的对外政治领域讨论做出实质性的贡献;为政治、经济和公民社会领域的决策者提供咨询;在国际政治问题上向公众提供信息;加强国际政治领域专业交流;在国际范围内促进德国的对外政治地位。该学会建立 60 年以来,通过活跃的媒体活动、专业学术活动和出版物等途径对德国外交专业人士以及公众对于外交政策的看法形成具有较大的影响力。

3. 黑森州和平与冲突研究所(HFSK)

研究所全称为和平与冲突研究黑森州基金会,始建于 1970 年,当时的法律形式是公法意义的独立基金会。2009 年该所成为莱布尼兹学会成员机构,根据莱布尼兹学会机构的架构,研究所获得联邦与黑森州的共同财政支持。研究所自行决定研究题目,并通过章程保障其完全的科研自由度。目前该所目前拥有超过 80 名雇员,是德国最大的和平研究所。该研究所分析重大的国际及国内冲突原因,研究和平的前提并致力于发展促进和平的思维。研究所遵循莱布尼兹学会的"理论与实践结合"宗旨,致力于开展与实践相结合的基础研究。研究所结合基础研究和政策咨询,认为自身与大学研究机构的差异在于自己基础研究也必须具有实践结合度。研究所对自己的科研重点设置拥有完全的自主权,体现在自行制定科研进度和科研侧重,公共资金提供者对研究所的科研议题和项目设置没有决定权。莱布尼兹学会成员的预算部分来自于联邦政府,部分来自于州政府,这样的财政结构能够保证成员机构能独立的得出研究结果,而不是得出符合委托者希望看到的研究结果。

4. 德国发展政策研究所(DIE)

1961 年,在时任美国总统约翰肯尼迪的顾问 Lucius D. Clay 将军建议设立一个用于培训发展中国家专业人才的德国机构,这一倡议得到了当时的西德政府柏林经济部的同意。1964 年 3 月 2 日,德国发展政策研究所正式创立,法律形式为非营利性股份有限公司,由当时的联邦德国和柏林州共同持有,总部设于柏林。2000 年研究所总部搬往北威州首府波恩市。北威州政府同时称为研究所的共同持有者。目前由联邦经济合作与发展部与北莱茵-威斯特法伦州政府共同持有,前者占 75% 股份,后者占 25%。研究所是 20 世纪 60 年代前联邦德国各部委创建的政府持有型"储备智库"之一。德国发展政策研究所的宗旨是在理论与实践之间架设桥梁,主要工作领域涵盖研究、咨询与培训。其研究工作侧重领域为发展理论与发展政策,咨询对象为发展合作领域的德国国内及国际行为体。

德国发展政策研究所将自身定义为一个以咨询为导向的研究型机构。研究所致力于紧密结合咨询和研究。研究所的财政预算来自于德国联邦经济合作与发展部和北威州政府科技部,机构运作预算其中 75% 来自于联邦经济合作与发展部,25% 来自北威州政府,另外附加科研项目预算中大部分同样来自联邦经济合作与发展部,小部分来自于科研项目的公开招标。

5. 波恩国际非军事转化中心(BICC)

波恩国际非军事转化中心建立于 1994 年,总部位于北莱茵-威斯特法伦州首府波恩市。它由同为德国社会民主党成员的时任北威州州长和勃兰登堡州州长共同倡议创立,该中心的法律形式是股份有限公司,为北威州政府和勃兰登堡州政府共同持有。由于勃兰登堡州政府仅在创建时投入了部分创始资金,其后年度预算中来自公共财政的部分全部由北威州政府承担,因此中心的实际持有者为北威州政府,勃兰登堡州政府仅为法律意义上的共同持有者。

目前该中心每年从北威州政府获得 100 万欧元的预算,2016 年中心年预算达到近 250 万欧元,大部分来自第三方资助项目预算,包括来自德国外交部、德国联邦经济合作及发展部、欧盟的第三方科研项目,部分资金来自于公法意义的基金会,如大众汽车基金会、德国研究协会、蒂森基金会。如接到来自私人基金会或是私人出资者的咨询询问时,中心需要征询持有者北威州政府的意见来决定是否可以接受相关资金。该中心 2010－2013 年获得的第三方资助为平均每年 115 万欧元左右,这一数字在 2013 年达到了创纪录的 180 万欧元,占总预算的 62.5％。

该中心致力于进行跨学科的研究,即并不仅仅是为了政策咨询服务的研究,而是宽泛意义上结合实践的研究,同时兼顾开展基础性的研究。该机构作为智库的一个独有的特点是拥有专职进行咨询的人员队伍,目前在研究所的 50 名雇员规模里,担任专职咨询人员的有 6 名。波恩国际非军事转化中心目前最重要的政府部门咨询对象是德国外交部以及德国经济合作与发展部,并尤其在非洲项目领域与之开展许多项目合作。

6. 德国国际及地区问题研究所(GIGA)

德国国际及地区问题研究所前身建立于 1964 年的德国海外研究所(German Overseas Institute),该研究所在 2006 年进行了结构调整,并改名为国际及地区问题研究所。该研究所是一个研究全球问题及地区问题的莱布尼兹成学会成员机构,总部设在汉堡。根据其自我定位,研究所并非是一个真正意义上的智库,而是一家独立的、社会学的研究机构,但同时肩负有政策咨询和社会咨询的任务。研究所的另一个重要行动领域是知识转化及政策咨询。其咨询对象涵盖政策决策者、媒体、经济界、公民社会组织以及其他行为人。研究所的主要政策咨询面向:①联邦政府:德国外交部、德国经济合作与发展部、德国总理府、其他联邦部委如联邦国防部和联邦经济部。②联邦立法部门:德国联邦议会议员,尤其面向外交委员会、经济合作与发展组织委员会、人权及人道主义救助委员会以及国防委员会成员。③州政府:汉堡市政府、汉堡市科研部门以及经济与劳动部门。研究所的政策咨询活动形式主要有:圆桌会议、研讨会;根据政府行为机构的委托进行战略性分析;举办活动(主要为 GIGA 论坛以及 GIGA 合作对话);出版物(尤其社会 GIGA 焦点系列出版物);研究人员在德国外交部的短期交流。

五、德国外政策智库的影响力构建渠道

智库,无论是以官方、半官方、非官方等哪种运作模式出现的政策咨询机构,自诞生之日起便处于不断的角色身份构建过程中,在以英美智库模式为代表的类型中主要通过政策咨询、游说、影响公共舆论、出版研讨、后备人才培养等手段构建和发展自身对公共政策的影响力。德国的智库的代表性类型具有与德国国情密切相关的特点,其目标同样在于影响公共政策,并力图采用有效的途径扩大自己的公共影响力。

2016 年 1 月至 2 月,笔者赴德进行了本研究框架内的实地调研及专家访谈,对本文所列举的 6 家具有代表性的德国对外政策智库进行了为时 1～1.5 小时的深度访谈,访谈对象均为智库的主管(所长)或分管研究的副主管(副所长),目的在于对样本

智库在德国公共政策以及公共舆论中的影响力构建方式进行解析。研究的重要框架指导性问题是:德国智库在进行政治咨询与通过媒体影响公众意见的形成之间如何侧重? 智库如何影响政策形成或者执行过程? 德国智库如何看待国内影响力和国际影响之间的关系? 下文将基于该实证研究的结论总结如下。

几乎所有样本智库的受访对象均对于美国宾夕法尼亚大学的《国际智库报告》排名方法表示了批判态度,其批评点主要在于该排名的方法缺陷,如衡量标准不明、仅能反应智库的知名度和接受度,并不能反映智库的真正学术水平和影响力。样本智库对于这一排名的看法较为趋同,认为这一评估模式不会对自己的实际运作产生影响,但基于现实主义考虑,也乐于接受在这一具有较大国际知名度的智库排名上榜上有名的事实,理由是排名前列能够说明智库的国际知名度和接受度,在申请第三方科研项目、获得资金提供者的重视方面具有一定的帮助。

在构建影响力方面,下列观点具有一定的代表性:智库的影响力往往体现于是否能够说服它的资助者。类似观点来自于大部分预算并不依靠公共资金的、以市场为导向的智库(如德国外交学会)。对于这样的智库类型,其影响力的重要指标是是否在市场上得到充分认可,获得支持智库发展的持续性资金来源。智库需要有技巧地在政策咨询中“推销”自己的观点和方案,同时保持对智库身份和决策者地位的清醒认识。研究者不能认为在政策决策者那里听到的都是没有意义的话,而必须理解政策的决策者有自己的思维模式。决策者往往需要很快地做出判断,同时政策形成过程还需要很多其他影响因素,需要进行整体判断,而这一点往往与研究者的科学性、有区分性的想法背道而驰,需要智库研究人员进行克服。

德国对外政策智库构建影响力的一个重要途径是通过良好的互信关系和密切的人员交流保持与政府部门的热线联系,以在自己的研究领域获得更多的咨询及影响政策形成的可能。持有这一观点的主要为德国发展研究所(DIE)、波恩国际非军事转化中心(BICC)、黑森州和平与冲突研究所(HFSK)及德国国际及地区问题研究所(GIGA)等与政府(尤其是德国外交部)具有大量直接咨询渠道,并有大量预算来源于政府公共资金的智库。紧密合作关系的形成一方面和智库的研究人员曾深入政府层面进行过专职咨询工作密不可分,另一方面也对智库进一步在欧盟和国际层面进行更深入的合作提供了良好的借鉴。

德国代表智库多倾向于通过提高媒体知名度和构建国际行动网络的方式构建公共影响力。如通过利用 Facebook 和推特等新媒体推送研究所的观点和动态新闻,在欧盟和联合国等国际组织框架内积极参与或组织专业对话及其他活动,吸引欧盟官员、议员、媒体记者以及其他公众参与,与其他国家共同建立培训合作等举措等。

个别智库如德国国际与安全事务研究所(SWP)由于主要采用非公开保密谈话的方式为政策决策者提供咨询,其影响力的构建则更有自己的特点,其他智库难以与其简单相比。尽管其每年进行大约 200 场对话活动,形式从双边对话,到有六至八个人参加的小规模对话,但是所有这些对话形式均不向公众公开。在其官方网页上不会看到任何报道,也不会公开在媒体上出现。在智库活动的侧重上,该所明显具有政策咨询强于基础研究的倾向性。如该所副所长 Barbara Lippert 所说,研究所对自己的观点并不持有版权,而是基于自身的最好的专业知识进行咨询,并有意放弃在媒体上的公开露面。但该所的发展历史具有较强的德国特色,同时在规模及影响力构建方式上并没有能与之相提并论的同等德国智库,因此该所的例子并不具有代表性。尽管如此,该所每年仍申请少部分第三方资助科研项目(占总预算 15% 左右),最重要的动机并不是获得资金,而是保持在专业网络里的活跃度,维持自身的国内外知名度。

与某些智库关起门来通过保密咨询谈话施加影响的途径不同,更多的智库除了面对面的政策咨询之外,还需要在公共讨论中进行,以促进公众对于某个政治领域的讨论。对于大部分德国智库而言,更有代表性的看法是:政策咨询并不是针对政治家的咨询;智库不仅致力于面向政治家进行咨询,同时也在进行面向社会的咨询。政策咨询与通过媒体影响公众意见形成并非对立,而是互相促进、拥有共同目标的关系。德国发展政策研究所副所长 Imme Scholz 认为,除了与相关政府部门进行保密性咨询谈话,出现在媒体中也是政策咨询的一部分。研究所需要来自公众的支持,需要出现在媒体中,并在媒体中解释某个政治议题的重要性。媒体工作的目的是为了促进公众对于某个政治领域的讨论,影响大众意见的形成。以该所负责人观点为代表的这一思维有着鲜明的德国传统印记:德国的智库研究负责人大多毕业于政治学专业,或同时在大学中担任政治学教授。基于德国民主历史发展过程中的曲折历程,战后德国政治学专业的一个传统或重要使命感,就是承担对公众的政治教育的功能,这使得政治专业的从业者总是感到有义务在政策咨询之外,同时对公众意见形成施加影响,或者通过公开讨论的方式使公众获得更多的意见渠道。

在智库对于政策过程的影响力这一问题上受访智库较有代表性的看法如下。

(1)智库不能仅仅为决策合法化提供理由,而更应该对政策形成刺激作用。如波恩国际非军事转化中心主任 Conrad Schetter 认为,很多智库和政策之间的结合过于紧密可能导致其过分卷入了时事政策之中,并为政策所左右,这时智库面临的生存问题就变成:智库还有多少可能性来刺激政策? 去形成新的想法/提供替代方案? 实际中常常会出现的一个反面例子是:政策制定者往往对智库研究的结果或提供的方案抱有一定的期待。当研究结果和政策制定者的想法差异过大,就有可能导致政策制定者另投他人。所以,"智库的艺术在于怎么样能够把议题、信息以政策制定者、决策者可以获取的方式向他们传递,并能让他们发展出新的想法"。黑森州和平与冲突研究所时任所长 Claus-Dieter Wolf 也认为,政治家往往对于政策咨询怀有某些期望,这些期望对于严谨的智库机构来说是无法满足的。这时就会给私人的咨询机构以机会。严肃智库认为需要保持自己对于研究成果在质量上的高要求,如遇到并不看重这一点,而更注重咨询报告提供速度的决策者,就会形成矛盾。不在少数的政策决策者实际上并不重视智库希望维持研究的长期性和连贯性的要求,而认为支付咨询费用就有权要求迅速获得建议。这样的要求往往只能在私人咨询机构中得到满足。注重学术严谨性的智库和决策者之间的思维矛盾长期存在,并当双方有互相不理解的情况出现时,就会导致智库研究者/咨询人员的"失望"情绪滋生。要解决这一问题,除了加强沟通,使双方理解对方的思维逻辑之外,重要的是政府决策者应做好准备接纳智库带来的新想法和方案,而非希望其迎合自己的期望。

(2) 智库对于自己在政策决策中的角色定位必须有清醒的认识。黑森州和平与冲突研究所时任所长 Wolf 认为,智库不是决策者,决策者的行为模式与科研机构定位不一样,他们需要面对快速出现的问题迅速做出反应,而科研机构需要在长期储备的基础上连贯地进行考量。智库尽管和实践结合非常紧密,但并不应舍弃自己的客观研究者身份,成为社会实践本身或成为游说型机构。智库研究仅仅为决策提供基础,而不能取代决策。在这一认知基础上,智库应该与政策决策过程保持一定距离,才能维护自己的客观性和独立性。德国国际与安全事务研究所副所长 Barbara Lippert 也认为,在政治决策的过程中,政治家往往只有有限的注意力。智库的重要任务在于向政策制定者指出各种可能性,而不是试图帮助决策者把所有问题打包解决。

(3) 智库对政策的实际影响力难以明确认定。一方面在政策决策过程中实际上有很多的影响因素同时发挥作用,同时政策决策者也并非拥有一个单一的智库咨询意见来源。可能出现的情形是多个智库提出了相近的观点,并最终被决策者接纳。另一方面智库提出了一个可行的建议并说服了政策制定者,未必意味着它就能够得到执行。在政策形成过程中还有很多其他影响因素。如德国外交学会研究院院长 Eberhard Sandschneider 所说:"(智库影响力)是不可衡量的"。因为就算智库向某位政治家提出行动建议,也无法保证决策者就会遵从建议。就算智库的建议被采纳,也无法排除同时有多重智库渠道提出同样的建议的可能性。"所以作为智库来说,重要的是需要做好只能施加间接影响力的准备,同时必须⋯⋯共享这种影响力。"即使是政党智库的建议可以相对比较快捷地到达亲近政党的决策者那里,但也不意味着就一定会得到采纳和执行。智库只能"估算"影响力。一些由智库提出的想法最后在政策形成过程中有所体现,但往往需要很多年才能看到它是否发挥影响。这种影响常常不是突破性的,而是经历一个漫长的过程。在看待智库影响力的时候需要将注重学术研究质量的智库注重的学术理性和政策可执行性区分看待。

六、结论、展望及借鉴意义

在中国智库建设迎来重要战略发展期的今天,要在较短时间内拉近与发达国家成熟智库决策咨询体系之间的差距,需要我们对世界上主要国家智库的发展及其影响机制具有全面深入的了解,提取对于中国智库建设具有借鉴意义的经验。本研究的目的在于通过分析德国智库,尤其是对外政策智库的特点与影响力构建方式,剖析德国代表性对外政策智库的自我定位及公共影响力构建。

与美国智库普遍存在的政府官员与学者之间的"旋转门"现象(王智勇,2005:62)相比,德国智库与政府之间并不存在类似的"旋转门",智库对于政府决策的影响力常常无法从智库人员对公共决策的直接影响中判断。可以肯定的是,德国各种智库类型均通过获得公共财政资金的资助与政府的需求存在不可分割的关系。据统计,德国75%以上的智库接受政府公共资金资助(褚鸣,2013:61)。在国际知名的德国智库中,只有贝塔斯曼基金会明确拒绝接受他者资助,所有预算于贝塔斯曼集团的自有资产运作。相对于对具有多元化资金保障和商业化运作机制的美国智库模式,德国智库很大程度上依赖公共财政资金支持的运作机制可以在一定意义上保证智库免受私人利益集团的干预,使其更容易开展符合公众利益的政策研究,以符合公共政策制定者的利益诉求,并使智库的政策研究方式可以根据政府的需要进行灵活的转变。德国智库对于公共资金的依赖程度也决定了与私人利益集团相关的代言型智库在德国较为鲜见。与此同时必须看到,德国智库与公共财政的紧密联系也是一把双刃剑。过度依赖公共财政的智库有可能导致公共支出的削减而受到资源的冲击,从而为了获得稳定的公共资金而展开不必要的竞争。

德国智库同样存在"旋转门"现象,这一德国式"旋转门"主要体现在大学与智库研究队伍之间。许多德国智库与高校或其他学术研究机构有着非常紧密的联系,一些资深的智库研究人员同时身兼高校教学研究工作。70%以上的智库宣称研究质量是自己最重要的资本并以这种"去意识形态的现实主义"为荣(Martin Thunert,2000:199)。除了政党基金会之外,大多数德国智库具有明确的学术研究追求并乐于将自己定位为没有政治性倾向的公共影响力量,这使得德国智库普遍具有学术性较强、智库研究水平与高校理论研究基本同步的特点。这一点说明,德国智库构建影响力主要着力于建立公信力和学术/媒体影响力,而非通过说服个别决策者对政策施加直接影响。在建立公共影响力的过程中,学术独立和研究水平对于一个智库而言具有决定性的意义。

德国代表性智库与公共资金的紧密依存关系带给我们的启示如下。

(1) 除少数以市场为导向的英美模式智库外,德国代表性智库并不非常重视以美国宾夕法尼亚大学《全球智库报告》为代表的"国际智库排名",但也不抗拒这一排名给智库在申请第三方项目经费中可能获得的优势。与扩大国际知名度和拓展咨询影响路径相对,德国主要智库更重视建立稳定、高水平的研究团队,以及智库在国内咨询对象和公共媒体中的形象和学术声誉,并以此作为自身安身立命的最重要基础。许多智库(直至目前)对于市场上私人资金以及利益集团委托研究持相对漠视态度,其底气在于德国有着较为完善的智库申请获得公共资金支持的体系,以及借由与高校科研体系的互相渗透获得文教类联邦及州拨款的来源可能性,莱布尼兹学会体系在其中起到了重要的耦合作用。

(2)为数众多的德国独立学术型智库/大学学术型智库均为莱布尼兹学会会员,接受莱布尼兹学每7年进行一次的评估。莱布尼兹学会目前共拥有89家成员机构(研究机构及文化机构),遍布全德16个联邦州。莱布尼兹学会的评估体系约涉及10种不同的分类,如机构的基本配备,如办公场所、IT设备、人员配备、机构合作,比如与大学之间、与其他机构之间的合作,另外还有研究机构的出版物及其接受程度,科研项目的数量及来源、资金数额进行评估,此外参与评估的指标还有机构的国际合作、机构是否拥有自己的期刊、国际人员交流情况等。通过定期的绩效评估决定是否延长成员获得联邦/州预算的周期。通过进入莱布尼兹学会可以使相关机构在一段相当长的时间内没有预算的压力,潜心进行高质量的学术前沿研究。

但从另一方面看,德国主要对外政策类智库的运作模式也仍存在一定的发展瓶颈。目前德国科研体系内依靠公共资金运作的机构,包括大学机构以及独立学术型研究机构,都面临着基本科研预算的缩减和市场竞争的加剧问题。这一问题在智库领域导致各智库之间的竞争有所加强。一些以基础研究为核心导向的智库与以应用研究为核心到想的智库尽管相互竞争仍未见激烈,同时一些智库拒绝委托研究,因此在获得政府部门相关资金的层面也不构成与接受委托研究的机构的竞争关系。但是从长远看,德国政府对科研基本经费的缩减以及对智库市场竞争的扶植将发挥持久的作用。在过去的5到10年里,得益于科研体系的精英族群(Exellenz-Cluster)项目战略,一些智库在第三方科研经费申请领域取得了较好的成效,因此可以不受基本财政预算增幅减少或整体缩减的影响,但一旦智库在市场科研经费的竞争中竞争力有所下降,将对智库的长远稳定发展造成一定的威胁。在这样的前提下,私人咨询机构的崛起也对学术独立型智库的市场竞争形成了一股不可忽视的力量。尽管私人咨询机构提供的产品被一些传统智库批评为"快餐式的咨询意见",但在委托研究领域出现的趋势,一些人更愿意把资金投放到私人咨询机构去,以获得更快速的咨询意见。已经对传统智库生存和发展的土壤提出了不可忽视的挑战。当决策者迫切需要希望在很短的时间内获得关于某个领域的广泛深入认知,往往会催生不切实际的期望,这种期望是与科学研究的原则相违背的。由于基本预算遭到裁减而无法维持研究的广度和深度的研究机构,在迎合政策决策者的期望,提供使其决策合法化的咨询意见和保持自己的独立性之间,智库仍需找到克服这一矛盾的方法。

参考文献

[1] Abelson D. American Think Tanks and Their Role in U. S. [J]. Foreign Policy. MacMillan Press LTD, 1996.

[2] Braml, J. Think Tanks versus 'Denkfabriken'? U. S. and German Policy Research Institutes Coping with and Influencing Their Environments[M]. Baden-Baden: Nomos, 2004.

[3] Dagger S. et al. Politikberatung in Deutschland-Praxis und Perspektiven. Wiesbaden: Verlag für Sozialwissenschaften[M]. 2004.

[4] Deutsches Institut für Entwicklungspolitik (German Development Institute), DIE-Jahresbericht 2013/14[EB/OL]. http://www. die. de.

[5] Deutsches Institut für Wirtschaftsforschung, Jahresbericht 2013[EB/OL]. http://www. diw. de.

[6] Dickson P. Think Tanks[M]. New York: Atheneum, 1971.

[7] Die Deutsche Gesellschaft für Auswärtige Politik[EB/OL]. DGAP-Jahresbericht 2013/14. http://www. dgap. org.

[8] Ecologic Institute, Science and Policy for a Sustainable World[EB/OL]. http://www. ecologic. eu/ecologic-brief.

[9] Eisermann D. Außenpolitik und Strategiediskussion[M]. München: Oldenbourg, 1999.

[10] Friedrich-Ebert-Stiftung, FES-Jahresbericht 2013[EB/OL]. http://www. fes. de.

[11] Hans-Seidel-Stiftung, HBS-Jahresbericht 2013[EB/OL]. http://www. hss. de.

[12] Heinrich-Böll-Stiftung, HBS-Jahresbericht 2012[EB/OL]. http://www. hbs. de.

[13] Konrad-Adenauer-Stiftung. Namen, Fakten, Bilanzen[EB/OL]. http://www. kas. de/wf/de/33. 37170.

[14] Kuhne C. Politikberatung für Parteien: Akteure, Formen, Bedarfsfaktoren[M]. Wiesbaden: Verlag für Sozialwissenschaften, 2008.

[15] Leibniz-Gemeinschaft. Jahresbericht der Leibniz-Gemeinschaft 2012/2013

[EB/OL]. http：// www. leibniz-gemeinschaft. de.

[16] McGann, J G. 2015 Global Go To Think Tank Index Report[EB/OL]. http： // repository. upenn. edu /cgi /viewcontent. cgi? article ＝ 1009＆context＝think_tanks.

[17] StatistischeÄmter des Bundes und der Länder. Internationale Bil-dungsindikatorenim Ländervergleich. Wiesbaden，2013.

[18] Stone D. Capturing the Political Imagination：Think Tanks and the Policy Process[M]. London：Frank Cass，1996.

[19] Thunert M. Think Tanks in Germany[J]. Society Abroad，2004,5-6.

[20] Thunert M. Players beyond Borders? German think tanks as Catalysts of Internationalization[J]. Global Society，2000，14(2).

[21] Transparency International Deutschland. TI-Jahresbericht 2009[EB/OL]. http：// www. transparency. org.

[22] 安德鲁·里奇. 智库、公共政策和专家治策的政治学[M]. 潘羽辉，等，译. 上海：上海社会科学院出版社,2010.

[23] 褚鸣. 美欧智库比较研究[M]. 北京：中国社会科学出版社,2013.

[24] 多丽丝·菲舍尔. 智库的独立性与资金支持-以德国为例[J]. 开放导报, 2014,4.

[25] 李建军,崔树义.世界各国智库研究[M].北京：人民出版社,2010.

[26] 马丁·W. 蒂纳特. 德国智库的发展与意义[J]. 杨莉，译. 国外社会科学, 2014,3.

[27] 唐纳德·E. 埃布尔森 智库能发挥作用吗? 公共政策机构影响力之评估 [M].扈喜林,译.上海：上海社会科学院出版社,2010.

[28] 王智勇. 德国的思想库[J]. 国际经济评论. 2005,3-4.

（作者简介：国懿，博士，浙江大学外国语言文化与国际交流学院德国学研究所 讲师。）

作者
姚先国
周佳松
国　懿
赵峰云

借鉴德国经验，建设美丽浙江

内容提要：德国是世界上治理环境污染最早且成绩显著的国家之一。在德国8000多万人口中，直接与间接从事环境保护工作的有近100万人。德国所取得的环保成绩，并非一蹴而就。第二次世界大战结束后，德国急于改变战后落后面貌积极发展经济，工业发展迅猛，20世纪50年代末即成为仅次于美国的全球第二大经济体，与此同时也忽视了环境保护。到20世纪70年代初，德国发生了一连串环境污染的灾难，二氧化碳排放量大幅增加，水生物急剧减少，莱茵河几乎鱼虾绝迹。垃圾堆放场周围的土壤和地下水受到污染，自然环境受到严重破坏，民众深受其害。政府和人民都充分认识到治理环境的严峻形势与紧迫性。为此，德国政府从20世纪70年代起着手对环境进行积极治理，逐步形成了一套完备的环保治理体系，并把环保法扩大到经济生活各个领域。德国工业发达，工业生产造成的污染相当严重，但由于德国政府重视环境保护，实行环境保护和经济建设同步发展的方针，从而两者都取得了举世瞩目的成绩。总结德国环保治理的成功经验，对我省"美丽浙江"建设具有重要的借鉴意义。

关键词：美丽浙江；德国经验；环境治理

一、德国环境治理的行政管理体制

　　德国的环境治理主要根据法律规定的不同权责体系，在联邦、州和地方三个不同层次设定了相应的组织机构，同时有相应的运行机制予以保障。

(一)环境管理机构设置

根据宪法对环境行政管理权责体系的规定,德国各级政府设置了相应的环境管理机构,可以分为三个层次:联邦层次、州层次和地方层次。

1. 联邦层次

主要有两个环境行政管理机构,一个是联邦环境、自然保护与核安全部(简称联邦环境部),另一个为国家可持续发展部长委员会。联邦环境部于1986年成立,设有6个司,分别是中央司、政策法规司、管理司、控制司、自然保护司、核安全司。联邦环境部除内设机构外,另有3个主要的技术支持部门:联邦环境局、联邦自然保护局和联邦辐射保护办公室,其人员编制皆为公务员。由于环境事务复杂且涉及面广泛,所以,相关部委如外交部、财政部、经济与技术部、消费者保护部、食品与农业部、交通、建筑与房屋部、卫生部、经济合作与发展部等,也负责部分环境管理事务。

2. 州层次

德国有16个州级区域单位(13个普通州和3个州级城市),各州的环境管理机构设置各不相同。8个普通州有3层管制机构:州部委、区机构和低层次的州机构(包括县和不设县的市)。剩余的5个州有两层体系,没有中间层次的区机构。各州根据其管理职能与能力,自行决定其环保机构管理模式。以巴伐利亚州为例,巴伐利亚州在州层面上设有区域发展与环境事务部和州环保部,区层面上设有州水管理办公室和自然保护委员会,县和镇层面上设有自然保护委员会。巴伐利亚州环境保护机构约有2000多人。

3. 地方层次

德国地方政府一般由县、市及不设县的市组成。各地方政府根据其规模和实际情况自行决定其他地方管理的机构设置。但由于环保政策执行职能主要在州一级,一般地方层次没有专门的环保机构。地方层次的环保任务一般分散在规划、法规、市政工程、卫生等部门。

(二)环境管理权责体系

德国的宪法、法律及其他规章对环境保护权责有明确规定,联邦、州、地方(市、县、镇)三级体系职责分明。联邦政府环境管理的主要职能是一般环境政策的制定、核安全政策的制定与实施及跨界纠纷的处理。州政府主要负责环境法规与政策的实施,同时也包括部分环境法规政策的制定,主要包括:州环境法规、政策、规划的制定;欧盟、国家污染控制、自然保护法规政策的具体实施;对各区环境行为的监督等。从立法方面讲,州的职能是在联邦框架立法,如水资源管理、自然保护、景观管理及区域发展的基础上进行细化和完善。联邦在环境政策制定及立法方面有领导或统帅作用,而州在环境执法方面负主要责任。在联邦或州的法规框架内,地方对解决当地环境问题拥有自治权。此外,地方也接受州政府直接委派的一些任务。联邦、州与地方的环境管理职责分工与协同具体体现在以下几个方面。

1. 立法权责方面

联邦法是环境法的主体,特别是在大气污染控制、噪声消除、废物管理、化学品、遗传工程、核安全等方面。宪法规定了联邦专有立法权、联邦与州共有立法权、联邦框架立法。州可以在水管理、自然保护和景观保护方面进行立法,但即使在这些领域,联邦框架法也只是给州独立决策留下很小的空间。同时法律规定,在如下领域联邦法律优先于州法:和平利用核能的生产和利用,核辐射防护等;废物处置、大气污染控制及噪声控制;遗传信息的分析等。

2. 法律和政策实施权责方面

根据宪法(第30条和83条),州对环境的法实施负主要责任。联邦只是在重要的环境监测、评估、全面环境意识提高、遗传工程、化学品、废物越境转移、濒危物种贸易等管理方面负一定责任。地方主要参与辖区内相关项目的环境影响评价,水管理监督、废物、噪声管理等事务。另外,地方也负责环保项目研究、对污染场所恢复的资金支持以及再耕作和监测事务。

3. 环境规划权责方面

德国没有总体的环境规划,只有技术性的、具体环境介质的规划。例如,联邦负责核设施的选址;州负责大气污染控制的排放申报工作,调查领域的确定、烟雾区的确定、清洁大气计划、保护区的建立等;地方负责噪声消除计划、大气污染控制项目等。

4. 环保投资权责方面

德国宪法规定,环保任务、责任和资金相关联。原则上,联邦和州支出预算分开资金分离,各负其责。例如在核能方面州负责该设施投资建设,联邦负责核设施的运营成本。

对联邦与地方权限职责划分的基本依据是环境因子的外部性程度。环境因子外部性越大,环境行政管理机构级别越高,反之亦然。例如,外部性程度大的大气质量由联邦环境管理机构负责,而外部性程度较小的噪声则由地方环境管理机构负责。

(三)环境管理运行机制

1. 政策制定机制

联邦和州都有立法权和制定相关环境政策的权力。基本法明晰了联邦和州的立法权责。在基本法没有对联邦权责予以明确的领域,州政府拥有相应的权责。但在一些具体领域联邦能发布超越州法规的所谓"竞争"性法规(基本法第74条),如在废物管理、大气质量控制、防治噪声污染、核能等方面,如果州政府立法与联邦立法相冲突,则以联邦立法为准。而在自然保护、景观管理和水资源管理领域,联邦只有发布框架法的权力,而具体政策由州政府制定(基本法第 75 条)。

2. 决策机制

在决策方面,基本法的条款保障了合作与政策协调及决策过程中公众的广泛参与。例如,《联邦污染控制法》第 51 条规定,"授权批准颁布法律条款和一般管理条例,都要听取参与各方意见,包括科学界代表、经济界代表、交通界代表以及州里主管侵扰防护最高部门代表的意见。"另外,"共同部级程序规则"对相关部门间合作也有具体规定:一是部门间有职责交叉时,各个部门应该相互合作以确保联邦政府对这一事情有统一的措施与陈述。主要负责部门应当确保其他所有相关部门的参与。如果事情较为简单,可以只是口头听取其他部门的意见,但一定要有文字记录;二是其他部门要求联合签发的条例或文件,一定要迅速处理并返还。应当把意见通知受到影响的部门。当其他部门有不同意见时,主要负责部门不能独自做出决定;三是当遇到职责交叉时,负责部门还可以依照"共同部级规则程序"的第 15 条,提交内阁法案由内阁决定。总之,主要负责部门在其职权范围内处理事物并提交结果报告。

3. 执行机制

联邦实施宏观控制,州和地方灵活机动实施。按照德国基本法的规定,州政府可以按照其自己的权责实施联邦的法律、法令和行政规章。在有些领域,例如核安全和辐射保护法,受联邦的监督,州可以代表联邦执行联邦法律。对其他一些领域,如化学品、废物越境转移、基因工程或排放贸易等,则部分或完全由联邦管理。在州层次上,环境管理形式有两种:一种是直管,这也是最主要的管理方式;另一种是委托管理。直管就是州环保机构自己直接进行管理环境,在各区(介于州、县之间)设立派出机构,直接到污染企业核查。委托管理就是委托县、市进行部分环境管理。

4. 协调机制

为便于各部门间的协调及进行有效管理,2000 年,德联邦政府成立了国家可持续发展部长委员会,其成员由来自环境部门和其他与环境相关部门的代表组成,联邦总理为该委员会主席,其任务是制定可持续发展战略。联邦与州及州与州之间的协调主要通过环境部长联席会制度。环境部长联席会由联邦、州的环境部长及联邦、州参议员组成。联席会议由不同州轮流举行,每年定期举行两次。共同部级程序规则中也规定联邦部委在起草相关文件之前必须咨询相关州的意见,法规草案也要交由相关州阅览,这样州的利益和要求可以尽可能地在法规中得到反映。

5. 监督机制

联邦对州环境政策法规实施情况主要依靠法律和司法监督,州环境政策法规的实施要经过上议院批准。州环境部或环保局既是环境政策法规的主要实施机构,也是主要监督机构。州主要通过审查地方环境执法决定对地方环境政策实施进行监督,州还可以对企业直接进行监督。另外,德国环境行政管理的监督机制还表现在通过环境信息的公开透明,实行公众、媒体和非政府组织共同监督。

6.资金保障机制

德国各级环境行政管理资金一般来自同级政府的财政预算。各级政府的财政预算由法律规定的税收体系支撑。在德国的税收体系中,州税所占的比例是比较高的。以 2002 年共享税为例,州占所得税的 57.5％,流通增值税的 48.6％,企业增值税的 50％。一般而言,联邦和州依靠税收来履行其环境责任。但使用"污染者付费原则"向污染者征收排污费也是德国环保投资的重要来源。由于州在环境政策实施方面负主要责任,因此州负担资金的主要部分。

二、德国生态环境治理的特点

德国生态治理模式是在平衡经济发展与环境保护、市场效率与社会公平的博弈过程中确立的,其 20 世纪 90 年代以来形成的"社会市场经济生态化"道路良好地实现了经济、社会与环境的和谐持续发展。具体说来,德国环境治理模式的主要特点在于四个"结合"。

(一)自下而上的非制度化草根环境运动与自上而下的制度化绿色发展相结合

德国的生态治理从 20 世纪 70 年代以来经历了从自下而上的草根环境运动到环境保护广泛制度化、合法化的过程。环境关切和环境议题最初围绕"增长的极限"和交通噪声污染、"核能"等威胁性生态灾难主题展开,以道德抗议、大众动员和暴力冲突为特征,具有区域性和具体议题性等特点。随着公民行动组织数量剧增,环境运动范围逐步超越地方性和行业性,催生了许多联盟并开展联合行动。1980 年 1 月,绿党作为一个联邦政党成立,并在 2002 年大选中成为德国第三大执政党联合执政,在国家治理中贯彻生态现代化的理念,自上而下的绿色制度建设获得飞跃性发展。

生态现代化的核心是在生态学原则指导下实现环境管理和经济增长的协同发展。德国在发展战略上,把"社会市场经济"学说发展为"生态社会市场经济",明确把生态现代化确定为经济发展的政策目标,确立循环经济为经济生产的发展模式,制定和完善了一系列环境立法与环境政策。伴随着德国政治不断绿色化,环境运动经历了从环境冲突到渐进制度化、从对抗到对话与合作的战略变化,环境议题和环境关切的合法性已不具争议性。

当前德国环境治理的目标在于如何促进环境制度规范的制定和执行,以及如何促进经济、社会与环境发展、更高效地结合,同时体制之外的草根性地方抗议活动并没有减少,公民自发参与的草根环境运动始终是推动政府作出绿色决策的最重要力量。

(二)市场经济手段与伦理原则相结合

环境问题在经济发展过程中产生,也须在经济发展过程中解决,经济手段是世界公认的解决环境问题的最好方法。德国政府选择了社会生态市场经济的发展模式以解决传统的经济与环境此消彼长的发展困境,冀望通过经济手段和技术创新促进环境保护、经济增长与社会公正的良性持续发展。德国政府运用了生态税、排污许可证、押金回收制度、经济资助和政策订单等经济调控手段,扶植和鼓励环境友好型企业的发展,监督企业废料回收和执行循环经济的行为力度。

制度建设是德国社会生态市场经济的显著特点,其背后隐藏着的经济伦理和政策伦理更是值得关注。德国政府自1982年以来便把环境保护视为其政治生活中优先考虑的事务,在环境治理问题上坚持贯彻环境生态优先原则,即预防性原则、污染者赔偿原则、合作原则,并通过调整二次收入分配、完善社会保障体系、规范现代企业制度和公司治理结构以及将经济政策制度化法律化等具体举措,使经济政策贯彻生态向度和伦理原则,即把资本主义的经济自由和人道主义的社会公平良好结合,力图兼顾经济目标和社会目标、效率和公平的统一,建构经济、市场、环境与社会的和谐秩序。

(三)完备严格的环境立法与充分有效的环境教育相结合

德国的环境法制建设起步较早,是欧洲最早开始关注环境问题的国家之一,其环境立法之完备具体和环境标准之严格细致皆位居世界前茅。1972年,德国通过了第一部环保法——"垃圾处理法"。20世纪90年代初,环境保护被写入"基本法","国家应该本着对后代负责的精神来保护自然的生存基础条件"。此条款对德国整个政治领域产生重大影响。目前,德国已拥有世界上最完备、最详细的环境保护法,德国联邦和各州的环境法律、法规有8000部,还实施欧盟的约400项相关法规。完备严格的环境立法为德国环境保护提供了制度化保障,但德国良好的环境质量还需归功于德国无处不在、全面有效的环境教育,可谓"法治"与"德治"相得益彰。

德国人的环保意识非常强烈,把保护环境视为仅次于就业和打击刑事犯罪的国内第三大问题。德国环境教育的特色是,在政府高度重视和政策支持下,以学校教育为主导,联合各种社会资源和民间力量,推进环境意识和环境道德内化为公民的环境道德素养。一方面,德国优先响应1972年联合国《人类环境宣言》中"教育是环境发展过程的核心"理念,把环境教育置于学校教育的优先战略地位,并将环境教育渗透式地贯彻到学校教育、家庭教育、社会教育的整个过程;另一方面,强调环境教育的创新与实践,积极推进户外教学运动,利用各种环境教育资源和环境教育项目以确保环境教育的务实性。比如,充分利用环保协会、研究机构等非政府组织创建的沼泽自然保护区、生物与环境教育中心、北海霍克岛沙滩保护地等环境教育资源,积极参与全球性和区域性环境教育活动,以加快本国环境教育的发展。再比如,德国先后加入了全球江河环境教育网(GREEN)、环境与学校行动网(ENSI),并积极参与这两个网站提倡的各项活动。同时,也大力推进地方独创和富有成效地引进国外的各种环境教育项目,如德国地方独创的"半项目"(教育行政部门将学校全体人员因减少浪费而为教育行政部门节省的费用的一半奖励给学校,学校可以自由支配所得经费)和从日本引进的"零排放"。

(四)空间规划与环境目标相结合

在德国,市政规划是在联邦法律指导下执行的。空间规划也就是在市政水平上按照最长久的惯例来规划土地利用。整个德国大约分为1.5万个市政单位,各单位均有市政计划。一个很重要的提法是:市政区被分成"彩色"和"白色"区。前者表示存在居民聚居、开发或将要被开发的地方。后者大部分是指郊区,选定保持郊区状态。在这样的地方只允许进行和农业相关的开发以及基本的础设施建建设,这样环境目标就能在联邦空间规划框架中发挥主导作用。通常半数的空间发展目标被清晰表述成环境目标或与其有关的目标。把环境上考虑的问题合并成空间计划的通常目标包括:按照土地的自然适宜性,以可持续的方式来利用土地;陆地恢复、还原以及基于陆地的自然资源利用;生态敏感性和各个陆地生态系统的保护等。如今,德国从国家到地方具有一套完全成熟的协调机制和部门规划机构。长期以来,集法律、行政管制和规划工具于一身的综合规划体系已经发展成熟并成功实施。这表明:将环境目标与空间规划协调管理,可以使社会可持续性发展与自然环境的有效保护得以实现。

三、德国生态环境治理的重要举措

(一)用法律确定环境保护的目标和标准

德国政府从20世纪70年代开始就着手进行环境立法的工作,逐渐形成了一整套的环境保护系统,把环境保护的法规进一步扩大到经济和生活的各个领域。如:消除废弃物法、水源保护法、汽油铅控制法等。德国的宪法是基本法,在1989年、1990年曾两次修订,增加了环境保护的内容。以后德国的各项环保法律都以此为基础,遵循着预防原则、谁污染谁治理和协作原则。德国环境法为公民确立了环保的目标和标准,规范人们在环保领域中的行为和意识,是运用各种方式对公民行为进行调整的基础和准绳。基本法作为一种"直接法律调控",规定人们该做什么,禁止做什么,使具体的污染能够得到有力的控制。但目前德国更多的利用"间接法律调控",对污染企业或个人禁止的行为征税,运用经济手段影响行为者的经济利益从而达到环保目的。

为了加强环保执法,德国设立了环保警察,环保警察除通常的警察职能外,还有对所有污染环境、破坏生态的行为和事件进行现场执法的职责。警察承担环保现场执法工作,充分发挥了警察分布范围广、行动迅速、有威慑力等特点,极大地增强了环保现场执法的力度,保证了执法的严肃性和制止环境违法事件的及时性。

(二)鼓励环保科技投入,加大对环保企业及环保项目补贴和资助

德国的环保企业如今高速发展,与政府给予资金扶持和优惠政策是分不开的。德国政府每年的环保贷款达到近百亿欧元,对每年企业的环保投资在 30 亿~40 亿欧元。政府对特定的环保项目进行资助要满足 3 个条件:一是对环境污染具有预防意义;二是可以推动环保领域的革新和改造;三是当企业依靠自己的力量不能实现环保目标时。政府资助有力地推动了国家先进技术方法和先进技术设备的应用和推广。据德国联邦统计局的数据显示,2010 年德国生产行业企业(不包括建筑业)用于环保方面的投入总计约 240 亿欧元,其中 60 亿欧元用于购买设备投资,178 亿欧元为年度环保开支。德国还运用其领先步入信息化社会的发展优势,积极推动科技创新,以解决工业化进程中科技发展所肇引的生态环境问题,其科学技术标准被纳入联邦德国和欧盟的环境立法体系,赋予德国的环境治理过程更高的科学性、实践性和可操作性。此外,德国还通过专利保护、知识产权制度及技术标准为企业创新提供制度方面的激励。在制造业领域,全球约 2/3 的机械制造标准来自"德国标准化协会"。正是因为对研发的重视,使德国企业在众多领域保持技术领先优势。经济发展与环境密不可分,经济的可持续发展要求将传统的经济模型加以扩展,把环境要素纳入,从而形成一个"环境—经济"模型。目前,德国已形成一个有近百万人就业的环保产业,环保产品每年的出口额居世界前列。

(三)确立垃圾回收和利用制度

德国大部分人都生活在城市里和较大的镇上,全国平均人口密度为每平方公里 221 人,属人口稠密型国家。对于德国这样一个技术先进但又资源贫乏的国家来说,恰当处理城市废弃物就显得很重要。作为对自然资源的一种补充,垃圾是重要的"第二资源"。德国制定有垃圾法,以指导垃圾的处理与回收利用,目前大约有 800 项法律和接近 5000 项行政条例作用于垃圾管理。德国不仅建有复杂而精细的垃圾分类体系,还创造自成体系的回收循环系统。垃圾产业遍布从分类到焚烧的整个链条,垃圾处理非但没有成为城市财政的重担,反而创造出一个蒸蒸日上的产业。近年德国又提出"结束用过就扔的社会,开始循环经济"的口号,使垃圾的回收利用做到最大化。不断改进的管理方式使垃圾处理走在欧盟国家的前列。德国目前还规定,不允许过多地使用包装材料,并规定各种包装材料要能够使用多次,以减少浪费。多年前,德国经过

长期讨论和辩论,在议会通过了相关法案,开始实施强制回收空瓶空罐的制度,购买饮料要收取瓶罐押金,回收时可退回押金,以制止人们随意将空罐当成垃圾丢弃。德国为减少垃圾量可谓想尽办法。

(四)大力提高公众的环境意识

德国教育界将环境教育定位于一种综合性的教育,环境教育的指导思想是要对受教育者进行综合素质的培养。环境教育被认为不单单是传授有关"自然"知识的教育,还要激发受教育者的环境意识,形成正确的环境价值观与态度,从而构建有益于环境的行为模式。环境教育的有效实施,一方面与政府高度重视和政策支持分不开,使环境教育课程被顺利而有效地纳入学校教育;另一方面则是学校在实践中注重学生自主参与各类环保类项目,让他们在研究探索中学习,从而使环境意识、伦理道德等有效地内化于学生自身,形成综合的环境素质。

德国的环保法规要求每个公民都有通过自己的行为进行环保教育的义务。德国已形成了由政府机构、民间组织和学校三方组成的庞大环保教育网络,向民众普及环保知识,向企业推广环保技术,向社会宣传新的环保立法。联邦环境部对全国环保意识建设进行总协调。德国正在实行"国家环保行动计划",目的是使全国与环保意识建设相关的机构形成更紧密的网络,以便在全社会更好地推广可持续发展意识的教育。为了方便公众监督,不论是莱茵河国际保护委员会(ICPR)还是州的环境监测部门,每年都向管理部门提交监测公报。这些监测成果是公开的,公众可以方便地获取或在网上查找,满足公众对环保的关注要求。在监测公报中,列出了超标企业的名录,以使其警醒和改正。

四、德国经验的案例分析

(一)巴符州的绿色发展

2011 年,在德国西南部重要的联邦州巴登-符腾堡州(简称巴符州)的地方选举中,绿党政治家克雷奇曼当选为州长,这是战后德国的首任绿党政治家担任联邦州州长的职务。在 2013 年的德国联邦选举中,绿党的得票虽然有所下降(只获得 8.4%,排在第四位),但是这也从一个侧面说明,绿色环保的理念在今天已经不再只是绿党的政治纲领,而是所有德国党派一致的政治认同。

克雷奇曼所执政的巴登-符腾堡州本身就是一个将经济发展与绿色环保良好结合的典型例子。这个联邦州位于德国西南部,与法国、瑞士、奥地利三国毗邻,面积为35751 平方公里(差不多相当于浙江省的三分之一),人口为 1088 万(截至 2015 年 12

月31日,差不多相当于浙江省的五分之一)。巴登-符腾堡州的平均国民生产总值在全德排名第三。这个地区不但是德国、也是整个欧洲最具经济活力的地区之一,在全德的 11 所精英大学中,这个联邦州就有三所入围(海德堡大学、图宾根大学、康斯坦茨大学)。

巴符州的工业发展水平在德国首屈一指,但同时该联邦州也是一个绿色的联邦州。绿色的含义并不是为了环境保护而牺牲经济发展,而是将两者结合,走出了一条用绿色发展理念制造新的就业岗位促进经济发展的新路径。该州制定合理的经济发展方案与经济发展方案,充分利用巴登-符腾堡州出众的科研优势,通过财政支持(不仅是来自州财政,也有众多资助来自于大企业)将知识技能优势与政策相结合,走出了一条协同创新、绿色发展的新路子。

由此可见,德国之所以能兼顾环境保护与创新发展。首先是与其民主政体相联系,政府、人民各自有着清晰的责任与义务边界,政府履行职责,要求企业并且相关管理机构公布数据,扩大公众的知情权,并且在人民的监督下提升公民在不同层级共同参与环境保护的力度。这种相互信任的政治体制建设与完善也使得环保教育可以切实可行地落实。执政者为公民树立了良好的道德榜样,起到了自上而下的带动与示范作用,使得生态保护成为一种全民参与的社会责任,形成了自觉环保的内生动力。

其次,德国环保政策的切实落地也要归因于其独特的国家治理方式,二战后,西部德国走了一条非中央集权的制衡性国家治理道路,1990 年之后,统一的德国也延续了这条道路。德国是典型的小政府大社会,除了各级政府之外,高度发达的非政府组织、社团组织、非营利性机构的公民自治不但可以对政府施政提供有益补充,也起到了连通政府与人民的减压阀和减震器的作用,官民之间的良性沟通不但可以减轻政府的施政压力,也可以在政府与人民产生矛盾的时候有效协调。政府与相关社会组织的协同配合也将环保压力层层递减,为形成长效治理机制提供了可能。由环保组织出面完成的活动更加有声有色,更加便于使人接受。

再次,科技的进步、雄厚的资金优势与保护理念的有机结合使德国的绿色发展得以成功。德国各级政府已经将清洁生产、生态设计以及可持续发展的发展理念融会贯通。德国式的节能减排道路以资源的高效使用和循环利用为基础,以低消耗低排放低污染为特征。

2007 年,德国政府在全国范围首次提出德国是一个创意之国(Land der Ideen),在同一年,德国制定了《气候保护高技术战略》,联邦政府在接下来的十年之内,将增加 10 亿欧元用于环境保护领域的研发。德国确定了有机光伏材料、能源储存技术、新型电动汽车、二氧化碳分离与储存作为未来四个前瞻性的重要研究领域,以应对气候变暖所带来的挑战。

(二)鲁尔区的成功转型

德国是世界上为数不多的曾经进行过两次工业革命的国家,如今却很少在德国看见成片的工业区。当然这绝不是一蹴而就的结果,德国也同样走过"先污染后治理"的道路。工业的高速发展曾经将莱茵河一度变成了欧洲最大的下水道。在莱茵河德国段内,大量的酸、漂液、染料、铜、镉、汞、去污剂、杀虫剂等上千种污染物被倾倒入河中。1986 年 11 月,位于瑞士巴塞尔的桑多兹化工厂仓库失事起火,造成近 30 吨硫化物、磷化物、汞、灭火剂溶液随水注入莱茵河河道,造成大批水生生物死亡,沿岸许多自来水厂、啤酒厂被迫关闭;已经投资了 300 多亿马克的莱茵河治理工程前功尽弃。莱茵河流经的鲁尔区是德国一度工业污染最为严重的地区。

鲁尔区位于德国的北莱茵-威斯特法伦州,包括了诸如多特蒙德、波鸿、埃森、杜伊斯堡等重要的工业城市。埃森的德语名称词意的来源就是林立的烟囱,如今这些烟囱还可以看到,但是已经没有工业用途,而只是作为工业辉煌时期的佐证。

对于德国经验的借鉴不是因为它本身的完美无缺,恰恰相反,德国在环境治理方面的一系列正确的举措是痛定思痛反思的结果,是经历了相对漫长的试错发展过程之后的可贵改变。在意识到以牺牲环境换取经济发展是不智之举并对投入产出做了精算之后,德国开始寻求变革。环境污染大户鲁尔工业区开始转型。历经长期艰苦而卓有成效的实践,以鲁尔区为代表的德国工业区转型已告完成,形成了以绿色环保、生态优良为特点的新型工业模式。

从 20 世纪 70 年代起,鲁尔区以发展、环保、未来三者相结合的思路来对传统工业区进行全面整治。鲁尔区的改造在思想上是彻底的,在方式方法上却是务实渐进的,并非彻底的另起炉灶。改造立足于对这些废弃不用的工业设施与旧址进行文化价值的挖掘与提升,通过工业遗产的旅游开发和改造利用,达到区域的整体复兴。

1989 年,鲁尔区开始实施国际建筑展览十年行动计划,工业废弃物变废为宝,埃森市的煤矿工厂在 2001 年被联合国教科文组织列入世界文化遗产名录。工业文化的名片和品牌优势已经形成。

2005 年 11 月,时任中国国家主席胡锦涛应邀访德,在访问期间参观了位于德国西部的鲁尔区,重点关注的就是鲁尔区如何致力于产业结构调整并取得明显成效,昔日的老工业基地如何重新焕发活力,并取得经济发展与环境保护相结合的成果。

2010 年,鲁尔区当选为当年的欧洲文化首都。今天,整个鲁尔区已经建成 19 个遗产旅游经典,6 个国家级的工业技术博物馆,12 个典型的工业村落,9 个用废弃的工业设施搭建而成的瞭望塔。此外,鲁尔区也在治理后成为智力中心。从 20 世纪 70 年代开始,鲁尔区的高校建设进入了黄金发展期,今天这里成了德国乃至欧洲境内大学分布最为稠密的地区,此外整个鲁尔区还拥有 30 个左右的技术研发中心和技术转化中心。

在整个鲁尔区的改造过程中,可以看到政府在以下几个方面起到了主导作用。

首先是顶层设计:鲁尔区的转型不是头脑发热的一时兴起。为了对这个区域进行切实有效的改造,德国联邦政府与北威州州政府在改造之初就制定了"联邦区域整治法"、"煤矿改造法"、"投资补贴法"等法规。政府牵头成立了相关的领导机构,负责顶层设计,总体规划,批准成立鲁尔区煤炭管理开发协会,该协会早在 1960 年给出了鲁尔区未来发展的总体思路,这样的思路指出煤炭钢铁是这次改造的基础,改造的目的是发展新兴行业,改变经济结构,改造鲁尔区的交通网,以消除在环境上造成的欠账为总原则,这一总体规划在颁布之后得到了整个区域的认同和实施。

其次,各区域各行业的局部利益被打破,形成一盘棋的思想。为了实现该地区多目标齐头并进的综合治理与全面振兴,北威州政府趁此契机对整个北威州的社会经济发展作了深入研究和整体谋划。通过对煤炭钢铁行业的改建合并,深化行业分工,提升专业化水平和附加值,充分利用和开发当地的水陆交通,为当地经济注入新的活力。习近平主席 2014 年 3 月底访问德国期间曾经访问了鲁尔区的杜伊斯堡市港口,希望杜伊斯堡港作为世界最大内河港和欧洲重要交通物流枢纽,为促进中德、中欧合作发展发挥更大作用。

鲁尔区改造之所以成功,还在于其后续措施完善。高科技,信息化,转型制造业不断发展。单一产业结构为多样化、高附加值转型产业所替代,投资环境不断改善,这里是全德人口最为稠密的一个联邦州,全德国 8200 万人口中的 1800 万居住在这个联邦州。充足的劳动力,立体、多元、便利的交通网吸引了大型工业企业的纷至沓来。胡锦涛在 2005 年访问鲁尔区时曾参观了瑞典宜家家居公司在这里设立的艾林豪森-宜家物流中心。该企业 2003 年入驻鲁尔区,物流中心占地 200 公顷,就建设在了曾经的煤矿堆放煤矸石的场址上。

五、"美丽浙江"建设面临的问题与挑战

浙江省是全国陆域面积最小的省份之一,环境容量相对较小,生态环境的承载力有限。随着工业化、城镇化的快速推进,如何处理好资源环境与经济社会发展的关系显得尤为重要。近年来浙江在"美丽浙江"建设方面虽然取得一定成效,但仍存在以下几方面问题。

一是生态环境质量不容乐观,生态修复任重道远。群众密切关注的空气、水、土壤污染等环境问题依旧形势严峻,与广大人民群众的期待要求还有较大距离。"霾"情愈演愈烈,我省多地遭受雾霾袭城、PM2.5"爆表";全省酸雨污染仍较严重,2016 年上半年降水 pH 均值为 4.85;近岸海域水体呈重富营养化状态;污水废水排放量居高不

下;多地存在拆而不清现象,耕地复垦进度迟缓;公共环保基础设施发展不均衡。

二是生态经济发展不足,清洁能源利用率较低。环保节能技术,生态科技研发、孵化和推广相对滞后,生态产业还远不能成为主导产业。虽然一些县市已实践生态补偿、山海合作,但部分欠发达地区农业、农家乐服务业等比重过高,生态技术支持产业发展的经济效益并不明显。由于我省一直以来块状经济的特点,产业结构仍以高污染和高耗能的钢铁、建材、化工、水泥、造纸等行业为主,产业附加值不高,结构性污染问题突出,节能减排任务艰巨。

三是生态文化体系不够健全,美丽浙江的价值理念仍需巩固。美丽浙江建设尚处于起步阶段,生态文明价值理念普及程度不高,全社会绿色发展的氛围尚未真正形成,重发展轻环境等传统发展理念和模式在经济活动中还占据不可忽视的地位。部分企业主体缺乏社会责任意识和长远发展眼光,守法治污的自觉性和加快转型升级的主动性还不高。社会公众尚未形成绿色消费观,参与生态建设积极性较低,民间环保组织发展也相对滞后。

四是生态治理体制机制建设欠缺。地方各自为政现象明显,环保门槛存在较大差异,标准不一;各地各部门联动协作配合不够紧密,跨界污染责任不明、相互推诿,跨区域治理仍然薄弱,长效机制尚待完善落实;生态监管机制效率低下,环境与发展综合决策运用和统筹协调体系不够完善,环保规划、环保政策和环保立法执法难以到位;生态文明建设考评体系不够科学,方法不够完善,结果运用不够充分;环保资金投入单一,财政保障问题日益凸显。

浙江省在"美丽浙江"建设方面存在的主要问题,其根源在于以下五个方面。

一是在目标定位上,经济发展的无限性与环境容量的有限性之间矛盾突出。经济发展是生态文明建设的内在要求和动力源泉,但经济发展必须要有相应的资源、环境、空间等要素条件的保障,如果两者不相匹配,必然导致生态遭破坏、发展受限制。以衢州为例,全市经济总量偏小,综合实力不强,后发崛起、加快发展需求更加迫切,随着新型工业化、城市化和新农村建设的步伐加快,对资源环境容量的需求也必然加大;但同时衢州地处钱江源头,环境功能区定位对产业控制要求较严,环境因素对经济发展的制约较大,经济社会发展与资源环境容量之间的矛盾必将进一步加剧。

二是在发展方式上,节能减排的紧迫性和经济转型的渐近性之间矛盾突出。一方面,由于全球气候变暖引发的国际社会要求减少温室气体排放的呼声越来越高,浙江作为经济大省,推进节能减排的压力越来越大。另一方面,受能源结构和科技水平的制约,产业的生态化改造是个循序渐进的过程,高能耗、高污染、高排放的粗放式经济结构在短期内难以根本改变。

三是在资源配置上,生态建设的外部性和生态补偿的稀缺性之间矛盾突出。良好的生态环境是最公平的公共产品和最普惠的民生福祉,生态建设具有较强的外部性特征,需要付出较高的生态保护成本和发展机会成本,如果没有相应的生态补偿等救济途径,必然导致"公地悲剧"的恶果。目前生态补偿机制尚不健全,全省明确属于生态补偿性质的财政资金只有森林生态效益补偿基金,虽然近年来补助标准大幅提高,但仍存在补偿标准偏低、补偿范围过窄、补偿渠道单一等问题,与林农群众的实际付出仍有较大差距。

四是在参与主体上,生态诉求的普遍性和参与程度的局限性之间矛盾突出。一方面,随着经济社会的发展,人民群众的生态权益意识明显提升,追求品质生活的呼声越来越高涨,要求改善生态的诉求越来越强烈。但另一方面,社会公众过分强调生态环境问题的政府职责而忽视个人义务,全社会的绿色生活理念和行为方式还处于萌芽状态,民众缺乏积极参与的实际行动,往往以牺牲"大环境"来美化"小环境"。

五是在管理体制上,生态建设的系统性和治理体系的分散性之间矛盾突出。生态建设是一项复杂的系统工程,需要区域协调、部门合作和社会联动。水、空气、土壤等生态环境具有整体性,而环境治理体制则行政分割。在现行的管理体制下,受行政分治、职责分割等影响,各地各部门分片而治、各行其是,缺乏有效的监督和集中管理,系统性治理存在较大的体制机制困难,往往是"头痛医头、脚痛医脚",生态治理能力和治理效率都有待提高。与此同时,政绩考核的经济增长指标与生态指标权重如何配比,都是今后"美丽浙江"建设面临的重要挑战与难题。

六、借鉴德国经验,加速美丽浙江建设

(一)各级党政部门必须确立绿色生态发展理念,将绿色环保融入经济建设、社会治理的全过程

造成我省现阶段环境污染状况严重的主要原因之一是没有正确认识和处理好社会经济发展与环境保护的关系、当前与长远的关系、局部与全局的关系。特别是一些地方政府重经济发展、轻环境保护,甚至不惜以牺牲环境为代价换取经济增长。因此,党和政府必须以绿色发展为环境治理的指导思想,统筹环境决策与经济决策、社会决策,充分利用科学技术的后发优势,创新绿色科技等新能源技术,促进经济结构的转型升级,同时主动实施环境治理从"末端治理"到"源头治理"、"过程治理"及其综合治理的范式转型,构建资源节约型和环境友好型社会,实现经济发展、社会进步和生态建设的和谐统一与共生共长。

(二)健全完善环境治理体制,落实多规合一制度

由于我省统管部门、分管部门以及各级地方相关部门之间的法律地位、职责权限

不甚明确,造成统一监督管理难实现,分工负责难协调的局面。要真正实现德国"统一监督管理与分部门管理相结合"的模式,应区别统管部门与分管部门以及地方执法部门在环境治理上的不同特性,从而在职责权限上做出明确的划分。此外,鉴于环境问题的综合性和复杂性必须要建立起跨部门、跨行业的环境管理协调机制。特别需要指出的是,针对我省现有生态环境保护规划体系不完善,与已有土地利用总体规划和其他各规划之间层级不明确,内容和结构不合理的问题,建议积极研究落实"多规合一"制度,理顺规划体系,明确发展目标和定位,通过优化空间布局,实现经济、社会、生态和谐发展。

(三)以法治建设作为美丽浙江建设的坚强保障

在德国,各种法律规定非常具体详细,从而可以有效避免和减少法律上的漏洞以及执行中的随意性和扯皮现象。立法先行、治理跟进是德国环境治理的一大经验。制定完备的环境保护法律法规体系有利于为环境保护部门实施环境执法奠定基础和保驾护航。建设美丽浙江,法治建设既是不可或缺的重要内容,同样也是不可替代的重要保障。"美丽浙江"建设需要不断提升生态文明建设的法治化水平,建立和完善相关法律法规和政策制度,加强相关法规规章的"立改废"工作,分层次、有步骤地推进地方立法工作,严格依法审理,加大执法力度,加强法律法规实施的监督检查和主体功能区规划实施等的有效监测,逐步确立法治建设作为"美丽浙江"建设的坚强保障。

(四)全面理顺"美丽浙江"建设中的利益关系,落实"谁污染,谁付费,谁负责"的原则

建设美丽浙江,必须建立系统完整的生态文明制度体系,实行最严格的源头保护制度,损害赔偿制度,责任追究制度,完善环境治理和生态修复制度,用制度保护生态环境,做到"谁污染,谁付费,谁负责"的责任主体原则。同时,推进环境监管制度改革,建立完善严格监管所有污染物排放,独立进行环境监管和行政执法的环境保护管理制度,以此强化绿色发展的内生动力与外部压力。

(五)抓住供给侧结构性改革机遇,超前谋划和有效推进产业结构升级

生态文明建设与供给侧改革有着密切的关系,生态文明建设的本质是推动绿色发展,而绿色发展的关键是以尽可能少的能源资源消耗和环境破坏来实现经济社会发展。绿色发展是"绿色"与"发展"的有机结合,是"既要金山银山,也要绿水青山"。抓住供给侧结构性改革的机遇,加速淘汰落后产能和高污染高能耗产业,鼓励和支持智能化、清洁化、高效率和高附加值产业发展,用创新发展支撑美丽浙江建设。

(六)鼓励发展绿色社会组织,强化和完善生态环境治理的社会参与机制

公众广泛参与是现代社会新型环境治理的重要内容。环境问题的广泛性、严峻性决定了环境保护工作任重道远,仅仅依靠政府的力量是远远不够的,需要社会各界的广泛参与和合作。从德国环境治理的发展过程看,政府应该关注民间的环保力量及其主张,合理利用基层民众的环保积极性,促进环保事业的发展。特别是发展具有专业眼光和较好社会号召力的环保组织,此类组织不仅能够有效地监督环境法律的制定和执行情况,同时作为公民与政府之间的沟通桥梁,其存在有助于政府和公民的双向交流与信息的传送及反馈,及时化解政府与公民的矛盾,起到稳定社会的作用。

(七)加强环保生态教育,构筑"美丽浙江"建设的社会基础

建设美丽浙江,人是主体,每个人都是重要的参与者,生态文明和美丽浙江建设的成效,取决于每个人的意识与行动,环保生态教育要从娃娃抓起,由此构筑起生态文明建设的社会道德和文化基础。建议加强生态文明宣传教育,增强全民节约意识、环保意识、生态意识,形成合理消费的社会风尚,营造爱护生态环境的良好风气;建立完善的生态文明和生态道德教育机制,强化从家庭到学校再到社会的全方位生态教育体系,梳理全民的生态文明观,道德观和价值观让环保生态观念融入每个人的精神和灵魂。

(**作者简介**:姚先国,浙江大学/浙江省公共政策研究院院长、教授;周佳松,浙江大学公共政策研究院助理研究员;国懿,浙江大学外国语言文化与国际交流学院讲师;赵峰云,浙江大学公共政策研究院助理研究员。)

公共政策参考

作者
浙江工商大学
课题组

关于浙江省环保垂直管理体制
改革的调研报告[*]

中共十八届五中全会关于"十三五"规划的建议提出,要实行省以下环保机构监测监察执法垂直管理制度。为此,本调查组走访杭州市环保部门(上城区环保分局、下沙开发区环保局、杭州市环境监察支队、桐庐县环保局)以及浦江县环保局,了解了他们对垂直管理的想法,共同对地方环保属地管理体制和垂直管理体制的利弊进行分析,结合中外环保垂直管理的成功经验,对浙江省环保部门垂直管理改革进行了思考。

一、环保垂直管理的局限性

(一)与现行的法律和行政体制存在冲突

从法律层面看,现行法律存在与现实脱节的现象。例如,新《环境保护法》第六条规定:地方各级人民政府应当对本行政区域的环境质量负责。实行垂直管理后,县级政府没有环保部门,如何履行对属地环境负责的法定义务?新环保法突出了地方政府的职能,而垂直管理的改革思路在一定程度上弱化了地方政府的环境保护职能。另外,根据现行法规,实行省以下环保机构监测监察执法垂直管理制度之后,环保执法方面的行政复议要上升到省政府或国家环保部,行政复议成本极高,难度陡增,不具备操作的可能性。

---

* 本文系 2016 年度浙江省软科学研究计划项目(2016C35022)成果。

(二)疏远环保部门与地方政府的关系

垂直管理缩小了地方政府管理权限,导致地方政府职能弱化,不利于发挥地方政府的积极性,容易架空地方政府。据浦江县环保局负责人介绍,通过多年实践,浦江县政府已经探索出一套自己的环保治理模式,例如推行定期议事制度,召集各部门负责人讨论近期出现的环保问题,相互沟通协调,分责到人,建立了统一的治理机制;而实行垂直管理后,这种与县级地方政府已经形成的默契将受到影响,改革后如何与县级地方政府建构新的协调机制和治理模式还有待探索。

(三)容易导致环保部门权力寻租

垂直管理后,地方政府无权对直管部门进行监督,只有垂直系统内上级环境执法部门有权对下级环境执法部门进行监督。而且由于行政层级较多、信息传递和获取成本较高,容易导致上级对下级环境执法机构的监督失效。监督不力会导致环境执法目标难以实现,可能会使直管部门出现以权谋私、权钱交易等各种权力寻租现象。

(四)环保部门治理能力面临挑战

一是环保人员配备不足。环保机构编制配额少是一个普遍性问题,各地县级环保局机关与其所属的监测监察执法机构的人员都是混编混用,很多人员都承担不同机构的工作。以下沙环保局为例,环境监察大队有9个编制,但是具有正式编制的只有3人,另外是3个雇员和3个临时工,甚至出现了"有编制却无法使用"的怪现象。实行监测监察执法机构垂直管理后,监测监察执法人员势必将与市县环保部门分离,环保工作人手紧缺问题更加严重。

二是部门内部权责面临重新划分。目前大部分环境监察、监测部门还承担应急、信访投诉受理、减排监测体系等工作,改革要求对环保监测、监察执法实行垂直管理,必将改变环保部门内部原来的权责分配,需要重新定位市县环保局的行政职责范围。杭州市环境监察支队负责人觉得实行垂直管理之后,监测监察执法权力应该适当下放。如果监测监察和执法职能收归省管,势必大大增加省一级监测监察执法队伍的工作任务,工作效率将受到严峻考验。

三是环保部门内部联动困难。环保部门因监测监察执法垂直管理而导致本部门内部的职权分化,不利于内部协同作战。上城区环保分局负责人表示,实行监测监察执法垂直管理后,将减弱监测监察执法机构和局机关的密切联系,等于砍去环保局的"左膀右臂",局机关日常工作开展将受到限制,对于环保部门内部的联动互动会产生不利影响。

四是省市(地)县环保关系面临重建。监测监察执法垂直管理后,县级环保局成为市级环保局的直属机构,环境监测监察执法由省统一管理。县级环保部门的职权被大幅削弱的同时,与省市环保部门的关系也要重新构建。桐庐县环保局负责人表示,县级环保局除了要解决城市环境问题,还要面对多、小、散的农村环境问题;在垂直管理改革的设计中,一定要重视县级以下环保工作的特殊性,强调城乡环保均衡。

(五)垂直管理改革效果难以预期

一方面,垂直管理无法从根本上摆脱地方政府的干扰。由于垂直管理会触及地方利益,政府不同部门之间会出现职能矛盾,受利益机制驱动,其他职能部门会对环保部门的工作产生干扰。另一方面,垂直管理无法解决分割式执法体制的弊端。环境治理是一项系统工程,牵涉到发改委、环境、交通、建设、国土和城管等多个部门,需要政府众多部门的联合行动,而垂直管理并不能将众多部门纳入统一的环保体系内。以工商、质检为例,2011年国务院下发文件,开始对1999年以来执行的"省级以下工商、质检垂直管理"的监管制度进行改革,要求省级以下工商、质检系统在业务上接受上级部门指导,但在人员编制、干部任免等方面纳入同级政府管辖,实施属地化管理。这就表明了垂直管理并不是包治百病的灵丹妙药。调研发现,各地环保部门对于垂直管理改革都持谨慎态度,认为改革一定要经过广泛调研、充分论证,以确保达到预期目标,避免重蹈覆辙。

二、环保体制改革的路径探索

环保监管执法是一个牵涉甚广的交叉领域,环保部门与政府之间、与政府其他部门之间,甚至环保部门内部各单位之间的职能与责任边界不清晰。环保监管执法的复杂性,要求在推行省以下环保机构监测监察执法垂直管理制度时,须慎之又慎,认真做好操作层面的具体制度设计。

(一)理顺横向关系,完善职责分配,建立外部横向合作机制

现行环保体制的主要弊端是环境行政权力过于分散、各机构职能重叠、职责不明。因此,必须理顺各级环保部门与地方政府及其相关部门的工作关系,明确各部门环保工作的具体职责,重新划定县级人民政府和省市环保部门之间的环保责任,并形成与此相适应的生态环境损害责任追究办法。首先,划定大部门制的组织框架,对涉及环境保护部门的职能、范围、方式、责任等应具体化、法制化。其次,建立定期协调、督促、检查的议事机制。再次,建立制度化的部门间沟通协调机制,加强部门间的合作。以美国为例,美国环境保护署(EPA)提倡以"联邦—伙伴关系"和各州合作协调共同推进环境事务,并建立了一系列环境激励项目,试图用较少的激励资金鼓励各州之间主

动建立和实施与 EPA 目标一致的环境项目。结合浙江省情,调查组建议县级政府可以设立"生态文明建设办公室",由县政府主要领导牵头,将交通、建设、国土、卫生和城管等多个具有环保交叉职责的部门统一纳入环境治理的框架体系内,"生态文明建设办公室"可以出台符合本地特点的环保奖励办法,充分调动各部门参与环保事务的积极性,而市县环保局(分局)可对"生态文明建设办公室"进行业务指导。垂直管理改革后,要将环保工作纳入属地政府的国民经济和社会发展的统一规划中,形成新形势下环保规划与地方各项规划"多规合一"的协作机制,充分尊重地方政府统筹的生态文明建设工作,形成良好的外部横向合作机制,避免在生态文明建设中顾此失彼。

(二)理清纵向关系,制定省市权力清单,建立内部纵向联动机制

对于垂直管理改革后环保部门内部体系的改变,调查组建议:通过制定权力清单明确省市环保部门职责的合理边界和合理比例,明确哪些是省级专属职责,哪些是地方政府专属职责,保证市、县政府对本行政区域的环境质量负责,保证县级以上地方环保部门对本行政区域环境保护工作实施统一监督管理的法律规定落到实处。

从海关垂直管理的经验来看,海关组织结构层级分明,自上而下分海关总署、直属海关、隶属海关三大层级,下级海关对上级海关负责,海关总署对国务院负责,整个领导关系的形式呈金字塔形分布。这种结构形式和垂直领导体制有助于决策层的高效部署和准确地传送到具体执行人员,保证了海关执法的统一性和完整性;另外,直属海关内设部门遵循分类设置和专业化分工的原则,分为职能管理部门和现场业务执行部门两类。对比海关的做法,调查组建议,监测监察部门内部岗位按业务属性进行专业化分工。技术和执法岗位可以按工业污染源、第三产业污染源、生态及辐射、机动车排气污染等业务属性进行专业化分工;加强环境监测监察部门与同级环保局的沟通协调,形成属地统一的环境治理机制。监测方面,建立省级生态环境监测网络,建设涵盖大气、水、土壤、噪声、辐射、水资源、水土流失、耕地等环境要素的环境质量监测网络,优化监测布点和功能,按照统一标准规范开展监测和评价,客观、准确、及时反映环境质量状况;并且在区域内实时共通共享生态环境动态监测数据和跟踪管理信息。另外,增加并落实市县环保机构人员编制,切实解决机构设置和人员编制不合理、不完善的问题。

(三)加强社会监督,实现环境治理公开化,建立横纵立体监督体系

环保体制改革最后的目标要向人民负责,实现环境治理的公开化。改革需要充分发挥社会公众、公益组织等各界力量在环保事业的作用,主要包括:公众环境权利法制化、健全环境信息公开机制、鼓励民间环保组织参与环保工作。同时,垂直管理改革以后,县级人大对本地环保部门将不具有人事任免权和财政监督权两项硬性手段,设区市人大和纪委监察部门对环保部门的监督方式和渠道也会发生变化。对此,调查组建

议建立"行政—司法—社会"的横纵立体监督体系,加强省市环保部门的行政监督以及垂直系统内部上级对下级、领导者对被领导者的传统纵向监督,发挥上级人大、司法机关的法律监督作用,充分调动社会公众在环保监督方面的积极性,并且要协调好上级环保部门行政督察与人大法律监督及公众参与监督的关系问题。

(本课题由浙江工商大学马克思主义学院副院长詹真荣教授主持,参与本课题调研的有研究生王群、毛慧和熊乐兰教授,研究生董金茹、刘幻参与了后期调研。本报告由詹真荣、王群、熊乐兰执笔;本调研得到了浙江工商大学研究生创新基金的支持。)

作者

金雪军

黄　翔

积极发展区块链技术及应用的对策建议

G20 杭州峰会审议通过了数字普惠金融的"国际公约",这一成果被外界称作是全球数字普惠金融的行动指引。其中一条重要的行动建议是:在充分考虑适当的风险缓释措施和安全保障的前提下,与行业合作探索分布式账本技术在提高批发和零售金融基础设施的透明度、有效性、安全性和可得性方面的潜力。这一种分布式账本技术就是区块链技术。

一、区块链技术的发展趋势越来越明朗

区块链是一本账本,而各个区块就是账本的每一页,区块上的每一个节点就是记账之人。通过区块,不仅可以看到每一笔(节点)最新的记账,而且可以查阅到任何一笔历史记录。同样,人们也可以由最新的区块记录追溯前一个区块的记录,直至"创世区块",从而生成了一条完整的交易链条,即区块链。区块链主要的优势是无须中介参与、过程高效透明、数据高度安全,并且是一种可编程的技术。

金融领域是区块链技术的重要应用领域,作为新金融的底层技术架构,继互联网之后,区块链技术将重塑全球金融业的基础框架,加速金融创新与产品迭代速度,极大提高金融运行效率,重塑信用传递交换机制。除了金融领域,区块链技术应用分布广泛,如身份认证、公证、仲裁、审计、域名、物流、医疗、邮件、签证、投票等其他社会治理领域,未来物联网与区块链的进一步结合,也将会影响到千家万户。

区块链技术发展趋势已经明朗,并且具有很大的发展空间,但进一

步发展还面临一些挑战。在技术层面上,区块链的交易速度慢,每秒的交易量不大,数据储存量大,需要进一步扩容。同时作为跨学科、跨领域的前沿技术,规模化应用需要多方共同努力;在风险层面上,区块链技术存在一些安全隐患,可能会遭受到黑客攻击,同时作为新技术存在政府监管风险。

二、国内外多区域在抢占区块链技术及应用发展的制高点

区块链被称为颠覆性的技术,将成为互联网金融乃至整个金融业与其他行业的关键底层基础设施。目前,国内外都在抢占这一未来金融底层技术的技术制高点。

从国外看,国际货币基金组织(IMF)在首份数字货币报告中指出,区块链"具有改变金融的潜力";欧洲证券和市场管理局向公众征集欧洲区块链技术监管意见;美国证券交易委员会批准 Overstock 公司利用区块链技术发行股票;英国政府发布的《分布式账本技术:超越区块链》提出,将优先在传统金融行业应用区块链技术。世界经济论坛在银行业基础设施的最新报告中称,90 多家央行正在讨论区块链技术的应用,并预计 2017 年世界上 80% 的商业银行都会围绕区块链技术发起研发项目。在国外,区块链金融行业板块发展迅猛,已形成全球化联盟,比如全球 40 多家顶级银行加盟成立了 R3 联盟,Linux 基金会于 2015 年发起的全球推进区块链数字技术和交易验证的开源项目超级账本(hyperledger),俄罗斯区块链联盟等。

从国内看,央行在 2014 年成立了专门的区块链研究团队,今年 1 月 20 日召开基于区块链的数字货币研讨会。2 月央行行长周小川指出,数字货币由央行发行并保障其安全性,央行的数字货币有可能采用区块链技术。7 月工信部信软司印发了《关于组织开展区块链技术和应用发展趋势研究的函》。

从省、市看,北京、上海、深圳(如表1所示)等地相继成立了多个区块链组织并举办相关活动,政府、学术机构、金融机构、互联网公司等纷纷看好区块链的发展潜力。

表 1　各地区块链组织

北京	中国区块链应用研究中心(北京)、中国区块链研究联盟(全球共享金融 100 人论坛发起)、中关村区块链产业联盟、区块链微金融产业联盟、中国首家区块链孵化器——亚洲区块链孵化器
上海	中国分布式总账基础协议联盟(中证机构间报价系统股份有限公司等 11 家机构)、银行间市场区块链技术研究组(中国外汇交易中心等 19 家机构)、上海区块链产业发展研究联盟(上海市发展改革研究院发起)、陆家嘴区块链金融发展联盟(上海互联网金融行业协会等)
深圳	金融区块链合作联盟(微众银行、京东金融、华为等 31 家机构)、前海国际区块链生态圈联盟(太一云、IDG 等国内外著名机构)

三、浙江发展区块链技术的优势以及瓶颈

浙江是最早研究区块链技术的省份,早在 2015 年就成立中国区块链应用研究中心浙江分中心。浙江具有领先一步的"互联网基因",每年大约诞生 4 万家左右的互联网企业,其中阿里巴巴是典型代表,以蚂蚁金服为代表的互联网金融企业和以同花顺、恒生电子等为代表的金融科技企业快速崛起,加快了区块链技术成果产业化进程。浙江拥有浙江大学、清华大学长三角研究院等一流高等学府和科研所,为未来区块链应用发展提供强大的人才支撑。浙江省委省政府"十三五"规划中提出的打造"钱塘江金融港湾"和"城西科创大走廊"两大平台,将汇聚大量国内外金融科技人才、技术和资本等各方资源,为区块链技术及其应用推广带来更强大的助力。

浙江想要抢占区块链技术发展制高点,将遭遇一些瓶颈。首先,急需组建产业联盟带动行业发展。近期,上海建立了区块链产业联盟"陆家嘴区块链金融发展联盟",与北京的中关村区块链联盟、深圳的"金链盟"遥相呼应,形成区块链区域性发展的"北、上、广"三足鼎立新格局,省内的知名金融科技公司也陆续加盟。浙江省虽然营造了区块链技术良好发展的氛围,但是行业内的机构缺乏互动,没有形成合力,需要政府进一步牵头引导。其次,急需政策支持推动关键技术攻关和产业化应用。区块链发展已经得到多方共识,发展趋势已经渐渐明朗,在区块链的核心基础技术领域,已有一些重大进展,但目前实现规模化应用仍需要一段时间。在这个瓶颈突破的关口,迫切需要浙江省出台一系列的产业扶持政策,汇聚各方资源攻坚克难。

四、浙江省积极发展区块链技术及应用的对策建议

1. 积极抢占发展制高点

区块链技术呈发展态势,有广阔的应用空间;同时,区块链技术及其应用也存在着需要解决的一些问题。面对区块链技术的机遇与挑战,浙江要发扬"敢为人先,勇立潮头"的创新精神,及时出台区块链技术和产业发展扶持政策,重点支持关键技术攻关、重大示范工程、"双创"平台建设、系统解决方案研发和公共服务平台建设等,努力成为创新发展的试验田,积极推进区块链技术突破与产业化应用,加快探索区块链应用试点,打造全国区块链技术开发应用高地。

2. 创造试验空间

浙江可以借鉴新加坡和英国推出的"沙盒"机制,任何在沙盒中注册的区块链公司,允许在事先报备的情况下,从事各种创新业务。通过这种"沙盒"机制,能够让政府在可控范围内,进行多种金融创新,并且也能够让创业者放心尝试各种相关的创新业

务。另外,政府也可以借鉴"云栖小镇"建设的成功经验,坚持"政府引导、企业主体、市场化运作"方式,出台相关扶持政策,吸引汇聚国内外区块链人才、技术、资本等各方资源,建立区块链技术及其应用推广的集约高效生态环境,加快区块链技术成果产业化进程,促进区块链技术在我省社会经济建设各个领域的推广应用。

3. 组建区块链行业联盟

浙江应当抓紧区块链研究发展的契机,复制 R3 区块链联盟的发展模式,采取跟随战略,积极推动筹建符合我省金融市场需求的区块链行业联盟,加强国际合作,共同制定行业标准,开发符合中国的政策、国家标准、业务逻辑和使用习惯的区块链技术底层协议,加快区块链技术及应用的创新和落地,确保我省在区块链技术应用中取得应有的前沿地位。

4. 完善政府监管

政府需要考虑为区块链设立一个监管框架。监管需要根据技术实施和应用的新情况与时俱进。作为监管方面的考量因素,政府应该考虑使用技术代码和法律条文去实现监管的目标。

(作者简介:金雪军,浙江大学/浙江省公共政策研究院执行院长、教授;黄翔,浙江大学公共政策研究院助理研究员)

作者

王淑翠

治理分享经济的建议[*]

一、发展趋势

　　由于分享经济模式企业具有低成本、轻资产、高度灵活性以及投资回报快等特点,已成为新兴的创业领域和选择。学者们普遍认为分享经济将会颠覆传统模式,带来全新的生产模式、消费模式和企业运营模式。而且,未来人们收入增长的途径充满了各种可能:空闲时间、空闲资源、空闲的人力、设备、智慧等都可以变现增值,变成多份兼职的合理收入。目前我国采用分享模式的著名企业有"滴滴打车"等专车服务提供商,"小猪短租"等提供短租房的在线交易平台,"人人快递"等利用个人空余时间提供同城快递服务的平台等。《中国分享经济发展报告 2016》指出,2015 年中国分享经济市场规模约为 2 万亿元,超过 5 亿人参与了分享经济的不同环节,未来 5 年增速将达到 40%,会产生 5～10 家巨无霸企业。未来一切可分享的东西都将被分享,人们的工作和生活方式将因之发生深刻变化。因此,如何规范分享经济的发展秩序是当前公共管理领域未雨绸缪的研究主题。

　　*　本文系 2016 年度浙江省软科学研究计划项目(2016C35022)成果。

二、管理挑战

(一)使用权和所有权分离冲击了传统权益分配模式

分享经济在重新赋予人们更多自由的同时,也带来了很多的不确定性。分享经济创造价值的核心,在于利用互联网等信息技术对现有闲置资源的高效利用,实质就是出售部分闲置的或剩余的使用权。所有权与使用权的分离,创造了瞬时的、短期的、高效的租金等收入,改变了传统的以交易为主的权益分配模式。于是,分享经济模式下,人人参与的点状经济结构取代了原有的以企业为主体的块状经济结构,深刻地冲击了产权制度、财税制度等核心问题。这也将触及既得利益者的利益,引发新旧经济的冲突。

(二)平台避税给各国财税部门带来政策难题

自从分享经济领域的公司在全球开始飞速发展,全球许多国家、州省和城市费尽心机,要让它们遵守和传统酒店或出租车行业一样的规则,缴纳当地的各项税款,但收效甚微。通常情况下,这些公司会利用离岸避税港将利润转往国外,从而大幅减少向政府缴纳的税款。作为平台上的服务提供者或个体生产者,也处于税收监管的真空地带,他们除了向平台交服务费之外,并无个人所得税或营业税负担。这必然导致经营同样业务的传统公司对此商业现象的不满。随着这些新型平台公司逐步开始盈利,政策专家认为这场战斗可能会从国内转向国家之间,有些平台公司注册时就选择了税负轻的国家或地区,根据测算,目前这已涉及数十亿美元的企业所得税。除非全球各国间能在税收制度上形成共识,找到同样的应对办法,否则税收损失将是很严重的。

(三)平台、供应方、需求方三方责任划分不清楚

目前分享经济主导的商业模式仍然处于发展早期,法律和监管处于空白状态,而正是这种政策法律的缺失会导致各种问题和纠纷。据报道,滴滴的女顾客被杀事件,社会舆论一边倒地归咎于滴滴公司。作为一种全新的商业模式,个体和平台之间的责任划分不明确,缺乏法律依据判定各方责任。目前,世界范围内还没有明确法律出台,例如网约交通平台上的服务提供者在工作期间的医保、车险、折旧费等究竟该由谁出?平台顾客权益如何界定?权益受损该由谁负责?平台和服务提供者之间的责权利如何划分?总之,对供应方、需求方和平台企业三方在交易过程中各自承担的责任、义务、权利,缺乏完善的法律依据。

三、解决措施

（一）增强个人信用评级

分享经济模式是高度依赖信用的商业模式，一个严格的、可以保证交易双方进行安全交易的信用评级系统是必要的和重要的，分享经济的活跃程度也与信用评级的建立和完善紧密相关。因此，需要增强对交易双方的信用评级系统，确保能够提供交易前、交易中和交易后的信用参考，从而为分享经济提供一个安全的交易环境。在这方面较有成效的是阿里巴巴集团，面向商家推出诚信通和淘宝店铺星、钻、皇冠、金冠等信誉等级，面向需求方个人推出芝麻信用分。芝麻信用分综合了个人用户的信用历史、人脉关系、行为偏好、身份特质、履约能力五个维度的数据信息，目前已被全球很多国家政府认可，应用在针对中国人的签证服务等信用评价领域中，建议我国政府也考虑采纳和广泛应用平台推出的信用体系。

（二）继续完善相关法律和政策

分享经济模式在我国还是一个新生事物，因为信息的不对称和监管乏力，分享经济交易市场也会出现"市场失灵"现象，如"E租宝"事件。因此需要政府完善法律体系，制定相关政策法规规范分享经济中各主体的行为，让分享经济模式下的经济行为有法可循，竞争有序。在分享经济中各主体的法律责任界定上，汉德公式（Hand Formula）可作为划分和制定各自法律责任的理论依据。汉德公式主张，涉及事故的各方应该承担的责任，与其避免事故所需要付出的代价成反比。汉德公式能广泛运用于版权纠纷、假货纠纷、隐私泄露纠纷、虚假广告纠纷，以及金融和投资纠纷等领域，这也是目前网络平台普遍面临迫切的内部治理和政府监管的难题。另外关于平台和个人避税问题，可参考传统工商企业的税收制度，由平台代收代缴相关税收。

（三）政府联合平台监管平台上的个体

有效的监管应该是分层的。政府直接管个体，不仅抛弃了网络平台这一最有效的知识协调机制，而且还让政府直接面对无数的麻烦和冲突，这不仅会极大地增加公共服务的负担，而且还会由于不断的监管挫折而损害政府的管治威望。而承担着私人投资的平台公司由于开放竞争的环境，在维护平台秩序和信誉方面，具有比政府强烈得多的积极性、知识经验以及管理手段，他们有能力直接管理好平台上的个体。

(四)平台公司要承担制定规则和准入门槛的责任

在引导和规范新业态的发展过程中,平台公司需要充分认识到平台的责任边界,制定有利于平台良性运营、政府监管和惠及社会的平台规则,利用大数据等高科技手段加强平台运营管理,承担更多的公共服务功能。阿里巴巴对平台上的商家采取了多种监管和治理措施,如开发支付宝提供交易担保功能,买卖双方公开评价功能,累积店铺信誉和个人芝麻信用分数等。此外,阿里巴巴建立了庞大的打假队伍,并通过中国质造计划、满天星计划等对企业产品质量进行了严格监督和管理,对行为恶劣的网店进行查封和销号。上述行为分担了部分本属于政府的质量监管工作,减轻了政府工作压力。阿里巴巴自觉自愿地承担保护消费者权益、改善创业环境、树立平台信誉的职责,而这些工作只需要政府给予认可和采信,鼓励其积极作为。

(五)鼓励社会监督和协同治理

由于对分享经济的监管目标应该是多样化的(解决就业、提高税收、繁荣经济、可持续发展、创新创业等),监管主体和监管手段也要呈现多样化,发动平台、社会机构、消费者、提供者等多方力量,建立一套多主体、互动的公开社会评价和综合治理体系,弥补法律监管的不足,让各主体在分享前、分享中、分享后都能找到评价依据和关键证据。在政府监管手段上要充分利用信息技术和大数据,让每个人的行为都能在互联网上有迹可循,纠纷发生时能够还原事实真相;引导分享经济的各利益相关方履行社会责任,增强社会公众的监管意识。另外,也可引入商业保险,为分享经济的各方主体提供商业保险服务。

(**作者简介**:王淑翠,杭州师范大学阿里巴巴商学院教授、民进会员。)

作者

张戟晖

马　良

新生代农民工城市融入困境及对策建议

一、存在问题

（一）融入意愿强，政治参与度低

新生代农民工融入城市的关键是社会性角色的自我"获得感"。在杭州的调查中，53.2%的新生代农民工表示愿意留在杭州，58.6%的人感觉自己完全不是杭州人，"漂"的感觉很严重，并表示很少参与杭州基层"人大"代表的选举，愿意落户又能融入的新生代农民工仅有73人，只占5.7%。宁波的调查基本与杭州相同，选择愿意、非常愿意和比较愿意落户的合计达45.0%，但普遍不相信自己能成为城市主人，对政治参与缺乏信心。

（二）组织缺位现象突出，有效支持度低

只有30.9%的被调查者参加了工会，参加工会的群体仅有29.8%是为了维护自己权益，提升主体地位。在合法权益受到侵犯时获得帮助的主要途径中，依靠老乡和亲友占46.2%，依靠地方政府有关部门占27.7%，依靠单位同事和领导占14.3%，依靠社会组织和工会等资源的比例很低。

（三）健康透支隐患明显，社会交往开放性低

新生代农民工大多数从事低技术、高强度的工作，且自我保健意识

不强。在生病时采取的主要方式中,选择自己买药吃和"熬几天自然会好"的分别为47.3%和24.2%,两者合计达71.5%,生理健康存在透支隐患。另外,新生代农民工社会交往相对封闭。在朋友圈人员组成中,老乡、亲戚占44.8%,单位中的农民工占22.6%,志同道合的朋友占23.2%,单位中的本地居民仅占7%。血缘、地缘和业缘成为其寻找社会支持的主要途径,而与本地居民的互动机会少。

(四)城市公共服务排斥度高,社会保障覆盖率低

新生代农民工参加养老保险、医疗保险、失业保险的比例依次为24.1%、23.2%、16.0%。除了工资以外没有任何保险和福利待遇的占24%,享有住房公积金、交通补贴等的不足3%;在子女读书的主要困难中,认为因户籍在入学机会上受到不公平待遇的占60.6%,对农民工子女教育政策的满意度只有33.3%。

(五)经济收入尚可,就业培训面及有效性低

2015年浙江省农民工月均非农收入为3605元,处于全国较高水平。然而新生代农民工仍面临缺乏就业信息渠道及就业培训不足等问题:依靠老乡、亲戚或熟人介绍等传统渠道占45.0%,一般中介占16.0%,而公办的劳动力或人才市场只占19.9%;在职业培训与学习机会方面,最近两年参加过自费/政府/企业组织的就业指导或培训的只有28.0%,其中两年内只参加过一次的占16.9%,在接受过培训的群体中对于知识技能提升满意的只有24.3%。

二、对策建议

浙江作为经济发达省份与新生代农民工输入大省,应该树立全社会统筹思维,注重顶层设计,从立法保障、制度建设和人文关怀等维度有效推进新生代农民工的城市融入。

(一)完善立法保障,促进政治参与和地位提升

1. 畅通新生代农民工选举权行使渠道

新生代农民工想在流入地拥有选民资格必须取得户籍所在地选区的选民资格证明,而这一证明的跨省开具难度较大且程序烦琐,往往造成其实际选举权的流失。各省人大之间有必要建立专项联络机制,加强农民工输出地与输入地选举机构间的信息互通与审批(核)流转,为农民工在城市行使选举权畅通渠道。

2. 建立新生代农民工参与城市选举专项经费

农民工在城市行使其选举权,要比城市居民付出更多的精力与成本。人大应牵头

为新生代农民工在城市行使选举权提供误工补贴,交通补助等,有效激发其政治参与的热情。

3. 试行新生代农民工人大代表收入补贴制度

我国的人大代表在履行代表职责期间是没有报酬的,但新生代农民工人大代表一般属城市低收入阶层,在履行代表职责期间给予其一定的补贴,将有助于他们集中精力更好地参政议政。

(二)加强制度建设,提升社会共融与服务覆盖

1. 构建社区服务与管理平台,增进互动交流

社区是人们走向更大、更广泛社会参与舞台的起点。社区服务与管理要树立全员参与和人际互动意识,完善涉及新生代农民工切身利益的社区服务,鼓励新生代农民工参与社区自治。在社区管理、活动开展、服务提供中加强社区成员间的联络与互动,帮助新生代农民工突破老乡圈和亲友圈,融入社区圈,增进与本地居民的互动与交流。

2. 健全城市基本公共服务,提高社会保障覆盖面

社会保险的流转和接续问题是老一代农民工回乡养老的关注焦点,但新生代农民工融入城市已是一种必然,因此,享有居住地的各项社会保障既是他们的诉求也是应有的权利。各级人大和政府有关部门应加强法律监督与制度落实,保障新生代农民工获得养老保险、医疗保险、失业保险和义务教育服务等,逐步实现城市基本公共服务的无差别供给。

3. 创新培训模式,提升服务主体的自主性选择

提高新生代农民工城市融入能力,人力资本投资是关键。各级人大要支持与推动政府对新生代农民工就业培训专项预算的安排,建立以政府为主导,高校和培训机构等协同的培训体系;畅通就业信息渠道,提高培训对象的精准性与财政投入的有效性;建立可供个性化选择的知识技能培训菜单,提升新生代农民工参加培训的自主性与主体性。

(三)注重人文关怀,引导正确的融入期望

1. 正视城市规模控制,加强城市融入观教育

新生代农民工的城市融入效度不能简单看其接纳数量,更应站在产业结构升级和劳动力优化配置的高度走协同发展之路。新生代农民工城市融入的核心是实现城市基本公共服务均等化,不是单纯的迁入需求和落户需求的满足。政府有关部门可通过"新市民大讲堂"、公益广告和网络推送等渠道,加强城市融入观教育,使新生代农民工理性认识城市融入"只有最合适的城市,没有最好的城市"。

2. 发挥舆论导向作用,培育融合文化

一是要积极宣传新生代农民工对城市建设和城市发展的贡献,挖掘"最美新城市人"等故事素材,打造融合文化,引导本地市民摒弃狭隘的本土观;二是要培育新生代农民工的城市义务观,加强规则宣传,鼓励参与志愿服务,使他们真正理解城市融入的本质不是索取而是奉献与共享。

3. 强化情感支持,推动社会和谐发展

来自本地市民的情感认同以及企业文化和社区关怀等方面的支持是新生代农民工获得城市归属感的重要基础。只有心理上融入城市,才谈得上真正的城市融入。政府、企业、社会组织和本地市民都应积极创设条件,加强对新生代农民工的人文关怀,在接纳中追求共赢,在融合中推动进步。

(作者简介:张戟晖,浙江大学公共管理学院博士生,浙江省团校副校长;马良,浙江工商大学公共管理学院教授,浙江省社会工作师协会执行理事长。)

作者

肖 文

互联网金融多元有序监管的对策建议

　　随着互联网技术与金融产业的互动加深,以互联网为资源、以大数据和云计算为基础的互联网金融模式将不断涌现,而互联网金融的兴起势必影响现阶段以传统金融为主导的交易结构。自 2013 年以来,互联网金融经历着无序增长,第三方支付交易规模呈几何级数递增、P2P 爆发式增长、网络众筹跃迁发展。就未来发展而言,笔者研判互联网金融发展会呈现三次波动。第一波:现阶段互联网发展由"井喷式发展"到"紧缩型增长",随着监管政策紧锣密鼓的出台,互联网金融发展会在一定程度上有所抑制;第二波:以制度完善为契机,互联网金融与传统金融的关系从"替代竞争"转向"和谐共存",两者经历了长时间的竞争之后必然走向共同依存,使得金融业态多元化、金融业务多样化;第三波:未来互联网金融从"粗放发展"转向"有序监管",监管政策必然更为完善,职能部门"协同监管"必然井然有序。虽然互联网金融对于构建便利支付体系、打通资金供需渠道以及降低融资交易成本等具有重要意义,但不容忽视,互联网金融发展依旧存在巨大的风险隐患。例如 2015 年 P2P 问题平台就高达 929 个,其中最多的是上线几个月就跑路的平台,共同特点是上线时间不长,大多为短期标,没有资金托管。究其深层次的原因,还在于我国互联网金融发展的信用体系、征信体系以及监管体系不健全。

一、互联网金融监管的三个核心问题

　　互联网金融不仅需要面对传统金融的流动性风险、信用风险等不稳定性因素,还需要克服由互联网所带来的技术、法律等特殊风险。由此可见,互联网金融体系的稳定性更加脆弱。就现阶段互联网发展而言,以下三个核心问题需进一步明确。

第一问:谁主导? 一直以来,学术界与实务界对于互联网金融存在诸多的争议与论证,而根据中国人民银行所提出的互联网金融概念,可以从广义层面来对互联网金融进行定义与理解,即互联网企业从事金融行业和传统银行金融机构拓展的网上银行业务。那么,这就产生了互联网金融究竟由谁主导的问题。是互联网企业主导金融发展,还是金融机构拓展互联网业务? 互联网金融发展主体的双重性,也是导致互联网金融监管难的关键原因。

第二问:谁买单? 传统金融机构与互联网企业对于风险的衡量存在不同路径,但是现阶段互联网金融的快速发展主要由互联网企业来推动,而互联网企业对于客户风险标尺的制定是通过"大数据"手段获取客户信用记录,却无法真正发现客户的"逆向选择"以及"违约寻租"等行为。这势必导致金融风险的衡量"标尺"越来越模糊,那么谁应当为风险"标尺"模糊而买单?

第三问:谁监管? 当前我国的互联网金融监管体系是在沿袭传统金融监管体系的基础上形成的,对传统金融机构互联网金融业务的监管由原来传统金融机构的对应监管部门监管,对新兴互联网金融机构相关业务的监管则由中国人民银行出台具体管理办法或做出风险提示。这就使得主体、功能、模式与风险之间不匹配,导致对银行主导型的网络融资监管过多、对非银行主导型的网络融资监管不足等问题,严重制约了互联网金融的健康稳定发展。所以如何加强各职能部门的协同监管还有待突破。

二、互联网金融监管的三条基本原则

针对互联网金融监管的三个问题,笔者认为互联网金融实现有序多元监管需要把握好三条基本原则。

原则一:规章与法律相统一。当前互联网金融监管主要以中国人民银行颁布的政策规章条例来进行,短期而言将对互联网金融规范发展起到较为明显的作用,但是从长期而言,还是需要从立法层面对于互联网金融的主体地位进行界定、风险责任进行明晰。在有序监管的进程中,防止监管过严、量刑过重。所以,规章条例对互联网金融主体进行风险性提示,法律法规则从基础层面对互联网金融进行监管。

原则二:功能与风险相统一。现行互联网金融的监管是在传统金融监管框架基础上延伸而来,针对传统金融机构以及互联网企业等不同主体进行监管,无法真正将互联网金融从主体、功能、风险进行有效的"三位一体"监管。所以,笔者认为互联网金融监管需要把握好功能与风险相统一的监管原则,从互联网金融功能切入由具体职能部门来进行有针对性的监管,而不是简单的对互联网金融业务主体进行"一刀切"。在此次基础上,中国人民银行、证监会、银监会、保监会等职能部门需要协调联动,形成有序多元的统一监管框架。

原则三:他律与自律相统一。大数据技术的不断发展一方面使得信息推送范围更广泛,但另一方面也使得违约行为、寻租行为等信息更容易被隐藏,因此导致互联网金融企业主体与监管职能部门之间的风险搜寻环境更为复杂。所以,在职能部门加大监管力度的同时,应当充分调动行业协会以及企业主体的主观能动性,使其能够真正实现自我监管,搭建起良好的信用体系,促进互联网金融的可持续发展。

三、互联网金融监管的对策建议

互联网金融的监管既要面对传统金融风险,又要应对现代技术风险;既需要中央职能部门的协同监管,又需要地方政府的多级联动。据此,互联网金融多元有序监管需要从市场主体、风险认领和协同监管三个层面进行展开。

市场主体:完善准入退出机制,明确互联网金融市场主体。广义而言,互联网金融主体应包括传统金融机构和互联网企业,但由于两者自身风险体系存在较大差距,所以对于进入互联网金融市场的互联网企业和金融机构,需要进行较为严格的审核,防患于未然。要求互联网金融主体必须具有良好的资信、健全的风险监控体系,与此同时,对于不合格的互联网金融企业必须及时清退,从准入和退出两个维度充分保证提供互联网金融业务的主体都是优质企业。

风险认领:健全风险认偿体系,构建风险防范的三级体系。互联网金融的监管应当呈现多元化和有序化,从技术、业务等各方面健全风险认偿机制,明确互联网企业通过大数据手段对于风险标尺模糊所需要承担的责任。在责任明晰的基础上,才能真正进行有针对性的监管。同时,互联网金融监管应当积极吸引企业和行业协会参与监管体系建设,从企业自身风险防范、金融市场纪律约束以及职能机构外部监管三个层面完善防范体系,构建风险防范的三道防线。

协同监管:避免职能机构单一监管,实现监管部门的协同监管。互联网金融监管应当加强中国人民银行、银监会、证监会、保监会等部门的协作,又要将公安部、工信部等技术监管部门纳入监管框架,避免各自为政的重复监管,实现功能与风险匹配的协同监管。以此为基础,积极推动互联网金融的专门立法,实现互联网金融监管有法可依、有法可循。同时,应当强化中央监管部门与地方监管部门的双向联动,从中央和地方两级层面、"一行两部三会"六大部门,进一步推进互联网金融多元有序监管框架的构建。

(作者简介:肖文,浙江大学应用经济研究中心副主任、教授、博导。)

图书在版编目（CIP）数据

公共政策评论. 2016.1 / 姚先国，金雪军主编.
—杭州：浙江大学出版社，2017.6
ISBN 978-7-308-16948-6

Ⅰ. ①公… Ⅱ. ①姚… ②金… Ⅲ. ①政策科学－研
究－中国 Ⅳ. ①D601

中国版本图书馆 CIP 数据核字（2017）第 113898 号

公共政策评论. **2016.1**

主编　姚先国　金雪军

责任编辑	余健波
责任校对	杨利军　张　颖
封面设计	续设计
出版发行	浙江大学出版社
	（杭州市天目山路 148 号　邮政编码 310007）
	（网址：http://www.zjupress.com）
排　　版	杭州好友排版工作室
印　　刷	杭州日报报业集团盛元印务有限公司
开　　本	787mm×1092mm　1/16
印　　张	19.5
字　　数	401 千
版 印 次	2017 年 6 月第 1 版　2017 年 6 月第 1 次印刷
书　　号	ISBN 978-7-308-16948-6
定　　价	55.00 元